JN382109

황태자의 동경 인질살이

—마지막 황태자 2

황태자의 동경 인질살이
송우혜 지음

2010년 11월 27일 초판 1쇄 발행
2012년 8월 22일 초판 4쇄 발행
펴낸이 · 박혜숙 | 책임편집 · 신상미 | 펴낸곳 · 도서출판 푸른역사
주소 ㉾ 110-040 서울시 종로구 통의동 82
전화: 02)720 - 8921(편집부) 02)720 - 8920(영업부) | 팩스: 02)720 - 9887
E-Mail: 2013history@naver.com | 등록: 1997년 2월 14일 제13-483호

디자인 · 이보용 | 영업 및 제작 · 변재원
종이 · 화인페이퍼

ISBN 978-89-94079-40-0
978-89-94079-42-4 (세트)

황태자의 동경 인질살이

마 지 막 황 태 자 2

| 송우혜 지음 |

푸른역사

일러두기

1. 본문에 인용한 옛 자료들은 가능한 현대식으로 바꿔서 표기했다.
2. 일본 인명과 지명은 우리 한자음으로 읽고 한자를 병기했다. 예를 들어, 이토 히로부미는 이등박문伊藤博文으로, 도쿄는 동경東京으로 표기했다.

작가의 말

황태자의 동경 인질살이

"전쟁은 무식한 인간에게는 도박이요, 전문가에게는 과학이다"라는 말이 있다. 국제전인 청일전쟁과 러일전쟁에서 연달아 승리하면서 쌓은 경험이 있어서일까. 이등박문을 위시한 일본 침략자들이 대한제국을 삼키는 과정을 보면 그들은 무기 없이 치르는 침략전에서도 고수였다. 그들의 침략 방식은 다양하고 전면적이고, 그리고 과학적이기까지 했다. 대한제국은 그에 어떻게 대응했던가.

'마지막 황태자' 시리즈의 제2권 《황태자의 동경 인질살이》는 대한제국의 통치권에 격변이 일어났던 1907년에서 시작된다. 그해 6월에 일어난 해아밀사사건을 빌미로 일본이 가한 강력한 협박에 의해서 7월에 황제(고종)는 태황제로 물러나고 병약한 황태자가 황제(순종)가 되었고, 8월에는 10세 소년이던 영친왕 이은이 황태자로 책봉되었다. 당시 초대 한국 통감으로 서울에 주재하면서 그 정치적 격변을 주도한 이등박문은 이때를 대한제국을 완전히 삼키기 위한 침략전을 펼칠 절호의 기회로 삼았다.

격동의 시기 1907년에 이등박문이 구상하고 전력을 기울여 추진한 전략은 두 가지였다. 하나는 대한제국의 새 황태자가 된 이은 소년을 일본에 끌고 가서 대한제국을 삼킬 때까지 잡아 두는 인질작전이다. 일본 각지에 난립했던 대소 영주들이 무력을 앞세우고 첨예하게 대립하면서 인질을 주고받았던 전국 시대의 유산이 남아 있는 땅에서 나고 자란 자다운 발상이었다. 다른 하나는 새 황태자 이은을 일본의 황족 여성과 결혼하게 만드는 혼혈결혼작전이다. 그것은 장차 한국을 일본에 병합시켜서 하나의 나라로 만들려는 강력한 의지와 구도에서 나온 전략이었다. 그러나 대한제국 측으로서는 그대로 당할 수 없는 억지에 해당했기에 타오르는 불꽃 같이 긴박한 대결이 전방위적으로 펼쳐졌다.

이때 크게 활용된 것이 대중매체였던 신문을 이용한 언론조작 기법이었다. 이등박문이 사용하기 시작한 그런 술수에 대해서 대한제국 황실에서도 같은 방식으로 대응했다. 그래서 신문 지상에서 치열한 공방전이 벌어졌다. 국민통치에 언론을 이용하는 현대적 통치기법이 그때 이미 활용된 것이다.

이등박문은 다재다능한 능력과 지칠 줄 모르는 신명과 용의주도한 집요함과 미천한 신분으로 태어나서 신하로서는 최고의 자리로 뛰어오른 출세 등 여러 측면에서 3백 년 전에 조선을 침공했던 풍신수길의 현신과도 같은 자였다. 그는 스스로 굴원의 〈초사〉를 패러디하여 지은 "술에 취해 흐려진 내 머리는 미인의 무릎을 베고 누워서 놀고, 술이 깨어 맑아진 내 머리는 나라를 다스릴 길을 궁리하도다"라는 노래를 읊어대기를 즐겼다고 하거니와, 죽을 때까지 자신이 일본과 한국 두 나라를 '다스릴 길을 궁리' 하는 것을 크게 즐기면서 살았다. 그래서 필요하다고 생각하면 두 나라 황제와 황실을 마구 강압해서라도 자신의 뜻을 관철하는 데 거침이 없었다. 실로 난세의 괴화怪花와 같은 자였다.

이등박문은 간교하게도 대한제국 침략전을 펼치면서 그에 따른 부작용을 최소화하기 위해서 전력을 기울였다. 당시 그가 추진한 침략전이 '과학적' 이었다고 부를 수 있는 것은 일방적인 강박으로 일관한 것이 아니었기 때문이다. 그는 대한제국 황태자를 인질로 일본에 끌고 가기 위한 사전 정지 작업으로 먼저 일본 황태자의 방한을 추진했다. 그것은 결단코 성사가 쉽지 않은 일이었다. 일본 역사상 황태자가 외국에 나간 일이 전혀 없는 데다가 더욱이 당시의 일본 황태자 가인친왕은 어려서 앓은 뇌질환의 후유증으로 병약한 인물이었고, 게다가 대한제국은 의병들의 봉기로 치안이 극도로 불안한 상태였기 때문이다.

당연히 명치천황은 이등박문의 계획에 극력 반대했다. 그러나 이등박문은 명치천황의 뜻을 꺾고 자신의 계획을 관철했다. 그리하여 그해 10월에 일본 황태자가 '친선방문' 이란 이름 아래 4박 5일의 일정으로 건너와서 대한제국 황실에 대하여 "한국 황태자를 일본에 유학시키십시오"라고 직접 요청했다. 이등박문의 계산대로, 국가 통치자나 후계자의 외국 방문이 거의 없던 시절이라서 일본 황태자의 대한제국 방문은 엄청난 효과가 있었다. 그래서 소년 황태자 이은에 대한 인질작전이 실행되었을 때, 한국민들의 반대나 저항에는 이미 사납고 매운 기운이 사라진 상태였다.

이등박문은 인질작전을 추진함과 동시에 혼혈결혼작전도 추진했다. 그래서 재간택 행사를 앞두고 있던 이은의 가례 절차가 더 이상 진행되는 것을 강력하게 막았다. 이은을 일본 황족 여성과 결혼시키려면 미혼이어야 했기 때문이다. 그 사안 역시 신문 지상을 요란하게 장식하는 언론조작 기법에 의해 추진되었고 치열한 공방전이 전개되었다. 그리고 그 일 역시 결국은 이등박문의 계획대로 성사되어, 그해 12월에 대한제국 소년 황태자 이은은 미혼인 상태로 이등박문의 손에 이끌려 인천에서 일본 군함에 올라 일본으로 향했다.

사람 사는 세상의 애환은 언제 어디서나 나름의 몫을 갖고 있고, 모든 일에는 빛과 그늘이 있기 마련이다. 이은 소년을 인질로 일본 동경까지 데려가는 데 성공한 일본인들은 매우 어렵고 난처한 숙제에 직면했다. 그 아이가 인질살이에 적응하여 잘 지내도록 만들어야 하는 일이었다. 아이가 외국 땅에서 살아가는 게 고달파서 중병에 걸리든지 죽기라도 한다면 더할 수 없는 낭패였다. 그래서 일본인들은 아이를 보살피는 데 최선을 다했다. 그 '최선을 다해서' 라는 점에서 보자면 각자 맡은 역할과 대응방식이 다 달랐다.

일본의 최고 권력자였던 한국 통감 이등박문은 자주 임지인 서울을 비워놓고 동경에 가서 이은을 돌보는 데 최선을 다했다. 그는 성실한 몸종처럼 지극히 공손한 태도와 몸짓으로 깍듯하게 아이를 모셨다. 하다못해 사진 한 장을 찍을 때도 아이는 떡 앉혀 놓고 흰머리 날리는 노인인 자신은 그 옆에 시립하여 찍었다. 또 아이가 여름방학을 맞을 때마다 일본에 건너가서 몸소 아이를 모시고 각 지방을 도는 긴 여행을 강행했다. 자신의 유명한 저택인 창랑각도 아이에게 선사했다.

평생토록 친자녀나 친손주들에게도 얼굴을 보여 주는 일이 드물었을 정도로 냉엄했던 인물인 명치천황도 이은에게만은 전례 없이 매우 파격적으로 따뜻하고 살갑게 굴었다. 차고 있던 금시계를 풀어서 이은에게 주는 등 갖가지 선물을 계속 선사했고 직접 자신이 이은을 찾아가거나 이은을 궁성에 오게 하여 환담하며 놀아 주는 일이 잦았다. 자신의 사위인 황족들에게 이은의 말동무가 되어 주라는 칙지도 내렸다. 또 아이의 공부를 위해서 그가 사는 저택 안에 어학문소御學問所를 만들어 놓고 뛰어난 대학교수들이 각 과목을 맡아서 가르치도록 조치했다. 그리고 모든 일본인들이 이은을 대하는 기준으로서 "만사 일본 황태자와 똑같이!"라는 칙명까지 내렸다.

명치천황은 어렸을 때부터 사람들이 쳐다보는 것을 몹시 싫어하여 네 살도 되기 전부터 외출할 때는 길 양편에 막을 치게 하고 그 안으로만 다니도록 했다는 기이한 성품의 소유자였다. 그런데도 사람 대하기를 그토록 싫어하는 자신의 성품을 누르고 유일하게 이은에게만은 온갖 친절과 배려를 다 베풀었다. 그래서 명치천황의 통치사를 연구하는 학자들이 크게 놀란다.

일본 측의 그렇듯 단단한 준비와 대비에 대해서 인질이었던 이은 당사자는 어떻게 대응했던가. 그 불우한 아이 또한 자신이 결코 만만한 상대가 아님을 드러내었다. 그는 고국으로 연락해서 '낙선재의 조약돌' 을 보내 달라고 하여 늘 그걸 지니고 있었다. 그가 하필 '낙선재' 의 조약돌을 원했다는 것은 의미심장한 일이었다. 낙선재는 그가 일본으로 끌려가기 전에 22일 동안 살았던 곳으로서 당시 대한제국의 '동궁東宮' 이었다. 그러니까 일본 동경에 있던 그가 '낙선재의 조약돌' 을 원한 것은 몸은 어디에 있든지 간에 "나는 '대한제국의 황태자' 임을 늘 명심하고 살겠다"는 강력한 자기 다짐에 해당했다.

난세에는 인재가 많이 난다고 한다. 대한제국 소년 황태자 이은이 일본에 끌려가서 인질살이를 하던 그 난세에도 한일 양국에는 수많은 인재들이 있어 저마다 자기 몫의 역사를 만들어 갔다. 밤하늘의 별처럼 역사의 하늘에 명멸했던 그 많은 인재들 중에서 정말 놀라운 존재는 안중근 의사였다. 한국 침략의 수괴인 이등박문이 겉으로는 "대한제국의 독립을 돕는다!"고 강변하는 데 많은 사람들이 속아 넘어갔다. 그러나 안중근 의사는 그가 실제로는 한일합방으로 대한제국을 멸망시키려고 전력을 기울이고 있음을 명확하게 알아보고 단호하게 처단했다. 사물의 핵심을 꿰뚫어 보는 직관과 투시력이 있는 사람이 행동력까지 갖추었을 때 역사를 어떻게 주도하는지를 명쾌하게 보여 준 것이다.

난세에는 난세의 법칙이 있다. 그런 시대에는 강하고 사악한 힘이 세상을 좌우한다. 오로지 올바른 정신을 가진 자만이 그 법칙을 초월하여 역사의 좌표를 바로잡는다.

2010년 11월

송우혜

차례 | 황태자의 동경 인질살이 | 마지막 황태자 2

차례 | 못생긴 엄상궁의 천하 | 마지막 황태자 1

차례

일본 황태자와 한국 황태자 이은.

명치천황에 관한 기록인 《명치천황기明治天皇紀》에는 명치천황과 황후가 이은에게 선사한 쌍안경, 금시계, 은제 화병, 양복지, 망원경, 시계, 과자, 영사기, 학용품, 배낭 등 각종 선물들의 품목과 수량, 그것을 준 날짜가 모두 세세하게 기재되어 있다. 《명치천황기》를 분석한 자료에 따르면, 명치천황의 생애 전부를 통틀어서 "어느 한 개인에게 그처럼 자주, 또 그처럼 갖가지 많은 선물을 내려 준 사례는 오직 대한제국 황태자 이은 한 사람 외에는 달리 없다"고 한다.

명치천황의 제갈공명, 이등박문

일본의 정치가 이등박문伊藤博文은 신명의 사내였다. 그래서 그에 대한 세간의 평에는 화사한 빛깔을 담은 단어들이 우르르 등장한다.

"여자와 포도주를 매우 좋아하는 사내!"

주변의 친밀한 친지들이 그의 기호와 취미를 기준으로 그를 평하는 소리다.

"무언가를 처음 만들어 내고 조직하는 것을 몹시 즐기는 자."

그의 공적 활동을 지켜본 이들의 지적이다.

"장중하고 우아한 것을 좋아하는 사람!"

일본의 유서 깊은 명문 귀족 출신으로 동시대의 거물 정치가였던 서원사공망西園寺公望의 감탄이다. 서원사공망이 남긴 다음과 같은 회상은 이등박문이란 인물이 지닌 기질의 기본적인 특징을 잘 닦인 유리알처럼 선명하게 드러낸다.

"'일본인들에게 황실 존중 사상을 함양시킨 것은 이등박문의 공이다' 라고 산본권병위山本權兵衛가 말한 바 있는데, 나도 그에 동감한다. 그러나 황실을

존경해야 한다는 의견 자체는 일치하지만 이등박문과 나의 생각에는 다소 차이가 있었다. 나는 자연스럽고 자유롭게 황실을 존중하면서 군신君臣 간에 좀 더 친숙하게 지내고 싶다는 생각인데 반해서, 이등박문은 장중하고 우아한 것을 좋아했다. 그래서 나와 공적인 대화를 나누는 경우에는 으레 '신臣' 이라든지 '신臣 박문博文' 이라는 말을 끝에 덧붙였다. 폐하께서도 '이등의 상소를 듣기 위해서는 한학 공부를 하지 않으면 안 돼' 라고 말씀하시며 웃으신 적이 있었다."

그런 사내인 이등박문이 지금 자기 집무실 책상을 손바닥으로 마구 두드리면서 사납고 거칠게 소리치고 있다.

"아니! 이게 무슨 소리얏! 어찌 한국 황제가 이럴 수가 있다는 게얏! 어찌 이다지도 야비하게 우리 대일본제국과 우리 황실을 모욕하는 게얏!"

1907년 6월 하순.

대한제국 수도인 서울의 남산 자락에 자리 잡은 통감부의 통감 집무실은 돌연 터져나온 통감 이등박문의 성난 고함으로 온통 떠나갈 듯이 시끄러웠다. 통감부의 일본인 직원들은 이등박문의 그러한 격노가 당연하다고 생각되어 숨소리조차 죽이고 있다. 방금 헤이그에서 통감부로 날아온 지급전보로 알게 된 사실이 너무 충격적이었던 것이다.

"어찌 이런 일이……."

그들은 망연자실한 얼굴로 고개를 떨어뜨린 채 이등박문의 고함을 듣고 있다. 그들은 1907년 6월에 네덜란드의 수도 헤이그에서 만국평화회의가 열린

⬅ **일본 통감부 건물.** 서울의 남산 자락에 자리 잡은 통감부는 1906년 2월부터 1910년 8월까지 일제가 한국을 완전 병탄할 목적으로 설치한 감독기관이다. 초대 통감인 이등박문과 사내정의 등을 거치는 동안 일제는 고문정치를 행해 내정 간섭을 하면서 단계적으로 한국 병탄을 준비했다.

다는 사실을 이미 오래전부터 알고 있었다. 그렇지만 대한제국의 광무황제(고종)가 그 만국평화회의에 몰래 밀사를 보내어 일본의 부당한 침략을 호소하고 세계열강의 힘을 빌려서 대한제국 안에서 일본 세력을 내쫓으려 들 줄은 정말 상상조차 하지 못했다. 지급전보에는 한국인 밀사 세 사람, 이상설과 이준과 이위종이 헤이그에 나타나서 이미 각국 사절들을 접촉하면서 활동을 시작했다고 기록되어 있었다.

이토록 황당한 일을 당했는데, 어찌 이등 통감이 저토록 격노하지 않을 수 있겠는가! 그리고 만에 하나라도 정말 세계열강이 그 밀사들의 주장을 받아들인다면 일이 어떻게 될 것인가?

통감부 직원들의 몹시 당황스럽고 혼란된 머릿속으로 여러 생각들이 두서없이 오가는데, 이등 통감의 노호는 계속 통감 집무실 안을 쩌렁쩌렁 울리고 있었다.

"세상에 어찌 우리 대일본제국에 이토록 치욕스런 모욕을 가할 수 있다는 게얏! 어째서 한국 황제가 감히 우리 대일본제국과 우리 황실을 이렇게까지 욕보이는 게얏!"

이등박문의 음성과 표정을 보면 너무도 격노하고 있는 사나운 모습이다. 그러나 눈매 날카로운 사람이 그의 얼굴을 유심히 보았다면 그 눈꼬리에 어려 있는 미세한 웃음기를 이내 눈치채었을 것이다. 힘껏 누르려 해도 누르기 힘든 즐거움이 그의 눈꼬리 끝에 감실감실 어려 있었다.

고개 숙인 직원들이 통감이 격노하여 무섭게 화를 내고 있다고만 여기고 있던 그때에, 이등박문의 머릿속은 이미 줄달음치는 여러 갈래의 새로운 구상들이 서로 얽혀서 몹시 번잡했다. 바둑 선수들은 남보다 얼마나 여러 수 앞을 내다볼 수 있는가로 남보다 얼마나 고수인지가 증명된다고 한다. 그런 점에서 보자면 이등박문은 확실히 여러 면에서 고수였다.

밀사 파견이라니! 오호! 내 이런 일이 벌어지기를 얼마나 기다렸던가! 드디어 저 교활한 능구렁이가 스스로 판 함정에 제 발로 걸어 들어갔구나!

극비 긴급전보가 들이닥쳐 해아밀사사건이 일어났음을 처음 알게 되었을 때 이등박문은 즉각 무릎을 쳤다. 일거에 광무황제를 때려눕힐 수 있는 호재 중의 호재를 만난 기쁨에 몸이 떨릴 지경이었다.

이등박문은 광무황제가 매우 가볍고 능청스럽게 그의 뒤통수를 후려친 술수에 아주 크게 당한 적이 있다. 그것은 매우 호되고 아픈 경험이었다. 광무황제가 그럴 수 있으리라고는 상상조차 못하다가 당한 것이라서 더욱 쓰라리고 아팠다. 그런 경험 이래로 그는 광무황제를 '아주 교활한 늙은이'라고 매도해 마지않았고, 늘 신경을 날카롭게 세워 경계하기를 게을리하지 않았다.

그 일은 대한제국 황실이나 정부에 외국인 고문관顧問官, 특히 미국인 고문관을 둘 수 없도록 하기 위해서 그가 노심초사했던 일과 관련되어 있다. 대한제국 안에서 일본의 이익을 극대화하는 일에, 미국인 고문관이라는 존재는 늘 불편하고 골치 아팠다. 그간 데니를 비롯해서 몇 명의 미국인 고문관이 있었는데, 대한제국에 영토적 야심이 없는 미국인들은 일단 고문관으로 고용되면 대한제국 자체를 위해서 충실하게 일하려는 경향이 강했다. 그래서 이등박문은 대한제국 황실이나 정부에 미국인 고문관을 둘 수 없도록 제도적 장치를 만들기로 작정했다. 그냥 막무가내로 고용하지 못하게 만들면 외교적 문제가 발생하기 때문에 그렇게 할 수는 없고, 그래서 궁리하고 궁리한 끝에 그 구체적인 방안으로 마련한 것이 '외국인 고문관에 대한 매우 박한 월급'이란 술수였다. 대한제국의 고문관직에 취직하려는 외국인들은 본국 정부가 대한제국에 갖고 있는 관심과 이해관계에 따라서 그에 대한 대응책이 달랐다. 일본인의 경우, 대한제국에서 받는 월급이 부족해도 본국 정부에서 따로 챙겨 주면 된다. 그러나 서양인의 경우에는 월급이 부족해도 본국 정부에서 챙겨 주지 않는다. 당연히 매우 박한 월급을 받는다면 대한제국에서 살아갈 수가 없기 때문에 고문관으로 취직할 수 없다. 그 점을 노리고 일본은 대한제국 황실을 상대로 "외국인 고문관의 월급은 미화 150달러 이상 지불하지 못한다"라는 조항이 들어 있는 협약을 체결하도록 계속 강요했다. 대한제국 측은 처음에는 매우 난색을 표명했다. 그러나 일본 측에서 집요하게 강박하고 들자 결국은 그 같은 강제규정을 명시한 '협약'을 체결했다. 이등박문은 앞으로 대한제국 황실이나 정부에 미국인 고문관의 존재라는 건 더는 있을 수 없다고 쾌재를 불렀다.

그런데 놀랍게도 대한제국 황제는 1900년 초에 미국인 샌즈를 고문관으로 초빙할 때 일본이 그처럼 애써서 체결해 놓은 그 협약을 한 푼의 가치도 없는 무용지물로 만들어 버렸다. 방법은 극도로 간결하고 명료했다. 샌즈를 '고문관'이라는 직함이 아니라 같은 의미를 지닌 '찬의관贊議官'이라는 직함으로 월급을 제대로 지불하기로 계약함으로써 고용에 성공한 것이다.

이때 대한제국 측에서 내세운 논리는 "일본과 체결한 협약에 있는 '월급 미화 150달러 이하 지불 규정'은 '외국인 고문관'에 적용되는 것일 뿐, '외국인 찬의관'에는 해당되지 않는다"는 것이었다. 강자가 강자의 힘과 오만으로 세상을 움직이려 한다면, 약자는 연약하지만 교묘한 지혜로 강자의 힘과 오만을 제어하면서 세상을 견디는 것이다. 대한제국 황제가 어안이 벙벙할 정도로 간단한 언어의 트릭을 사용하여 일본 측이 그처럼 애써서 대한제국에 채워 놓은 족쇄인 '외국인 고문관에 대한 매우 박한 월급 지불 규정에 따른 고용 실패'라는 매우 구조적이고 강고한 형태의 제약을 그지없이 가볍게 벗어 던져 버리는 것을 보고 이등박문이 느낀 낭패감과 열패감은 매우 심각했다.

그 사건 이후로 이등박문이 광무황제에 대해서 지닌 인상은 '매우 교활한 늙은이'로 확고하게 굳어져 있었다. 그가 초대 통감으로 서울에 부임한 지 이제 1년 4개월, 그간 하루빨리 대한제국을 삼켜서 일본제국의 판도 안에 넣고 싶은 마음은 하늘에 닿을 듯했다. 그러나 작업을 진척시킬 명분으로 세계열강 앞에 내세울 만한 것이 적당하지 않아 그간 몹시 초조했다. 세계의 여론이라는 것을 무시하고 일을 추진하면 필연적으로 그에 상응하는 부작용이 반드시 일어나기 때문이다. 그는 그런 이치를 청일전쟁 강화조약 체결 때의 삼국간섭사건으로 너무도 뼈저리게 경험했다. 그래서 쉽게 움직일 수 없었다. 그런데 이제 해아밀사사건은 그가 노리고 또 노리던 요긴한 빌미를 대한제국 황제가 스스로 마련해 준 셈이었다.

쇠는 달았을 때 쳐야 하는 법, 모두 눈들을 크게 뜨고 지켜보거라! 내가 내리치는 쇠망치 솜씨가 어떤지를! 이만하면 쇠망치를 내려칠 명분은 충분하고 또 충분하다!

그는 즉각 일차 목표를 '한국 광무황제의 퇴위'로 잡았다. "나라와 나라 사이에 일껏 조약을 맺어 놓고, 한쪽에서 일방적으로 세계 각국이 모인 국제회의에 밀사를 보내 '그 조약은 강압으로 이루어진 것이기 때문에 무효'라고 선언하는 것은 다른 쪽을 모욕하고 도발한 것이다. 이 모욕을 씻기 위해서 군사를 동원하여 대한제국을 짓밟아 버리겠다"고 위협하면 간단할 터였다.

그렇잖아도 그간 광무황제를 어떻게 확실하게 꺾을 수 있을까, 그 길을 찾느라 몹시 고심하던 차였다. 한 나라를 사십여 년 동안이나 통치해 왔다는 관록이 말하듯, 당년 55세의 광무황제는 대하기가 결코 녹록치 않은 상대였다. 겉으로는 우유부단하고 선량하기만 한 것처럼 보이는데도 불구하고, 실제로 손을 대어 건드려 보면 전혀 그렇지가 않았다. 권력에 대한 욕심이 아주 강렬한데다가, '찬의관' 소동은 물론이고 지난번 아관파천사건이나 지금 눈앞에 벌어진 해아밀사사건에서 보듯 느닷없이 사람의 뒤통수를 치는 꿍수에 능했다. 광무황제를 대한제국의 옥좌에서 끌어내고 그 대신 정신적으로 유약하고 육체적으로 병약한 서른세 살의 황태자를 제위에 오르게 한다면, 그렇게만 된다면 이제는 대한제국을 자신의 뜻대로 요리한다는 것이 손바닥 뒤집기보다 더 쉬운 일이 될 터였다.

이는 바로 신불神佛이 우리 일본에 내려 주신 절호의 기회다! 그렇잖아도 주책없는 외국인들이 자꾸 이 나라에 엉뚱한 호의와 관심을 갖고 갖가지 해괴한 야료를 부리려고 들어 골치깨나 아팠는데…….

이등박문은 돌연 푸우 웃음을 터뜨렸다. 지난 1903년에 일어났던 '대한제국 황제와 미국 처녀의 결혼 소동'이 문득 뇌리에 떠올랐던 것이다.

그건 지금 다시 생각해 보아도 정말 어처구니없는 소동이었다. 1903년 11월 하순에 돌연 유럽과 미국의 여러 신문들에 괴이한 기사가 실렸다. 내용인즉슨, "대한제국에 가 있는 미국 장로교 선교사의 딸인 에밀리 브라운 양이 대한제국의 황제와 결혼해 1천 7백만 대한제국 백성들의 생사여탈권을 쥔 황후가 되었다"는 기사였다. 미국의 《보스턴 선데이 포스트》지를 비롯한 여러 신문들에 커다란 삽화까지 곁들인 그 결혼 기사가 대대적으로 보도되면서 서구 정계와 사교계에서 큰 화젯거리가 되었다.

말도 안되는 그 기사는 결국 오보로 밝혀지면서 소동이 가라앉았다. 그러나 이등박문의 눈에는 그것이 결코 단순한 오보 때문에 일어난 해프닝으로 보이지 않았다. 대한제국에 호의를 가진 선교사를 비롯한 주한 외국인들이 치밀한 계산 아래 일부러 '오보 소동'으로 위장해서 감행한 매우 불순하고

How the only American Empress was Crowned

⬆ 《보스턴 선데이 포스트》지의 기사. 1903년 11월 29일자 《보스턴 선데이 포스트》지에 보도된 고종황제와 미국인 에밀리 브라운 양 결혼 기사에는 "How the only American Empress was Crowned"라는 제목으로 브라운 양의 클로즈업된 모습과, 고종과 브라운 양이 일산으로 가린 연을 탄 모습이 그려져 있다.

불온하고 사악한 음모로 보였다. 세계 여러 나라의 국민들에게 '대한제국' 이라는 나라의 존재를 알리고 그 나라에 관심과 호감을 갖게 하여 대한제국을 보호하려는 강고한 목적 아래, 그걸 실행할 방편의 하나로 일부러 그처럼 해괴한 오보 소동의 장난질을 보도하게 만든 것이라고 여겨졌기 때문이다.

세계 사람들이 대한제국에 호기심이나 호의를 갖기 전에, 세상에 대한제국이란 나라가 있는지 없는지 관심조차 없을 적에 빨리 합방해서 일본제국의 판도 속에 넣어 버려야 한다. 그래야 일이 수월하다…….

이등박문은 그 해괴한 오보 소동을 겪으면서 그런 초조감을 매우 절실하게 느꼈다. 그렇기 때문에 이번 밀사파견사건이 특히 반가웠다. 아마도 광무황제가 파견한 밀사가 해아에 무사히 도착한 일 자체만 놓고 본다면, 그 소식을 가장 열렬하게 반긴 사람은 광무황제보다 오히려 이등박문 쪽이었을 것이다.

하나의 역사적 사건, 그것은 사건 자체가 크면 클수록 그 모습 또한 거대한 코끼리의 몸체처럼 팽창하기 마련이다. 사건을 대하는 사람이 서 있는 각도와 위치에 따라 제각기 다른 모습을 지니게 된다. 대한제국의 광무황제가 해아밀사사건을 통해서 반드시 이루고자 한 것은 '대한제국의 소생' 이었는데, 이등박문이 있는 위치에서는 해아밀사사건이야말로 '대한제국의 멸망' 을 촉진할 기막힌 호재였다.

해아밀사사건을 그처럼 반긴 일본인, 초대 한국 통감 이등박문은 누구인가?

세상에서 가장 질긴 끈은 인연이란 이름의 끈이다. 인연은 사람들의 삶을 엮어 내고 역사를 이어간다. 사람과 사람 사이, 나라와 나라 사이, 또는 사람과 나라 사이를 묶기도 하고 풀기도 한다. 한반도에 한때 존재했다가 멸망한 '대한제국' 이란 이름의 나라 또한 갖가지 인연과 인연으로 얽혀 있다.

대한제국과 가장 깊은 인연을 지닌 나라는 대한제국을 멸망시킨 '일본제국' 이다. 그렇다면, 대한제국과 가장 깊은 인연을 지닌 일본인은 누구인가. 그는 바로 일본의 근현대사를 통틀어서 최고의 정치가였다고 일컬어지는 '이등박문' 이다. 대한제국은 이등박문이 직접 수립하고 추진한 양국 합병의 구도에 의해 멸망했기 때문이다. 그뿐 아니다. 이등박문은 대한제국의 마지막 황태자였던 이은과 그의 삶에 가장 깊은 인연으로 굳게 얽힌 일본인이기도 했다. 만일 그 시대에 일본에 이등박문이란 인물이 없었다면, 대한제국은 물론이요 이은의 운명도 크게 달라졌을 것이다.

이등박문은 평생토록 파란만장한 삶을 산 문자 그대로의 '풍운아' 였다. 그는 1841년에 일본 주방국周防國의 한 농촌에서 십장十藏이란 자의 아들로 태어났다. 그의 아명은 이조利助였다. 그가 다섯 살 때, 평민 신분인 농민으로서 부락의 촌장 일도 맡아 하던 그의 부친 십장이 보관하고 있던 현물세를 유용한 게 들통이 났다. 그의 부친은 처벌을 피해서 즉각 고향에서 도망쳐서 장주번長州藩으로 달아났고 그의 모친은 이등박문을 데리고 친정으로 가서 얹혀살기 시작했다. 혼자 장주번으로 도망친 그의 부친은 장주번의 창고 관리인으로 일하던 하급 무사 이등직우위문伊藤直右衛門에게 고용되어 일했다.

가족이 헤어진 지 3년 만에 부친이 집을 마련해 놓고 연락해 그들 가족은 다시 합쳐서 살게 되었다. 죄를 짓고 고향에서 도망치면서 가족이 산산이 흩어져 살아야 했던 쓰라린 경험이 십장에게 준 교훈이 컸던지, 이번에는 매우 성실하고 착실하게 일했던 모양이다. 십장은 주인의 눈에 크게 들어 주인집의 양자로 입양되었다. 이등직우위문에게는 상속인이 없었으므로 1854년 정초를 기해서 십장네 가족 전체가 주인에게 입양되어 가족으로서 주인집에 들어가 살게 되었고, 그때부터 모두 성을 바꿔서 '이등' 이라는 성을 쓰기 시작했다. 이때 이등박문은 13세였다.

당시 일본의 제도상 신분은 대물림되는 것이기에, 십장은 주인과 같은 하급 무사의 신분을 갖게 되었다. 그리하여 뒷날 이등박문 역시 하급 무사가 될 길이 열렸다. 그 시대의 일본에서 평민인 농민은 몹시 천한 대우를 받았기에, 비록 하급이라 해도 일단 '무사'가 된다는 것은 엄청난 신분 상승에 속했다. 조선으로 치자면 미천한 상놈이 일시에 하급 양반이 된 것과 같은 출세였다.

장주번의 하급 무사 집안의 일원으로 상승한 신분과 안정된 생활은 머리 좋은 소년이었던 이등박문에게 제대로 공부할 기회를 제공했다. 이등박문은 장주번의 유명한 지사인 길전송음吉田松陰의 송하촌숙松下村塾에 들어가서 공부했고, 그 뒤에 덕천막부를 타도하는 투쟁에 뛰어들어 두각을 나타내면서 장주번 안에서 알아주는 인재로 꼽혀 널리 주목받기 시작했다. 그리하여 이미 명치유신 이전에 장주번의 후원으로 영국에 유학하여 서구 학문을 공부할 기회를 갖게 되었다. 이때 영국 본바닥에서 익힌 유창한 영어는 그의 인생에서 두고두고 매우 유용하게 쓰였다.

그처럼 일찍이 해외에 나가서 공부한 경험이 그에게 부여한 기회와 이점은 매우 컸다. 그는 해외유학파로서 실력과 명성을 바탕으로 화려한 경력과 관록을 쌓으면서 일본 사회에 크게 두각을 나타냈다. 특히 명치유신 뒤에는 물 만난 물고기처럼 활발하게 활약했다. 명치천황의 영어 통역관 노릇도 하고 일본 정부가 파견하는 구미사절단의 일원으로 유럽에 건너가서 실력을 크게 발휘하기도 했다.

이등박문은 결코 단순한 인간이 아니었다. 폭력과 무력이 지니는 위력을 충분히 알고 극력 활용하기도 잘했지만, 한편으로는 학문을 통해서 입신출세의 큰길에 들어선 자로서의 너름새와 포용력도 갖추고 있었다. 게다가 명치유신 이래 일본 정부의 실세이던 장주벌 출신이라는 결정적 이점까지 그의 출세에 든든한 발판이 되어 주었다. 그래서 세월이 흘러 명치유신을 성공시킨 제1세대 원로들이 죽은 뒤, 그는 일본 정계의 명실상부한 최고 권력자가 되었다. 명치유신은 주로 장주벌과 살마벌 출신 인사들이 뭉쳐서 막부를 멸망시킨 뒤 그 권력을 나누어 장악한 통치 체제였기 때문이다.

생각하면 실로 얄궂은 일이었다. 예전에 이등박문의 부친이 고향에서 죄를 짓고 도망치지 않았더라면, 그래서 그에게 장주번의 하급 무사가 되는 길이 열리지 않았더라면, 그렇다면 그의 생애는 어찌 되었을까? 매우 엄혹한 신분 사회였던 당대의 일본 정황으로 보아 그는 농사짓는 비천한 평민으로 살면서 기껏해야 자신의 부친처럼 동네 촌장이나 하다가 생애를 마감했을 것이다. 아비가 죄를 지은 것이 자식의 인생을 눈부신 성공의 길로 이끈 지름길이 되다니, 인간의 삶의 이면에 숨겨진 비의秘義는 때로 너무나 기이하고도 신비하다.

어쨌든 이등박문은 정말이지 보통 인간은 아니었다. 그에게는 천부적으로 사람의 마음을 휘어잡는 능력이 있었다. 특히 그 능력은 그가 지닌 인품의 기본에 속하는 특질이었다. 그는 위로는 주군인 명치천황의 마음을 완전히 사로잡았고 아래로는 비천한 막벌이 인력거꾼들의 마음까지도 손쉽게 휘어잡았다.

이등박문이 명치천황을 처음 만난 것은 명치유신이 일어난 1868년으로, 주일 영국공사 파크스의 영어 통역관으로 명치천황의 어전에 처음 섰다고 한다. 당시 명치천황은 갓 즉위한 16세의 소년 황제였고 이등박문은 당당한 27세의 청년이었는데, 그처럼 일찍 시작된 두 사람의 인연은 평생을 두고 매우 돈독하게 계속되었다. 명치천황은 뒷날 자신의 침실에서 이등박문과 단 둘이 마주 앉아서 포도주 마시기를 즐기면서 "이등박문은 내 술친구다!"라고 공언할 정도로 가깝게 지냈다. 평소 과묵하고 엄격한 성품이던 명치천황이 그토

록 마음을 크게 열어 가깝게 지내고 '친구'라고까지 부른 자는 평생 이등박문 단 한 사람뿐이었다고 한다. 측근에서 모시던 시종들의 증언에 따르면, 이등박문이 1909년 안중근 의사에게 사살되자 명치천황이 갑자기 기력을 잃고 팍 늙어 버리더라고 했다.

이등박문의 인품과 기질은 유별났다. 그의 남다른 기질을 생생하게 드러내는 사례 중 하나가 결혼이다. 그는 명치유신 이전 아직 젊은 나이에 같은 학숙에서 공부하던 친구의 누이동생과 결혼했다가 이내 이혼했다. 뒷날 장주번의 하급 무사로서 덕천막부 타도운동에 뛰어들어 풍운에 찬 삶을 시작한 뒤에 만난 화류계 출신 여성인 매자梅子와 재혼했는데, 그 인연이 아주 기구했다.

이야기를 들어 보면 이러하다. 덕천막부 타도운동을 벌이던 이등박문이 한 번은 막부의 추격대에게 들켰다. 매우 살벌한 추격에 몹시 급박하게 쫓기다가 더는 달아날 길이 없는 막다른 골목에서 어느 집 담을 넘었다. 그리고 그 집 변소에 들어가서 변기 구멍 아래 있는 똥통 속에 몸을 숨겼다. 당시 막부의 처벌은 몹시 엄혹했기에, 추격자들이 똥통 속을 들여다보기만 하면 도리없이 잡혀서 죽게 되는 상황이었다. 그때 기생 출신으로 막부의 하급 관리의 첩 노릇을 하는 그 집 주인인 여인이 그를 구해 주려고 나섰다. 그녀는 대변을 보는 듯 치맛자락을 들어올리고 맨 엉덩이로 변기 구멍 위에 쪼그리고 앉았다. 막부의 추격자들이 그 모습을 보고 속아 넘어가 이등박문은 겨우 난을 면했다.

위급하다 해서 똥통 속으로 들어가서 똥물 속에 몸을 감추는 사내와 그런 사내를 동정해서 그 사내의 위에 맨 엉덩이를 까고 앉아서 가려 준 여인, 모두 난세의 인물다운 기질을 타고 났다고 아니할 수 없다. 아무튼 이등박문은 그렇게 생명을 구해준 데 대한 보답으로 뒷날 그 여인과 결혼해 평생을 해로했다. 그 여인은 이등박문이 출세에 출세를 거듭함에 따라 나중에는 신분이 높아져 '공작부인'의 지위에까지 올라가서 일본 사회 최상류층 인사로서의 영화를 크게 누렸다.

이등박문이 평생에 좋아한 것 세 가지가 포도주와 담배와 여자라고 하거니와, 그는 혁명에 성공하여 권력을 움켜쥔 명치유신 이래 젊은 나이에 정부 요직에 발탁되어 승승장구하면서 계속 출세가도를 세차게 달렸다. 그렇기 때문에 얼마든지 좋은 집안의 규수를 아내로 맞을 수 있었음에도 불구하고 굳이 그 여인과 결혼한 것이다. 그리고 워낙 호색한으로 유명한 권력자인지라 평

↖ **이등박문의 가족 사진.** 1841년에 일본 주방국의 한 농촌에서 십장이란 자의 아들로 출생. 화류계 출신의 여자와 결혼했지만 아들을 낳지 못해 대가 끊길 처지가 되자 오랜 지기인 정상형의 조카를 양자로 들여 가독을 잇게 하면서 평생을 해로했다.

생을 두고 손에 닿은 여인들이 넘치도록 많았음에도 불구하고, 그는 남의 첩 노릇까지 했던 미천한 화류계 출신의 아내를 끝까지 버리지 않았다. 더구나 그 아내가 아들을 낳지 못해 대가 끊길 처지가 되자 오랜 지기인 정상형井上馨의 조카를 양자로 들여 가독을 잇게 하면서까지 평생을 해로했다.

그런 일화는 이등박문이란 자의 인물됨을 세필로 공 들여서 그린 원색의 채색화처럼 선연하게 드러낸다. 가문의 격과 체면을 목숨보다도 더 중시하는 일본 사회의 성향과 풍습을 익히 알면서도 그런 걸 어린 꼬마들의 소꿉놀이처럼 내려다보며 웃어 대는 방약무인한 배짱을 굳이 세상에 드러내 보이고 싶고, 그러면서도 바로 그런 세상으로부터 '좋은 녀석' 이라고 평가받고 싶은 마음을 도저히 억누를 수 없는 성격과 성품……. 어찌 보면 이등박문을 그런 형태의 삶으로 몰아간 것은, 그가 평생토록 업보처럼 지니고 산 '비천하게 태어나서 크게 출세한 강자強者의 낭만' 이었던 듯도 하다.

아무튼 이등박문은 위로는 일본 천황으로부터 아래로는 이름 없는 촌부에 이르기까지 누구의 마음이든 쉽게 열도록 만드는 자신의 천품을 널리 활용하면서 마음껏 경륜을 펼침으로써 '새로운 일본제국' 이라는 틀을 만들어 자신의 품 안에 끌어안았다. 그래서 그의 손에 의해 일본 역사상 처음 만들어진 것들이 많다.

이등박문은 일본제국 최초의 헌법을 제정한 자다. 그런 일을 외국인에게 의뢰하여 대충대충 해내지 않고 헌법 제정에 관한 지식을 얻기 위해서 독일에 직접 유학하는 놀라운 노력까지 쏟아부었다. 1882년에 유럽에 가서 베를린 대학의 그나이스트Rudolf von Gneist와 오스트리아 빈 대학의 슈타인Lorenz von Stein의 강의를 들으면서 프로이센의 헌법 제도를 연구하고 귀국한 뒤에 헌법 제정 작업에 착수하여 일본 헌법을 제정했다. 또 내각제를 창설하여 초대 총리대신 겸 궁내부대신이 된 이래, 일본 정부의 총수인 총리대신을 네 번이나 역임한 일본 정계 최고의 실력자였다. 또 천황의 자문기관인 추밀원을 창설하여 초대 의장을 지냈고, 국회를 개설해서 초대 귀족원 의장을 역임했다. 개국 이래 명문 규정이 없는 일본 황실에 관한 규범도 '황실전범皇室典範' 이란 이름의 성문법成文法으로 만들었다. 황실 재산 문제에도 손을 대어서, 덕천막부 시절에는 극히 가난했던 일본 황실이 막대한 재산을 소유하게 함으로써 황실의 권위를 매우 강력하게 세워 주었다.

이처럼 일본을 근대적 형태의 입헌군주국가 체제로 정착시키는 토대가 된 주요한 국가 기관들이 모두 그의 머리와 손을 빌려 창설되었고, 그 기관들마다 스스로 초대 책임자로 취임하여 그것들이 일본 사회 속에 확고하게 자리잡아 든든하게 뿌리를 내리도록 만들었다.

대외적으로도 이등박문은 일본제국을 명실상부하게 대표하는 인물이었다. 근대에 들어서 일본이 최초로 외국과 싸운 전쟁인 청일전쟁의 강화회담에서 그는 일본의 전권대표로서 청나라의 유명한 대정치가인 이홍장李鴻章을 상대로 회담을 이끌었고, 뒤이은 러일전쟁 때는 추밀원 의장으로서 전시 정국을 뒷받침했다. 한마디로 해서, 능력이나 위상과 영향력 등 어느 면에서 보나 삼국지에 나오는 유비의 나라 촉한에서 승상 제갈공명이 지녔던 비중과 위치를 일본 정계에서 차지했던 자라고나 할까. 어떤 의미로든 그는 '명치천황의 제갈공명' 이었던 사내였다.

그런 이등박문이 한국에 건너와 대한제국 침략의 최일선에 직접 몸을 던진 것은 1906년 초반으로 그의 나이 65세 때였다. 그는 일본에서 차지하고 있던 화려한 직함들을 모두 내놓은 뒤에 '초대 한국 통감' 이라는 직함을 갖고 현해탄을 건너왔다. 그리고 3월 2일부터 대한제국의 수도 서울에서 '통감부' 의 초대 통감으로 집무하기 시작했다. 그가 통감으로서 서울에 똬리를 틀고 앉아서 대한제국을 간악하게 압박하기 시작하면서부터 대한제국은 매우 빠른 속도로 몰락하며 허깨비처럼 내부가 비어 가고 있었다. 그리고 그런 상황을 견디다 못한 광무황제가 바로 다음 해인 1907년 6월에 네덜란드(화란)의 해아(헤이그)에서 만국평화회의가 열리는 것을 절호의 기회로 삼아 그곳에 밀사를 파견하는 모험을 통해서 대한제국을 구하려고 한 것이다.

"흠! 우선 황제를 퇴위시키고, 그 다음엔……."

우정 잔뜩 찌푸린 얼굴로 통감 집무실에 혼자 들어앉아 있는 이등박문은 중얼거리다가 끝내 못 참고 크게 소리 내어 웃음을 터뜨렸다. 너무도 기분이 상쾌했다. 그래서 어제까지만 해도 그리도 짜증스럽던 서울의 습한 무더위조차 전혀 싫지가 않았다.

비운의 정미년 밀사들

한양성의 큰 성벽 안에서 보내는 양력 6월 말의 무더위야 예부터 알아주는 것이지만, 요 며칠은 더욱 심해서 아침부터 사람을 솥에 넣고 찌는 듯했다. 절기는 이미 한여름, 경운궁 뜰 안 여기저기 서 있는 나무들도 보는 눈이 질리도록 짙은 초록으로 무성하게 우거져 있다. 침전 앞쪽에 선 큰 회화나무 가지에 앉아 울어대는 매미들의 찌르는 듯한 울음소리마저 그 무성한 초록빛의 일부처럼 느껴진다.

"마마! 날이 매우 덥사옵니다."

"그러게 말이다. 꽤 덥구나."

말로는 덥다고 하면서도 엄귀비는 자신을 위해 열심히 부채질을 하고 있는 지밀상궁에게 손짓하여 부채질을 멈추게 했다. 큰 부채에서 나오는 바람을 맞아도 별로 시원하지 않다. 더위라는 것은 어쩌면 날씨가 아니라 마음에 속한 것인 듯하다. 요즘 후텁지근한 날씨보다 더욱 엄귀비의 심기를 불편하고 답답하게 하는 것이 궁궐 안 분위기였다. 겉으로 보기에는 마냥 평온하고 조용하고 평화스럽다. 그러나 엄귀비에게는 그렇게 보이지 않았다. 보이지 않는 이상한 기운, 무언가 낯설고 불안하고 초조한 기운이 궁궐 안을 내리누르고 있는 것이 피부로 느껴진다. 편안하게 웃는 얼굴로 유유자적하며 한가롭게 지내는 황제를 대면할 때, 특히 그런 기운이 뚜렷하게 느껴지는 것이 더욱 기이하다. 황제가 얼굴 가득 웃음을 담아 크게 소리 내어 웃고 있을 때조차 그의 마음속에 전혀 웃지 않고 있는 또 다른 사람이 들어 있다고 느껴지는 것이다.

무언가 심상치 않은 게 있어…….

남달리 빠르고 날카로운 거의 동물적인 직관과 감각을 지닌 엄귀비였다.

우리 영친왕 전하의 재간택 절차가 자꾸 지체되고 있는 것도 그 심상치 않은 조짐과 연관이 있는 걸까…….

엄귀비는 열린 장지문 밖 뜰에 눈길을 준 채, 입을 꾹 다물고 생각에 빠져든다. 요즘 날마다 홀로 머릿속에서 되풀이하는 궁리였다. 전 같으면 그 문제로 이미 여러 번 황제를 채근했을 터였다. 그러나 요즘의 황제에게서는 그런 채근 자체를 자제하게 만드는 이상한 기운이 느껴진다. 그래서 평소의 엄귀비답지 않게 입 다물고 꾹 참고 있느니만치 마음은 더 답답했다.

다섯 달 전인 1월 24일(음력 12월 21일)에 황태자의 재취 아내인 계비를 맞는 가례가 거행되어, 윤택영의 딸이 황태자비가 되어 입궁했다. 그리고 곧 음력 세모가 닥쳤고, 설을 쇠고 난 직후에 드디어 황실에서 영친왕의 길례 절차를 밟기 시작했다. 음력 1월 3일에 황제의 이름으로 조령을 내려서 '영친왕 부인夫人'을 간택하도록 장례원에 분부한 결과, 곧 그날로 전국에 금혼령이 내려지고 처녀단자를 받기 시작했다.

음력 1월 14일에는 황제의 조령에 따라, 삼간택으로 뽑힌 규수가 길례를 올릴 때까지 입궁하여 왕실 법도를 배우면서 지낼 처소로 별궁인 명례궁이 정해졌다. 초간택 날짜 역시 황제가 조령으로 장례원에 "음력 1월 그믐 전으로 길일을 잡아서 정하라"고 명했기 때문에 장례원 일관이 먼저 '음력 1월 27일'로 잡았다가 다시 뒤로 하루 물려서 '음력 1월 28일(양력 3월 12일) 미시'로 택정하여 황제의 허락을 받았다.

그런데 이때 잠깐 마음에 꺼려지는 일이 하나 있었다. 지난 음력 정초부터 국민들이 일본에 지고 있는 나랏빚 곧 국채를 보상하기 위해서 금연하여 돈을 모으는 운동을 시작했다. 전국 방방곡곡에서 국민들이 너도나도 담배를 끊어서 절약한 돈을 신문사로 보내기 시작했다. 그래서 날마다 신문 지면에 돈을 낸 이들의 명단과 금액이 실리고 있었다. 그러자 크게 감동한 황제가 영친왕 길례의 삼간택을 음력 3월 중에 하기로 결정했던 것을 뒤로 물려서 7월 중에 하겠다고 공표한 것이다. 그래서 그 일이 《황성신문》에 〈성재 황언聖哉皇言(거룩하도다. 황제의 말씀이여!)〉이라는 제목 아래 즉각 보도되었다.

> 거룩하도다. 황제의 말씀이여!
> 영친왕 부인을 뽑는 삼간택을 하는 날짜를 음력 3월경으로 택하여 정한다더니, 이번에 국민들이 국채 보상의 일로 푼전과 동전 한 닢이라도 내는 것을 의무로 삼아 모으고 있다는 이야기를 위에서 통촉하옵시고, 일반 국민들이 충애지심忠愛之心으로 국채 보상금을 모으고 있는 중에 영친왕 길례를 치르는 것은 편안한 일이 되지 못한다고 하옵시고, 삼간택 날짜를 오는 7월경으로 물려서 정하기로 하시옵다더라.

그렇게 신문에 공표되면서 "거룩하다!"고 크게 칭송받기까지 한 이상, 도리 없이 그대로 실행할 수밖에 없다. 그리하여 미처 초간택을 치르기도 전에 삼간택을 하는 날짜는 '음력 7월' 이라고 미리 확정되었다. 음력 7월이면 이미 초가을에 해당한다. 이 봄에 영친왕 길례를 치러서 며느리를 볼 작정이던 엄귀비의 계획은 여지없이 깨진 것이다.

입 밖에 소리 내어 불평할 수는 없지만 엄귀비는 그것이 꽤나 못마땅했다. 국민들의 국채보상운동이 갸륵한 건 갸륵한 것이고, 영친왕의 길례는 길례가 아닌가. 음력 1월에 초간택을 치르면서 이미 길례 절차가 시작된 것인데, 국채보상운동 때문에 삼간택 날짜만 음력 7월로 늦춘다는 것은 무언가 아귀가 안 맞는 일로 보였던 것이다.

어쨌든 재간택이나마 빨리 해 두었으면 좋으련만 그 역시 여의치 않아서 답답했다. 초간택을 치른 당일에 황제가 장례원에 칙지를 내려서 "재간택 길일은 음력 2월 10일 쯤으로 택하여 들이도록 하라"고 명하였다. 그래서 장례원 일관이 재간택 행사를 치를 길일과 길시를 점쳐서 '음력 2월 10일(양력 3월 23일) 손시巽時(오전 8시 반부터 9시 반 사이)' 로 택정했다. 그날은 초간택 날로부터 불과 열하루 뒷날이었다. 그러한 장례원의 보고에 대해 황제는 "그날 그 시각에 재간택 행사를 치르라"고 허락하는 칙지를 내렸다. 황제 역시 재간택까지는 빠르게 진행시켜 두려는 것으로 보였다. 그런데 나흘 뒤에 돌연 황제의 명으로 재간택 날을 다시 택정하도록 칙지가 내려졌고 장례원 일관이 '음력 3월 16일(양력 4월 28일)' 로 날을 다시 잡았다. 그런데 그날 재간택을 할 수 없었다. 황제가 재간택 날을 뒤로 미뤄서 정한다고 다시 조령을 내렸기 때문이다.

왜 우리 귀하고도 귀한 영친왕의 배필 간택 행사를 자꾸 뒤로 미뤄 늦추고 있는 것인고? 삼간택 문제야 이미 황제의 이름으로 "음력 7월에 하겠다"고 공표해 놓았으니 어쩔 수 없다지만, 왜 재간택 날을 또 뒤로 미룬다는 것인고! 대체 우리 귀한 영친왕 전하의 간택 절차에 왜 자꾸 이런 차질이 생겨야 한다는 말인가!

엄귀비는 요즘 재간택 문제만 생각하면 눈매가 가파르게 치올라간다.

세 단계의 간택 절차, 곧 삼간의 절차를 모두 밟는 데 필요한 기간은 시대 정황에 따라 또는 경우에 따라 다소 달랐다. 엄귀비 자신이 예전에 직접 본 바지만, 지금 황제(고종)가 중전 민씨와 가례를 올릴 때의 간택 절차 진행은 궁중 역사상 유례없이 매우 빨랐다. 임금이 등극한 지 3년 되던 해에 선왕인 철종의 삼년상이 끝났다. 그러자 이내 왕비 간택 절차를 몹시 서둘러서 치렀다. 음력 2월 25일에 초간택을 치렀는데, 나흘 뒤인 음력 2월 29일에 재간택, 다시 이틀 뒤인 음력 3월 2일에 삼간택이 치러졌으니, 세 차례의 간택 절차를 모두 거치는 데 불과 7일밖에 걸리지 않았다. 당시 흥선대원군 이하응이 처가인 여흥 민씨 가문의 고아인 규수를 왕비감으로 미리 확정해 놓은 채 단지 규정상의 절차를 밟기 위해서 치른 형식적 간택이었기 때문이다. 당시 그런 내막도 모른 채 왕비의 꿈을 품고 저마다 가장 좋은 옷들로 차려입고 두근거리며 간택의 자리에 나간 나머지 규수들은 간택 놀음에 꼭두각시처럼 동원된 들러리였던 셈이다.

엄귀비가 자신의 침전에서 그처럼 답답해하고 있을 때였다. 광무황제의 침전인 대전에서 돌연 긴박한 움직임이 일었다.

"폐하!"

황급하게 들어와서 황제 앞에 부복한 심복 시종이 음성을 한껏 죽인 낮은 음성으로 극비 소식을 전했다.

"화란의 해아 만국평화회의에 간 밀사들의 소식이옵니다!"

"그래, 해아에 제대로 도착했다더냐!"

황제도 한껏 낮춘 소리로 물었다.

"그렇사옵니다. 폐하! 모두 무사히 해아에 도착했다 하옵니다."

"오, 그거 잘 되었다! 천우신조하셨구나!"

"예, 폐하! 듣자 하오니, 이상설 공과 이준 공은 해아로 가는 길에 노국의 수도에 들러서 노국 공사를 지낸 이범진 공의 아들 이위종을 데려갔다고 하옵니다. 이위종은 해외에 파견된 아비를 따라 어릴 때부터 외국 땅에 살면서 공부했기에, 아직 약관의 나이임에도 불구하고 구라파의 각국 언어에 두루 능통하고 두뇌와 언변이 모두 우수한 뛰어난 인재라고 하옵니다."

"오! 그래, 훌륭하다. 그 참 잘 데려갔구나!"

"예, 폐하! 그 세 사람이 해아에 도착한 것이 양력 6월 25일이온데, 투숙한 호텔에 우리 태극기를 당당하게 내걸고 활동을 개시했다고 하옵니다. 만국평화회의는 지난 6월 15일에 개막된 이래 날마다 각종 회의들이 계속 열리고 있다 하온데, 우리 밀사들은 각국 대표단을 상대로 교섭에 들어가는 등 몸을 던져 애쓰고 있다고 하옵니다. 또 헐버트 박사도 밀사들과 비슷한 시기에 해아에 도착하여 밀사들의 활동을 극력 지원하고 있다고 하옵니다."

"호오, 그래!"

황제의 얼굴에 밝은 기운이 솟아 빠르게 퍼졌다. 이상설과 이준과 미국인 헐버트……. 모두 마음 맡겨 믿을 수 있는 인품과 당당한 국사國士의 역량과 기백을 지닌 이들이다. 그들에다가 서양 각국 말을 두루 한다는 이범진의 아들 이위종까지 합류했다니……. 역시 사람을 잘 알아보고 잘 선택했다는 자부심이 가슴 가득 뿌듯하게 치밀었다.

"그간 이 일이 잘 성사되기를 하늘에 빌고 또 빌었더니 드디어 효험이 나는구나."

"예, 폐하! 참으로 감축하옵니다! 폐하!"

주군과 신하가 동시에 안도의 긴 한숨을 내쉬었다.

그러나 다음날 해가 지기도 전이었다. 황급한 기색으로 지밀에 들어온 심복 시종은 허둥지둥 탑전에 부복하여 소리 낮추어 아뢰었다.

"폐하! 심상치 않은 조짐이옵니다. 밀사에 관한 일로 지금 급박한 문제가 일어나고 있사옵니다."

"거 무슨 소리냐?"

"폐하! 일본 측은 그간 우리 밀사가 해아에 가는 것을 전혀 눈치조차 채지 못했사옵니다. 그러다가 우리 밀사들이 불쑥 해아에 나타나서 만국평화회의에 참가한 각국 대표들을 상대로 일본이 우리나라에 가하고 있는 침략의 진상을 알리고 국권의 원상회복을 호소하는 활동을 시작하자, 일본 대표는 경악을 금치 못했다고 하옵니다. 그 자가 이미 지급전보로 본국 정부와 통감부에 사태를 알렸기에, 일본 황실과 조야는 물론 통감부에서도 모두 격노하여 황급히 대책을 세우고 있는 중이라고 하옵니다."

"허! 그야 일본 측으로서는 당연한 게 아니냐. 일이 그리 진행될 줄 이미 짐작하고 있었느니라."

황제는 여유롭게 말을 받았다.

"이제 와서 일본인들이 제아무리 아우성친들 무슨 대수이겠느냐! 청일전쟁 때 삼국간섭을 생각해 보아라. 당시 일본이 전쟁에 이겼어도 삼국이 간섭하고 들자 꼼짝 못하고 강화조약에서 삼킨 여순반도를 내놓지 않더냐. 하물며 지금은 상대가 삼국 정도가 아닌 만국평화회의다. 만국평화회의에 나온 세계 열강들이 우리 대한제국을 지지해 주면 저들이 아무리 발악한들 그 무슨 대수이겠느냐!"

"하온데, 폐하! 현재 일이 순조롭게 풀리지 못하고 있사옵나이다. 방금 들어온 소식에 따르면, 일본 측의 방해 공작 때문에 우리 대표들이 정식으로 회의에 참가할 자격을 얻을 전망이 어둡다 하옵니다."

황제의 얼굴이 크게 일그러졌다.

"그, 대체 무, 무슨 소리냐!"

"일본 측에서, 을사년 조약에 따라서 일본제국이 대외적으로 대한제국을 대표하게 되어 있다는 주장을 내세우고 있다 하옵니다."

"저런! 아니, 저리 답답한 일이 있나! 짐이 밀사를 파견한 뜻이 바로 그렇게 불의하게 남의 국권을 침탈하는 행위를 막아 달라는 것인데……."

등불이 꺼지듯 급격하게 어두워진 황제의 얼굴에 참을 수 없는 분노와 짜증이 어렸다.

"폐하! 그보다 더욱 화급한 문제는 지금 여기 도성 안에서 저들을 대처하는 일이옵니다. 현재 여기 일이 매우 급박하옵니다. 폐하! 통감 이등박문이 이미 우리 정부의 이완용 총리대신을 통감부로 불러들여서 날벼락을 치듯 사납게 추궁했다고 하옵니다."

"……"

"이등박문은 '대한제국 황제가 해아에 밀사를 보낸 것은 일한협약을 무시한 것이요, 일본제국의 국제적 위신을 땅에 떨어뜨린 것으로 곧 일본에 적대 행위를 한 것이다. 따라서 일본은 이 수치를 씻기 위해서 대한제국을 전쟁으로 응징할 수밖에 없다' 고 협박하면서 펄펄 뛰더라고 하옵니다."

"뭐야! 전쟁으로 응징하겠다고!"

"예, 폐하! 이완용 총리대신이 방금 입궐하여 폐하께 보고 드릴 차비를 하고 있사옵니다. 얼핏 듣자 하오니 이등박문의 기세가 그저 단순하게 헛소리로 협박하는 것 같지 않더라고 하옵니다. 폐하! 이등박문이 먼저 이완용 총리대신을 불러 그런 소릴 퍼부었음은, 일단 이완용 총리를 통하여 폐하께 그 협박을 먼저 전하려는 계산 때문일 것이옵니다."

"……"

"폐하! 곧 이등박문 자신이 직접 폐하를 알현하겠다고 나설 것인즉, 그에 대비할 방책을 미리 세워 놓아야 되겠사옵니다."

"흐음."

"폐하! 호랑이에게 물려가도 정신을 차리라고 했다는데, 지금이 바로 그런 위기 같사옵니다. 단단히 대비하셔야 되겠사옵니다."

"만국평화회의에 참석한 열강들이 우리나라 주장을 지지하는 조치를 취하려는 움직임이 있다는 소식 같은 것은 없느냐?"

"예! 폐하! 그런 소식은 아직 없사옵나이다."

"그래."

황제의 얼굴이 어둡게 가라앉았다. 검은 기름을 부은 듯 무겁고 끈끈한 침묵이 방안 공기를 가득 채웠다. 앞에 부복한 시종의 등에 한참이나 어두운 눈길을 던지고 있던 황제가 이윽고 입을 열었다. 갈리는 듯 거친 목소리가 방안의 정적을 깨뜨렸다.

"해아에 짐의 밀사들이라니!"

황제는 목소리를 높여 명료하게 덧붙였다.

"짐은 그게 대체 무슨 소리인지 도통 모르겠구나. 무슨 소린지 전혀 모르겠어! 알겠느냐!"

그것은 밀사 파견 문제에 관한 한 앞으로 황제 자신은 전혀 관련이 없는 것으로 내세워 밀고 나가겠으니 그리 알고 대처하라는 분부였다. 황제는 마음속에서 지난번 춘생문사건 때처럼 "나는 일체 모르는 일이다!" 라고 딱 잡아떼서 부인하는 것으로 이 사건을 해결하려고 이미 대책을 세웠다. 그러면서도 별스럽게 자꾸 뇌리를 갉아 대는 매우 불길한 느낌 때문에 심기가 몹시 편치 않았다.

강포한 무뢰한의 억압과 횡포에 눌리면서 고통받던 무력한 약자가 어느 시점에서 돌연 주먹을 쳐들고 상대를 사납게 노려볼 때는 무언가 확실하게 믿는 것이 생겼을 때다. 이때 대한제국의 광무황제가 간악한 일본제국을 향해서 주먹을 쳐들 용기를 갖게 된 것은, 바로 네덜란드의 수도 헤이그에서 만국평화회의가 개막된다는 소식이었다.

'만국평화회의萬國平和會議'.

강력한 전투력을 지닌 군사대국의 횡포에 시달리는 연약한 나라로서는, 그 명칭만으로도 와락 기대고 싶은 심정이 드는 국제회의였다. 만국평화회의가 열리는 것이 이번이 처음은 아니었다. 일찍이 1899년에 제1차 회의가 있었고, 러시아 황제 니콜라이 2세가 주창主唱해서 제2차 회의가 1907년 6월 15일에 헤이그에서 열린 것이다. 처음 그 소식에 접했을 때, 광무황제는 입에서 절로 터져 나오려는 환호를 겨우 눌렀다.

좋다! 일본제국이여! 보라! 일본인들이여! 내 여기서, 바로 이 시점에서, 내 건곤일척의 대처분을 내리리라!

환호 대신 황제는 속으로 뇌었다.

'대처분大處分', 그것은 역대 조종의 선왕들의 시대부터 지금까지 군주가 전에 없이 비상한 행동을 취하는 것을 지칭하는 단어로서, 황제는 자신이 군주로서 실로 오랜만에 그 단어가 지닌 비상한 의미에 걸맞은 비상한 일을 추진하는 듯한 깊은 만족감까지 느꼈다.

황제는 만국평화회의에 밀사를 보내어 현재 일본제국이 감행하고 있는 대한제국에 대한 침략의 실태와 야욕을 폭로하고, 일본이 자행하는 그런 횡포와 만행이 국제 정세와 세계 평화에 미칠 악영향에 대해 각국의 주의를 환기시킴으로써 국제적인 여론을 크게 일으키려고 결심했다. 그리되면 열화와 같은 각국의 간섭이 일어나게 되어 일본은 도리 없이 대한제국에서 빼앗아 간 외교권을 비롯하여 갖가지로 침탈해 간 국권을 내놓을 수밖에 없을 것이라고 확신한 것이다.

궁지에 몰린 사람일수록 믿고 싶은 것만 믿게 되고 보고 싶은 것만 눈에 들어오는 법, 황제로서는 그런 계획만으로도 그 찬연하고 통쾌한 결과가 바로 눈에 보이는 듯 고무되었다.

너, 간악한 일본제국이여! 기다려라! 내가 너희로 하여금 청일전쟁 강화 때 겪은 쓰라린 굴욕을 다시 한 번 맛보게 해 주리라!

황제는 자신만만했다. 황제가 그렇듯 밀사 파견 계획에 모든 희망을 건 것은, 12년 전에 있었던 청일전쟁의 마무리 단계에서 직접 목도한 '삼국간섭'의 위력이 너무도 선명하고 강렬했기 때문이었다. 일본은 청일전쟁에서 이기고도 러시아와 프랑스와 독일이 간섭하고 나서서 "불가하다!"고 제지하자, 강화회담 결과 받기로 확정된 요동반도를 무력하게 도로 토해놓고 물러서지 않았던가.

일본이 1904년에서 1905년에 걸친 러일전쟁에서 승리한 뒤에 아무 거리낌 없이 밀어붙이는 침략의 사나운 발톱에 지금 대한제국은 갈가리 찢겨 나가고 있다. 러일전쟁이 종전되자 일본의 원로 정객 이등박문은 '특파 대사'란 명목을 달고 대한제국으로 건너와서 강포한 위협을 가하여 대한제국의 대신들에게 강제로 도장을 찍게 한 이른바 '을사5조약'으로 대한제국을 '보호국'으로 만들어서 외교권을 빼앗았다. 그 파렴치한 이등박문과 그 수하 일본인들은 흉기를 들고 날뛰는 강포한 백주의 날강도와 전혀 다를 게 없었다. 이제 그 자들은 대한제국의 황제가 끝내 비준을 거부한 그 늑약을 근거로 서울에 통감부를 설치하고 그 하부 기관으로서 전국 각 도시에 이사청 12개소와 지청 11개소를 설치한 뒤 막무가내로 통감정치를 실시함으로써 행정권까지 빼앗아갔다.

국가의 최고 통치자인 황제가 비준을 거부한 조약을 '체결된 조약'이라고 우기면서 외국인들이 마구 들어와 국권을 침탈해도 이미 자력으로는 물리칠 수 없는 상태인 대한제국, 이미 '국가'라고 할 수 없으리만치 국체와 국권에 치명상을 입은 만신창이의 나라 대한제국, 중병에 걸린 환자와도 같은 이 나라가 탐욕에 찬 일본제국의 검은 입에 통째로 삼켜질 순간이 시시각각 다가오고 있다는 것은 누구의 눈에도 선명하게 내다보였다. 이런 절체절명의 위기에 세계 각국이 모두 한 자리에 모여서 여는 국제회의인 것이다. 그 국제회의의 명칭이 다름 아닌 '만국평화회의'라는 것도 더 바랄 수 없이 좋은 조짐으로 보였다.

그렇다! 이것은 하늘이 나와 내 나라를 돌보시어 특별히 만들어 주신 일대 기회로다!

황제는 지옥에서 부처님을 만난 것처럼 환호했다. 그는 헤이그에서 열릴 만국평화회의에서 기울어지는 나라의 명운을 바로잡을 수 있다고 굳게 믿었기 때문에 극비리에 밀사를 파견하는 일을 온 힘을 다하여 추진했다. 일본의 '대한제국 통감부'가 서울에 설치된 뒤로, 통감부에서는 대한제국 황실과 정부의 예산 집행까지 모두 철저하게 간섭하고 통제하고 있었다. 그래서 황제는 일본 통감부 당국자들이 눈치채지 못하게 몰래 밀사 파견 비용을 마련하느라 개인 재산으로 소유하고 있는 콜브란 전기회사의 주식을 비밀리에 넘겨서 그 비용을 마련해야 했다.

그런데 이제 시종에게서 들은 소식은 정말로 끔찍했다. 해아에서는 일본의 방해와 공작으로 자신의 밀사들이 만국평화회의에서 정식 참여자로 받아들여지지 않았고, 서울에서는 "통감 이등박문이 밀사 파견 소식을 듣고 격분하여 펄펄 뛰며 '전쟁으로 응징 운운' 하고 있다"는 것이다. 그런 소식을 듣고 나자 황제는 그저 마음이 캄캄했다.

이등박문! 오, 이등박문…….

그 동탕하고 여유만만한 일본인의 둥근 얼굴이 눈앞에 떠오르자 등골에 오시시 소름이 돋았다. 밀사를 파견하는 일에 착수할 때는 한 점 의구심 없이 성공 가능성을 굳게 확신했다. 그런데 이제 와서 돌아보니 한 조각 작은 널빤지에 올라앉아 태풍 이는 큰 바다를 건너려고 나선 것처럼 무모하게 느껴진다.

아! 이번 밀사 파견은 정말로 성사 가능성이 전혀 없는 무모한 모험에 불과한 것일까. 아니다! 그렇게 되어서는 안된다! 이 일은 절대로 실패해서는 안될 일이야!

황제의 뇌리에 그가 파견한 밀사들의 당당한 얼굴이 떠올랐다.

정사正使 이상설, 부사副使 이준, 그리고 미국인 헐버트.

위태로운 때일수록, 곤경에 빠진 때일수록, 큰일을 앞에 둔 때일수록, 가장 귀하고 가장 아쉬운 게 '사람'이다. 밀사를 해아에 파견할 계획을 세우면서 떠오른 가장 중요한 문제가 밀사로 보낼 사람의 인선이었다. 밀사로 누굴 보내야 할 것인가. 고뇌할 때 먼저 떠오른 게 바로 그들이었다. 전에 정부 관리로 발탁하여 쓰면서 그들의 당당한 기상과 굳센 기백을 눈여겨보고 마음에 담아 두었다. 또 외국인이기는 하지만 헐버트야말로 어떤 내국인 충신 못지

않게 믿을 수 있는 큰 그릇의 인물이었다. 모두 가히 일국의 국사라 해도 모자람이 전혀 없는 뛰어난 인재들이었다. 그들과 같이 해아에 갔다는 이범진의 아들 이위종은 아직 본 적이 없지만, 그 아비를 닮은 아들이라면 어떤 사명을 띠고 어디에 가든지 간에 결단코 주군의 이름을 욕되게 할 자가 아님을 확신할 만했다.

아! 다들 한 나라 정치를 담당할 만한 국사들을 고르고 골라 보냈건만, 그 역량을 갖고도 성사가 어려운 걸까……. 시대의 힘이 막으면 사람의 힘으로는 어쩔 수 없는 걸까……. 그들이 실패하면 이 나라의 운명은 어찌될 것인가…….

심장이 갈가리 찢어지는 듯하여 황제는 가슴을 움켜쥐었다. 찌는 듯한 무더위에 방문을 닫고 있음에도 불구하고 황제에게는 이미 더위가 느껴지지 않았다. 덥기는커녕 학질 앓는 사람처럼 몸과 마음에 자꾸 소름이 돋았다.

당시 광무황제가 나라의 운명을 그들의 손에 맡기는 심정으로 발탁한 밀사들의 이름은 이제 한 시대의 이정표처럼 역사의 큰길에 서 있다. 여기서, 당대의 인재들이었던 밀사들의 이력을 살펴보면 다음과 같다.

■ 정사 이상설李相卨(사건 당시 37세, 1870~1917).

전前 의정부 참찬參贊(정2품)으로 충북 진천 출신이다. 어렸을 때부터 두뇌가 과인하게 명석하여 신동으로 불렸다. 학문을 시작한 이래 25세 나이에 이미 "율곡 이이를 조술祖述(선인의 설을 본받아서 서술하여 밝힘)할 만한 큰 학자"라는 일컬음을 들었고, 27세에는 성균관 관장에 임명된 유학의 대가였다. 그는 또 세계정세의 변동과 흐름에도 큰 관심을 가져 스스로 영어·불어·노어·일어를 익히고, 신간 외국서적을 통해서 국제정치학·경제학·법학·동서양사·수학·논리학·철학·종교학을 비롯한 신학문을 몸소 연구하면서 관련 서적들을 직접 번역했다. 특히 수학에 있어서는 당대 제1인자로 인정받으면서 '중학 수학 교과서'를 직접 저술했을 정도의 고명한 수학자였다. 이른바 구학문과 신학문을 아울러 닦은 대학자였다.

또 그는 그렇게 다양한 학문을 통해서 닦은 경륜을 현실에서 실제로 구현하고자 노력한 큰 정치가이기도 했다. 대한제국 시대에 을사늑약으로 국운이 기울자 1906년에 사재를 모두 팔아가지고 국경을 넘었다. 그는 북간도 용정에 가서 만주 최초의 신학문 기관인 '서전서숙'을 세워 인재를 양성하면서 만주를 우리나라 항일운동의 본산으로 만들 기초를 닦고 있던 중, 고종황제의 명을 받고 정사의 자격으로 헤이그 만국평화회의에 참석하러 갔다. 헤이그 만국평화회의가 막을 내린 뒤 귀국하지 못하고 그대로 외국 땅을 떠돌며 망명생활을 했다. 이상설이 노령에 체류하고 있을 때 그를 만났던 안중근 의사는 "실로 대신大臣의 풍모가 있는 대인물"이라고 극찬한 인물평을 남겼다.

■ 부사 이준李儁(사건 당시 49세, 1859~1907).

전前 평리원 검사로서 함북 북청 출신이다. 1895년에 서울의 법관 양성소를 우수한 성적으로 졸업했다. 일본에 유학하여 조도전早稻田 대학에서 법학을 배웠다. 귀국한 뒤 적십자회 회장과 평리원平理院 검사를 역임했고, 헌정연구회憲政研究會 등 여러 단체를 조직하여 활동하면서 구국계몽운동에 헌신했다. 성품이 강직하고 뛰어난 웅변가였다.

■ 이위종李瑋鍾(사건 당시 20세, 1887~?).

엄상궁과 함께 임금의 아관파천을 계획하여 성사시켰고 나중에 자청하여 국내 정계에서 몸을 빼어 해외의 외교 무대로 나가서 미국 공사, 러시아 공사 등을 역임한 유명한 이범진의 둘째 아들이다. 아버지를 따라 일곱 살 때부터 구미 각국을 전전하며 자랐고, 이범진이 러시아 공사로 부임한 뒤로는 러시아 사관학교에서 공부했기에 러시아어 · 불어 · 영어에 두루 능통한 수재였다. 서양 각국 언어에 능한 그를 대변인으로 삼기 위해서 사절단에 가담시켰다. 이범진은 을사조약이 강요된 1905년에 러시아 공사로서 러시아에 주재하고 있었는데, 새로 설치된 일본 통감부에서 이범진에게 귀국하라는 훈령을 내렸으나 귀국을 거부하고 망명자로서 그대로 러시아에 눌러앉았다. 그리고 밀사파견사건에 아들인 이위종을 참가시켰다.

당시 밀사들 중에서 서울에서 출발한 사람은 이준 한 사람뿐이었다. 이상설은 북간도 용정에서 서전서숙을 운영하고 있다가 황제의 밀명을 전달받자 북간도를 떠나 러시아 연해주의 블라디보스토크로 가서 이준과 합류했고, 그 두 사람은 다시 러시아의 수도 상트페테르부르크로 가서 이범진을 만나고 그의 아들 이위종을 사절단에 참가시켰다.

그리고 '해아밀사사건'을 말함에 반드시 기려야 할 의인義人이 있다. 미국인 헐버트 박사다. 흔히 해아밀사사건이라 하면 '3인의 밀사 파견'이라며 이상설과 이준과 이위종만을 꼽는다. 그러나 당시 헤이그에 간 대한제국 황제의 밀사는 네 명이었다. 황제의 명으로 한국인 세 명(이상설, 이준, 이위종)과 미국인 한 명(헐버트)이 헤이그에 가서 함께 활동했던 것이다.

어째서 황제는 한국인 밀사뿐만 아니라, 당시 서울에 살고 있는 미국인 헐버트에게도 밀령을 내려 헤이그 만국평화회의에 보낸 것일까?

세계 강대국 대표들이 모두 모이는 국제회의니만치, 아무래도 서양의 언어나 관습에 서투를 수밖에 없는 한국인 밀사들만으로는 활동에 차질을 빚을 수 있었다. 황제는 그런 우려 때문에 한국인 밀사들과 한국어로 의사소통이 제대로 될 뿐더러 전적으로 신뢰할 수 있는 미국 명문가 출신의 교육자이고 저술가며 저널리스트이기도 했던 헐버트 박사를 함께 보내어서 그들을 돕도록 조치한 것이다. 황제는 헐버트에게 일본 통감부 당국자에게 들키지 않도록 한국인 밀사들과는 다른 경로를 통해 헤이그로 가서 그들과 합류할 것을 지시했는데, 그는 황제의 지시를 충실하게 이행했다. 여기서, 헐버트라는 인물에 관해 잠깐 살펴본다.

헐버트Homer B. Hulbert(사건 당시 44세, 1863~1949)는 버몬트에서 목사이자 미들버리 대학 학장인 C. B. 헐버트의 둘째 아들로 태어났다. 그는 외가에서 설립한 다트머스 대학에서 히브리어를 전공하고 다시 유니온 신학교에 들어가서 신학을 전공했다. 고종 23년(1886)에 조선 정부에서 서울 주재 미국 공사에 부탁해서 미국인 교사 세 사람을 초빙하여 최초의 현대식 신학문 학교인 육영공원育英公院을 세웠을 때 조선에 왔다. 주한 미국 공사 후트에게서 조선 정부의 계획을 보고받은 미국 국무성 교육국장이 자신의 친구인 C. B. 헐버트에게 아들을 조선에 보낼 것을 권고한 것이 계기가 되어 막중한 선교적 사명감을 갖고 1886년 7월에 조선에 온 것이다.

헐버트는 길모어, 벙커와 함께 육영공원에 부임하여 수학과 자연과학과 역사와 정치를 열성적으로 가르쳤다. 그러나 그의 성심 어린 노력에도 불구하고 대부분 부패한 관리의 자제들인 생도들이 학업에 열성을 보이지 않자 크게 실망하여 1891년 12월에 교사직을 사임하고 미국으로 돌아갔다. 그러나 조선에 대한 애정 때문에 1893년 9월에 가족과 함께 다시 조선으로 와서 감리교 계통의 출판사를 운영하며 조선의 문화와 정세를 소개하는 영문 월간지

No. 18. VENDREDI 5 JUILLET 1907

Courrier de la Conférence

DE LA PAIX

Rédigé par WILLIAM T. STEAD

Prix d'abonnement par semaine: pour la Hollande fl. 0.65, „ l'Etranger fl. 0.75
Prix du numéro: fl. 0.15.

Collaborateurs: Mme la Baronne BERTHA VON SUTTNER, M. ALFRED H. FRIED, M. FRÉD. PASSY, M. FELIX MOSCHELES.

Publié sous les auspices de la FONDATION POUR L'INTERNATIONALISME à La Haye.

Directeurs-Editeurs: MAAS & VAN SUCHTELEN

BUREAUX: Princessegracht 6A, La Haye. — Téléphone No. 287. — Adr. Télégr. MAASSUCHTELEN.

AVIS.

Cercle International

Pour tous les discours, pour les thes et pour les Conférences, les cartes d'introduction permanentes sont valables, pour autant qu'il y aura de la place.

Toutefois on peut retenir des places contre versement de fl. 0.25 par personne et par réunion: s'adresser au Bureau, Princessegracht 6a.

Le Vendredi 5 Juillet à 4 heures afternoon-tea. Discours du Dr. D. S. van Emden sur: „Siége et Bombardement" (en allemand).

Le Lundi 8 Juillet à 8 heures du soir Conférence. Discours de S. A. R. le Prince Ti-Yong-Oui Yi sur: „L'Etat actuel de la Corée. Menaces et actes commis par les Japonais en Corée".

Le Bureau.

Le squelette de la fête.

Interview du Prince Coréen Yi.

Les Egyptiens avaient coutume de placer un squelette à leur table de festin, pour rappeler aux joyeux convives la vanité des choses mortelles. La Conférence de La Haye, par faveur spéciale des Dieux immortels, a l'avantage de posséder un aide-mémoire semblable. Aujourd'hui, assis à la porte close du Ritterzaal, se trouve l'équivalent moderne du squelette d'antan, en la personne du Prince Coréen Yi. C'est un prince cultivé, parlant plusieurs langues, un homme énergique, plein d'intense vitalité. Au physique il ne ressemble point à un squelette à tête de mort. Mais jamais spectre hideux de la vieille Memphis ne fut mieux calculé pour jeter la froide terreur dans les coeurs des convives. Le Prince Yi est le ricanement incarné du Fait Accompli en présence des illusions généreuses de la Foi ardente. Il est le Point d'Interrogation moqueur que le Destin appose aux Traités. Il est surtout l'Esprit de Négation, un Méphistophélès moqueur errant sur le seuil du Parlement de la Paix.

„Que faites-vous ici?" lui demandai-je. „Pourquoi troubler la sérénité de cette assemblée par votre sinistre présence?"

— „Je viens," répond-il, „d'un pays lointain, pour voir si par hasard je pourrai trouver ici le Dieu du Droit, de la Justice et de la Paix, dont on dit que l'autel est à la Haye."

— „M. de Martens a trouvé cet autel," lui dis-je, „à la Maison du Bois en 1899."

— „1899!" fit le Prince. „Depuis lors le Dieu du Droit est devenu un Dieu inconnu. Que font donc ces Délégués dans cette Salle?"

— „Ils font des Traités pour assurer la Paix et la Justice dans le monde entier."

— „Des Traités!" répond le Prince avec un rire sarcastique. Que sont les Traités? Je vais vous le dire: je le sais, moi! Pourquoi la Corée est-elle exclue de la Conférence? Parce que les Traités ne sont faits que pour être violés!"

„Mais, voyons, par le Traité du 17 Novembre 1905 . . . ."

„Dites-moi un peu," interrompt le Prince Yi, „Ces Délégués peuvent-ils faire des Traités?"

„Pas à moins qu'ils n'y aient été autorisés par leurs souverains, qui doivent ensuite ratifier les engagements."

— „Eh bien alors," reprend le Prince, „le soit-disant Traité de 1905 n'en est pas un. Ce n'est qu'une convention faite avec le Ministre des Affaires Etrangères de la Corée, qui n'avait pas d'instructions de notre Empereur; et le document signé alors n'a jamais été ratifié. Il est nul et de nul effet. En ce qui est de la Corée, nous le considérons comme non avenu.

Tjoune Yi-Sang-Sul. Prince Tijong-Oui-Yi.

Et pourtant c'est par suite de ce document illégal et sans valeur que la Corée est exclue de la Conférence."

— „Mais que voulez-vous donc?"

— „Présenter notre appel à l'autel du Dieu du Droit et de la Justice, à La Haye; demander si le Traité est valide en Droit International. Où est donc votre Haute Cour d'Arbitrage? Où pouvons-nous faire entendre notre plainte et faire condamner cet outrage?"

— „Mais si ce Traité était annullé, quelle différence cela ferait-il? La Corée, même si elle pouvait avoir ses propres représentants diplomatiques à l'étranger, serait toujours entre les mains du Japon?"

— „Hélas!" répond le Prince, „Vous ne semblez guère croire à la valeur des Traités, même s'ils sont ratifiés légalement par une puissance aussi forte que le Japon! Ne savez-vous donc pas que par le Traité de 1904 le Japon a garanti l'indépendance et l'intégrité de mon pays, et que le Japon a entrepris de veiller à la sûreté de notre Empereur?

— „Oh oui, mais . . . ."

— „Mais," reprend le Prince Yi avec véhémence, „on garantit la sûreté de ce souverain indépendant en le faisant prisonnier dans sa propre maison. On respecte notre indépendance en nous réduisant à l'esclavage, et l'intégrité de la Corée n'est maintenue que parce que le Japon a absorbé tout le pays d'une bouchée au lieu de le grignoter peu à peu."

— „Mais que peut-on y faire?"

— „N'y a-t-il donc pas de justice au monde," répond le Prince Yi, „pas même à La Haye? Allez-vous nous dire à nous, Coréens, qu'il n'y a pas de réparation pour le plus abominable affront, que la plainte d'une nation au sujet d'un traité violé est mise de côté avec mépris, que l'indépendance d'un pays, quoique garantie, peut être détruite avec impunité. . . ."

— „Vous oubliez que le Japon est en possession du pays, et le Japon est puissant."

„Alors," dit le Prince, „votre Dieu du Droit est un fantôme, votre respect pour la Justice n'est que de l'afféterie, votre Christianisme n'est que de l'hypocrisie. Pourquoi faut-il que la Corée soit sacrifiée? Parce qu'elle est faible. Pourquoi faut-il que le Japon puisse fouler au pied toutes ses obligations et tous ses Traités? Parce qu'il est fort. Alors pourquoi parler de justice et de droit et de lois? Pourquoi ne pas avouer franchement et de suite que le canon est votre unique loi et que les forts ne peuvent pas être coupables?

— „Mais, Prince . . . ." dis-je en excuse.

Il continua avec impatience. „Non, non. Ne me parlez pas de Justice. Vous êtes ce que l'on appelle un Pacifiste, n'est-ce pas? Eh bien, voyez en moi la négation suprême de toute votre foi. La Corée était un pays sans armements. La Corée n'avait pas d'ambitions agressives. La Corée ne demandait que la permission de vivre en paix et en solitude. Nous pratiquions ce que vous prêchez, vous, Pacifistes. Où en sommes nous maintenant?

„Non, non, „continue-t-il sans remords, „Ne me parlez pas. La Corée n'est pas un pays difficile à défendre victorieusement contre de puissants voisins. C'est un pays de montagnes, où chaque colline est une forteresse naturelle. Notre nation de vingt millions d'âmes aurait pu faire de la Corée la Suisse de l'Extrême Orient. Mais nous ne voulions pas la guerre. Nous étions un peuple pacifique. Nous n'avions que 7,000 soldats dans tout le pays. Quel en a été le résultat? Le fait que me voilà ici assis à la porte, n'est que le signe du sort qui attend tout pays qui a confiance dans le Dieu du Droit, de la Justice et de la Paix, au lieu d'avoir confiance en sa propre épée."

Je laissai le Prince, toujours assis à la porte du Ridderzaal, attendant la Justice; et, en m'éloignant, je crus entendre l'écho du Saga du Roi Olaf:

„Force rules the world;
„Has ruled it,
„Will rule it.
„Meekness is weakness;
„Force is triumphant.

(„La Force gouverne le monde;
„Elle l'a gouverné,
„Elle le gouvernera.
„Douceur est faiblesse;
„C'est la force qui triomphe.")

Lundi prochain, à 8 heures du soir, à l'occasion d'une réunion au Cercle International, le Prince Ti-Yong-Oui-Yi prononcera un discours, ayant pour sujet les griefs de la Corée. M. William T. Stead présidera et il y aura l'occasion de discuter le discours. Le Prince s'exprimera en français.

En 1899, M. Beernaert a présidé la première Commission, qui a discuté la question des armes de guerre et des armements et non pas la deuxième Commission, qui a rédigé la Convention des Lois et Règlements de la Guerre, celle-ci étant présidée par M. de Martens. Le fait qu'en 1899 on avait choisi deux civils pour les Commissions militaires est aussi frappant que la circonstance que cette fois aucun officier n'a été désigné comme président d'une des Commissions s'occupant des questions relatives à la guerre maritime ou terrestre.

Qu'est-ce que la Contrebande de Guerre?

La Définition de l'Allemagne.

Voici la Proposition de la délégation Allemande, concernant la Contrebande de Guerre en réponse au Questionaire: (Questions VI, VII).

Art. 1. Ne pourront être considérés comme contrebande de guerre que les objets suivants:

a. les armes, y compris les armes de chasse, ainsi que les matériaux qui ne sont susceptibles que d'un usage de guerre, (contrebande absolue).

b. les autres matériaux et objets pouvant servir à la guerre et destinés à la force armée de l'ennemi (contrebande relative);

s'ils forment le chargement d'un batiment qui a mis le cap directment sur un port ennemi ou occupé par l'ennemi, ou sur la force armée de l'ennemi et que ces matériaux et objets aient été expressément déclarés contrebande de guerre.

Art. 2. Il y a présomption péremptoire que les matériaux et objets désignés à l'article 1b sont destinés à la force armée de l'ennemi, quand l'envoi en question est adressé aux autorités ou à un fournisseur militaire de la puissance ennemie ou quand il est à destination d'une place fortifiée du pays ennemi ou d'une autre place, servant de point d'appui aux forces de l'adversaire.

Art. 3. La spécification des matériaux et objets à considérer comme contrebande de guerre au sens de l'article 1 devra être publiée ou notifiée aux gouvernements neutres ou à leurs agents diplomatiques.

Art. 4. La contrebande de guerre est sujette à confiscation. Il en est de même du batiment qui la porte, si le propriétaire ou le capitaine du batiment a eu connaissance de la présence de la contrebande à bord et que cette contrebande forme plus de la moitié de la cargaison.

Art. 5. Le bâtiment n'est pas sujet à confiscation, si le capitaine a ignoré que le guerre ait éclaté et que cette ignorance ne puisse lui être imputée. Il y a présomption dans ce sens, si le batiment est rencontré en haute mer dans les huit jours qui suivent l'ouverture des hostilités et sans que, dans cet intervalle, il ait fait relâche dans un port.

Dans le cas prévu à l'alinéa ci-dessus, la contrebande de guerre qui se trouve sur le batiment n'est susceptible de confiscation que contre indemnisation.

Art. 6. Les bâtiments qui ont à bord des formations de troupes sont sujets à confiscation, si le propriétaire ou le capitaine du bâtiment a eu connaissance du caractère militaire de passagers en question et s'il n'y a pas lieu d'exciper des circonstances prévues à l'alinéa 1 de l'article 5. Il en est de même en cas de transport de passagers individuels qui font partie de la force armée de l'adversaire, si le bâtiment a pris la mer en vue de leur transport.

Les militaires qui se trouvent à bord restent prisonniers de guerre, quand même le bâtiment n'est pas sujet à confiscation.

Nous regrettons d'apprendre que le Président de la Conférence M. de Nélidoff est légèrement indisposé et obligé de garder le lit.

Lord Weardale, mieux connu sous le nom de l'Hon. Philip Stanhope, est arrivé hier à La Haye. Lord Weardale est le Président de l'Union Interparlementaire.

《코리아 리뷰》를 발간하여 극동의 작은 왕국 조선 및 조선에 대한 일본의 무도한 침략상을 세계에 널리 알리려고 크게 애썼다.

헐버트는 대한제국 광무황제(고종)의 밀사 노릇을 두 번이나 했다.

첫 번째는 1905년 10월의 미국행이다. 그는 러일전쟁에 승리한 일본이 한국에 노골적인 침략의 마수를 뻗쳐 오던 때 황제의 명으로 밀서를 가지고 미국으로 갔다. 당시 황제는 1882년에 미국과 체결한 '한미수호조약'의 정신에 따라 미국이 나서서 대한제국에 대한 일본의 침략을 막아 주기를 바랐다. 한미수호조약 제1조에는 "만약 조약 체결국 중 어느 한쪽이 제3국에 의해서 침략을 받을 경우에 다른 한 국가는 이를 평화적으로 해결하기 위해서 우의友誼를 가지고 그에 개입한다"는 규정이 들어 있었고, 황제는 미국 정부가 그 약속을 실천해 주기를 촉구한 것이다. 헐버트는 11월에 워싱턴에 도착하여 미국 대통령에게 황제의 친서를 전달했다. 그러나 당시 친일정책을 채택하여 지나치게 일본에 기울어져 있던 미국 대통령 시어도어 루스벨트는 대한제국 황제의 요청을 묵살했다. 헐버트는 분노를 금치 못하며 미국에 체류하고 있는 동안 한국에 관한 서적을 영문으로 저술하고 뉴욕에서 출판하여 미국 사회에 한국을 널리 알렸고, 1906년 7월에 한국으로 돌아왔다.

두 번째는 1907년 4월의 해아밀사사건이다. 그는 이때 다시 황제의 밀명을 받고 서울을 떠나서 스위스를 거쳐 헤이그로 가서 황제의 한국인 밀사들과 합류했다. 헐버트는 한국인 밀사들과 함께 을사보호조약이 일본의 강압에 의한 것임을 각국 대표들에게 알리는 한편 한국인 대표들이 본회의에 참석할

← **이위종의 연설이 기재된 《만국평화회의보*Courrier de la Conference de la Paix*》**. 1907년 7월 5일자 1면 전면에 세 특사의 사진과 헤이그 밀사들의 활동, 이위종의 연설이 게재되어 있다. 사진에서 정사인 이상설은 앉아 있고 부사인 이준과 이위종은 서 있다.

수 있게 주선해 달라고 회의 의장인 넬리도프 백작에게 요청하는 등, 황제의 밀명을 성사시키기 위해서 혼신의 힘을 다 쏟아 분투했으나 뜻을 이루지 못했다.

그가 영어로 써서 1906년에 뉴욕에서 출간한 《대한제국의 소멸*The Passing of Korea*》의 책머리에는 대한제국의 황제와 국민들에게 바치는 다음과 같은 애절한 헌사가 들어 있어 백여 년의 세월을 뛰어넘어 오늘날까지 그의 붉은 마음을 통렬하게 전하고 있다.

헌사獻辭

비방誹謗이 극에 이르고 정의가 점점 사라지는 때에, 나의 지극한 존경의
표시와 변함없는 충성의 맹서로서
대한제국의 황제 폐하께
그리고
민족정기가 환란을 겪으면서 잠에서 깨어나 "잠이란 죽음과 비슷하지만"
죽음 그 자체는 아니라는 것을 증명함으로써 지난 역사의 발자취가 새로운 세
대에게 자리를 물려주는 것을 보게 될
대한제국의 국민들에게

⬅ **헐버트**Homer B. Hulbert(1863~1949). 고종 23년(1886)에 조선 정부에서 서울 주재 미국공사에게 부탁해서 미국인 교사 세 사람을 초빙하여 최초의 현대식 신학문 학교인 육영공원을 세웠을 때 교사로서 조선에 왔다. 1891년 12월에 교사직을 사임하고 미국으로 돌아갔으나 조선에 대한 애정 때문에 1893년 9월에 가족과 함께 다시 조선으로 와서 감리교 계통의 출판사를 운영하고 조선의 문화와 정세를 소개하는 영문 월간지 《코리아 리뷰》를 발간하여 극동의 작은 왕국 조선 및 조선에 대한 일본의 무도한 침략상을 세계에 널리 알리려고 애썼다.

이 책을 바칩니다.

H. B. H.

헐버트가 말한 “비방이 극에 이르고”라는 것은 대한제국에 대한 일본의 질시와 모함이 극도에 달한 것을 지칭하고, “정의가 점점 사라지는 때”라는 말은 대한제국에 대한 강포한 침략자 일본의 사악한 행위에 대한 고통스러운 평가이자 한미수호조약으로 맺은 국가 대 국가의 약속을 헌신짝처럼 저버린 자신의 모국 미국 정부의 행태를 향한 비통한 탄식이다. 다만 한 줄의 문장일지라도 진정으로 선하고 참된 마음이 담겨 있으면 천년의 세월을 관통하는 거대한 힘과 막중한 무게를 지닌다. 오늘날 다시 읽으면 오히려 더 뜨겁게 가슴을 치는 문장이다.

그 책의 서문에 들어 있는 헐버트의 다음과 같은 술회도 대한제국 국민들의 후예인 우리의 마음을 새삼 아프게 두드린다.

이 책은, 심한 역경에 처한 채 줄곧 악의에 찬 외세에 의해 시달리고 있을 뿐 올바른 평가를 받아본 적이 없는 대한제국이라는 나라와 그 민족에 대해서 독자들의 관심을 불러일으키려는 의도로 쓰인 사랑의 열매이다.

한국인들은 인구로는 중국에 눌리고 재치로는 일본에 눌리며 살고 있다. 그들은 중국인처럼 상술商術에 능하지 못하고 일본인처럼 호전적이지도 않다. 기질로 본다면, 한국인들은 중국인이나 일본인보다는 오히려 앵글로색슨족에 가깝고, 극동에 있는 민족들 중에서 가장 상냥하다. 그들의 약점은 어디에나 무지無知가 만연되어 있는 것이지만, 그들에게 기회가 주어지고 그 기회를 제대로 쓸 수 있게 된다면 그들의 생활조건은 급격하게 향상될 것이다.

뛰어난 인품과 능력과 실력으로 대한제국 황제와 국민들의 전폭적인 신임을 받았고 또 그런 신임에 넘치도록 성실하게 부응한 미국인 헐버트. 그는 고통과 격변으로 점철된 대한제국의 사막과 같은 역사 속에서 한 줄기 맑은 샘이 솟는 오아시스 같이 소중한 존재였다. 강포한 자가 저지르는 불의에 저항하는 강인한 용기와 의지, 약자에 대한 따뜻한 연민과 보호 본능, 더 나은 세상과 미래를 이루기 위한 확고한 열정과 신실한 헌신……. 그가 당시 대한제국 국민들에게 실천한 인류애는 참으로 감동적인 것이었다. 이제 와서 돌아보면, 그는 '진정한 기독교인인 신사' 의 표본과도 같은 인물이었다.

후일담인데, 그는 일제가 패망하고 우리나라가 해방된 뒤인 1949년에 이승만 대통령의 초청으로 86세의 노구를 이끌고 독립한 신생 대한민국을 보러 왔다. 그러나 장거리 여행의 여독에 지쳐서 입국한 즉시 병석에 누웠고 일주일 만에 서울 회기동 위생병원에서 별세했다. 평소 "웨스트민스터 사원보다 한국 땅에 묻히고 싶다"고 한 그의 뜻에 따라 그의 시신은 현재 서울 양화진의 외국인 묘지에 잠들어 있다.

해아밀사사건의 상세한 전말은 금세 엄귀비에게도 전해졌다.

오! 그런 일이 진행되고 있었구나.

엄귀비는 밀사파견사건 자체보다, 황제가 자신에게까지 그 일을 비밀에 부쳤던 것이 오히려 더욱 놀라웠다. 황제가 얼마나 간절하게 그 일에 전심전력 매달렸던 것인지를 알 수 있어 마음이 찢어지는 듯 했다.

그렇다면, 이제 우리 영친왕의 길례는 어찌 되는 겐고?

엄귀비는 속으로 날짜를 꼽아 보았다. 영친왕 길례의 초간택이 치러진 날은 1907년 3월 12일이었는데, 듣자 하니 밀사 이준이 황제의 위임장을 지니고 서울을 출발한 날은 그로부터 40일 뒤인 4월 21일이었다고 했다. 그렇다면 시기적으로 보아 황제는 영친왕의 길례를 위한 초간택을 치른 뒤 재간택 절차를 계속 진행하는 것을 멈춘 채 국운이 걸린 막중한 밀사 파견 계획에 전념했고, 밀사가 떠난 뒤로는 하루하루 초조하게 그 하회를 기다리고 있었던 모양이었다.

이제 미친 바람이 한바탕 세차게 불어 대겠지. 그렇다면 재간택은 일단 그 바람이 가라앉은 후에야 진행될 수 있겠구나…….

엄귀비는 너무 심란하여 한숨을 깊이 내쉬었다.

광무황제의 비통한 퇴위

또 그 소리, 또 그 소리다.

“폐하는 퇴위하여 일본에 사죄하소서! 그것만이 우리 대한제국을 구하는 길이외다.”

해아밀사사건이 불거진 뒤로 이미 머리가 어지러울 정도로 자주 들은 소리인데, 또다시 깨진 쇠북 소리처럼 시끄럽게 귓전을 두드린다.

“폐하는 양위하여 일본에 사죄하소서! 그것만이 나라를 멸망에서 구하는 길이외다.”

내각의 각료들 중 대표적 친일파 송병준의 거친 목소리다. 그렇지만 황제는 꿈쩍하지 않는다.

황제 자리에서 퇴위하면 어찌 되는가. 지금의 황태자가 제위에 올라 새 황제가 되고, 자신은 태황제太皇帝가 되어 은거하게 된다. 제국의 모든 권력은 그 구조상 황제가 정점인 체제이기에, 태황제가 된다는 것은 일체의 정사에서 모두 손을 떼고 완전히 세상의 뒤편으로 물러나는 것을 말한다. 문자 그대로 황제직에서 은퇴하는 것으로 손에서 모든 권력을 내놓게 된다. 황제는 머리를 흔들었다. 황제의 권력, 지금까지 천변만화하는 시대의 온갖 소용돌이를 다 견디고 온갖 신고를 다 겪으면서도 악착같이 손에 쥐고 유지해 온 권력, 그것을 내놓고 뒤로 물러나 앉아 있으라니 그 무슨 말인가! 당치도 않다! 황제는 계속 모르쇠로 일관하면서 버텼다.

"그 무슨 당치 않은 소리요! 짐은 밀사를 파견한 일이 없소. 그 일은 짐으로서는 전혀 모르는 일이오! 그렇기 때문에 그 일에 짐이 책임질 이유가 없고 퇴위해야 할 까닭은 더더욱 없소!"

그러나 황제의 그런 부인과 버팀은 더욱 일본인들의 격노를 부채질했다. 아니, 적어도 그렇게 보이게끔 일본 측은 반응했다. 그래서 일본 통감부의 사주를 받은 송병준 같은 자는 일본인들보다 더욱 격분하여 펄펄 뛰면서 제 나라 황제를 강박하고 있다.

"폐하! 이 사건은 폐하께서 실제로 저질러 놓은 일이올소이다! 그러고도 왜 부인하시나이까! 이번 사건은 그렇게 모르는 일이라고 잡아떼면서 버틴다고 해서 해결될 일이 결코 아니옵니다. 이 일은 이제 '폐하께서 황위皇位를 보존하느냐, 아니냐' 는 문제가 아니라, '이 나라 종묘사직이 제대로 보존되느냐, 아니냐' 하는 문제가 걸려 있는 일이 되었사옵니다! 나라의 존망에 직결된 일이란 말씀이옵니다. 진실로 나라를 생각하시옵거든, 폐하께서 일본에 건너가서 일본 천황 폐하에게 '퇴위로 사죄하겠으니 용서해 달라' 고 빌어서 문제를 해결하소서! 정 그렇게 할 수 없다면 도성 안에 주둔해 있는 장곡천호도 대장의 군문軍門에 들어가서 퇴위를 걸고 사죄하소서!"

송병준의 말은 너무나 방자하고 너무도 무례하고 거침없었다.

반면에 일반 백성들은 정반대 입장에서 격노했다. 일본인들과 친일파 각료들이 황제에게 "퇴위하시오"라고 협박하고 있다는 소식을 전해 들은 상인들은 상가를 철시함으로써 항의하고, 각 애국 단체들이 도처에서 여는 애국연설회마다 울분에 찬 민중들이 앞다투어 모여들었다. 민중들은 각계각층의 지사들이 일본을 규탄하는 피를 토하는 듯한 열변을 들으면서 격노와 격분을 못 이겨 목을 놓아 통곡했다.

한편 한국 민중들의 그런 움직임에 대응하는 통감부의 방책은 삼엄하고 살벌하기 그지없었다. 무장한 일본군을 시가지 곳곳에 배치하여 공공연하게 위협사격을 자행하게 하는 등 혹독한 공포 분위기를 조성했다. 일본 군대의 위협사격의 총성이 도성 하늘을 진동하는 속에서 격분한 대한제국 국민들은 굴하지 않고 일어났다. 그들은 빈약한 무기를 손에 쥐고 일본군과 일본인들을 공격했다. 그래서 피차 다수의 사상자가 났다. 일부 군중들은 친일단체인 일진회의 기관지인 《국민신보사》도 습격하여 사옥과 인쇄공장을 파괴했다. 그리고 많은 군중들이 경운궁 대한문 앞에 모여 일제히 엎드려 소리소리 외쳐 대었다.

"황제 폐하! 결단코 양위를 거부하옵시고, 일본의 뜻만 좇는 망국 역도들의 목을 참하소서!"

"폐하! 감히 참람한 작태를 자행하는 역도들을 즉시 참하시어 나라의 기강을 바로 세우소서!"

모두 끓는 죽솥처럼 뒤섞여 들끓어 대는 시국이라, 앞날이 어찌 될 지 한 치 앞을 내다볼 수 없는 상황이었다.

그러나 엄귀비는 타고난 예리한 정치 감각으로 이미 사태가 절망적임을 남김없이 꿰뚫어 보았다.

사태가 이에 이르렀을진대, 그렇다, 폐하께서는 끝내 버텨 내시지 못하리

라. 그렇다면, 지금부터 폐하의 양위 다음에 벌어질 사태에 대비해야 한다…….

황제가 양위하여 태황제가 되면, 황태자가 황제의 위에 오르게 되어 황태자 자리가 비게 된다. 당연히 새 황태자를 새로 정하여 책봉하는 절차가 잇따르게 된다. 그런데 지금 황태자는 현재 자식이 없을 뿐더러 장래에도 자식을 낳을 가망이 전혀 없는 성불구자이니, 이복동생들인 의친왕 이강과 영친왕 이은 두 사람 중에서 한 사람을 새 황태자로 책봉하게 될 터였다.

그럴 경우, 현재 황실 정황으로 보아 반드시 내 아들 영친왕이 황태자로 책봉될 것이다. 그렇지만 사람 일은 모르는 것, 내 칼도 남의 칼집에 들어가면 내 마음대로 꺼내기가 어렵다고 하지 않는가.

엄귀비는 곰곰이 생각에 생각을 거듭했다.

일단 황위가 지금의 황태자에게로 넘어가서 그가 황제가 되면 당연히 궁중 안의 상황이 지금과 크게 달라질 터였다. 앞으로는 모든 일이 엄귀비 자신의 뜻대로 처리되지 않을 것이라고 봐야 했다. 우선 엄귀비 자신의 지위부터 그러하다. 새로 권력을 쥔 '황제의 권위'와 권력을 놓고 은퇴한 '태황제의 권위'가 전혀 다르듯, 같은 '황귀비'의 칭호를 지니고 있다 해도 '황제의 측실인 황귀비'가 지닌 힘과 '태황제의 측실인 황귀비'가 지닌 힘은 전혀 다를 수밖에 없다. 그것이 권력의 속성이다. 그러니 만사불여튼튼, 미리미리 대비하는 것 이상 중요한 일은 없다. 그녀는 '만약을 위해' 황제에게 미리 단단히 다짐해 두어야 한다고 판단했다. 일단 판단을 내리면 주저 없이 실천하는 행동가답게 그녀는 황제를 찾아가서 대담하게 말을 꺼냈다.

"폐하! 만약에……, 만의 하나라도 이번 사건으로 끝내 양위하시게 되오실 경우, 반드시 우리 영친왕을 동궁으로 책봉해 주시옵소서!"

⬆ **의친왕.** 촬영 당시에는 의화군이었으며 사모에 단령포 차림을 하고 있다. 고종이 황제로 즉위하면서 1900년 의친왕으로 봉해졌고, 한일강제병합 이후 독립운동을 지원하기도 하였다. 의친왕을 경계했던 엄귀비의 계략으로 해외 유학을 떠났고 국내에 들어오기 힘들었다(19세기 말).

"뭣이라! '양위하게 될 경우' 라니!"

황제가 노여운 얼굴로 혀를 찼다.

"사위스럽게! 고약한 것 같으니라고……."

그러나 엄귀비는 꿈쩍도 하지 않았다.

"폐하! 우리 영친왕을 동궁으로 책봉해 주셔야 하옵니다! 그리한다고 약속해 주시옵소서!"

"허어!"

황제가 그녀를 노려보았다. 분노와 야속함과 짜증이 함께 섞여 찌를 듯 날카로운 눈빛이다.

"지금 나라의 명운이 경각에 달렸네. 그런데도 임자는 한가하게 자기 아이 걱정만 하는 겐가?"

"폐하! 그 무슨 억울한 말씀이시오니까! 대체 나라가 무엇이오니까! 그건 곧 폐하의 것이며, 또한 폐하의 혈속의 것이 아니오이까! 신첩이 올리는 말씀, 이 모두가 곧 나라에 대한 걱정이 아니오니이까!"

엄귀비의 눈매에 파란 빛이 돋자 황제는 그만 눈길을 거뒀다. 그녀가 그토록 집요하게 구는 것은, 영친왕의 배 다른 형인 의친왕 이강의 존재 때문이라는 것을 잘 알기 때문이다.

엄귀비의 아들인 영친왕은 1897년생으로 지금 겨우 열 살인데 비해, 의친왕은 1877년생으로 당년 서른 살의 헌헌장부였다. 엄귀비는 의친왕의 그 한창인 나이와 힘이 걱정인데다가 그가 머리도 있고 야심도 큰 인물이라 영 마음을 놓을 수 없는 처지였다. 게다가 엄귀비의 득세로 권력의 핵심에서 밀려난 사람들, 그래서 엄귀비가 득세한 세상에서는 결코 햇빛을 보기 어려운 인물들이 의친왕 쪽으로 붙어서 그와 함께 영화를 누리려고 어둠 속에서 꿈틀

거리고 있기에 더욱 불안했다.

"지금은 내가 심신이 모두 너무 피곤하이. 그 이야기는 나중에 다시 하게."

황제가 침울하게 말했다. 무거운 짐에 눌려 허덕이는 고된 짐꾼같이 고달파 보였다. 그러나 황귀비 엄씨의 대꾸는 냉랭했다.

"폐하! 이 일은 피곤하다고 해서 피할 수 있는 문제가 아니오이다. 필히 유념해 주소서!"

큰못 때려 박듯 단호하게 대꾸하고 황제의 앞을 물러났다. 그러나 엄귀비 역시 마음이 온통 큰 바윗돌에 짓눌린 듯 괴롭고 답답하기는 마찬가지였다. 일본인들에게서 양위를 강요당하고 있는 불우한 황제를 상대로 명색이 일국의 국모라 할 수 있는 황귀비 자신이 하는 일이란 것이, "양위하게 되면 다음 동궁으로 영친왕을 책봉하라"는 다짐 하나뿐일 수밖에 없는 것이 서럽기도 했다.

일본의 사악한 기세가 대체 어디까지 뻗칠 것인고……. 아아, 이 불운한 세월을 어떻게 헤쳐 내어 우리 영친왕에게 좋은 나라를 넘겨줄 수 있을꼬! 어찌해야 이 난세를 지혜롭게 대처해 낼 수가 있을꼬!

자신의 침전 깊이 들어앉아 엄귀비는 주먹을 움켜쥐고 고민했다.

돌아보면, 일본이 조선을 침략하려는 야욕을 노골적으로 드러내기는 명치유신으로 덕천막부를 타도하고 권력을 잡은 새 일본 정부의 거두들이 느닷없이 조선을 정벌해야 한다는 '정한론征韓論'을 외쳤을 때부터였다. 그 뒤로 청일전쟁, 을미사변, 러일전쟁……. 쉴 새 없이 노도처럼 잇따라 밀어닥친 험악한 변란들을 도구 삼아 일본 세력은 날이 갈수록 이 땅에 점점 더 깊이 날카로운 발톱을 들이박고 있다.

그러나 무엇보다도 치명적인 것이 '을사늑약'이었다. 1905년 9월 5일에 포

츠머스에서 러일강화조약이 체결되어 전쟁이 종결되자, 일본은 전승의 기세를 타고 대한제국을 강압한 끝에 1905년 11월에 이른바 '을사늑약'을 체결했다. 당시 황제의 시종무관장 민영환을 비롯한 많은 우국지사들이 항의하며 자결하는 등 나라 안 민심이 물 끓듯 격동했지만, 일본은 을사늑약을 내세우며 1906년 2월 1일자로 대한제국에 통감부와 이사청을 설치했다. 그리고는 러일전쟁이 끝났는데도 계속 주둔하고 있는 일본군의 사령관인 장주번 출신의 장곡천호도長谷川好道 대장에게 '임시 통감대리'로서 통감부를 통솔하게 함으로써 대한제국 역사에서 수치스럽기 짝이 없는 '일본의 통감정치 시대'가 시작되었다.

일본 천황이 초대 통감으로 임명한 이등박문 후작이 현해탄을 건너와서 작년(1906) 3월 2일자로 통감직에 정식으로 부임할 때다.

"각하! 초대 한국 통감으로서 이 땅에 새로운 시대를 여시어, 우리 대일본 제국의 국운이 융창함을 떠받칠 큰 기틀을 만들어 주소서!"

임시로 맡고 있던 통감 업무를 이등박문에게 인계하면서 장곡천호도 대장이 그렇게 기염을 토하더란 소문이 있었다.

"나라를 위하여 우리 함께 분투하고 또 분투합시다. 이 중차대한 시기에, 일본 국민이라면 그 어느 누구 하나 중요치 않으리오만, 우리 대일본제국 명운의 앞으로 나아감과 뒤로 물러섬은 특히 해외에 나와 있는 우리들의 일거수일투족에 직결되어 있소!"

이등박문이 그렇게 화답하더라는 소문도 따랐다. 현재 일본 육군을 장악하고 있는 것이 장주벌 계열이고, 가장 적극적으로 해외 침략에 앞장서고 있는 것도 장주벌 계열이다. 이등박문과 장곡천호도는 같은 장주번 출신의 선후배 사이이니 손발이 절로 척척 맞는 처지였다.

그때부터 통감 이등박문 후작은 안에서 통감부 조직을 통하여 대한제국의 행정 체계를 장악하고 사령관 장곡천호도 대장은 밖에서 대한제국 안에 주둔하고 있는 일본 군대를 통해 대한제국의 목을 옥죄어 숨도 제대로 못 쉬게 하고 있었다. 그처럼 일본인들이 대한제국 정부의 행정을 직접 감독하며 통괄하고 대한제국의 외교권까지 완전히 박탈했기 때문에 대한제국이란 나라는 이름과 겉모습만 남았을 뿐 이미 일본의 속국과 같은 상태가 되었다. 이때 통감 이등박문은 '궁금령宮禁令'이란 조치로써 황제를 궁궐 안에 유폐시키다시피 만든 핍박까지 서슴없이 가했다. 당대의 그런 상황에 대한 증언이 있다.

↖ **인정전의 고종황제.** 1906년 3월 초대 통감 이등박문의 부임을 기념하여 촬영한 사진이다. 중앙이 이등박문과 친일 각료에 둘러싸인 고종황제다. 오른쪽으로 이재각, 민병석, 조중응, 김윤식, 이지용, 조민희, 고의성이며, 황제 뒤로 이병무, 왼쪽으로 이등박문, 이완용, 임선준, 고영희, 송병준, 박재순, 황제 뒤 윤덕영이다.

을사늑약 이듬해인 1906년 1월 서울에 왔던 영국 《트리뷴*Tribune*》 신문 특파원 더글러스 스토리Douglas Story가 고종의 처지를 '유폐된 황제The Captive Emperor'(《트리뷴》, 1906. 2. 8 및 12. 1)로 묘사했다. 고종은 일본의 철저한 감시와 통제 하에 놓여 있었다는 것이다. 스토리 기자는 "고종 주변을 둘러싸고 있는 일본 정보원들은 세계에서도 가장 민완하다"고 폭로하고, 같은 내용을 《동양의 내일*Tomorrow in the East*》(Chapman & Hall, 1907)이라는 자신의 저서에도 담았다.

이토 히로부미(이등박문)는 통감으로 부임한 후 한국의 황실과 행정부를 철저히 장악했다. 그는 1906년 7월 2일 고종을 알현한 자리에서 "궁중에 드나드는 사람들을 통제할 특별 병력을 궁중에 주둔시키겠다"고 일방적으로 통보했다. '궁중의 위엄과 안전을 보장하기 위한 조치' 라고 강변했지만 고종의 주변을 차단하고 고립시키려는 속셈이었다. 고종은 한참 동안 저항하며 거절했지만 역부족이었다고 주한 영국 총영사 헨리 코번이 본국 외상 에드워드 그레이에게 보낸 보고(1906. 7. 9)에 기록하고 있다. 이날 저녁 일본 순사와 헌병이 전격적으로 궁내에 진주해 궁문을 봉쇄하고 궁중 내시를 비롯한 직원의 출입을 통제했다.

궁내부 대신 이재극李載克은 7월 6일자로 '궁금령' 을 제정 공포하여 통감부의 불법적인 강압을 뒷받침하는 조치를 취하지 않을 수 없었다. 궁중에 출입하려면 일본 경무고문부의 허가증을 얻어야 한다는 요지였다. '궁금령' 은 배설裵說(Ernest thomas Bethell)과 헐버트 같은 반일적인 외국인이 고종과 접촉하는 것을 막는 조치이기도 했다.

고종은 이제 통감부의 허락 없이는 관리들조차 마음 놓고 만날 수 없는 신세가 되었다. 궁금령 공포 직후인 7월 16일 예식경禮式卿 이용태李容泰가 대궐에 들어오려다가 파수 순검이 궁문표宮門票를 보여줄 것을 요구하였으나 거절하였다는 이유로 법부의 조사와 처벌을 받았다. 예식경은 한말 관료의 최고 직제에 해당하는 칙임관勅任官 벼슬이었다. 9월 10일에는 육군 참장參將 김영진金永振도 궁문에 들어왔다가 궁금령 위반으로 육군법원에 체포되었다(정진석, 〈'궁금령宮禁令' 으로 유폐된 황제〉, 《조선일보》).

세계 역사상 일국의 황제가 외국 세력에 의해서 자기 나라 자기 궁궐에서 이처럼 유폐 상태에 놓인 사례는 거의 찾아볼 수 없을 것이다. 황제가 겪고 있는 그토록 원통한 고난을 옆에서 익히 보고 있기 때문에 엄귀비는 황제가 만국평화회의에 밀사를 파견한 심정을 천번 만번 이해하고도 남았다.

포악한 무력을 앞세워 이처럼 사납게 달려드는 일본의 침략을 방어할 수단이 도무지 없었기 때문에 결국 폐하께서 해아밀사사건 같은 극도로 위험하고 위태로운 일을 추진하신 것인데……. 절통하게도 원하는 성과는 전혀 거두지 못한 채 도리어 폐위당할 위기에 처하셨으니…….

엄귀비는 방바닥이 꺼질 듯 깊은 한숨을 내쉬었다.

이런 상황에서, 민심에 큰 충격을 주는 돌발사태가 일어났다. 한국의 밀사들이 6월 하순에 헤이그에 도착한 이래 각국 대표들을 만나고 각종 모임에 초청되어 연설하고 신문기자들과 인터뷰하는 등 한창 활동하고 있던 중에 이준 부사가 7월 14일에 돌연 사망한 것이다. 그래서 별세 직후부터 현지에서 자살설이 돌았다고 한다. 이준의 별세는 본국인 대한제국에는 물론 일본에도 즉각 알려졌고, 양쪽에서 각기 전혀 다른 방향으로 커다란 반응을 불러일으켰다.

한국 국민들에게 이준 부사의 비통한 죽음은 커다란 상실인 동시에 강력한 파괴력을 지닌 새로운 항일 무기였다. 애국자들은 그의 죽음을 항일운동에 유리하게 이용하려고 했다. 그래서 "이준 선생이 헤이그의 만국평화회의 회의장 석상에서 일본의 침략을 고발하면서 할복하여 그 창자를 잘라 참석자들에게 뿌렸다. 각국의 사신들은 모두 그 애국심에 감격하여 그 피를 '충신의 피' 라고 하면서 그 피가 묻은 옷을 세탁하지 않고 소중하게 기렸다"라는 소문을 만들어 내었다. 그 소문은 순식간에 전국에 널리 퍼져서 한국인들을 거세게 격동시켰다. 그리고 뒤이은 국망과 일제 치하의 고통 속에서 의심의 여지가 없는 살아 있는 전설이 되어 연년세세 전해졌다. 그래서 그에 대한 호칭도 아예 '이준 열사' 가 되었다.

이준 열사의 죽음은 그가 헤이그에서 별세한 날로부터 불과 5일 만인 7월 19일에 서울에서 발간되는 한글신문의 호외에 실려 급히 보도되어 대한제국 국민들에게 널리 알려졌다. 현재 남아 있는 당시 긴급 보도기사 중 하나를 보면 다음과 같다.

〈의사義士 자결自決〉

전 평리원 검사 리준씨가 현금現今 만국평화회의에 한국 파견원으로 갔던 일은 세상 사람이 다 알거니와, 재작일再昨日에 발發한 동경東京 전보를 거據한즉 해씨該氏가 충분忠憤한 마음을 이기지 못하여 이에 자결하여 만국 사신 앞에 피를 뿌려서 만국을 경동驚動케 하였다더라(《경향신문》 호외, 1907. 7. 19).

그러나 오늘날 학자들의 연구에서 명백하게 밝혀진 바로는, 이준의 죽음은 병사病死였다. 사망 원인은 '단독丹毒' 이었다. 뺨에 생긴 농창膿瘡의 증세가 악화되어 현지 병원에서 수술까지 받았으나 회복하지 못하고 별세했다는 것이다.

이준의 사망이 '병사' 라는 증거는 여럿이다. 당시 그의 죽음과 장례식을 보도한 현지 네덜란드 신문들의 보도가 그럴 뿐 아니라, 무엇보다도 같이 헤이그에 갔던 정사 이상설이 남긴 증언이 그러하다. 뒷날 해삼위(블라디보스토크)에 간 이상설이 그곳 독립운동계의 기둥이자 동지였던 이동녕李東寧에게 이준의 서거에 대해 병사라고 명확하게 밝혔다는 것이다.

……선생은 이준 선생의 서거에 애통하시며 말하기를 "만일 그곳에 화상華商(중국인 한약방)이 있었더라면 약(한약) 3첩이면 간단히 고칠 수 있는 병을 애석하게 되었다고 말씀하시며 병인즉 단독丹毒이었다"고 하시며 비감悲感을 감추지 못하시었다(《李相卨傳》, 尹炳奭, 1984, 96쪽).

단독이란 어떤 병인가. 의학사전에 다음과 같이 설명되어 있다.

'피부 또는 점막부의 다친 곳이나 헌 데에 연쇄상구균이 들어가서 일어나는 급성 전염병. 반일半日 내지 사흘가량의 잠복기를 지나 고열을 내며 해당 부위의 피부가 붉어지며 붓고 차차 퍼져서 종창腫瘡과 동통疼痛을 일으키는 증세로, 내버려 두면 생명이 위독하게 되는 수가 있음.'

멸망을 목전에 둔 나라를 구하겠다고 황제의 밀명을 받들고 천신만고 수만 리 길을 달려가서 대사를 앞두고 갑자기 뺨에 난 급성 종창 때문에 죽어 가던 이준의 심정이 어떠했을까! 또 그 모습을 지켜보던 이상설과 이위종의 심정은 과연 어떠했을까!

이준은 순국한 지 사흘째인 7월 16일에 헤이그에 있는 아이큰다우Eiken-duinen 공동묘지에 임시 매장되었다. 이날, 정사 이상설은 영구를 따라가면서 다른 말을 전혀 할 줄 모르는 사람처럼 "참으로 애통하다! 참으로 애통하다!" 하는 통렬한 탄식만 거듭했기에, 현지 신문에 그런 사실이 보도되어 오늘날까지 전해진다.

7월 16일에 정식 장례를 치르지 않고 유해를 임시로 매장한 이유는 아마도 묘지를 살 돈이 모자라서 그리되었던 듯하다. 이상설은 7월 하순에 헤이그를 떠나 구미열강을 순방하면서 대한제국의 처지와 세계 각국이 일본의 해외 침략 야욕을 막아야만 하는 당위성을 역설하는 활동을 한 뒤에 9월 5일에 다시 헤이그로 갔다. 그는 이준을 매장한 묘지에 찾아가서 '12길다 75센트'를 치르고 영구 묘지를 사서 다음날인 9월 6일에 정식으로 장례식을 치르고 매장했다. 당시 이상설이 친히 서명한 묘지 계약서 원문이 아직도 묘지 관리소에 보존되어 있다.

한편 광무황제의 퇴위 문제는 나날이 악화되어 갔다. 결국 엄귀비의 예상대로였다. '해아밀사사건'을 두고 줄기차게 지속된 일본의 강포하고 집요한 협박과 강박과 술수가 날로 격해지던 중, 7월 18일에는 현직 일본 외무대신 임동林董까지 황급하게 서울에 달려와서 대한제국 황제에게 양위하라고 협박하는 일에 가담했다. 그 정도로 일본은 국력을 모두 기울이다시피 광무황제의 양위를 관철시키려고 대들었다. 결국 강약이 부동이라, 밤낮으로 갖은 협박을 당하면서 시달리던 광무황제는 끝내 손을 들 수밖에 없었다.

그러나 광무황제는 권력에 대한 집착이라면 그 누구에게도 지지 않는 사람이다. 아무리 절망한다 하더라도 백기 투항할 만큼 심약하지 않았다. 도저히 권력을 손에서 놓을 수가 없는 것이다. 지금은 일단 부득이하게 정권을 내놓되 곧 재기하려고 나름대로 집요하게 방책을 마련했다. 그래서 일단 "황태자로 정무를 대리하게 한다"는 칙명을 내리고 물러앉는 모양새를 갖춰 일본의 양위 압력을 피하려고 시도했다. 그러나 간교한 이등박문이 그대로 받아들일 리가 없었다.

"황태자로 하여금 정무를 대리하도록 하겠다고? 후훗."

이등박문은 황제가 내린 '황태자 정무 대리'의 칙명을 아예 무시하고 대한제국의 황제가 황태자에게 양위하기로 결정했다고 공식적으로 포고해 버렸다. 아무리 강한 무력을 지닌 자의 일방적인 횡포라 해도 더 이상 잔혹할 수 없는 횡포였다. 결국 1907년 7월 20일에 고종황제가 참석하지 않은 형식적인 양위식을 통해 제위는 황태자에게 넘어갔고, 고종황제는 태황제가 되어 정치적 실권이 전혀 없는 존재로서 뒤로 물러앉게 되었다. 이리하여 일본인들에게 시해된 명성황후가 남긴 유일한 핏줄인 황태자 이척이 대한제국의 제2대 황제(순종)가 되었다.

대한제국 초대 통감인 이등박문은 드디어 호쾌하게 제 뜻을 이룬 것이다. 명치유신이라는 비상수단으로 일본을 통치하는 세력이 바뀌던 그 살이 튀고 피가 흐르는 살벌한 싸움터에서 잔뼈가 굵어 거목으로 성장한 자답게, 그 솜씨는 실로 빠르고 단호하고 냉혹하고 집요했다. 밀사파견사건으로부터 황제 강제 퇴위에 이르기까지 걸린 시간만으로도 이등박문의 솜씨가 어떠했는지를 생생하게 알 수 있다.

6월 15일 : 헤이그 만국평화회의 개막.

6월 26일 : 대한제국 황제가 보낸 밀사들, 헤이그에 도착.

6월 29일 : 헤이그에 가 있는 일본 대표가 보낸 "대한제국의 황제가 밀사를 파견하여 만국평화회의에 일본의 침략을 호소하려고 한다"는 긴급전보가 일본 정부와 서울의 이등박문에게 도착.

7월 16일 : 이준 선생의 순국 소식 전해짐.

7월 18일 : 광무황제, "황태자에게 군국대사軍國大事 대리하게 한다"는 칙명 발표.

7월 20일 : 일방적인 황제 양위식. 황제는 '태황제太皇帝' 라는 칭호 아래 은거하게 되고, 황태자가 제위에 올라 황제가 됨.

일본 경찰과 군대는 양위식이 벌어진 날을 전후하여 연일 도처에서 총과 대포를 맹렬하게 쏘아 대어 도성 안 공기를 흉흉하기 짝이 없는 공포 분위기로 몰아가면서 민심을 억눌렀다. 그러나 격노하고 격분한 한국 국민들은 그대로 있지 않았다. 무기도 제대로 갖추지 못한 일반 민중들이 들고 일어나 일본인들을 공격하여 피아간에 다수의 사상자가 났다. 이른바 '양위식' 당일에는 격분한 민중들이 몰려가서 친일파인 총리대신 이완용과 내부대신 임선준의 집에 불을 질러 모두 태워 버렸다. 강제 양위 이틀 뒤인 22일에는 박영효, 이도재, 남정철, 어담, 이갑 등 유력 인사들과 무관들이 무장봉기를 계획하다가 발각되어 경찰에 체포되었다.

그러나 한국 민중의 봉기는 이내 진압되었고, 이등박문은 대한제국 황제의 밀사들이 헤이그에 나타났다는 긴급전보를 접수한 때로부터 불과 '21일' 만에 한 나라의 황제를 갈아 치우는 데 성공했다. 이등박문은 그것으로 전혀 만족하지 않았다. 그는 대한제국을 식민지화하는 작업을 빠르게 진행시켰다.

황제를 강제로 퇴위시킨 지 나흘 만인 7월 24일에, 이등박문은 심신이 모두 나약한 새 황제를 위협하여 '정미7조약' 을 강제로 조인시킴으로써 대한제국의 행정 전반을 모두 장악했다. 이어서 대한제국의 군대도 없애 버렸다. 날짜별로 정리하면 다음과 같다.

7월 24일 : 새 황제를 상대로 한일신협약(세칭 '정미7조약')을 체결하여 한국의 내정 감독권 장악.

⬆ **이완용(왼쪽).** 1905년 을사늑약에 적극 가담해 찬성한 학부대신 이완용은 을사 오적의 대표적 인물이다. 1907년 해아밀사사건이 일어나자 일본의 지시대로 고종에게 책임을 추궁하고 양위할 것을 강요, 순종을 즉위시켰다. 총리대신으로 일본과 한일병합조약을 체결했다.

7월 25일 : 일본군 1개 사단 서울 진주.

7월 27일 : 보안법을 공포. 한국인들의 집회, 결사, 언론의 자유에 삼엄한 족쇄.

7월 31일 : 새 황제의 명의를 위조해 '군대 해산'의 조칙을 공포.

8월 1일 : 대한제국의 군대 해산. 시위대와 일본군 사이에 시가전.

세계 각국이 모두들 '군국주의'의 열풍에 휩싸여 오로지 '총과 대포로만 말하던' 그 험난한 시대에 군대 없는 나라를 어찌 나라라고 할 수 있을 것인가. 이등박문은 실로 이때 대한제국 황제의 신상 문제를 좌우한 것뿐만이 아니라, 대한제국 자체를 완전히 빈껍데기로 만들어 버린 것이다.

어쨌든 황제가 바뀌었기에 연호도 바뀌었다. 대한제국의 첫 황제(고종)의 연호는 '광무光武'였다. 빛 광光자, 굳셀 무武자. 세계열강들이 저마다 무력을 휘두르면서 약소국을 침략하는 제국주의 시대에 약자가 느끼는 "빛나는 무력"에 대한 선망이 담긴 것이었다고 할까.

새 황제(순종)의 연호는 '융희隆熙'였다. 클 융隆 자, 빛날 희熙 자. 바람 앞의 등불처럼 위태로운 국망의 고비에 서서 "국운이 융성하여 길이 빛나라"는 애달픈 염원을 담은 것이다.

연호 제정은 황제만이 누리는 특권이며 그의 통치철학을 담는 그릇이다. 그래서 역대 황제의 치세를 구분할 때 연호로서 시기를 구분하며, 또한 연호에 따라 황제의 칭호가 정해진다. 그래서 역사에서 고종은 '광무황제'로 순종은 '융희황제'로 일컬어지고 있다.

그처럼 거세고 절통하게 소용돌이치던 험악한 시대에 일본의 강압으로 황제가 바뀌는 사태를 직접 겪은 당시 한국인들의 심정이 어떠했는지를 피부에 닿듯 아리게 보여 주는 자료가 있다. 1907년에 일본의 수도 동경에서 모국의 광무황제 강제 퇴위 소식을 들은 유학생 이광수李光洙의 기록이다. 이광수는 1892년생이라, 당시 만 15세로 동경 명치학원 중학부 3학년에 재학 중이었다.

을사조약으로 한국은 외교권을 일본에 빼앗겼다. 그리고 서울에 통감부라는 것이 생겨서 이등박문이 처음으로 통감이 되어서 한국의 정치의 실권을 잡게 되었다. 이 일은 어린 우리 소년에게도 가슴 아픈 충동을 주었다.

"일본이 우리를 속였다!"

"오적이 우리나라를 일본에 팔았다."

"이제는 피를 흘려서 잃은 국권을 도로 찾아야 한다."

하는 것이 우리들의 직각적인 감상이요 결심이었다.

일본이 일아전쟁(러일전쟁)을 일으킬 때에 우리나라와 공수동맹을 맺지 아니하였느냐. 한국의 독립을 보전할 것을 맹약하지 아니하였느냐. 그래서 우리는 힘 및는 대로 일본을 도왔고, 일본군이 이길 때에는 만세를 불러서 기뻐하지 아니하였느냐. 그런데 전쟁에서 이기기가 바쁘게 일본은 그 굳은 맹약을 저버리고 우리나라를 집어삼키려 하고 있다 하는 것이 가슴 아프게 분하고 애타게 원망스러웠다. 보호조약의 발표를 신문에서 본 우리들은 학교를 쉬고 밥을 굶고 울었다.

"나가 죽자."

하고 우리들은 분개하였으나, 생각하여 보면 나가 죽을 길도 없어서 우리는 여전히 학교에를 가고 있었다. 열네 살 된 소년으로는 할 길이,

"내가 공부를 잘하여서 큰사람이 되어서 나라를 회복한다."

하는 결심을 하고 작은 주먹을 흔드는 것밖에는 없었던 것이었다.

전 외부대신 민영환閔泳煥이 칼로 목을 찔러 죽고 그 피 묻은 옷을 둔 마루 밑

에서 대가 나왔다. 혈죽이라 하여 사진까지 박아 돌렸다. 그 뒤를 이어서 자결하는 사람이 많이 생겼다. 혹은 굶어서 죽고, 혹은 목을 찔러서 죽었다. 나와 한 학교, 한 하숙에 있던 홍명희洪命熹 군의 아버지도 금산錦山 군수로서 자결하여 죽었다. 홍 군이 다녀와서 하는 말을 들으면 금산 군민이 울면서 상여를 메었다고 한다. 그때 동포들의 마음에 이렇게 나라 일을 슬퍼하여서 죽은 이는 충신이라 하여 심히 사모하고 존경한 것이었다. 자기네는 죽지 못하나 충신들이 대신 죽어 준 것같이 생각한 것이었다.

그로부터 이태를 지난 정미년 여름 어느 날, 나는 학교에 가는 길에 "韓皇讓位(한황양위)"라는 신문 호외를 보았다. 이것은 해아밀사사건이 원인이 된 것이었다. 이것은 광무황제가, 한국이 일본의 보호국이 된 조약은 일본의 강제에 못 이기어서 된 것이요, 한국 황제 자신의 의사가 아니니 이 보호조약을 무효가 되게 하여 주기를 요청한다는 밀조를 이상설李商卨·이준李儁·이위종李瑋鍾 세 사람에게 주어 해아의 평화회의에 제출하게 한 것이었다. 일본은 이 사건의 책임자라 하여 광무황제로 하여금 황태자에게 선위하게 하니, 이가 곧 이조의 마지막 임금인 융희황제였다.

우리들 민간에서 알기에는 광무황제도 좋은 임금은 아니었으나 그가 독립을 위하여서 일본에 항거한 것을 고맙게 생각하여서 그의 선위를 슬퍼하였다. 그보다도 황태자는 천치라고 소문이 난 이인데, 똑똑한 임금이신 광무로도 당치 못하던 일본의 압박을 천치라는 새 임금이 어떻게 당해 내랴 하여 망국의 운명이 더욱 절박한 것을 아니 느낄 수가 없었다.

아니나 다를까, 새 황제가 즉위하자 이억이억 망국 행진의 템포는 더욱더욱 빨랐다. 한국의 군대는 "징병하기까지"라는 허울 좋은 핑계로 해산이 되고, 우편·전신 등 통신권이 넘어가고, 사법권·경찰권이 넘어가고, 정부에는 고문제顧問制가 생기고 하여 경술 합병 전에 벌써 한국의 국권의 대부분이 일본의 손에 넘어가고 말았다.

군대가 해산될 때에는 서울서 시가전이 일어났다고 동경에 호외가 돌았다. 이

↖ **민영환.** 1896년 러시아 니콜라이 2세 대관식에 축하사절로 파견되었을 때 현지에서 촬영한 사진. 민영환은 군부대신 원수부 총장으로 군사 관련 업무를 관장하고 황권 강화에 힘썼다. 1905년 11월 일본이 을사늑약을 강제 체결해 외교권을 박탈당하자 이의 부당함을 알리기 위해 자결했다(고려대학교박물관 소장).

때에 군부대신 이병무李秉武가 부관 이갑李甲의 손에 찔리고, 군대의 일부분이 해산에 분개하여서 일병에게 저항한 것이었다.

당시 일본 신문에는 한국의 황실과 정부의 무신을 책하고 이에 대하여 단호한 처치를 해야 한다고 떠들었으며, 도리어 일본 국민에게 한국에 대한 적개심을 고취하려는 언론정책을 쓰고 있었다. 와세다 대학에서는 어떤 교수가 일본이 한국을 합병하면 한국 황제에게 어떤 대우를 주느냐 하는 토론 문제를 내어서 그 학교에 재학 중인 한국 유학생이 이에 분격하여 대학 당국에 질문하는 사건이 생기고, 또 역시 동경에서 국화꽃으로 신라 왕이 신공왕후에게 항복하는 모양을 인형으로 만들어서 관람시킨 일이 있어서 우리들 한국 유학생의 분격을 샀다.

내가 다니던 명치학원이라는 중학교는 예수교 학교인데, 우리 반 성경시간에 하다라는 목사가, 한국이 일본에 합하는 것은 도쿠가와 장군이 천황에게 대정을 봉환하는 것과 같다고 하므로, 나는 분격하여 일어나서,

"일본이 한국에 이런 일을 당하는 날이 오면 당신은 대정 봉환이라고 기뻐하겠소?"

하고 대들었더니 그는 실언이라 하여 취소하였다.

이 모양으로 당시 일본인들은 한국을 합병하는 것이 일아전쟁에 흘린 자기네의 피값으로 당연한 권리인 것같이 생각하고 있었다. 더구나 영국이 일본과 동맹국이 되었다는 것이 그들에게는 큰 힘이었다. 러시아는 전쟁에 졌고, 미국은 "한국에 대한 일본의 특수 권익"이란 것을 루우즈벨트 대통령의 입으로 승인하였으니, 일본은 한국에 대하여서 자유로 하고 싶은 일을 할 수가 있다고 생각하는 것이었다. 그들은 승리자의 기쁨에 취하여서 한·일 두 민족을 위하여서 회복할 수 없는 불행을 줄 큰 잘못을 저지르고 있는 것이었다. 총리대신 계태랑桂太郎, 육군대신 사내정의寺內正毅 등 육군 군벌이 일본의 이 교만을 대표하여서

일본 망국의 원인을 지은 것이니, 실로 신기한 운명이라 아니할 수 없었다.

나의 동경 생활은 날로 재미를 감하였다. 동급생인 일본 아이들의 내게 대한 태도도 변하고 내가 그들에게 대한 생각도 변하였다. 그들은 내게 적의를 보이거나 그렇지 아니하면 경멸하는 눈으로 나를 보았다. 나는 아무쪼록 그들과의 접촉을 피하였다. 우리 한국 학생들은 다들 음울한 표정과 비분한 언사를 하게 되었다.

"석탄 백탄 타는 데는
연기나 퍼벌석 나건만
우리네 가슴 타는 덴
연기도 재도 없네."

하는 사발가가 우리들 중에도 유행되었는데, 이 노래가 우리의 답답한 심정을 잘 나타내는 것 같음이었다. 이 노래를 부를 때

"에야라 난다 듸야라
네가 내 사랑이라."

에 이르러서는 눈물이 쏟아지는 일이 많았다. 네가 내 사랑이라 하는 사랑은 당시 우리의 감정으로는 망해 가는 나라가 아닐 수가 없었다(《나의 고백》, 이광수 전집 7권, 1971).

과연 구한말 3대 천재의 한 사람으로 꼽히는 이광수의 문장이다. 그 시대에 대한제국 국민들이 일본의 강요로 광무황제가 황위를 빼앗기는 사태를 보면서 느낀 가없는 고통과 슬픔과 원한을 피부에 닿듯 절절하고도 생생하게 담고 있다. 그중에서도 특히 가슴을 치는 것은 "우리들 민간에서 알기에는 광무황제도 좋은 임금은 아니었으나 그가 독립을 위하여서 일본에 항거한 것을

고맙게 생각하여서 그의 선위를 슬퍼하였다. 그보다도 황태자는 천치라고 소문이 난 이인데, 똑똑한 임금이신 광무로도 당치 못하던 일본의 압박을 천치라는 새 임금이 어떻게 당해 내랴 하여 망국의 운명이 더욱 절박한 것을 아니 느낄 수가 없었다"라는 술회에 담긴 뼈저린 절망이다. 나라의 운명이 폭풍 앞의 촛불처럼 위태로운 절체절명의 절박한 위기에서 새로 보좌에 앉은 군주라면 난세를 헤쳐 나갈 비상한 능력을 지닌 영웅이라 해도 마음을 놓을 수 없을 판인데, 그저 평범한 보통 사람도 못 되는 한낱 '천치'라고 생각할 때, 국민들이 느껴야 했던 절망감과 막막함이 어떠했을까. 산 채로 숨이 콱콱 막히는 듯했을 것이다.

영친왕 이은, 황태자 되다

광무황제의 퇴위 이후, 뜻있는 대한제국 국민들이 가눌 수 없는 비통하고도 처절한 통한과 분노와 비애로 몸부림치는 가운데 무심한 시간은 하루하루 흘러갔다.

그러나 황궁 안에는 이미 국민들의 슬픔과는 다른 종류의 소용돌이가 새롭게 일고 있었다. "황태자가 황제가 됨으로써 빈 황태자 자리에 누가 앉을 것인가?", 그 문제가 아주 시급한 현안으로 들이닥친 것이다. 이 문제에 가장 민감한 사람은 물론 엄귀비였다.

양위식이 있은 날로부터 불과 17일 뒤인 1907년 8월 7일, 드디어 황태자를 결정하기 위한 절차가 시작되었다. 그날, 태황제(고종)와 새 황제(순종)는 경운궁의 중명전에 원임 의정대신을 비롯하여 내각의 현임 대신 전원, 중추원 의장과 부의장, 장례원경과 부경, 시종원경, 특진관 등 국정을 담당한 주요 신하들을 불러 놓고 황태자를 선정하는 회의를 열었다.

그 자리에서 서른세 살의 새 황제는 자신이 병약하여 후사를 기대하기 어려우므로 경종과 영조 때의 고사에 따라서 동생들 중에서 동궁을 택정해 국본을 튼튼하게 하고자 한다면서 "두 명의 친왕 중에서 누구를 동궁으로 택하면 좋겠느냐?" 고 하문했다. '경종과 영조 때의 고사'라 함은 경종이 후사가 없어서 이복동생인 연잉군(영조)을 동궁으로 세워 뒷날 왕위를 잇게 한 일을 말함이며, '두 명의 친왕'이라 함은 당년 30세인 의친왕 이강과 당년 10세인 영친왕 이은을 가리킨다.

먼저 총리대신 이완용이 아뢰었다.

"아들을 알고 신하를 아는 데는 군부君父 같은 분이 없나이다. 폐하께오서는 태황제 폐하께 여쭈어서 가르침을 받아 정하심이 좋을 듯하나이다."

다른 신하들도 잇따라 태황제에게 여쭈어 보는 것이 좋겠다고 찬동했다. 그러자 태황제가 "영친왕!"이라고 선언했다. 그리하여 그 날짜로 황제의 조서로써 "영친왕 은垠을 황태자로 봉한다"고 공표되었다.

그런데 새 황제가 즉위와 동시에 연호를 '융희'로 바꾼 것과, 영친왕 이은을 책봉하면 그 위호를 "대통을 이을 황제의 아들"임을 나타내는 '황태자'라는 호칭으로 정한 것을 두고 세간에 논란이 크게 일었다. 일반적으로 연호는 새 황제가 '즉위한 해'가 아니라 '즉위 다음 해'부터 바뀌는 법이고, 황제의 동생인 이은을 동궁으로 책봉하는 것이기에 그 위호를 '황태자'가 아니라 "대통을 이을 황제의 동생"임을 뜻하는 '황태제皇太弟'로 책봉했어야 예법에 맞기 때문이다. 새 황제 자신이 언급한 '경종과 영조 때의 고사'를 고찰해 보아도, 영조는 동궁으로 책봉되던 당시 왕세자王世子 아닌 '왕세제王世弟'라는 위호로 책봉되었다.

세상을 시끄럽게 한 이때의 논란에 대해서 당대의 학자 황현은 《매천야록》에 이렇게 기록해 놓았다.

이때 정론을 편 사람들은 "새 군주가 즉위하면 다음 해에 개원開元해야 하니, 이것이 춘추春秋의 대의大義이다. 그리고 형제로서 대통大統을 이을 때는 마땅히 황태제皇太弟라고 칭해야 하니, 이것은 바꿀 수 없는 전례典禮이다"라고 했다. 이번 일은 도리와 법을 크게 어긴 것이기에 개정되기를 원하여 상소를 올리고 의견을 내는 사람이 많았으나, 그들은 모두 세상일이 돌아가는 내막을 깨닫지 못한 것이었다.

듣자 하니, 일이 이렇듯 된 것은 이등박문이 해아사건으로 태황제를 매우 원망하여 광무光武라는 연호가 하루라도 더 연장되는 것을 싫어하고, 또 만약 이은李垠을 황태제로 칭하면 그건 곧 태황제의 아들이라고 부르는 것과 마찬가지 말임을 싫어했기 때문이라고 한다.

새 황제의 동생 이은의 칭호를 '황태제(황제의 동생)'가 아닌 '황태자(황제의 아들)'라고 책정한 것은, 형인 새 황제 이척은 물론이요, 동생인 이은 본인에게도 모욕스러운 일이었다. 조선조 오백년을 내려오면서 통치의 기본 이념인 유교의 '정명론正命論'에 비추어도 있을 수 없는 폭거였다. 황현의 기록을 보면, 당시 한국인들의 여론이 "이 또한 일본 침략의 괴수 이등박문의 의도적인 비열한 횡포"라고 파악하여 깊이 원망하고 있었음을 보여 준다. 당시 대한제국의 지식인들이 느꼈을 분노와 굴욕감이 얼마나 처참했을지 짐작된다.

아무튼 대한제국 황귀비 엄씨의 아들 이은은 황태자가 되어 앞으로 대한제국의 제3대 황제가 되도록 확정되었다. 적어도 이은이 '황태자'로 봉해진 날, 엄귀비의 눈에는 그렇게 보였다. 영친왕 이은은 황태자가 됨으로써 '영친왕'이라는 왕호는 공식적으로 폐지되었고 이어서 영친왕부도 공식 폐지되었다.

"오! 우리 영친왕 전하가 이젠 황태자 전하가 되셨구나!"

엄귀비는 소리 내어 웃었다.

"오오! 언젠가는 우리 영친왕 전하께서 이 나라의 황제의 위에 올라 나라를 다스리시겠구나!"

새 황태자의 생모로서 엄귀비가 느끼는 기쁨은 참으로 크고도 격렬했다. 돌아보면 다섯 살 어린 아기 궁녀로 입궁한 때로부터 어언 48년, 그 많은 풍운과 천신만고를 한몸으로 겪어 내고 끝내 자신이 낳은 아들을 황태자로 만들었다. 이 황태자 아들이 언젠가는 황제가 될 것이고, 그리되면 엄귀비 자신은 '황태후'가 되어 대한제국에서 가장 고귀한 지존의 존재로서 군림하게 되리라. 앞으로 대한제국의 권력은 결단코 그녀의 손안에서 빠져나갈 수 없을 터였다. 마음으로는 이미 나라의 반 이상을 차지한 듯했다.

한편, 영친왕 이은이 황태자로 책봉된 날로부터 단 하루 뒤인 8월 8일에, 황제 양위사태의 빌미가 된 '해아 밀사들'에 대한 대한제국 평리원의 궐석재판 선고 형량이 새 황제의 윤허를 받아 확정되었다. 이상설은 사형, 이위종과 이준은 종신징역이었다. 그 선고문은 다음과 같다.

> 형법대전 제352조의 '사명使命을 승承한 관인官人이라 사칭詐稱한 자'의 율律에 조照하여 이상설을 교형絞刑에 처하고, 이위종과 이준은 동조동율同條同律이나 형법 제135조의 "종범從犯은 수범首犯의 율에서 1등一等을 감減한다"는 율에 조하여 종신징역終身懲役에 처한다.

밀사 3인이 저지른 죄는, "대한제국 황제가 밀사를 보낸 적이 없는데, 이상설과 이위종과 이준이 스스로 외국에 나가서 자신들이 황제의 사절이라고 사칭한 것"이라고 규정하고, 그에 해당하는 형량을 선고한 것이다. 대한제국 정부는 형식논리상 이 판결로 해아밀사사건을 모두 마무리 지었다.

1907년 8월 7일자로 황태자로 봉해진 이은은 8월 16일자로 '대한제국 육

⬆ **엄귀비.** 대한제국 당시 1907년경의 사진이다. 엄귀비의 용모에 관해서는 국내외 인사들이 기술한 여러 기록에 일치된 증언들이 남아 있다. '아주 못생긴 여인' 이었다는 것이다. 그녀가 뒷날 대한제국 황귀비로 명성을 떨치던 시절에 호사스럽게 성장을 하고 찍은 사진들이 현재까지 남아 있어, 찬란한 황실 대례복의 호화로움으로도 감추지 못한 못생김을 그대로 후세에 전하고 있다.

↗ **새 황태자 이은.** 1907년 8월 7일자로 황태자로 봉해진 이은은 8월 16일 '대한제국 육군 보병 참위' 로 임명되었다. 그리고 같은 해 12월에 일본 유학길에 오른다.

군 보병 참위參尉' 로 임명되었다. 통치자는 군통수권자이기도 하기에 황태자에게도 군적軍籍을 갖도록 한 상징적인 조치였다.

"아이고! 우리 황태자 전하께서는 어쩜 이리도 군복이 잘 어울리시는고!"

엄귀비는 아들을 보며 환성을 올렸다. 열 살짜리 소년치고는 작은 이은의 체구에 맞추어 육군장교의 예복 정장을 지어 입히고 보니 그 모습이 너무나 깜찍하고 귀여웠다. 그대로 눈에 집어넣어도 아프지 않을 듯했다. 그녀는 요즘 들어서 대한제국의 황귀비이자 황태자의 생모로서의 기쁨과 포만감이 너무도 영롱하고 찬란해서 스스로 눈이 부시는 듯했다.

광에서 인심 나는 법, 흐뭇한 엄귀비는 이제는 아들의 황태자 자리를 위협할 여지가 전혀 없게 된 의친왕 이강에게 모처럼 선심을 쓰기로 했다. 자신의 지밀상궁을 새 황제(순종)에게 보내 전갈하게 했다.

"폐하! 의친왕의 부인 김씨가 아직껏 왕비로 책봉되지 못한 상태로 지내고 있사옵니다. 장례원으로 하여금 전례를 살피고 길일을 택하여 의친왕의 부인을 왕비로 책봉하는 절차를 마련하도록 조처하심이 마땅하올 줄로 아옵니다."

왕의 부인은 당연히 왕비다. 그런데 의화군 이강이 진봉되어 의친왕이 된 지 이미 7년이나 지났는데도 아직까지 그의 부인을 '왕비' 로 책봉해 주지 않았다. 도무지 황실 법도에 맞지 않는 일이었으나 그것도 엄귀비가 의친왕을 견제하는 방도 중의 하나였다. 엄귀비의 권세와 횡포가 어느 정도였는지를 알 수 있다.

"황귀비 전하의 뜻을 잘 알겠소이다. 살펴서 그대로 조치하도록 지시하겠소이다."

새 황제의 회답을 듣고 엄귀비는 빙그레 웃었다. 그리하여 영친왕 이은이 황태자로 책봉된 지 두 달가량 뒤인 10월 2일, 의친왕의 정실부인 김씨를 공식적으로 '왕비' 로 책봉하는 의식이 간략하게 거행되었다.

종이 위의 전쟁
'가례'와 '일본 유학'

1907년 8월 7일.

서울 남산 자락에 위치한 통감부의 통감 집무실, 주인은 일본의 정객 중에서도 특히 노회한 자로 소문난 이등박문 후작이다. 그는 열어젖힌 창문으로 황제가 바뀐 대한제국의 수도 서울을 내려다보며 소리 내 뇌었다.

이 일은 대한제국의 역사만이 아니라 일본 역사에도 큰 글씨로 기록될 대업적이다!

그는 해아밀사사건을 빌미 삼아 대한제국의 황제를 갈아 치우고 그 후속 작업인 정미7조약을 강제 조인시키고 대한제국의 군대를 해산해 버리는 등 대한제국을 확실하게 장악하는 작업들을 해치웠다. 동시에 영친왕 이은이 새 황태자로 선정되도록 막후에서 밀고 있었는데, 그 또한 오늘 날짜로 성사되었다. 자신이 한 일이지만 돌아볼수록 스스로 대견하고 흐뭇했다. 그러나 그의 얼굴에는 감미로운 미소 대신 전투를 앞둔 전사처럼 긴장이 서려 있다.

어떻게 해야 이번에 이 땅에서 거둔 업적을 확실하게, 그리고 영원히 우리 것으로 만들 수 있을까.

그는 소리 내 중얼거리다가 지그시 입술을 물었다.

아관파천 때의 실패를 다시 겪으면 안되지. 왕후 민씨를 제거한 것으로써 조선을 완벽하게 장악한 것으로 믿었지만, 얼마 뒤에 임금이 몰래 아라사 공관으로 달아나는 바람에 만사가 일시에 물거품으로 돌아가지 않았는가. 이번 일은 뒷처리를 단단히 해서 그 때처럼 느닷없이 뒤통수를 맞지 않도록 확실하게 대비해 두어야 한다.

오래 생각할 것도 없었다. 그는 머리끝에서 발끝까지 타고난 일본인이었다. 오랜 세월 지속된 봉건제도 하에서 각지에 할거한 영주들이 서로 어린 자식들을 인질로 주고받는 일이 다반사였던 역사를 살아온 일본인답게, 그는 금세 결론을 내렸다.

해결책은 인질, 인질뿐이다! 인질을 받아두는 게 가장 확실한 대책이야!

버릇처럼 주먹을 꽉 쥐자 손마디에서 우두둑 소리가 났다.

다른 자는 필요 없다. 새로 황태자가 된 이은, 바로 그 애를 일본으로 데려가면 돼. 그러면 대한제국 황족들을 모두 데려다 둔 것보다 낫다. 앞에 내세우는 명분으로는 일본에 유학하여 진보된 신학문을 배우게 한다고 하면 될 게야!

두 손을 번갈아 주먹을 만들어 툭툭 치면서 그는 자신에게 다짐하듯 중얼거렸다.

그렇다! 이젠 그 애의 배필 문제도 새로운 관점에서 대처할 필요가 있다! 그 애를 일본 황족 가문의 여자와 결혼시켜서 일한 양국을 하나로 굳게 통합하는 본보기로 만들어 놓아야 되겠다! 그렇게 된다면 그 결과는 대단하리라! 그렇게 된다면, 그 애의 몸만 아니라 그 애의 정신과 혈통까지 인질로 삼을 수 있게 되는 것이다! 그것은 결국 대한제국 황실 자체를 영원히 인질로 삼는 것과 같은 일이 될 것이다!

이등박문은 행동의 사람이다. 결심하는 것이 사납게 내닫는 빠른 말 같다면, 실천하는 것은 폭우에 젖은 벌판에 내리꽂히는 번개 같았다. 그는 즉시 공작에 착수했다. 모략으로 평생을 살아온 자답게 우선 여론 조작에 들어갔다. 과일을 따려는 자가 나무를 흔들어 보듯, 먼저 단편적인 루머를 만들어 언론계에 흘려서 신문에 보도되게 조치했다. 그래서 이내 신문 지면에 '황태자비 간택 문제'와 '황태자를 유학의 명목으로 일본으로 데려가는 문제'가 보도되기 시작했다. 황제 양위 소동과 군대 해산 등으로 처참하게 상처 입고 무너져 있는 대한제국 황실과 국민들을 계속 정신을 제대로 못 차리도록 마구 뒤흔들어 대면서 그 와중에 자신의 목표를 이루려는 심산이고 계획이었다.

이내 신문들에 느닷없고 기막힌 보도 기사들이 실리기 시작했다. 이은이 황태자로 정해진 8월 7일에서 불과 이틀 뒤부터 이은의 '결혼'과 '일본 유학'에 관한 기사들이 연이어 보도되었다.

〈가례 의절〉

영친왕 전하께서 황태자가 되신 고로 길례를 가례 의절로 다시 마련한다더라 (《대한매일신보》, 1907. 8. 9).

〈황태자의 유학〉

황태자께오서 가례하신 후에는 다섯 해를 한하고 일본에 가서 유학하신다더라 (《대한매일신보》, 1907. 8. 9).

〈가례 의절〉이라는 제목의 기사는 일단 별 이상한 느낌이 없이 받아들여졌다. 가례 절차를 궁중 법도와 형식에 맞도록 용어부터 다시 정리하려는 것으로 보였던 것이다. 그러나 두 번째 기사는 대한제국 조야에 엄청난 충격을 주었다. 느닷없이 만 10세에 불과한 새 황태자를 일본에 유학시킨다니, 그것도 장장 '5년'이나 유학을 하게 한다니, 이것은 정말로 말도 안되는 이야기였다. 그것은 인질로 일본에 잡아다 두겠다는 이야기로밖에 보이지 않았기 때문이다.

그것만이 아니었다. 이등박문의 언론 플레이는 매우 빠르게 확장되었다. 문제의 기사가 보도된 때로부터 다시 이틀 뒤, 그러니까 이은이 황태자가 된 지 불과 나흘 뒤인 8월 11일자 신문들에 느닷없이 새 황태자 이은의 배필이 될 황태자비에 관한 뜻밖의 소식이 다음과 같이 보도되었다.

〈저궁儲宮 정비설定妃說〉

황태자비는 총리 이완용 씨의 영양으로 택정擇定한다는 설이 유有하더라(《황성신문》, 1907. 8. 11).

〈간택 완정〉

황태자비 간택은 총리대신 이완용 씨의 영양으로 정하였다는 소문이 있더라(《대한매일신보》, 1907. 8. 11).

'저궁儲宮'은 황태자를 이르는 말이다. 황태자 이은의 배필을 뽑는 행사는 그가 영친왕 시절이던 지난 3월 12일에 있었던 초간택으로 이미 시작되었고, 거기서 뽑힌 규수들이 이제나저제나 하면서 재간택일을 기다리고 있는 터였다. 삼간택의 시기조차 광무황제의 조령에 의해서 '음력 7월'로 확정되어 있는 터였다. 그럼에도 불구하고 이등박문은, "이완용은 친일파의 거두로 우리 황제 폐하께 불충한 자다!" 해서 분노한 백성들이 달려들어 집을 몽땅 불살라 버린 총리대신 이완용의 딸을 황태자비로 정한다는 낭설을 만들어 신문에 실리도록 만든 것이다.

그러고 보면 바로 이 기사를 내보내려는 목적으로 이틀 전인 8월 9일치 신문에 미리 〈가례 의절〉이라는 제목의 기사가 보도되도록 만든 것이었다. 전에 진행되던 '길례' 절차를 버리고 다시 '가례' 절차를 밟을 것이라고 미리 알리고는, 이틀 뒤에 가서 그 새로운 '가례 의절'에 따라 "총리대신 이완용 씨의 딸을 황태자비로 정한다"고 한다더라고 보도하게 만든 것이다.

그것은 이중의 간악한 노림수가 들어 있는 루머였다. 그런 루머를 통해서, 한편으로는 이미 절차를 밟고 있는 중인 대한제국 황실의 황태자 이은의 배필 간택 행사 자체를 아예 무시하겠다는 의사를 간접적으로 통고하고, 다른 편으로는 일본에 대한 이완용의 충성을 크게 기리는 효과를 노렸다.

이등박문이 지닌 성품의 간교함은 이때의 처신에서 특히 명징하게 드러났다. 그가 대한제국 황실에서 극력 반대할 것을 환히 짐작하면서도 일부러 '이완용의 딸' 운운하는 낭설을 흘린 것은 이중의 음모를 지닌 꼼수였다. '이완용의 딸'을 황태자비로 만드는 것은 누구보다도 먼저 그가 가장 원치 않는 일이었다. 그의 본심은 전혀 달랐다. 그는 이은과 일본 황족 여성을 결혼시키는 혼혈결혼을 추진하려고 단단히 마음먹고 있었다. 그럼에도 불구하고 그는 일단 그런 낭설을 내놓았다가 대한제국 황실의 반대에 순순히 굴복하여 물러서는 모양새를 만들어 은혜를 팔고는, 바로 그 은혜를 내세워서 대한제국 황실에서 황태자비 간택 절차를 계속 진행시키지 못하도록 제동을 걸었다. 이은이 가례를 치르지 않은 독신의 몸으로 있어야지만 뒷날 자신의 계획대로 일본 황족 여성과 혼인시킬 수 있기에, 그것은 매우 중요한 이면작전이었다.

1907년 8월 11일.

새 황태자의 신상 문제와 직결된 일련의 해괴한 기사들로 대한제국을 온통 혼란과 경악에 빠뜨린 이등박문은 바로 그날 서울을 떠나서 일본으로 향했다. 이제는 직접 본국에 가서 자신이 생각하고 있는 후속 조치들, 곧 새 황태자 이은의 일본 유학 및 일본 황족 가문 여성과의 혼사 문제 등에 관해서 일본 황실과 정부 관계자들에게 설명하고 작업을 추진하려고 화급하게 도일한 것이다.

과연 격동의 시대였다. 어깨 위에 머리 달린 사람이라면 누구나 남에게 뒤쳐질세라 마구 뛰고 달리던 시대였다. 이등박문이 대한제국을 삼키기 위해서 그처럼 분주했다면, 대한제국 측에서는 이등박문의 그런 공격과 공작을 막아내기 위해서 필사적으로 움직였다. 통감 이등박문이 서울을 뜨자마자 대한제국 황실에서는 그의 부재를 호기로 삼아서 어린 황태자 이은과 관련된 문제들을 해결하려고 급히 서둘렀다. '눈에는 눈으로, 이에는 이로' 라는 법칙이 선택되었다. 대한제국 황실에서도 이등박문이 즐겨 쓰는 이른바 '언론 플레이' 라는 것을 활용하기로 한 것이다.

대한제국 측의 언론 플레이는 먼저 '이은의 일본 유학 문제' 에 대한 해결책으로 착수되었다. 대한제국 황실에서는 8월 9일자 신문에 보도된 '이은의 일본 유학' 기사를 완전히 뒤엎는 기사를 이등박문이 서울을 떠난 지 불과 이틀 뒤인 8월 13일자 신문에 게재되도록 손썼다. 그래서 '유학 시기를 뒤로 물리다' 라는 의미인 〈유학 퇴기退期〉라는 제목 아래 다음과 같은 기사가 실렸다.

〈유학 퇴기退期〉

황태자 전하께서 일본에 유학하신다더니, 다시 들은즉 동 전하의 춘추가 아직 어리시고 한문지식 역시 아직 미숙하신 까닭에 몇 년을 더 기다린 후에 유학하시기로 작정하였다고 하더라(《대한매일신보》, 1907. 8. 13).

이 기사를 보면 대한제국 황실의 의도와 대응하는 방식이 선명하게 드러난다. 기사 서두에 "황태자 전하께서 일본에 유학하신다더니, 다시 들은즉"이라고 전제함으로써 이은의 유학 문제에 관한 상황이 먼젓번 기사가 보도된 때와 크게 달라졌음을 주지시킨 뒤에, "전하의 나이가 아직 어리고 한문지식 역시 아직 미숙하기 때문에 몇 년을 더 기다린 뒤에 유학하기로 작정했다"고 큰못을 때려 박듯이 공표했다.

목적하는 바가 중요했기에, 기사의 문장을 만드는 데도 신경을 많이 썼다. 이은이 지금 일본에 유학할 수 없는 이유로 '아직 나이 어림과 한문지식의 미숙'을 들었고, 일본 유학을 아주 하지 않겠다는 것이 아니라 '몇 년을 기다린 뒤'에 하겠다고 내세운 것이다. 그런 것들은 모두 가능한 한 현재 대한제국을 좌지우지하고 있는 최고 권력자인 통감 이등박문의 비위를 거스르지 않으면서 그가 추진하고 있는 '새 황태자 이은의 일본 유학 계획'을 무산시키려는 의도에서 매우 고심해서 만들어 낸 문장이었다.

이어서 '황태자의 가례 문제'에 대한 대응에 들어갔다. 대한제국 황실에서는 "황태자비는 총리 이완용 씨의 영양으로 택정" 운운하는 날조 기사가 나온 것을 보고, 실제로 이등박문이 이은과 이완용의 딸을 결혼시키라고 강요할 수 있다고 판단하여 상황을 매우 심각하게 받아들였던 듯하다. 사실 이등박문의 꼭두각시 노릇을 하는 이완용의 딸이 황태자비로 황실에 들어와서 다

雜報

●留學退期 皇太子殿下께셔 日本에 留學ᄒᆞ신다더니 更聞ᄒᆞᆫ즉 同殿下의 春秋가 尙幼ᄒᆞ시고 漢文과 識見이 亦未嫻熟ᄒᆞ신 故로 待幾年後 留學ᄒᆞ시기로 酌定ᄒᆞ옵셧다더라

●內閣云變 ᄂᆡ閣總理大臣 以下 各部大臣 中으로 多少

음 대의 황후가 되고 이완용이 외척으로서의 권력까지 장악하게 된다면 큰 문제였다.

대한제국 황실은 '가례 문제'에 대해서는 더욱 체계적이고 조직적으로 움직였다. 먼저 생각한 해결 방안은 이은의 가례 자체를 몇 년간 아예 중지하여 이완용 딸과의 혼사를 막으려는 것이었다. 그렇게 하기 위한 방도로 먼저 '조혼'을 금지하는 칙령을 내리는 방안이 채택되었다. 그와 같은 계책을 성사시키기 위해서 태황제(고종)와 새 황제(순종)가 함께 나서 할 일을 분담하면서 긴박하게 움직였다.

1907년 8월 14일.

이날, 새 황제의 이름으로 '조혼금지령'이 공포되어 《관보》에 실렸다. "남자는 만 17세, 여자는 만 15세가 되어야 결혼할 수 있다"는 명령이었다. 그 명령에 따르자면, 이은은 당시 '만 10세'이므로 당연히 결혼할 수 없게 된다. 황제는 그런 '조혼금지령'을 내리는 이유로 '건강 문제'를 들었다. 조혼 때문에 국민들이 건강을 상하는 일이 막심하므로 조혼을 금지하겠다는 것이다.

'조혼금지령'을 내린 날은 "황태자비는 총리 이완용 씨의 영양으로 택정" 운운하는 기사가 보도되고 이등박문이 서울을 떠난 8월 11일로부터 단지 3일 뒤다. 대한제국 황실에서 얼마나 화급하게 대응하고 있었는지를 선명하게 보여 준다. 《관보》에 실린 황제의 '조혼금지령'은 8월 17일자 신문들에 그대로 전재되어 국민들에게 널리 알려졌다. 그 내용은 다음과 같았다.

⇐ **《대한매일신보》 기사.** 대한제국 황실에서는 1907년 8월 13일자 신문에 이은의 일본 유학 시기를 뒤로 물린다는 기사를 게재한다. 이등박문이 즐겨 쓰는 이른바 '언론 플레이'를 적극 활용한 것이다. 비슷한 시기에 나온 이은 관련 기사들은 종이 위의 전쟁을 방불케 하는 양국의 언론 플레이를 보여 준다.

황제는 이른다. 사람이 살아감에 서른에 아내를 맞고 스물에 남편을 맞는 것은 옛날 삼대 시대부터 이미 널리 시행된 법도이다. 그런데도 요즘에 들어와서는 조혼하는 폐단으로 인하여 국민들이 앓는 질병의 근원이 되는 일이 매우 심한 까닭에 연전에 금하는 명령을 내렸음에도 불구하고 아직까지 실시되지 않고 있으니, 이 어찌 책임을 맡은 관리들의 허물이 아니리오. 이제 모든 것을 개혁하여 새롭게 하는 때를 맞아서 풍속을 개량함이 가장 급한 일이기에, 옛일을 참고하고 현재 일을 살펴서 행하지 않을 수 없으니, 남자는 나이 만 17세, 여자는 나이 만 15세 이상부터 시작하여 시집가고 장가감을 허락한다. 삼가 준수하여 어김이 없도록 하라(《황성신문》, 1907. 8. 17; 《대한매일신보》, 1907. 8. 17).

황제가 이러한 조치를 취한 뒤에 즉각 태황제가 나섰다. 태황제는 내각의 각부 대신들을 불러서 "조혼을 금지하는 황제의 명이 내렸으니, 황태자 이은의 가례를 오 년 뒤로 물리겠다"라는 말을 꺼내서 대신들의 동의를 받으려고 했다. 그것은 일본에 가 있는 통감 이등박문이 한국으로 돌아온 뒤에 "조혼을 금지하는 황제의 명이 내린데다가, 대신들의 뜻도 모두 그러하므로……"라고 내세워 이은과 이완용의 딸의 가례 추진을 막으려고 한 것이다. 그러나 대신들은 전혀 태황제의 뜻대로 움직여 주지 않았다. 당시 내각의 최고 우두머리인 총리대신이 친일파 이완용이었으므로 당연한 결과라고 할 수 있다. 그 일에 관한 전모가 신문에 다음과 같이 보도되었다.

〈가례에 관한 상주上奏〉

태황제 폐하께서 일전에 조혼 금지 어명이 반포된 사건과 관련하여 여러 대신들에게 자문을 구하려고 하문하셨다. "황태자의 가례는 15세쯤에 행례를 하는 것이 어떻겠소?" 그러자 여러 대신들이 엎드려 아뢰되 "황태자 혼례에 대하여는 국가에 긴급한 일이 있을 경우에는 혹 나이가 차지 못하였다 해도 가례를 거행하는 것이 불가함이 없습니다"라고 상주하였다고 한다(《대한매일신보》, 1907. 8. 20).

시기적으로 보면, 태황제가 이등박문에 의하여 황위에서 강제로 쫓겨난 지 미처 한 달도 되지 않았을 때였다. 대신들은 태황제가 왜 그렇게 묻는 것인지, 그리고 그가 원하는 대답이 어떤 것인지를 모두 뻔히 알았다. 그런데도 태황제의 뜻을 따라 주지 않았다. 황위에서 쫓겨난 태황제보다는 그를 황위에서 쫓아낸 막강한 권력가 통감 이등박문이 더 무서워서 그랬을 것이다.

불우함도 때로는 힘이 된다. 불과 한 달 전만 해도 자신의 신하이던 자들에게서 그렇게 외면당하는 굴욕과 수모를 겪고도 태황제는 결코 맥없이 주저앉지 않았다. 즉각 문제 해결의 방식을 정반대로 선회했다. 이미 진행되고 있던 이은의 가례 절차를 공식적으로 진행하여 삼간택 절차를 밟아서 곧 결혼시키기로 한 것이다. 이등박문과의 정면 대결을 피하기 위해서 '황제의 조혼금지령'을 빙자한 편법을 쓰려던 계획이 대신들의 비협조로 무산되자, 위축되어 뒤로 물러서는 대신 오히려 한 발 더 크게 나아간 것이다. 이등박문과 정면 대결을 각오하고라도 황태자의 가례가 황실의 뜻에 위배되는 방향으로 결정되는 것을 막으려고 나선 것이다. 명분이 '재간택'인 이상 초간택에서 뽑힌 규수 '7명'이 그 대상이었다.

시기적으로 보아서 태황제와 대신들의 회견이 끝난 뒤 곧 장례원에 "황태자 가례의 황태자비 '재간택'을 거행할 길일을 택정하여 올리라"는 명을 내린 것으로 보인다. 장례원에서 뽑은 길일은 '음력 9월 20일 손시巽時'였다.

그런 사실은 즉각 《관보》에 기재되어 공포되었고, 8월 21일자 신문들에 전재되어 세상에 널리 알려졌다.

〈재간택 길일〉
황태자 전하 재간택 일자는 음 9월 20일 손시巽時로 다시 추택하여 장례원에서 상주하였더라(《황성신문》, 1907. 8. 21).

'음력 9월 20일 손시'는 '양력 10월 26일 오전 9시'다. 이제 대한제국 황실에서는 재간택일이 오기만 기다렸다.

이등박문의 간계, 인질대작전

1907년 9월 상순.

이등박문은 지난달 중순에 동경으로 귀환한 이래 매일 바빴다. 만나야 할 사람도 많았고 처리해야 할 일도 많았다. 그러나 몸이 아무리 바쁘게 움직인다 해도 그의 머릿속에 계속 똬리를 틀고 있는 생각은 하나였다.

한국 황태자를 일본에 데려오는 문제를 어떻게 처리해야 할까.

이등박문은 대한제국 황실과 국민들의 정서를 생각해 볼 때 현재 황태자 이은을 무난하게 일본으로 끌고 오는 일은 불가능함을 스스로 인정했다. 그러나 아무리 어려운 장애라 해도 그에 굴복한다면 천하의 이등박문이 아니다. 일본 정계의 동료들조차 "이등박문은 교활하다"고 평할 만큼 잔머리를 잘 굴리는 자신이 아닌가.

아무래도 특단의 조치가 필요해.

'전쟁은 무식한 인간에게는 도박이요 전문가에게는 과학이다'라는 말이 있다. 지금 이등박문이 머리를 온통 쥐어짜듯 고심하면서 찾고 있는 것이야말로 '과학' 이라는 이름에 걸맞은 그 무언가에 해당했다. 능란한 몰이꾼이 찍어 둔 사냥감을 함정을 파 놓은 골짜기로 몰아가듯, 한국 황태자를 일본으로 데려오는 일을 무리하지도 않고 무도하지도 않게 그야말로 '과학적으로' 시원하게 성사시킬 수 있는 그 어떤 것을 찾아야 했다.

동경 하늘이 붉은 노을에 찬연하게 물든 9월의 서늘한 저녁, 통감 관저 식당에서 저녁 식사를 마치고 난 그는 너른 거실에 나와 앉았다. 큰 안락의자에 깊숙이 들어앉아 몸을 좌우로 흔들면서 생각에 잠겼던 그가 돌연 주먹을 내뻗어서 앞에 있는 탁자를 세게 내리쳤다.

그렇다! 그 방법밖에 없어!

그것은 명치천황을 비롯한 일본 황실과 정계를 모두 경악하게 만든 '일본 황태자의 대한제국 방문' 이란 아이디어였다.

크게 걸어야 크게 딸 수 있는 법이다!

그는 스스로에게 다짐하듯 소리 내 중얼거렸다.

그렇다! 모두 자기 위치에서 전력투구하면 아니 될 일이 있겠는가!

그의 얼굴에 빙긋이 사람 좋은 미소가 떠올랐다. 머릿속의 난제를 시원하게 해결한 장자의 풍모가 약연했다. 그는 사람을 불렀다. 관저에 근무하는 직원이 황급히 들어와서 공손히 손을 모으고 섰다.

"업무상 곧 천황 폐하께 알현해야겠다. 궁내성에 연락하여 알현할 날과 시간을 잡아 달라고 요청하라!"

그는 서른 살이나 젊어진 듯 패기만만한 얼굴로 직원에게 명했다.

일본 측 기록에 따르면, 이등박문이 천황의 거소인 궁성宮城에 들어가서 명치천황을 배알하고 자신의 최근 구상인 '대한제국 황태자 이은의 인질 계획과 그 실행 방법' 을 아뢴 날은 9월 16일이었다.

"폐하! 대한제국을 다루는 일은 결코 만만한 것이 아니옵니다. 아관파천사건이며 해아밀사사건에서 보듯, 퇴위한 태황제를 비롯한 황족들은 물론 일반 백성들까지도 느닷없이 남의 뒤통수를 치는 궤계를 잘 부리는 도무지 믿을 수 없는 족속들이기 때문이옵니다. 그리하여 소신이 앞으로의 대비책을 강구해 보았사온데, 아주 효과적인 비책이 있사옵니다."

"호! 그러하오? 어떤 것인데?"

"예. 새로 책봉된 대한제국 황태자 이은을 일본에서 교육한다는 명목으로 데려다가 인질로 잡아 두는 것이옵니다!"

"한국의 황태자를 인질로 데려온다고?"

"예! 폐하!"

"그래요? 그 애가 아직 어리다고 들었는데?"

"예! 1897년생으로 올해 만 열 살이옵니다. 바로 그 아이를 일본으로 데려와서 인질로 잡아 두는 것이 가장 확실하게 대한제국을 장악할 수 있는 대책이라고 판단되옵니다!"

"흐음!"

"폐하! 우리가 지금 그렇게 단단히 대비하지 않으면, 앞으로 대한제국 황실에서는 거듭 아관파천사건이나 해아밀사사건 같은 일을 저질러서 우리 대일본제국의 국익과 체면을 손상시킬 것이옵니다. 하오니, 지금 대한제국의 황제가 새로 바뀌어 내정이 극히 불안정한 때에 전광석화와 같이 빠르게 손을 써서 어린 황태자를 아예 일본으로 데려와서 계속 잡아둠이 상책 중 상책일 것으로 사료되옵니다."

"오!"

"폐하! 그리되면, 지금 당장은 물론이고, 멀리 우리 일본과 대한제국의 장래 문제를 생각해 보아도 우리가 얻는 이익이 실로 막대할 것이옵니다. 대한제국 황태자를 일본에 잡아 두고 직접 우리 일본식으로 교육함으로써 앞으로 그 소년이 우리 일본의 진정한 동지가 되도록 만드는 것이야말로, 우리 대일본제국의 영원한 번영과 아시아의 평화에 크게 기여할 만년지계萬年之計에 해당한다고 사료되옵니다!"

"좋은 생각이오!"

명치천황이 크게 머리를 끄덕였다.

"그런데, 어린 한국 황태자를 일본으로 데려온다는 일이 수월할까?"

그 질문이야말로 이등박문이 기다리던 것이었다.

"물론 절대 수월한 일이 아니옵니다! 폐하! 대한제국 황태자를 일본에 데려와서 인질로 잡아 두려면, 먼저 우리 측에서 그 애를 데려올 수 있도록 제반 여건을 세심하게 잘 조성해 두어야 할 필요가 있나이다."

"그렇겠지."

"폐하! 그런 여건을 훌륭하게 제대로 조성할 수 있는 비책이 꼭 하나 있사옵니다!"

"그게 무엇이오?"

돌연 이등박문의 입에서 마른하늘에 날벼락 같은 뜻밖의 소리가 흘러나왔다.

"예. 그것은 다름 아니라, 될 수 있는 대로 빠른 시일 안에 우리 황태자 전하께오서 며칠 묵으실 예정으로 몸소 대한제국으로 건너가시는 것이옵니다. 폐하!"

"무어라고? 아니, 대체 그 무슨 소리요!"

명치천황은 물론 배석한 자들까지 모두 경악하여 눈을 치켜떴다.

명치천황은 요즘 여러 갈래로 대한제국의 상황에 관한 걱정스러운 보고를 받고 있다. 일본이 한국의 국권을 뿌리째 침탈하고 있다 해서 격앙한 대한제국의 국민들이 요즘 도처에서 의병을 일으켜서 치열하게 항쟁하고 있다고 한다. 더욱이 군대를 해산할 때 대한제국의 군대와 일본군이 충돌하여 시가전까지 벌였고, 그런 과정에서 한국 군대의 무기들이 흩어진 군인과 함께 민간에 흘러들었다는 이야기도 듣고 있었다. 현재 의병조직에는 해산당한 군인들과 한국 군대의 무기들이 상당수 들어가 있다고들 했다.

"아니! 우리 황태자를 한국에 보내자니! 이등 통감은 누구보다 더욱 명확하게 요즘 한국의 불온한 정황을 파악하고 있으면서도 감히 그런 말을 하는 게요?"

명치천황은 분노조차 느끼면서 눈을 치떴다. 그러나 이등박문의 표정은 단호했다.

"폐하! 요즘 한국의 상황이 너무도 불온하기 때문에, 바로 그렇기 때문에, 지금 우리 황태자 전하께오서 몸소 한국을 방문하시는 일이 몹시 긴요한 것이옵니다."

"그렇지 않소! 그처럼 위태로운 상황에서 우리 황태자가 굳이 한국에 건너가야 할 필요는 전혀 없소!"

"우리 대일본제국의 국익을 위한 일이옵니다! 황태자 전하께서 한국에 건너가시면 생기게 되는 국익이 매우 막대하옵니다!"

"설령 그렇다 해도, 한국의 치안이 매우 불안한 지금은 그때가 아니오! 지금은 우리 황태자가 한국에 건너갈 수 있는 때가 아니오!"

그러나 이등박문은 여전히 완강했다.

"그렇지 않사옵니다. 한국의 치안이 매우 불안정한 지금, 바로 지금, 현 시점이 중요하옵니다. 현 시점에서, 우리 황태자 전하께서 한국에 가신다는 것은, 우리 황태자 전하의 위광을 빌어 대한제국의 황실과 백성들의 기를 크게 꺾어 놓는 막중한 효과가 있는 아주 긴요한 대행사가 될 것이옵니다."

"그런 목적이라면, 우리 황태자가 직접 가지 않더라도 다른 방도가 있을 거요."

"예. 맞사옵니다. 그런 목적뿐만이라면, 굳이 황태자 전하께 수고로움을 끼칠 것까지는 없사옵니다. 그렇지만, 더욱 중요한 근본적인 용무는 대한제국 황태자를 인질로 데려오는 일이고 그 일은 반드시 성사시켜야 할 국가적인 중대사이옵니다. 그런데 현재 대한제국의 상황으로 보아서, 그 일은 우리 황태자 전하께오서 직접 그 땅에 가시어서 대한제국의 황제와 황태자를 만나신 자리에서 '대한제국의 황태자를 우리 일본에 유학시켜 제왕학을 닦게 하시오' 라고 말씀하시어야 비로소 성사될 수 있사옵니다. 그래서 드리는 말씀이옵니다."

그런 설명을 듣고서야 명치천황은 이등박문의 계획을 제대로 이해했다. 그렇다고 그의 의견에 동의할 마음은 전혀 일어나지 않았다. 그래서 더욱 단호하게 대꾸했다.

"동의할 수 없소. 그런 계획은 너무 위험하오. 전혀 내키지 않소!"

"폐하! 위험이 없다고는 할 수 없으나, 대처하기 나름이옵니다. 설혹 상당한 위험이 있다 해도, 지금이 어느 때이옵니까! 우리 대일본제국이 대한제국의 경영에 실패하는가 성공하는가가 좌우되는 실로 절박한 시기이옵니다. 한국 황태자 인질 건은 반드시 실행해야 할 일인데, 우리 황태자 전하께서 몸소 한국에 가셔서 직접 유학을 권유하시는 것만이 한국 황태자를 무난하고 수월하게 일본으로 데려올 수 있는 유일한 방도이옵니다. 그래서 이렇게 간절하게 요청하는 바이옵니다!"

"한국 황태자의 유학을 우리 황태자가 권해서 될 일이면, 다른 사람이 권해도 될 일이 아니겠소!"

"그렇지 않사옵니다. 폐하! 한국은 자고로 통치자인 왕이 공공연하게 궁궐을 벗어나는 예가 거의 없는 나라이옵니다. 그래서 왕이 궁궐에서 나와서 도성 밖으로 나간다 하면 기껏해야 선왕들의 능에 제사하러 가는 능행 정도일 뿐이옵니다. 그랬기에, 십일 년 전에 왕이 궁궐을 나가서 러시아 공사관으로 이어한 아관파천사건이 조선 천지에 준 충격이 그토록 엄청났던 것이옵니다."

"……"

"한국인들은 조선 시대부터 지금까지 줄곧 그렇게 살아온 터라, 이번에 어린 황태자를 돌연히 일본으로 데려간다 하면, 대한제국 황실은 물론 백성들의 저항과 반발이 상상조차 못할 만큼 엄청날 것이옵니다. 그리되면, 이 인질 계획은 아예 성사 자체가 어렵게 되나이다. 또 설사 아주 어렵사리 성사시켰다 해도 그 효과와 이익은 굳이 따져봄이 부질없을 정도로 미미할 것인 반면, 그 부작용은 상상을 불허하리만큼 클 것이옵니다."

"……"

"반면에, 대한제국의 관습이 바로 그렇기 때문에, 우리 황태자 전하께서 몸소 한국에 건너가셔서 그 웅자를 드러내심이 불러일으킬 효과는 실로 막대하옵니다."

"……"

"폐하! 통촉하시와 우리 황태자 전하로 하여금 이번에 대한제국에 친선방문 차 다녀오심으로써 그 나라 황태자를 인질로 끌어올 대로가 활짝 열리도록 윤허하여 주시옵소서! 폐하!"

강박에 가까운 이등박문의 주청에 몰려서 명치천황은 다시 생각에 생각을 거듭해 보았다.

"안되오. 아무리 생각해 보아도 아니 되겠소!"

한참 만에 명치천황의 음성이 무겁게 떨어졌다.

"우리 황태자가 현재 비상사태에 있는 대한제국에 갔다가 혹시라도 신변에 불측한 일이라도 생기면 어쩔 것이오. 만에 하나라도 그런 사태가 일어난다면, 그건 우리 황실의 체통과 체면은 물론 국가 체면에도 돌이킬 수 없는 수치, 실로 만대를 두고도 씻을 수 없는 치욕스러운 상처가 될 것이오. 그런 결과가 된다면 그건 정말이지 긁어 부스럼 격이 되어, 한국 황태자를 인질로 일본에 데려온다는 계획 자체를 아예 세우지 아니했음만도 못한 결과가 될 것이오."

"지당하옵신 성려이시옵니다! 폐하! 소신 역시 이 시점에서 우리 황태자 전하를 한국으로 모시고 가는 일이 내포하고 있는 위험성을 뼈저리게 인식하고 있사옵니다. 그러나 대한제국의 황태자를 인질로 우리 땅에 데려다 둔다는 것은, 그 일을 성사시키기가 어려운 만큼 일단 제대로 성사만 되면 그 이익은 이루 비할 데 없이 큰 국가적 대사이옵니다. 이것은 앞으로 우리 대일본제국이 대한제국을 경영해 나가면서 반드시 치르게 될 수많은 전투와 인명과 물질의 희생은 물론 시간과 국력의 낭비까지 막을 수 있는 엄청난 비책이기 때문이옵니다. 이 일은 일청전쟁과 일러전쟁으로 고난을 겪은 우리 국민들에게 큰 기쁨을 주고 그 사기를 크게 진작시킬 수 있는 극히 뛰어난 비책이기도 하옵니다."

"……"

"폐하! 하오나, 미거한 소신들로서는 도저히 이 막중대사를 순조롭게 성사시킬 수가 없사옵니다! 저희 신하들이라면, 아무리 뛰어난 자가 건너가서 천하에 둘도 없는 변설을 늘어놓는다고 해도 대한제국 황실과 백성들은 경계하고 질시할 뿐, 순순히 황태자 이은을 일본으로 보내지 않을 것이옵니다."

"아무리 그렇다 한들……."

"폐하! 자고로 호랑이굴에 들어가야 호랑이를 잡을 수 있다고 했사옵니다. 이번 일을 윤허하여 주옵시면, 소신 이등박문이 생명과 명예를 모두 걸고 기필코 우리 황태자 전하를 잘 보위하여 무사히 서울에 다녀오시도록 하겠사옵고, 뒤이어 대한제국의 황태자를 확실하게 일본으로 데려와 이번 일이 우리 대일본제국의 미래를 위한 거대한 초석이 되도록 만들겠나이다! 폐하! 윤허하여 주옵소서!"

"그래도 너무 위험해서, 아무래도……."

명치천황은 자신의 외아들인 황태자를 대한제국으로 보내는 일에 강한 두려움이 있었기 때문에 계속 완강하게 버티었다. 그래서 이때 명치천황이 이등박문의 요구를 단호하게 거부했던 일이 그들의 궁중사에 명확하게 기록되어 있다. 이때의 일을 두고, 일본 측 기록에 이등박문이 명치천황에게 일본 황태자의 한국 방문에 대해 "신명身命을 걸고 호위해 모시겠다고 적성赤誠을 피력하며 주청했다"고 되어 있다. 적성이라 함은, '참된 마음에서 우러나오는 정성'이라는 뜻으로 '단성丹誠'과 같은 말이니, 당시 이등박문이 얼마나 강력하고 열렬하게 자기주장을 고집했는지를 보여 준다.

일본 정계의 대원로인 이등박문의 그토록 집요하고 완강한 요구에 일본의 통치자인 명치천황도 끝까지 버텨 내지 못했다.

이등박문이 누구인가.

그는 일본 국민을 하나로 묶는 끈으로 "유럽세계에서 '종교'가 갖는 의미에 해당할 만한 도덕적 원리로서의 '천황'"이라는 개념을 직접 창안해 낸 자다. 천황의 군주권을 기축으로 삼는 헌법을 직접 편찬해 지금 명치천황 자신이 누리고 있는 막강한 권력의 기반이 된 이론을 제공하고 또 그것을 굳건히 다져 놓았다. 그리고 그런 이론을 바탕으로 국민들에게 철저하게 '충군애국사상'을 주입함으로써 천황을 국가 권력의 중심점에 서게 만든 자였다. 말하자면, 이등박문이야말로 '일본의 강력한 천황 체제'의 살아 있는 대부였다.

그러한 일본 정계의 역학 관계와 구도 때문에 이등박문의 의견에 명치천황이 아무리 강력하게 반대한다 해도 절로 한계가 있었다. 이등박문이 명치천황의 반대 의견에 끝내 동조하지 않자 결국 명치천황도 이등박문의 의견에 따를 수밖에 없었다. 군주와 신하의 견해가 서로 다를 경우, 결국 군주가 신하에게 굴복할 수밖에 없으면 그 신하는 권신權臣에 해당한다. 이 일만으로도 이등박문은 자신이 얼마나 강력한 권력을 지닌 권신인지를 만천하에 보여주었다. 끝내 이등박문에게 굴복할 수밖에 없었던 명치천황은 그에게 한 가지 조건을 제시해서 자신의 심히 불안한 마음을 달래려고 했다.

"짐은 정말이지 황태자를 한국에 보내고 싶지 않소! 그렇지만 이등 후작의 주장대로 우리 황태자가 꼭 가야만 막중국사에 도움이 된다면 보낼 수밖에 없구려. 다만 한 가지, 짐은 반드시 유서천궁有栖川宮 위인친왕威仁親王을 동행시킨다는 조건으로 황태자를 한국에 보내고 싶소!"

이등박문의 얼굴에 커다란 미소가 환하게 떠올랐다.

"오! 알겠사옵니다! 그렇게 하고 말고요!"

그것은 이등박문으로서는 물론 절대 대환영인 조건이었다. 늘 만사를 화려하고 거창하게 꾸미기를 좋아하는 그다. 고위 황족인 위인친왕까지 일행에 끼면 방문단의 모양이 더욱 화려하게 되니, 이야말로 감히 청할 수는 없지만 본래 원하고 바라던 바라는 이른바 '불감청不敢請이언정 고소원固所願!' 이란 경우에 해당했다.

유서천궁 위인친왕은 명치천황의 할아버지인 인효仁孝천황의 조카로 항렬이 매우 높았다. 게다가 성격이 활발하고 진취적이며 순발력이 대단했다. 이년 전에 그 유명한 '자동차 사건' 은 그의 성품과 성격을 잘 말해 준다. 위인친왕은 1905년 4월 1일에 독일 황태자의 결혼식에 일본을 대표하는 축하사절로 참석하느라 출국했다가 8월 26일에 귀국했다. 그런데 그사이에 유럽에서 몸소 자동차 운전 기술을 익힌 데다 자동차까지 구입해 귀국했다. 그리고는 그 자동차를 직접 몰고 속력을 내어 동경 거리를 돌아다니기 시작했다. 그때까지만 해도 빠른 속도로 달리는 자동차는 그것만으로도 큰 구경거리였다. 게다가 지존의 황족이 손수 자동차를 운전하고 다닌다 하여 민간에까지 큰 화젯거리였고 사람들은 그를 두고 "일본 황실 제일의 멋쟁이!"라고 꼽았다. 명치천황은 평소 그러한 위인친왕의 활동력과 견식과 순발력을 높이 평가하고 있었기 때문에, 만일의 사태에 대비하여 황태자의 한국행에 꼭 동반시키고 싶었던 것이다.

이등박문은 그지없이 기꺼운 얼굴로 짐짓 공손하게 아뢰었다.

"폐하! 위인친왕 전하께서 황태자 전하를 수행하시어 대한제국을 방문하신다면 대한제국 황실로서는 더욱 무한한 광영을 느낄 것이옵니다! 위인친왕 전하 외에도 일본 최고의 대인물들로 대규모 수행단을 조직해서 황태자 전하를 모시고 다녀오도록 조처하겠사옵니다."

여전히 땡감을 씹은 듯 얼굴을 잔뜩 찌푸리고 있는 명치천황을 향해 그는 한층 더 부드러운 어조로 덧붙였다.

"폐하! 전혀 염려하지 마오소서! 소신이 그간 궁리에 궁리를 더하여 대처

방안을 잘 강구해 두었나이다. 우리 황태자 전하께서 대한제국에 건너가시면, 거기 주둔하고 있는 우리 군대와 경찰로 삼엄하게 경호함은 물론, 그 땅에 머무시는 동안 내내 대한제국의 황태자 이은으로 하여금 우리 황태자 전하에게서 한 발자국도 떨어지지 않도록 밀착하여 수행하도록 조치할 작정이옵니다. 그리하면 제아무리 불측한 뜻을 품은 요악한 한국인이 있다 하더라도 제 나라 황태자까지 상하게 할까 두려워서 감히 하수할 엄두도 내지 못할 것이고, 우리 황태자 전하께서는 여기 동경의 궁성에 앉아 계시는 것처럼 지극히 안전, 또 안전하실 것이옵니다."

그것은 대한제국의 황태자 이은이 일본 황태자를 보호하는 방패 내지 총알받이 구실을 하도록 조치하겠다는 이야기였다.

"오! 그런 계책을 생각해 두고 있었소?"

명치천황의 찌푸린 얼굴이 알아보게 펴졌다.

이등박문이 제 뜻을 이루기 위해서 걸핏하면 대한제국의 황제와 황실과 신하들을 협박하고 강박한 일은 우리에게 잘 알려져 있다. 그러나 이등박문이란 자는 '1907년 9월의 일본 황태자의 대한제국 방문 주청 건' 에서 보듯, 자기의 주군인 명치천황을 상대로도 절대로 하기 싫다는 일을 집요하게 강요함으로써 끝내 신하인 자신의 뜻을 받아들이게 만들던 문자 그대로의 '권신' 이었다. 그러나 '그런 횡포가 자신의 사리사욕을 위한 것이 아니라 철두철미 일본의 국익을 염두에 둔 것이었다' 는 점에서 단순히 권력의 방자함을 즐기는 조무래기 정객들과는 차원이 다른 인물이었다고 보는 것이 공정한 평가일 것이다.

역시 모사가 이등박문의 솜씨다웠다. 명치천황의 칙허, 즉 허락이 떨어진 즉시 일본 황태자의 방한 계획은 마른하늘에 번개 치듯 급박하게 추진되었다.

⬆ **이등박문.** 명치 시대 대표적 정치가로 능력이나 위상, 영향력 등 어느 면에서 보나 삼국지에 나오는 유비의 나라 촉한에서 승상 제갈공명이 지녔던 비중과 위치를 일본 정계에서 차지했던 자였다. 그러나 우리에게는 한국을 보호한다는 미명 아래 국권을 침탈하려 한 일본 제국주의 수괴이자 원흉이었다.

이등박문은 실무자들과 의논하여 일본 황태자의 방한 날짜를 10월 16일로 확정했다. 10월 16일에 서울에 도착하려면 일본 황태자 일행은 최소한 10월 10일 이전에 동경을 출발해야 한다. 이등박문은 자신이 먼저 한국으로 돌아가서 황태자를 맞을 준비를 해야겠다면서 귀임을 서둘렀다.

"이등 후작 고맙소!"

이등박문이 서울로 떠나기 전에, 명치천황은 이등박문을 크게 포상하기로 했다.

"후작이 나라를 위해 진력한 그 공은 비단 짐과 우리 국민들이 알 뿐만 아니라, 역사에 기록되어 천추만대까지 빛날 것이오! 그 큰 공적을 세상에 널리 기리는 뜻으로 통감의 작위를 공작으로 올리겠소."

"황은이 망극하오이다! 폐하!"

이등박문은 매우 즐겁게 대답했다.

명치천황이 후작이던 이등박문의 작위를 '공작公爵'으로 올려 준 것은 그가 최근에 한국에서 세운 업적들에 대한 보상이었다. 대한제국의 국권을 완전히 무력하게 만드는 데 성공한 이등박문의 업적은 일본인이라면 누가 보아도 "과연 찬란하다!"고 크게 칭송할 만했다.

이등박문이 거창한 작위 수여 행사를 통해서 공작의 작위를 받은 날은 1907년 9월 21일, 곧 대한제국의 첫 황제 고종이 그의 강압으로 황위에서 밀려나 태황제로서 은거하기 시작한 지 두 달이 된 때였다.

이로써 이등박문은 그 신분이 일본 최고위층의 화족華族(공작·후작·백작·자작·남작 칭호를 지닌 귀족)인 공작이 되었다. 화려함을 좋아하는 이등박문으로서는 천하에서 가장 마음에 드는 장식물을 지니게 된 것이다. 이때 명치천황은 같은 장주벌의 원로 정객인 산현유붕山縣有朋에게도 공작의 작위를 주었다. 명분은 "러일전쟁에서 큰 공을 세웠다"는 것이었다. 러일전쟁이 끝난 것이 벌써 이 년 전인데, 새삼 이때 와서 산현유붕이 러일전쟁에서 세운 공적을 기려서 '공작'이라는 작위를 준 것이었다. 이등박문에게만 공작이라는 작위를 주면 일어날 수 있는 부작용을 줄이기 위해서 이등박문과 같은 급의 권신인 산현유붕에게도 공작의 작위를 주면서 궁색한 명분을 내세웠음을 보여 준다.

당시 일본 사회에서 공작이란 작위가 얼마나 높은 것인지를 잘 보여 주는 것이, 처음 화족제를 실시할 때 공작 작위를 받은 가문이 전국을 통틀어서 단지 열 가문밖에 안되어 '공작 10가十家'로 불렸다는 점이다. 이등박문은 1884년에 처음 작위를 받을 때 백작이었다가 1895년에 후작으로 승작했다. 본래 공작의 작위는 그토록 제한된 것이었기에 감히 바라보지 못했다. 그런데 일본 헌법을 기초하고 초대 총리대신을 역임한 것을 포함해서 그때까지 네 차례나 총리대신을 지내면서도 차지하지 못한 공작 작위를 이때 따낸 것이다.

일본에서 공경公卿이나 영주 가문 출신이 아닌 미천한 집안에서 태어난 하급 무사 출신이 공작이 된 경우는 이등박문이 일본 역사상 최초의 사례였다. 철저한 봉건제도로 속박되어 온 신분 사회인 일본에서 화족 제도상 최고위의 작위인 공작이 된 것은 엄청나고도 비상한 출세였다. 명치유신 이전으로 치자면 가장 말단의 비천한 하급 무사가 졸지에 '전국 대명大名'으로 불리는 최고 수준의 대영주大領主가 된 것과도 같았다.

1907년 9월 23일, 새로 공작이 된 통감 이등박문은 의기양양하게 동경을 출발하여 10월 3일 서울에 도착했다. 후작으로서 서울을 떠났다가 공작이 되어서 돌아온 것이다. 이때야말로 이등박문이 그의 전 생애를 두고 누린 출세의 정점이었다. 그의 그런 비상한 출세의 토대가 된 대한제국에서는 새 황제를 비롯한 각계각층 인사들이 그의 승작을 축하하는 행사를 크게 치러 줘야 했다.

일본 황태자의 4박 5일 방한

맑게 흐르는 시냇물처럼 밝고 시원함을 느끼게 하는 사람이 있는가 하면 높고 거대한 암벽처럼 주위 사람을 숨 막히게 위압하는 사람이 있다. 이등박문은 그 둘을 모두 갖춘 사내였다. 친구들에게는 큰 시냇물처럼 시원시원했고, 친구 아닌 자들에게는 높고 거대한 암벽 그 자체였다. 지난 8월 11일에 통감 이등박문 후작이 본국으로 건너가자, 대한제국 황실 가족들과 정부 각료들은 그간 막힌 숨이 후욱 나가는 듯했다. 그 끝 모를 탐욕, 그 기민한 교활함, 그 냉혹한 권세……. 그가 서울에 주재하고 있는 동안 느낀 압박감이 너무도 힘겨웠던 것이다. 그런데 '공작'이라는 한층 더 빛나는 날개를 달고 10월 3일에 돌아온 이등박문은 귀임 인사 차 경운궁에 들어가서 새 황제를 배알하면서 대뜸 통고했다.

"10월 16일에 대일본제국의 황태자 전하께서 친선방문 차 대한제국에 오실 것이오. 정중하게 맞을 준비를 해 주시기 바라오."

그 이야기를 직접 들었으면서도 새 황제는 자신의 귀를 의심했다. 도무지 믿을 수가 없었던 것이다. 같은 자리에 있던 정부의 대신들도 하도 어이가 없어 서로 돌아보았다.

“일본국 황태자 전하께서 한국에 오신다니요?”

“예! 친선방문 차 오시기로 하셨소이다.”

“친선방문이라니요?”

“예! 문자 그대로 친선방문 차 오시는 것입니다.”

이등박문은 자신만만한 눈초리로 대한제국의 황제와 대신들을 빙 둘러보았다.

“모쪼록 크게 환영해 주시기를 바라오이다!”

그가 물러가고 난 뒤, 대한제국 황제와 대신들은 황당함을 누르지 못했다.

“일본 황태자가 도대체 왜 지금 한국에 오겠다는 게요?”

“게다가 10월 16일이라면, 이제 불과 13일 뒤가 아니요.”

일본제국의 황태자라면 천황 다음의 제2인자이며 다음 천황이 될 지존의 존재다. 그런데 하필 이런 시기에 왜 대한제국에 건너오겠다는 것인지, 그 의도가 도무지 납득되지 않았다. 앞에 내세운 말인즉슨 ‘친선방문’ 이라지만, 지금 대한제국의 국내 상황이 어디 ‘일본 황태자의 친선 운운’ 하는 방문을 맞이할 수가 있기나 한 처지인가!

당시 대한제국의 국내 상황은 매우 험악하고 처절했다. 하루라도 한국인 의병들과 그들을 진압하러 간 일본군과 한국인 관군들 사이에서 벌어지는 피비린내 나는 전투 소식이 들리지 않는 날이 없는 상황이다. 그런데 왜 하필 이런 때 아무도 만나길 원하지 않는 일본 황태자가 제 스스로 나서서 대한제국에 건너오겠다는 것인가.

“아무튼 온다는 일본 황태자를 맞지 않을 도리도 없지 않소?”

새 황제는 침울한 얼굴로 영접할 준비를 하라고 대신들에게 지시했다. 그래서 1907년 10월 7일자로 '일본국 황태자 전하 봉영위원회' 라는 것이 만들어졌다. 정부 각료인 시종원경 민병석閔丙奭이 위원장으로 임명되고 궁내부와 내각의 중견 관리들인 고희경·유찬·엄달환·현백운·한창수 다섯 사람이 위원으로 임명되었다. 그리고 그런 사실과 그들의 명단이 즉각 신문들에 보도되었다.

당시 한국의 치안 상황과 민심이 어느 만큼이나 험악했던가 하면, 치안이 제대로 유지되는 곳은 겨우 수도 서울과 대도시들뿐이라고 할 수 있을 정도였다. 그 외의 지역은 거의 치안이 보장되지 않았다. 의병 항쟁과 진압 전투 중에 발생하는 사상자의 숫자가 날로 늘어나고 있고, 지방 상황 대부분이 도저히 안심하고 살아가지 못할 정도로 시국이 험악했다. 그중에서도 민중들의 삶을 특히 무차별적으로 괴롭히는 것은 '방화' 였다. 일본군은 '폭도' 를 응징하고 토벌한다면서 사람 사는 가옥에 불을 질러 대었고, 의병들은 의병들대로 일본인이나 친일파를 응징한다면서 사람 사는 가옥에 불을 질러 대었다. 민심은 흉흉하고 민생은 온갖 고통과 고난에 허덕이고 있었다. 정세가 그토록 험악함을 감안해 볼 때, 이등박문이 당시 일본 황태자의 한국 방문을 추진한 일은 대담함을 넘어 너무나 무모하다고 말할 수밖에 없는 모험이었다.

그토록 험악한 실상을 생생하게 보여 주는 자료가 있다. 당시 《황성신문》에서 '일본국 황태자 전하 봉영위원회' 위원장과 위원들의 이름을 보도한 기사와 같은 지면에 나란히 실린 논설이다. 제목은 '화희관광중火戲觀光中에 타처방화他處放火를 사상思想한다' 였다. 요즘 말로 풀어 옮기자면 '불꽃놀이를 바라보면서 다른 지역이 불타는 것에 대해 생각한다' 가 될 것이다. 기사의 문장 속에 "참혹하다. 만 번 참혹하다"는 처절하기 짝이 없는 탄식이 들어 있거니와, 그 글이 사무치게 증언하고 있는 당시의 정경을 떠올려 보면 그 시대에

우리 선조들이 겪은 고난의 참혹함에 그저 가슴이 막힌다. 그 기사의 전문은 다음과 같다.

9월 15일에 경성박람회京城博覽會에서 개회식을 굉장하게 하였는데, 밤에는 남산南山에 매화포梅花砲 묻어 불꽃놀이를 하는지라. 온 성내 사람들이 모두 바라보는 중에 우리도 또한 바라보니 굉장하고 번화하여 바라볼 만한즉, 다른 사람들 눈에도 필시 바라보기 좋았음즉하려니와 생각해 보면 우리가 볼 수 없는 먼 지방에서 어느 날 의병義兵이나 일병日兵들이 일본인日本人의 가옥이나 대한인大韓人의 가옥에 방화放火하는 것에도 볼 만한 것이 있을 듯 하도다. 요즘 사방에서 들려오는 소문 가운데는 혹 잘못 전해진 말도 많지만, 단연코 확인할 수 있는 것은 각 지방들이 불타고 있다는 것이니만큼, 이 밤에도 그 같은 일이 없지 않을 것이로다.

그러한즉, 지금 우리가 이곳에서 바라보는 불은 즐겁게 즐기기 위해서 놓는 불이거니와, 먼 지방에서 놓는 불은 악감정惡感情으로 해를 끼치고자 놓는 불이오. 그러한즉, 지금 우리가 바라보는 불은 박람회에서 상무商務 흥왕興旺되기를 바라고 원하는 불이요, 먼 지방에서 놓는 불은 오래도록 상무가 잘못되게 하는 불이요, 그러한즉 지금 우리가 바라보는 불은 흔쾌하게 즐기고 즐겁게 웃게 하는 불이요, 먼 지방에서 놓는 불은 통곡하며 울게 하는 참혹한 불이로다.

그러한즉 지금 우리는 이 불을 바라본 뒤에 각자의 집에 가서 편안히 잠이 들겠으나, 먼 지방에서는 그 불을 당한 뒤에 집도 없고 기물器物도 없고 식량도 없어서 늙은이나 어린애나 모두 한탄하며 앉을 자리조차 얻지 못하고 또 이내 엄동설한이 닥치면 인민들은 풍한風寒을 가릴 의막依幕도 없고 입에 풀칠할 것도 없어서 얼고 굶주려 죽게 될 뿐이로다.

참혹하다. 만 번 참혹하다. 인민들이여. 시사時事 이에 이르지 아니하였더라면 오늘의 불꽃놀이 관광에도 아무런 원통함이 없고 흔쾌하게 즐거울 뿐일 것이다. 일본인이 우리나라에 와서 개화도 잘 권고하고 상업하는 법도 잘 지도하고 이번 박람회에 양국 물품을 합하여 불꽃놀이의 등燈과 같이 양 국민의 등燈이 마음도 합하고 힘도 합하고 일도 합하여 양국의 상업도 합하게 된다면, 진실로

◤ **대한제국 황제 폐하·황태자 전하와 경성박람회.** 1907년 개최된 경성박람회 기념 엽서로 순종과 이은이 각각 황제와 황태자가 된 모습과 경성박람회장의 정문과 뒷모습을 싣고 있다. 경성박람회는 9월 1일부터 11월 15일까지 한성 구리개(지금의 을지로 1가와 2가 사이에 있었던 나지막한 고개)의 대동구락부에서 열렸다.

개화를 이루게 되어 양국에 행복됨이 있을 것인데 지금 상황은 어떠한가. 곧 박람회에 양국 물품들이 일치하여 같은 곳에 배치되어 있기는 하지만 오히려 빠진 것이 있으니, 양국 물품은 일치하게 배치하였지만 양국 인심은 일치가 되지 못한즉 양국 국사와 상업상에 행복됨이 극난極難하도다.

우리들은 이 불이 휘황하여 바라봄즉한 중에서도, 먼 지방의 인민들이 겪고 있는 집도 불타고 기물도 불타고 있는 경상景狀을 아니 생각할 수 없도다.

오호라. 누가 큰소리 높이 질러 깨우치고 깨닫도록 권고하겠느뇨. 큰소리로 일본인에게 권하기를 "먼 지방의 불이 없게 하소서", 의병에게 권하기를 "먼 지방의 불은 없게 하소서" 할지라.

일본인에게 권할 것은 이러하니 "시작은 잘못되었으나 마무리는 잘될 수 있나니, 지금이라도 대한大韓 인민을 좀 고념顧念하여 억제抑制하는 것으로써만 위협하지 말고, 의롭게 행하여 대한을 사랑하고 아끼는 것을 드러내 보이오. 개화하는 법도 포기하고 대한 인민이 마음 쓰는 것이 없다 해도, 일본을 경영하는 일만 생각하여 일본인들을 대한에 거류居留하게 하고 일본 상업이 잘 되게 하기 위하여 먼 지방 인민의 가옥에 불을 놓지 마시오."

의병에게 권할 것은 이러하니, "극히 조심하시오. 우리 나랏일이 망하고 있는 것을 더 망하게 하지 마시오. 일본인 중에서 죄 없는 상민商民을 살해하는 것은 불법한 일이오, 아무 일본인의 집에나 불을 지르는 것도 불법한 일이오. 다만 우리 나랏일을 개량하기에는 다른 방침이 있을 것이니, 불을 놓는 일 같은 것을 행하면 우리나라 사람들에게도 혐오를 받을 것이니 무슨 쓸모가 있으리오."

우리나라의 비참한 인민들에게 권할 것은 이러하니, "이와 같이 곤란한 경우를 당할수록 더욱 정신 차려서 공연히 두려워하지 말고 모든 일을 법대로 행하시오. 일병日兵이 동리에 들어오거든 도망하지 말고 잘못한 것이 없다는 근거를 자세하게 설명하시오. 일병들은 각 지방의 인민들이 도망하기 때문에 불을 놓는다고 하니만치 도망하지 말고 모든 곤란을 각기 스스로의 힘으로 면하도록 힘쓸지어다."

우리나라 동포들이 모두 평안하고 진실로 개화가 잘 되어 여러 일들이 모두 실마리가 잡히게 되어 흔쾌하고 즐겁게 모여서 매화 불꽃놀이를 바라보면서 즐기게 되기를 희망한다(《황성신문》, 1907. 10. 10).

이 논설은 그 내용도 내용이려니와, 하필이면 '일본국 황태자 전하 봉영위원회' 구성원 명단이 발표된 날 같은 지면에 나란히 게재된 것도 역시 매우 의도적인 것이었다.

그런데 이 논설은 얼마 전에 이미 다른 신문에 발표되었던 글이었다. 바로 25일 전인 지난 9월 15일에 통감부에서는 서울에서 이른바 '경성박람회'를 열고 그 행사 중 하나로 개회식 날 밤에 불꽃놀이를 거창하게 벌였다. 한일 양국의 물품들을 모아 전시하는 박람회라느니, 밤 불꽃놀이니……, 어쩌고 하면서 사람들의 이목을 번다하게 끄는 행사를 벌여 당시의 험악한 정세를 가리고 사람들의 관심을 정치와 사회에서 떼어 내어 경제와 오락으로 돌리고자 했던 것이다.

그런데 박람회 개회식 날 밤의 불꽃놀이를 화두로 삼아서 가톨릭계 신문인 《경향신문》에서 위의 논설을 게재했다. 그 글이 발표되자 "현재 상황을 아주 잘 드러낸 명문!"이라고 크게 칭송되면서 사람들 입에 널리 오르내렸다. 이번에 돌연 들이닥친 "10월 중순에 일본 황태자가 방한한다"는 괴이한 소식을 접한 《황성신문》에서는 지난달에 《경향신문》에 실린 '불꽃놀이 논설'을 그대로 자신들의 지면에 다시 전재함으로써, 현 시국에 대한 자신들의 발언으로 삼았다.

이등박문은 '일본 황태자 방한' 이라는 현안을 들고 다시 서울로 돌아온 이래, 대한제국 황실에 요구 사항들을 하나하나 제시하면서 집요하게 강요했다.

"대일본제국 황태자 전하께서 인천항에 도착하시는 날이 10월 16일이옵니다. 대한제국 황제 폐하께서와 황태자 전하께오서는, 그날 친히 인천항에 납시어서 대일본제국 황태자 전하를 맞아 환영해 주셔야 하옵니다. 미리미리 준비해 주소서!"

이웃 나라의 황태자가 방문한다 해서 일국의 황제와 황태자가 모두 기차에 올라 도성을 벗어나 멀리 바닷가 항구까지 나가서 맞아들인다는 것은 황실의 존엄을 해치고 황실의 법도와 외교상 전례나 예법에도 맞지 않는 아주 무도한 요구였다. 당연히 대한제국 궁정으로서는 절대 받아들일 수 없는 요청이어서 처음에는 단연코 거절했다.

그러나 이등박문의 처지에서 보자면, 그건 반드시 관철해야만 할 절체절명의 환영 행사였다. 자신이 명치천황에게 장담한 대로, 일본 황태자를 안전하게 보호하기 위해서는 그가 인천항에 도착하여 일본 군함에서 내린 시점부터 즉각 대한제국의 황제와 황태자를 방패막이로 쓰는 것이 절대로 필요했기 때문이다. 그래서 그는 대한제국 황실을 상대로 막무가내로 완강하고 집요하게 계속 고집하여 끝내 제 뜻을 관철했다. 결국 대한제국의 새 황제와 새 황태자가 인천항까지 일본제국 황태자를 환영 나가기로 결정되었다.

1907년 10월 16일.

뿌우우. 뿌우.

기적 소리 높이 울리며 거대한 일본 군함 향취환이 인천 앞바다에 닿았다. 일본 황태자 가인친왕 일행이 탄 군함이다. 일본 해군 제1함대의 군함 여러 척이 향취환을 호위해서 함께 바다를 건너왔다. 일본 측 기록에 따르면 10월 10일에 일본 황태자와 수행원들이 동경을 출발했다고 하니까, 동경을 떠난 지 불과 엿새 만에 인천항에 도착한 것이다. 일본의 행정력을 총동원하여 여로마다 특별열차와 특별군함을 미리미리 대령시켜 놓고 바로 갈아타면서 여행했기에 그처럼 단기간에 일본제국의 동경과 대한제국의 인천 사이를 주파했다고 한다.

그날, 통감 이등박문 공작과 약속한 대로 융희황제(순종)와 새 황태자 이은은 일본 황태자를 맞으러 남대문 정거장에 나가서 경인선 기차를 타고 인천까지 내려갔다. 경인철도는 1차로 1899년 9월에 노량진에서 인천까지 개통되었고, 다음 해인 1900년 7월에 한강철교가 준공되자 노량진에서 한강을 건너 남대문 앞까지 철도를 연장하는 2차 공사를 거쳐 완전 개통되었다. 그 이래 서울과 인천 사이를 잇는 교통수단으로 가장 애용되고 있었다.

"먼 여로에 평안하셨습니까? 어서 오십시오! 일본제국 황태자 전하!"

융희황제와 황태자 이은이 함께 부두에서 일본 황태자 가인친왕을 맞았다.

"이렇게 멀리 나오셔서 환영해 주시니 감사하옵니다! 대한제국 황제 폐하! 그리고 황태자 전하!"

일본 황태자가 어눌한 어조로 답례했다.

그들이 인사를 나눈 뒤에 이어서 이등박문이 일본 황태자의 수행원들을 융희황제와 황태자 이은 앞으로 인도해서 한 사람 한 사람 소개했다. 들어 보니, 일본 황태자의 수행원들의 위세가 엄청났다. 최고위 황족인 유서천궁有栖川宮 위인친왕, 일본 정계의 실세인 전직 총리대신이자 현직 육군대장인 후작 계태랑桂太郎, 러일전쟁 때 러시아의 발틱함대를 쳐부순 전공으로 일본 최고의 전쟁 영웅이 된 해군대장 백작 동향평팔랑東鄕平八郎, 추밀원 고문관인 공작 암창구정岩倉具定, 동궁무관장인 육군중장 촌목아미村木雅美, 전 주한 일본 공사이자 현 궁내성 차관인 자작 화방의질花房義質 등 일본국 최고위층의 명사들이 황태자 수행원으로서 함께 대한제국에 입국한 것이다.

대한제국의 새 황제와 황태자 이은은 일본 황태자와 수행원들과 함께 기차에 올라서 서울에 들어왔다.

당시 일본 황태자 일행이 서울에서 묵은 장소에 관한 한일 간의 기록은 서로 표기가 다르다. 일본 측 기록에 따르면 서울에 있는 동안 내내 '통감 관저' 에서 묵었다고 기록하고 있는데 반해서, 우리 측 기록에는 그 장소를 줄곧 '이현泥峴 어여관御旅館' 이라고 표기하고 있다. 《순종실록》 1907년 10월 17일자에 기록된 '皇太子訪問日本國皇太子于泥峴御旅館(황태자께서 이현의 여관에 있는 일본국 황태자를 방문하셨다)' 와 같은 경우다. 이현은 우리말 지명으로는 '진고개' 로 대규모의 일본인 거리가 형성되어 있던 곳인데, 통감부 건물과 통감의 관저도 그곳에 있었다. 우리 측 기록은, 현재 여행 중인 일본 황태자가 묵고 있는 건물이라는 뜻에서 굳이 통감 관저를 '어여관' 이라고 지칭한 것으로 보인다.

일본 황태자가 대한제국을 방문한 것은 양국 역사상 처음 있는 일, '1907년 10월 16일부터 20일까지 4박 5일' 에 걸친 그 일행의 행적을 보면 다음과 같다.

10월 16일.

일본 황태자 가인친왕 일행이 탄 군함 향취환이 일본 해군 제1함대의 군함 여러 척의 경호를 받으면서 인천항에 도착. 그들은 미리 인천까지 마중을 가서 기다리고 있던 대한제국 황제와 황태자, 총리대신 이완용을 비롯한 여러 대신들과 함께 기차를 타고 수도 서울로 향했다. 기차가 남대문 정거장에 도착한 뒤 대한제국 황제는 궁궐로 돌아가고, 한국 황태자 이은과 일본 황태자는 정거장에서 마차에 올라 나란히 앉아서 진고개의 숙소까지 갔다. 위세 당당하게 완전 무장한 한일 양국 경관과 군인들이 그들의 행차를 삼엄하게 호위했다.

이날 서울에 들어온 날부터 떠날 때까지, 일본 황태자 일행은 거리를 나다닐 때는 자동차가 있는데도 으레 마차를 타는 등, 우정 한국 사람들 눈에 뜨이도록 시끌벅적하게 행동했다. 물론 일본 황태자가 탄 마차의 바로 옆자리에는 언제나 대한제국 황태자 이은이 나란히 앉아 있었다.

10월 17일.

일본 황태자는 오전에는 어제 그 일행을 인천까지 나와 환영해 준 한국 황태자 이은과 이완용 총리대신을 비롯한 각급 대신들을 통감 관저로 초청하여 대신들에게 각기 일본 훈장을 수여했다. 정오 무렵에는 그들과 함께 덕수궁에 입궐하여 돈덕전惇德殿에서 융희황제와 황후를 배알하고 즉위를 축하한다는 일본 천황의 뜻을 전하면서, 일본에서 가져온 훈장을 전했다. 융희황제에게는 일본 최고의 훈장이라는 '대훈위 국화장 경식大勳位菊花章頸飾'을, 황태자 이은에게는 그보다 한 아래 등급인 '훈일등 욱일 동화 대수장勳一等旭日桐花大綬章'을 증정했다. 훈장 명칭에 들어있는 꽃 이름 중 '국화'는 일본 황실을 상징하는 꽃으로 일본 황실의 문장이었고, '동화桐花' 곧 오동꽃은 일본 정부를 상징하는 꽃이었다.

일본에 줄곧 저항하며 애를 많이 먹인 것이 너무 미워서였던지, 태황제에게는 아무런 훈장도 증정하지 않았다. 후일담이지만, 그로부터 12년 뒤인 1919년에 태황제가 별세했을 때에야 일본 황실은 고인에게 뒤늦게 융희황제에게 증정한 것과 똑같은 훈장인 '대훈위 국화장 경식'을 증정하고는 엄청난 영광이나 베풀어 준 듯 대단히 생색을 냈다.

↖ **일본 황태자의 한국 방문.** 1907년 10월 16일 한국을 방문한 일본 황태자는 서울에 들어온 날부터 떠날 때까지 거리를 다닐 때 마차를 타는 등 사람들 눈에 뜨이도록 시끌벅적하게 행동했다(한미사진미술관 소장).

⬅ **일본 황태자 한국 방문 기념사진.** 중앙의 일본 황태자를 중심으로 그 왼쪽에 순종, 오른쪽에 영친왕, 뒷줄 왼쪽에 이등박문이 보인다. 사진에서 보는 것과 같이 일본 황태자가 한국에 머무는 4박 5일 내내 옆에는 항상 영친왕이 있었다. 일본 황태자를 안전하게 보호하기 위해서는 그가 인천항에 도착해 일본 군함에서 내린 시점부터 즉각 대한제국의 황태자를 방패막이로 씀으로써 한국인들이 가할 위해로부터 안전하게 방어하려는 이등박문의 계획이 실천되고 있는 것이다.

⬆ **일본 황태자 한국 방문 기념사진.** 앞줄 맨 오른쪽이 이등박문, 위인친왕, 영친왕, 일본 황태자, 다음 줄에는 조중응, 한 사람 건너뛰고 계태랑, 동향평팔랑, 이완용, 송병준, 이병무 등의 모습이 보인다.

훈장 증정이 끝난 뒤, 이등박문은 일본 황태자를 안내하여 같은 황궁 안에 있는 태황제의 거처로 가서 알현했다. 이 자리에서는 태황제에게 "한국 황태자 이은 전하를 일본에 유학시켜 신학문을 공부하게 하시오소서. 이것은 일본 천황 폐하의 뜻이옵니다"라고 일본 측의 요구를 꺼내 놓았다. 물론 태황제는 그 요구를 거부했다.

일본 황태자가 돌아갈 때, 한국 황태자 이은이 그들을 숙소까지 배웅했다.

10월 18일.

대한제국 황태자 이은이 진고개에 있는 통감부 통감 관저로 일본 황태자를 방문하여, 전날의 훈장 증여에 대한 답례로 한국 황실의 각종 훈장들을 그 일행에게 증정했다.

10월 19일.

일본 황태자가 융희황제와 황태자 이은을 통감 관저로 초청하여 점심 식사를 대접했다. 식사 뒤에 융희황제는 먼저 궁궐로 귀환했고, '한국 황태자 이은의 안내'라는 형식으로 일본 황태자와 수행원들 전부가 당시 비어 있는 창덕궁과 경복궁 관람에 나섰다. 당시 두 나라 황태자들과 위인친왕, 그렇게 세 명이 같은 마차에 앉아서 가고, 이등박문을 비롯한 일본 측의 수행원들이 탄 마차와 한국 측의 내각 대신들이 탄 마차들이 줄을 이어 그 뒤를 따랐다. 매우 거창한 행렬을 지어서 서울 거리를 누빈 것이다. 그들은 두 궁궐 구경을 마친 뒤에 덕수궁으로 가서 융희황제를 다시 만나 환대에 감사한다고 사례한 뒤에 돌아갔다. 이날 일본 황태자 일행이 창덕궁에서 찍은 사진이 현재 남아 있다.

이날 밤은 일본 황태자가 한국에서 묵는 마지막 밤이었다. 그날 밤에 일본 황태자의 서울 방문을 축하하는 대규모의 제등행렬 행사가 실시되었다. 평상시 서울에서는 결코 볼 수 없는 엄청난 등불잔치였다. 일본 측 기록에 따르면, 당시 참가 인원이 무려 1만 명에 달했다고 한다. 관리, 상인, 군인을 막론하고 서울에 있는 일본인이란 일본인들은 모두 손에 등불을 들고 거리로 쏟아져 나와 위세를 부리고, 협조 요청을 받은 대한제국 정부 측에서도 각급 학교 학생 등 많은 인원을 동원해 주었다고 한다.

본래 제등행렬이라 함은, '제등(등에 자루를 달아 들고 다닐 수 있게 만든 등)'에 불을 켜서 손에 들고 행렬을 지어 거리를 돌아다니는 것. 한국에서는 오로지 종교적 제의로만 제등행렬 행사를 벌이기에 사월 초파일에 부처님의 탄신을 축하하는 것이 유일했다. 그에 반해서 일본에서는 종교적 의미와 상관없이 특별히 축하할 일이 있을 때면 으레 밤에 제등행렬을 벌여 거리를 쏘다니면서 즐기는 것이 평소의 풍습이었다. 그래서 행사의 의미가 한국과 크게 달랐다. 이날 밤의 제등행렬은, 일본 전래의 방식으로 축하한다는 명분을 내세워서 일본 황태자의 방한을 내외에 널리 과시하고자 한 다목적 행사였다.

10월 20일.

일본 황태자 일행이 일본으로 귀국했다. 그들은 남대문 정거장에서 기차를 타고 인천으로 가서 자기네 군함을 타고 돌아갔다. 융희황제는 그들을 남대문 정거장까지만 배웅하고 궁으로 돌아갔다. 그러나 황태자 이은은 일본 황태자와 나란히 기차에 올라 인천항까지 동행하여 전송했다.

이날의 환송 방식을 두고 작은 사건이 일어났다. 황태자 이은의 경호 책임자인 배종무관장 조동윤趙東潤이 "우리 황태자 전하께서 일본 황태자 전하를 어느 곳까지 전송할 것인가?" 하는 문제를 두고 이의를 제기했기 때문이다. 조동윤은 담대한 사나이였다. 대한제국 황태자로 하여금 인천항 부두까지 배웅하도록 결정한 이등박문의 위세에 전혀 굴하지 않고 대한제국 황실의 법도와 예절을 따지면서 "인천항이 아니라 남대문 정거장에서 전별하는 것으로써 전별 행사를 끝낼 것"을 주장한 것이다. 그래서 "인천항까지 같이 가서 전별할 것"을 요구한 이등박문과 크게 충돌했다. 이 사건은, 그 전말이 이틀 뒤인 1907년 10월 22일자 《대한매일신보》에 〈통감統監 논박論駁〉이라는 제목으로 다음과 같이 보도됨으로써 일반인들에게까지 알려졌다.

황태자 전하께서 일본 황태자 전하를 인천까지 친히 가셔서 전별하신 일은 별항에 보도한 바와 같거니와, 배종무관장 조동윤씨가 "남대문 밖 정거장까지만 친히 가셔서 전별하시는 것이 마땅하다"는 주장을 꺼내었더니 이등박문 통감이 이 사건에 대하여 가로되 "조간신문에 이미 발표된 순서와 절차를 실행에 임박하여 바꾼다는 것은 일의 모양새가 불온한 것이다"고 대단히 논박하였다더라(《대한매일신보》, 1907. 10. 22).

황제를 경호하는 무관은 '시종무관侍從武官'이라 하고, 황태자를 경호하는 무관은 '배종무관陪從武官'이라고 구별하여 부른다. 조동윤은 황태자 이은의 경호 총책임자인 배종무관장으로, 황태자 이은이 일본 황태자를 전별하러 멀리 인천항까지 간다는 것은 대한제국 황실의 위엄과 체통을 상하게 한다고 판단하여 제동을 걸고 나섰다.

그러나 한국 황태자 이은을 일본 황태자 가인친왕의 보호막으로 이용하고 있던 이등박문으로서는 그런 주장은 위험하기 짝이 없는 방자한 짓거리로밖에 보이지 않았다. 그래서 "불온하다!"는 표현까지 써서 극심하게 논박하면서 펄쩍 뛴 것이다. 이등박문이 "조간신문에 이미 발표된 순서와 절차" 운운한 것은, 그날 아침 신문에 〈동궁東宮 전별餞別〉이라는 제목으로 다음과 같은 기사가 게재되도록 미리 조치해 놓은 것을 의미했다.

황태자 전하께서 일본 황태자 전하를 전별하시기 위하여 본일本日 상오 10시에 출어出御하사 인천항까지 동가動駕하실 터인데, 각부 대신이 배종한다더라(《대한매일신보》, 1907. 10. 20).

결국 이등박문의 주장대로 한국 황태자 이은은 인천항까지 전송하러 갔다. 그러나 일본 측은 그런 기개를 지닌 조동윤에 몹시 앙심을 품었던 모양이다. 뒷날에 벌어진 이야기지만, 황태자 이은이 인질로 일본에 끌려갈 때 배종무관장 조동윤도 수행원으로 같이 건너갔는데, 삼 년 뒤인 1910년에 합병으로 대한제국이 망하자 일본 측은 즉각 조동윤에게 매우 간교하게 보복하려 들었고 한국 측에서는 태황제의 지시로 조동윤에게 피해가 미치지 않게 막아 내느라 애쓰는 소동이 벌어졌다.

뿌우, 뿌우우, 뿌우.

드디어 일본 황태자 일행을 태운 일본 군함과 호위함들이 기적 소리도 드높이 육중한 선체를 움직여 인천 앞바다 바닷물을 가르기 시작했다. 거대한 군함과 호위 함정들은 난바다를 향해 선수를 돌리더니 이내 속력을 내었다. 이로써 4박 5일에 걸친 일본 황태자의 한국 방문이 무사히 종료된 것이다.

부두에 서서 함정들이 빠르게 멀어지는 모습을 지켜보던 이등박문은 옆에서 있는 한국 황태자 이은에게로 몸을 돌렸다.

"황태자 전하! 장하시오이다! 참으로 장하시오이다!"

이등박문은 이은을 향해 짐짓 깊이 머리를 숙였다.

"이번에 일본국 황태자 전하께서 한국을 방문하시는 동안 내내, 전하께서 어찌 그리도 의연하시고 당당하시고 훌륭하시게 손님 접대를 잘하셨는지요! 참으로 경탄하지 않을 수 없나이다!"

이등박문으로서는 이번 행사가 무사히 끝난 것이 너무도 기꺼워서 절로 칭송의 말이 입에서 술술 흘러나왔다. 수행하는 통역에게서 이등박문의 말을 전해 들은 이은의 어린 얼굴이 기쁨으로 환하게 빛났다.

"고맙습니다만, 이등 통감께서 너무 과찬을 하시는군요."

"아니올시다! 결코 과찬이 아니올시다! 전하께오서 나이 어리시고 아직까지 국빈을 접대해 본 경험이 전혀 없으신데도, 어찌 그리도 모든 접대 범절을 예절에 맞게 훌륭하게 치르셨는지요. 외신外臣은 참으로 감동하여 찬탄을 금할 수 없나이다. 이번에 전하의 당당하신 옹자를 직접 뵈옵거나 전해서 듣게 될 일본의 황실과 일반 백성들 모두 깊이 감명받을 것으로 확신하옵니다. 대한제국과 대일본제국 두 나라의 장래를 위해서 이보다 더 다행한 일이 어디 또 있사오리까!"

그것은 결코 입에 발린 공치사가 아니라 이등박문의 진심과 기쁨이 함께 담긴 찬사였다. 일본 황태자의 방한이 모양새 좋게 실행되기 위해서는 대한제국의 황태자 이은의 당당한 기량과 역할이 절대적으로 중요했는데 결과적으로 기대 이상의 모습을 보여 준 것이다.

일본 황태자 가인친왕이 대한제국에 와서 지내는 4박 5일 동안, 제아무리 천하의 이등박문이라 한들 어찌 한 순간인들 마음 편하게 지낼 수 있었을 것인가! 당시 일본 황태자의 안위 문제로 이등박문보다 더 마음 졸인 사람도 없었을 것이고, 일본 황태자 가인의 상대역을 담당한 대한제국 황태자 이은이 자기 역할을 훌륭하게 해내 주기를 이등박문보다 더 열렬하게 바란 사람도 없었을 것이다.

이등박문은 일본 황태자가 한국 인천항의 흙에 발을 디딘 때부터 다시 인천항에서 한국을 떠나는 순간까지, 자신의 구상을 철저하게 실천했다. 일본 황태자가 일본 병력이 삼엄하게 경비하는 통감부의 통감 저택 안에 있을 때를 제외하고는 어딜 가든지 간에 반드시 한국 황태자 이은으로 하여금 '안내' 라는 명목으로 동행하게 만들었다. 동행이라 해도 예사 동행이 아니었다. 일본 황태자의 위세를 한국 황실과 백성들에게 실감나게 과시하기 위해서, 자동차도 있건만 장소 이동에는 반드시 거창하게 치장한 마차를 사용했고, 마차 좌석에 일본 황태자 가인과 한국 황태자 이은이 나란히 붙어 앉아 있게 한 밀착 동행이었다.

그것은 무엇보다 우선 일본 황태자를 총이나 폭탄으로 저격하려는 한국인이 있더라도 한국 황태자까지 함께 다치게 될까 두려워서 저격할 수 없도록 만드는 억제 효과를 노린 것이었는데, 그 방책은 목적 외의 부수 효과까지 올릴 수 있었다. 대한제국 황실과 국민들을 상대로, 일본 측이 나이 어린 소년인 대한제국 황태자 이은을 이미 장성한 어른인 일본 황태자 가인과 동등하게 우대하고 있는 것처럼 보여 주는 효과까지 있었다. 예상대로, 이등박문의 계산은 부절符節처럼 똑소리 나게 맞아 떨어졌다. 일본 황태자는 서울 방문을 매우 평온무사하게 즐길 수 있었고, 대한제국 황실에서도 불만이 전혀 없었다.

당시 일본제국 황태자 가인은 1879년생으로 28세이고 대한제국 황태자 이은은 1897년생으로 10세 소년에 불과하여, 나이로는 거의 부자지간과 흡사했다. 그러나 이은은 "나나 그나 일국의 황태자이긴 마찬가지!"라는 자긍심으로 상대방에게 결단코 꿀리지 않으려는 승벽을 지니고 의연하고 당당하게 처신했다. 어린 아이일지라도 풍운의 여장부 엄귀비의 아들다운 뱃심이 있었다. 그래서 누구의 눈에도 이은은 18년 연상 일본 황태자에 비해서 전혀 손색이 없었을 뿐 아니라 오히려 더 의젓했다. 그래서 대한제국 황실 사람들은 "나이도 어리신 우리 황태자 전하께서 어른인 일본 황태자보다 훨씬 더 당당하고 훌륭하시더라"고 크게 자랑하고 두고두고 기꺼워했다.

이것은 그들이 '팔이 안으로 굽는다'는 차원에서 과장스럽게 이은을 추켜세운 것이 결코 아니었다. 본래 일본 황태자 가인친왕은 아주 어릴 때 뇌막염을 앓은 후유증으로 두뇌 상태가 늘 신통찮았고 때로 정신박약 비슷한 증세까지 보였다. 그는 대한제국을 방문한 때로부터 5년 뒤에 명치천황이 별세함으로써 천황의 위에 등극하여 '대정천황大正天皇'으로 불렸는데, 즉위한 뒤에도 계속 상태가 나빠졌다. 그래서 천황이 된 지 9년 만에 황족회의의 결정에 따라 천황의 직무에서 물러나 은거隱居당했다. 그리고 그의 아들인 황태자 유인친왕裕仁親王이 '섭정궁攝政宮'이란 칭호로 5년간이나 천황의 직무를 대행하다가 그가 죽자 정식으로 천황의 위에 올라 '소화천황昭和天皇'으로 불렸다. 본래 두뇌에 문제가 있는 사람은 육신은 멀쩡하다 해도 자세나 태도나 인상에 어딘가 모자라는 점이 드러나게 마련이다. 일본 황태자는 그런 문제가 있는 사람이었으니만치, 당시 한일 두 나라 황태자가 나란히 다니는 것을 본 대한제국 황실의 사람들이 "우리 황태자 전하가 훨씬 뛰어나시다"고 크게 기꺼워한 것은 당연했다.

이등박문이 "뜻한 바 있사오니, 우리 황태자 전하께서 대한제국을 친선방문하실 것을 허락해 주소서!"라고 주청했을 때, 명치천황이 그토록 완강하게 거절한 까닭 중에는 자신의 아들인 황태자의 인물됨이 그처럼 부실함이 외국에 알려지는 것을 꺼린 점도 있었을 것이다.

그러나 노회한 이등박문으로서는 어떠했을까? 어찌 보면 바로 그 점도 오히려 그가 노리는 다목적 카드의 내용 중 하나에 해당했을 수도 있다. 당시 일본은 외형으로는 천황의 친정 체제인 나라였지만, 본질적으로는 천황의 통치력이 아니라 관료들과 군부의 조직력에 따라 움직이는 나라였다. 그렇기 때문에, 다음 통치자가 될 황태자의 인물됨이 아무리 부실하다 해도 별 문제가 없었다. 그러나 외국에서 보기에는 그렇지 않다. 대한제국 황실 사람들이 그런 변변찮은 모습의 일본 황태자를 보면 당연히 일본의 심각한 국가적 약점으로 여기기 마련일 터였다. 저도 모르게 일본을 만만히 보는 만심이 들게 되어 경계심이 누그러짐으로써 한국 황태자를 인질로 데려가는 일을 추진하는 데 은연중에 큰 도움이 될 터였다.

이등박문은 일본 황태자 가인친왕을 '대한제국'이라는 물고기를 잡는 낚싯밥으로 써먹을 정도로, 목적을 위해서는 수단과 방법을 전혀 안 가리는 참으로 냉혹하고도 대담한 사나이였다. 아무리 성공에 대한 확신이 있다 해도 그렇지, 정신건강이 좋지 않은 황태자를 치안 상태가 위험한 외국 땅에 데려가서 그의 목숨을 판돈으로 거는 대담한 도박을 감행한다는 것은 신하된 자로서 결코 할 수도 없고 해서도 안되는 실로 무엄한 모험이었다. 한국 황태자 이은과 밀착 동행시키는 특단의 조치로 보호한다고 해도 최악의 경우, 테러리스트에 따라서는 한국 황태자 이은의 동반 희생을 각오하고라도 일본 황태자를 살해하려고 들 가능성도 있었기 때문이다.

아니, 어쩌면 이등박문은 '일본의 진정한 국익을 위해서라면, 일본 황태자가 대한제국에서 친선방문을 무사하게 마치고 귀국하거나 혹은 피살된 차가운 시체로 귀국하거나 간에, 두 경우 모두 나름으로 각기 국가에 크게 유익한 점이 있다'고 계산했고, 그래서 '어느 쪽이 되든 괜찮다'는 배짱으로 그토록 위험부담이 큰 도박을 대담하게 벌였는지도 모른다.

무사하게 귀국하면, 자신이 장담한 대로 실행해 낸 것이 되니까 좋다. 그리고 만약의 경우, 뇌가 부실한 못난 황태자가 대한제국에서 피살된다면, 그 경우에 생기는 일본의 국익도 그 못지않게 엄청날 터였다. 일본 쪽으로 보자면, 당시 황태손인 유인친왕(뒷날의 소화천황)이 이미 6세였고 그의 동생인 황손들도 여럿이었다. 그러므로 일본 황태자가 한국에서 피살된다 해도 천황 가문의 대가 끊어질 염려는 전혀 없는데다, 머리가 모자란 인물의 등극으로 천황의 권위 자체가 실추되는 사태를 원천 봉쇄하는 효과가 있게 된다. 또 대한제국 쪽으로 보자면, 황태자 이은의 동반 피살로 궁중이 격렬하게 교란될 터이며, 더욱이 일본 황태자 피살의 책임을 물어 대한제국을 즉각 삼켜 버릴 명분까지 얻을 수 있기 때문이다. 그렇게 본다면, 이등박문이 이번 도박에서 손에 쥐고 있던 패는 말이 어느 쪽으로 가든지 간에 반드시 이기게 되어 있는 완벽한 패였던 셈이다.

인천항 부두에 서서, 이등박문은 자신의 칭송을 듣고 기쁨과 자부심을 강하게 드러낸 대한제국 황태자 이은의 조그만 얼굴을 바라보면서 매우 흐뭇한 마음으로 머리를 주억거렸다.

흐음! 대한제국 황태자 이은이라. 어렸을 때부터 워낙 애지중지 떠받들리면서 황실의 귀여움을 독차지하고 자랐다더니, 과연 귀하게 자란 아이 특유의 당찬 뱃심과 깜냥이 대단하다. 그렇다! 저 정도면 충분해. 저 정도 깜냥이면 당장 인질로 데려다가 일본에 혼자 놔두어도 충분히 견디고 대처해 나갈 게야!

이등박문으로서는 대한제국 황태자 이은의 인질 계획을 처음 세울 때 가장 마음이 쓰인 부분이 바로 아이의 기질이었다. 여러 난관을 갖가지 수단을 모두 동원해서 돌파하고 아이를 일본으로 데려갔는데, 막상 아이의 기질이 약하고 물러서 인질생활에 적응하지 못하고 견디어 내지 못해서 중병이 들거나 최악의 경우 갑자기 죽기라도 한다면 어찌 될 것인가. 그건 더 이를 데 없는 낭패로 아예 데려가지 않느니만도 못한 결과가 될 터였다. 이번 일본 황태자의 방한을 맞아 어린 이은으로 하여금 그 접대역을 맡도록 조치한 이면에는 그런 사정을 염두에 두고 아이의 됨됨이를 제대로 파악해 보고자 하는 의도도 숨겨져 있었다. 그런데 어린 황태자 이은은 기대 이상이었다. 어린 나이인데도 당차고 의연하고 야무지게 일본 황태자를 접대하는 행사를 잘 치러 내었다. 그런 모습을 유심히 관찰한 이등박문은 마음을 푹 놓았다.

아이의 기질이 저럴진대, 대한제국 황태자 인질 계획은 크게 성공할 것이다. 오! 우리 대일본제국의 국운의 융성함이 실로 여기까지 미치는구나! 정녕 신불神佛이 우리 대일본제국을 보살피시는도다!

그는 흐뭇하기 짝이 없는 얼굴로 눈길을 들어 새삼 인천항을 천천히 둘러보면서 미소 지었다.

이번 일을 통해서도 다시 극명하게 확인된 바지만, 역시 일본 정계의 제1인자라는 이등박문은 놀랍도록 탁월한 대중심리 조작의 명수였다. 그가 당시 한국의 어린 황태자 이은의 존재를 극력 활용하면서 일본 황태자로 하여금 떠들썩하게 4박 5일 동안 한국에서 놀다 가게 한 것은 엄청난 효과를 거두었다.

보시오! 대일본제국 황태자 전하처럼 지존의 귀하신 분이 이처럼 격의 없이 이웃 나라에 왕래하시는 것이 요즘처럼 개명한 세상의 새로운 풍속이라오! 바로 이런 것이 개화요, 문명이라는 겁니다! 아시겠어요?

바로 그런 메시지를 아주 효과적으로 대한제국 황실과 사회 전반에 퍼뜨려 놓은 것이다. 일본 황태자가 별다른 용무도 없이 불쑥 서울에 와서 이리저리 오락가락하며 구경이나 다니고 대한제국 황실 인사들과 서로 훈장이며 갖가지 선물들을 주고받고……. 그것은 온 장안 사람들이 모두 직접 보고 들었을 뿐 아니라 낱낱이 신문 지상에 보도되어 알려짐으로써 전 국민이 다 아는 사실이었다. 그렇기 때문에 뒤이어 대한제국의 황태자 이은이 일본으로 가는 일 역시 그와 비슷한 행사에 해당하는 것인 양 물타기를 하는 효과가 꽤 있었다.

그래서 그로부터 꼭 한 달 반 뒤에 이등박문이 대한제국 황태자 이은을 인질로 데려갈 때 한국 사회에서 일어난 반발과 거부감에는 이미 맵고 아린 기운이 빠져 있었다. 당시 한국 황실과 국민들이 싸우기도 전에 기선을 제압당한 무력한 씨름꾼처럼 맥없이 어린 인질 이은을 일본으로 보낸 정황의 배경에는, 이등박문의 그처럼 매우 교활한 고단수의 술수가 개재되어 있었던 것이다.

일본 황태자를 태운 함정이 인천항 밖으로 사라진 뒤에, 어린 황태자 이은과 수행원들, 통감 이등박문과 그를 수행하는 일본인들은 서울행 기차에 오르기 위해서 부두를 떠나 인천역으로 향했다. 어린 황태자의 모습이 보이자, 인천항 주위와 인천역 일대에 동원되어 나와 있던 인천 부민들이 소리 높이 연호했다.

"황태자 전하 천세! 천세!"

"천세! 천세! 천천세!"

그들은 목청껏 천세를 부르면서도 바로 그날 아침 신문에 실려 있던 해괴한 기사를 읽으면서 느낀 우려 때문에 마음이 무거웠다. 〈동궁 유학의 윤허〉라는 제목 아래 황태자 이은을 유학이라는 명분을 내세워서 일본으로 끌고 가려는 일본 측의 목적이 환하게 들여다 보이는 보도기사가 다음과 같이 게재되어 있었다.

일전에 일본 황태자 전하께서 태황제 폐하를 뵈옵고 황태자 전하를 일본에 보내도록 명하시어 유학하도록 하시도록 아뢰었고, 이등 통감도 그 사건을 또한 아뢰어 품달하였는데, 태황제 폐하께서 그리하라고 허락하셨다더라(《대한매일신보》, 1907. 10. 20).

일본 황태자가 입경한 지 이틀째인 지난 17일에 통감 이등박문 공작과 함께 덕수궁으로 가서 태황제(고종)를 폐현한 것은 사실이고, 그 자리에서 일본 황태자와 이등박문이 입을 모아 "한국 황태자 전하께 명하시어 일본에 가서 유학하도록 윤허하소서!"라고 아뢴 것도 사실이다. 그러나 태황제는 결코 윤허하지 않았다.

석 달 전에 나에게서 황위를 빼앗더니, 이젠 황태자로 세운 막내아들을 일본으로 끌어다가 인질을 삼으려고 한다…….

원통하고 또 원통한 마음이 새삼 깊숙이 차갑게 응어리질 뿐, 그런 강포한 수작에 전혀 응할 생각이 없었다. 그러나 이등박문은 "태황제 폐하께서 윤허하셨다"고 신문기자들에게 멀쩡한 거짓말을 해서 그게 사실처럼 신문에 보도되게 언론을 조작했다. 한국 황태자 이은의 일본 유학을 기정사실로 만들어 밀어붙이려는 비열한 술수였다.

이등박문은 '어린 황태자의 일본 유학 윤허를 내린 당사자로 누굴 내세울 것인가', 하는 대목에서도 장난을 쳤다. 법도와 원칙을 따지자면, 그런 윤허는 국가조직 체계상 최고 통치자인 현 황제가 내려야 한다. 그런데도 대한제국 국민들의 정서를 감안할 때 국민들 중 더러는 '천치'라고까지 부르고 있는 석 달 전에 즉위한 허수아비 같은 현재의 병약한 황제가 아니라 사십여 년 동안이나 이 나라를 통치해 온 태황제의 이름을 파는 것이 더 잘 먹혀들 것이라고 계산했다. 그래서 굳이 "태황제가 허락했다"고 내세웠던 것이다.

그런 신문 보도가 준 혼란까지 가세해서 대한제국의 어린 황태자 이은을 환송하는 인천 부민들의 마음은 매우 착잡했다.

"황태자 전하! 천세! 천세!"

"천세! 천세! 천천세!"

애달프게 환송하는 인천 부민들을 뒤에 남긴 채, 어린 황태자 이은과 그의 수행원들과 이등박문을 비롯한 일본인 고관들이 탄 특별열차는 서울을 향해 출발했다. 어리고 천진한 희생양과 먹이 사냥에 이골이 난 노회한 사냥꾼이 함께 탄 기차는 곧 속력을 내어 질주하기 시작했다. 특별열차가 시야를 벗어나자, 어두운 얼굴의 인천 부민들도 점점이 흩어지기 시작했다. 그들의 머리 위로 무심한 가을 하늘만 홀로 청명했다.

바로 이날은 황태자 이은이 열 번째 생일이기도 했다.

여기서 한 가지 바로잡을 일이 있다. 1900년대 초기에 남대문과 동대문의 문루 바로 옆의 성첩과 성벽을 허문 일에 대하여, 현재 많은 연구자들이 1907년 10월 중순에 있던 일본 황태자의 한국 방문과 연결해서 설명하고 있다. 서울에 온 일본 황태자 때문에 "'지존의 일본 황태자가 문루 아래로 드나들 수 없다' 하여 남대문 옆의 성벽을 헐게 하고 그리로 드나들게 하였기에 성벽이 헐렸다"고 버젓이 써놓고 있다.

그러나 그런 이야기는 전혀 근거 없는 하찮은 낭설에 불과하다. 일본 황태자가 서울에 온다는 계획이 세워지기 훨씬 이전인 1907년 음력 2월 17일에 이미 동대문과 남대문 옆의 성벽을 헐 계획이 대한제국 정부 안에서 자체적으로 세워졌고, 황제(고종)의 재가까지 내려졌기 때문이다. 성벽을 헐려고 한

근본 이유는 교통과 운송상의 문제 때문이었다. 이때는 고종의 양위 같은 것은 상상조차 할 수 없는 때였고, 따라서 일본 황태자가 방한하는 일 같은 것 역시 상상조차 가능하지 않던 때다. 대한제국의 《승정원일기》에 기록되어 있는 그 일과 관련된 기사를 살펴보면 다음과 같다.

광무 11년(1907) 음력 2월 17일(양력 3월 30일).
참정대신 박제순朴齊純, 내부대신 이지용李址鎔, 군부대신 권중현權重顯이 삼가 아뢰기를,
"동대문과 남대문, 두 대문은 황성皇城 큰 거리와 연결되어 있기 때문에 사람들이 붐비고 거마車馬가 몰려듭니다. 게다가 또 전차電車가 그 문 가운데로 관통하는데 피하기가 어려워 매양 전차와 부딪치는 경우가 많으니, 교통 운송에 대하여 편리하고 적절한 방법을 별도로 강구하지 않을 수 없습니다. 문루門樓의 좌우 성첩城堞 각각 8칸間을 허물어 전차가 출입하는 선로를 만들게 하고 원래 정해진 문은 백성들이 왕래하는 곳으로만 쓴다면 매우 번잡한 폐단은 없을 듯합니다. 삼가 도본圖本을 올려 성상聖上께서 을람乙覽하시도록 준비하겠습니다. 삼가 성상의 재결을 기다립니다."
하였는데, 재가裁可한다는 칙지가 내려져 받들었다.

이처럼 1907년 양력 3월 30일에 세 대신이 연명으로 "동대문과 남대문의 좌우 성첩 각각 8칸을 허물도록 하소서"라고 아뢴 것에 대해서 즉시 황제(고종)의 재가까지 내려졌는데도, 성첩 허무는 일은 즉각 실시되지 않았다. 그래서 3개월 뒤에 다시 그 문제가 거론되었다. 대한제국 공문서인 《각사등록》 광무 11년(1907) 6월 24일치에 따르면 내각 총리대신 이완용이 내부대신 임선

준任善準, 탁지부대신 고영희高永喜에게 〈왕래와 운송에 장애가 되는 동대문과 남대문의 성첩과 성벽 일부의 철거를 내부와 탁지부에 통보〉하는 통보문이 실려 있다. 그런데 이 문서에서도 이미 그 사안에 대한 황제의 재가가 내려졌음을 밝히고 있다.

이런 과정을 거쳐서 동대문과 남대문 문루 옆의 성벽이 실제로 헐린 때는 고종이 양위하고 태황제로 물러난 뒤인 1908년 양력 3월 중순으로, 일본 황태자 일행이 대한제국을 다녀간 이후 해가 바뀐 이듬해 봄이었다. 이때서야 성벽이 헐린 사실은 《황성신문》, 《대한매일신보》 등 당대 신문들의 보도 기사들을 통해서 명확하게 확인된다.

따라서 정확하게 정리하면, 다음과 같다. 남대문과 동대문의 문루 옆의 성벽이 헐린 일은 일본 황태자의 대한제국 방문과 전혀 상관없이 사전에 우리 정부에 의해서 계획되었다. 게다가 일본 황태자가 대한제국에 왔을 때는 남대문과 동대문의 문루 옆의 성첩은 원래 모습 그대로 존재하고 있었다. 성벽은 일본 황태자가 대한제국에 다녀간 지 5개월 후인 1908년 3월 중순에야 헐렸다.

만주환은 바다 위를 달리고

거대한 군함이 푸른 바다 위를 달리고 있다. 군함은 때로 기적을 길게 울려 망망한 바다를 흔든다.

뿌우, 뿌우우, 뿌우.

군함 옆구리에 힘찬 필체로 '만주환滿洲丸'이라 쓰여 있다. 돛 달아 바람의 힘으로 움직이는 범선이 아니라, 석탄을 때어 수증기로 기관을 움직이는 기선이다. 거대한 선체가 잔잔한 바다 표면에 거센 물결을 일구며 힘차게 전진한다.

뿌우, 뿌우, 뿌우우.

만주환은 남쪽을 향해 거침없이 질주한다. 기선은 요즘 세상 사람들이 가장 주목하는 문명의 이기利器다. 처음 기선이 나오자 바다에서 평생 살아온 배꾼들이 자신의 눈을 의심할 정도로 엄청난 충격을 받았다 할 정도니, 보통 사람들의 놀람은 말할 것도 없다. 그런 기선을 생산해 내기 위해서는 지금까지 존재하지 않던 새로운 과학 기술이 필요했다. 따라서 현재 기선은 '각 나라의 문명이 얼마나 발달해 있는가?', 그 진보 상태를 웅변하는 첨단의 문물이었다. 어느 나라에 얼마나 큰 기선이 어느 만큼 있는가, 그것이 곧 그 나라의 부강함과 문명과 개화의 정도를 드러내는 시금석이 되었다.

"황태자 전하!"

군함이 인천항 앞바다를 벗어나서 난바다에 나서자, 현직 대한제국 통감인 이등박문은 대한제국의 어린 황태자 이은을 데리고 갑판에 나섰다.

이등박문은 1841년생, 1907년인 올해로 66세가 된 노인이다. 그러나 마음속에 늘 살아 꿈틀거리는 야심과 신명을 지닌 사람이 항용 그렇듯 희게 센 머리카락과 수염이 있어도 도저히 칠순을 바라보는 노인이라고 믿기지 않는 생기와 활기를 온몸에서 풍기고 있다.

"전하께선 군함을 타고 바다를 항해해 보시는 게 처음이시지요?"

그는 부드러운 미소를 얼굴 가득 머금고 허리를 구부려 아이의 조그만 얼굴을 들여다본다. 황태자 이은은 1897년 10월 20일에 태어났기에 현재 만 열 살 하고 사십오 일이 지났다. 그렇지만 워낙 체구가 작고 얼굴이 앳되어서 꼭 일고여덟 살밖에 안된 듯 어려 보인다. 옆에 모시고 서 있던 대한제국 육군장교의 군복을 입은 장년의 조선인 사내가 이등박문의 말을 얼른 통역을 해 주자 아이의 조그만 입에서 낮고 가는 목소리가 짧게 흘러나왔다.

"예."

"바다를 보신 소회가 어떠하시옵니까?"

잠시 침묵하던 아이가 짧은 한숨과 함께 낮게 대답했다.

"……넓어요."

이등박문은 아이를 향해 얼굴 주름이 모두 녹아내릴 듯 다정하게 웃으면서 머리를 끄덕였다.

"그렇지요. 아주 넓지요."

사실 바다는 참으로 넓었다. 그 너른 표면 위로 한 줄, 아이가 앞으로 걸어가야 할 인생의 외줄기 길이 길게 펼쳐져 있다. 아이의 영혼은 그것을 민감하게 감지한다. 아이는 그 너른 바다에 눈을 둔 채 마음속으로 혼자 다짐한다.

1907년 12월 5일……. 오늘, 오늘을 잊지 말아야지.

이날은 일본 황태자 가인친왕이 친선방문이랍시고 대한제국에 왔다가 돌아간 날로부터 딱 한 달 보름째 되는 날이었다. 바로 이날, 대한제국의 어린 황태자 이은은 '일본 유학'이라는 명목 아래 나라와 부모와 자신의 궁궐을 뒤로 하고 멀고 먼 인질의 길에 나섰다. 어린아이의 심사가 몹시 불안하고 불편할 것을 짐작하기에, 이등박문은 아침에 창덕궁 낙선재에서 아이를 데리고 출발한 이래 한시도 옆을 떠나지 않고 계속 매우 살갑게 보살피고 있다.

"전하! 바다가 저렇듯 넓고 또 넓삽기에, 이 외신外臣은 이렇듯 머리터럭이 허연 나이가 되도록 바다를 바라볼 때마다 마음이 뛴답니다."

아무리 힘이 있다고 해도 굳세고 강하기만 해서는 진정한 강자가 못 된다. 세차고 강한 힘에 따뜻한 부드러움까지 겸비했을 때 비로소 진정한 강자가 되는 법, 현재 일본 정계에서 최고의 관록과 권위를 지니고 군림하는 자답게 이등박문은 강함과 부드러움을 아울러 갖춘 자였다. 조그만 어린 묘목 같은 대한제국의 황태자 이은을 대할 때마다 자신이 지닌 부드러움을 아낌없이 드러내었다. 어린 나이에 생전 처음으로 자기 부모와 나라를 떠나 외국으로 끌려 가고 있는 소년 인질의 처지로서는 이등박문의 그런 따뜻한 부드러움이 마음에 크게 의지가 되고 위안이 되었다. 이때부터 이등박문은 이은의 생애와 마음에 깊숙이 자리 잡았고 평생에 걸쳐 크나큰 영향을 끼쳤다.

"이 외신도 젊었을 때 너른 태평양을 건너서 유럽에 가서 공부했사옵니다. 일본에 있을 때에는 도저히 알지 못한 전혀 다른 새로운 세상이 거기 있었사옵니다. 과시 세상은 넓고 학문의 길은 끝이 없는 것이더구먼요."

이등박문은 마음속에서 우러나오는 따뜻함을 가지고 어린 황태자에게 말을 건넨다. 그러는 행태 또한 책략이라면 일종의 책략이지만, 그런 것조차 진심을 갖고 해내는 것에 그가 지닌 책략가다운 장점 내지 무서움이 있다.

이등박문은 대한제국 황태자로 책봉된 어린 소년 이은을 일본으로 끌고 갈 계획을 관철시킨 뒤, 한국 통감의 위세를 내세워서 황태자 이은의 스승인 '태자태사太子太師'라는 직함까지 스스로 떠안았다. 그리하여 대한제국 황태자의 사부들 중에서 가장 직위가 높은 사람이 되었다. 대한제국 황실에서도 만부득이하게 이은을 일본으로 보내게 된 마당이라서, 이등박문이 일본 사회에서 지니고 있는 위광의 덕을 보아서 어린 이은의 인질생활이 조금이라도 편안하게 되기를 바라는 애처로운 기대를 걸었다. 그래서 새 황제가 몸소 이등박문에게 '태자태사 친수식親授式'까지 거창하게 거행해 주면서 "어린 황태자 이은을 잘 보도하고 훈육해 달라!"고 부탁한 것이 지난 11월 23일이다.

그리고 태자태사 친수식이 있은 지 불과 12일 만인 1907년 12월 5일, 이등박문은 대한제국의 어린 황태자 이은을 데리고 일본으로 떠났다. 앞으로 이 조그만 아이가 인질로서 살아가야 할 물 설고 땅 설은 일본 땅을 향한 대장정에 나선 것이다. 바로 자신의 두 손으로 그 조그만 아이의 삶을 처참하게 구겨 놓으면서도, 노회하기 짝이 없는 그는 아이를 대할 때마다 흡사 생명의 은인이나 아주 어려운 상전을 대하는 듯, 깨지기 쉬운 몹시 소중하고 귀중한 보물을 대하는 듯, 그 태도가 너무도 부드럽고 간곡하고 따스하기 짝이 없다. 그래서 외롭고 괴로운 아이의 마음을 편안하게 풀어 준다.

일본 측의 관계 기록에 따르면, 이등박문은 처음에는 일본 정부가 선정한 황태자 이은의 일본행 여행길의 수행원 명단에 들어 있지 않았다. 일본 정부 관계자로서는 국가 최고의 대원로인 정치가에게 약소국인 대한제국 황실의 조그만 어린아이를 모시고 다니라고 하기 미안해서 그를 수행원 명단에 넣지 않은 것이다. 그런데도 그는 스스로 "내가 직접 대한제국 황태자 이은을 모시고 동경까지 가겠다"고 주장해서 수행원이 되었다.

그는 왜 자청하여 따라나섰을까. 몸은 늙었어도 마음은 젊음의 신명이 넘쳐서 인질을 몸소 끌고 가는 영광을 즐기고 싶던 것일까. 아니면 아이를 부탁받은 태자태사로서 갖는 일말의 양심 때문이었을까. 그의 평생 족적을 훑어보면, 아마도 양쪽 모두였을 듯하다.

"전하!"

바닷바람도 춥고, 마음도 춥고……. 아이의 얼굴에 오시시 소름이 돋은 것을 바라보면서 이등박문은 아이를 향해 다시 허리를 구부렸다.

"이 외신이 소싯적부터 구미 각국을 유람하면서 세계를 널리 돌아다녀서 잘 아옵니다만……."

그는 충직한 종이 어려운 상전의 귀한 자제를 대하는 듯 지극히 공손한 자세로 아이에게 말을 건넨다.

"세상은 이 너른 바다보다도 더 넓고 또 넓사옵니다. 도무지 서로 비교할 수조차 없을 정도로 넓고도 크옵니다."

"……"

"전하께서는 이제부터 그렇듯 큰 세상 속으로 몸소 들어가셔서 모든 것을 직접 보시고 배우셔야 하옵니다. 우리 대일본제국은, 전하께서 세상을 보고 배우시는 일에 충분히 뒷받침이 되어 드리고 징검다리가 되어 드릴 수 있는 큰나라이옵니다. 전하께서는 우선 일본을 통해서 세상을 배우시옵소서. 전하

께서 지금 그렇게 단련하고 수련하셔야만 뒷날 대한제국의 황제 자리에 오르셨을 때 역사에 남는 명군이 되실 수 있사옵니다. 그런 걸 가리켜 제왕학을 닦는다고 하옵지요."

"……예."

"전하! 지금 제가 하는 말을 전하께 통역해 드리고 있는 동궁무관 김응선金應善 참령을 보시옵소서."

통역하고 있던 사내는 이등박문의 말이 자기 신상에 미치자 그 말을 통역하면서 보일 듯 말 듯 미소를 머금었다.

"김 참령이야말로 세상이 넓다는 것을 안다는 것이 얼마나 중요한 일인지를 보여 주는 하나의 살아 있는 증표이옵니다."

이등박문이 김응선 참령(지금의 소령에 해당함)을 황태자 이은을 모시는 동궁무관으로 선발해 같이 일본으로 건너가게 한 것은, 그가 대한제국의 어린 황태자가 일본 생활에 잘 적응할 수 있도록 얼마나 용의주도하게 마음을 쓰고 있는지를 단적으로 보여 주는 사례였다.

김응선은 일찍이 어린 시절에 일본 동경에 건너가 일본군 고위 장교의 아들처럼 자라면서 일본군 장교가 밟는 가장 정통의 최고 엘리트 교육 코스를 밟아서 군인이 되었다. 일본 중앙유년학교와 육군사관학교를 졸업하고 일본제국 육군장교로 임관된 무관이었다. 그래서 그는 한국어와 일본어를 똑같이 모국어처럼 유창하게 썼다. 어린 황태자 이은 역시 앞으로 일본에 내내 잡아 두고 교육할 예정이므로, 일본 상류계급의 가정에서 자란 조선인인 김 참령의 보좌가 큰 도움이 될 터였다. 이등박문의 사람을 보는 눈썰미는 과연 날카로웠다. 뒷날의 이야기지만, 이은이 일본의 군사학교 과정인 중앙유년학교와 육군사관학교에 다니는 동안 김응선은 학교는 물론 군사훈련장에까지 그림자처럼 따라다니며 온 정성을 다해 지성껏 보필함으로써 이은이 그 힘든 군사교육 과정을 정상적으로 마칠 수 있게 했다.

"전하! 들어 보시옵소서. 김 무관이 지나온 삶이 아주 재미있사옵니다. 우리가 앞으로 쌓아 올려야 할 일한 관계의 양태가 어떠해야 할지를 자신의 몸으로 몸소 보여 준 사람이라고 할까요? 김응선은 본래 조선의 어린 고아였는데, 우리 일본 육군의 주요 간부인 우도궁태랑宇都宮太郎 대좌가 발견하고 데려다가 자식처럼 키운 사람이옵니다."

이등박문은 김응선의 개인사에 관한 이야기를 김응선의 통역으로 이은에

◀ **이등박문과 한국의 기녀들.** 이등박문이 평생에 좋아한 것 세 가지가 포도주와 담배와 여자라고 하거니와, 그는 혁명에 성공하여 권력을 움켜쥔 명치유신 이래 젊은 나이로 정부 요직에 발탁되어 승승장구하면서 계속 출세가도를 세차게 달렸다. 한복을 입고 한국 기녀들과 함께 찍은 사진이다.

게 자세하게 설명했다.

일청전쟁 당시 우도궁태랑은 대위로서 참전했다. 우도궁 대위가 제1군의 참모로 조선에 건너가 있을 때, 전화戰火에 휩쓸려 파괴된 평안북도의 한 촌락에서 고아가 되어 혼자 울고 있는 조그만 조선 어린아이를 발견하고 몹시 가엾게 여겨서 집에 데려다가 키우기 시작했다. 그는 아이에게 자신의 성을 붙여서 '우도궁금오랑宇都宮金五郎' 이란 이름까지 지어 주고 전쟁하는 동안 계속 데리고 다녔다. 그가 일청전쟁에서 승전하고 귀국할 때 그 조선 아이도 데리고 갔다. 그는 아이를 동경의 적판赤阪에 있는 소학교에 이어 중앙유년학교와 육군사관학교에 보내어 공부시켜 한 사람의 당당한 장교로 길러냈다. 그 아이가 곧 여기 있는 김응선 무관이다. 당시 일본 육군사관학교에는 김응선을 포함하여 조선인들이 여덟 명 재학하고 있었는데 서로 아주 친밀하게 지냄으로써 '8형제파' 라는 별호까지 있었다. 일청전쟁 십 년 뒤에 벌어진 일러전쟁 때 김응선은 일본군 장교 자격으로 전쟁에 참전하여 종군했다. 그 뒤 조선으로 돌아와서 일본군 부대인 '조선군' 에 소속된 무관으로 근무했다. 그래서 실상을 제대로 모르는 조선인들 중에서는 그를 두고 우도궁 대좌가 조선인 여자에게서 낳은 사생아일 거라고 지레짐작하고 "김응선의 생부生父는 우도궁 대좌"라고 말하는 이도 있으나, 그것은 전적으로 헛소문이다.

그런 이야기를 천천히 풀어놓은 뒤 이등박문은 본론을 꺼냈다.

"전하! 생각해 보시옵소서."

그는 빙긋이 웃으면서 김응선을 돌아보았다.

"일청전쟁 당시에 김 무관이 우도궁 대위의 눈에 띄지 않았더라면, 오늘날 대체 어떤 사람이 되어 있겠사옵니까. 기껏해야 조선에서 흙투성이 농사꾼으로 하루하루 근근이 살아가고 있겠지요. 그러나 일본에서 훌륭한 고등교육을 받은 결과 완전히 다른 사람이 된 것입니다. 그리하여 이토록 훌륭하고 당당하고 유용한 인물이 된 것이니, 자기 자신을 위해서나 또 세상을 위해서나 그 얼마나 다행하고 기꺼운 일이옵니까! 사람이 좋은 환경에 몸을 담아 학문을 닦는다는 것은 이처럼 중요한 일이옵니다!"

두어 걸음 떨어진 곳에 서서 같이 이야기를 듣고 있던 황태자 이은의 수행원인 한국인 고관들 중 몇이 비상한 감명이나 받은 듯 고개를 끄덕이고 있었다.

"전하! 저 너른 바다를 단단히 보아 두옵소서. 그리고 저토록 너른 바다보다 더욱더 너르고 큰 세상이 있다는 것을 항상 잊지 마옵소서!"

이등박문이 어린 황태자의 등을 다독였다.

"바닷바람이 차옵니다. 이제 그만 선실로 돌아가시지요."

이등박문의 품에 에워싸여서 선실로 돌아가기 전, 어린 황태자는 고개를 돌려 멀리 보이는 망망한 바다에 다시 한 번 눈길을 주었다. 그의 조그만 가슴에 기이한 의문 하나가 홀연히 떠올랐다.

왜 지금 자신을 태우고 일본으로 가는 군함의 이름이 '만주환'인가. 만주는 청나라 땅인데, 왜 일본 해군의 군함에다가 청나라 땅의 이름을 붙인 것인가…….

문득 언제던가, 부황父皇의 방에서 어머니 엄귀비와 함께 과일을 먹으면서 담소하던 때 부황이 들려준 이야기가 떠올랐다.

"일본인들은 늘 이웃 나라들을 침략하려고 노리고 있다. 항상 경계하고 항상 조심해야 하느니라. 일본인들은 정부와 군부만 그런 게 아니라, 여염에 있는 소위 민간지사라는 자들조차 그러하다. 그 민간지사라는 자들은 우리나라를 삼키고 싶어서 그 일을 추진할 단체로 '현양사玄洋社'라는 조직까지 만들었다는데, 거기 나오는 '현양'이란 말은 곧 우리나라와 일본 사이에 있는 바다인 '현해탄'을 뜻하는 거라고 하더구나. 그리고 또 그 자들은 '흑룡회黑龍會'라는 단체도 만들었다는데, 그 이름 속 '흑룡'은 만주에 있는 '흑룡강'을 뜻하는 것으로 만주를 삼키고자 하는 염원을 담은 거라고 하는 게야! 청일전쟁, 러일전쟁이 모두 그런 배경을 두고 벌어진 해외 침략 전쟁인 것이지."

그렇다면…… 이 배의 이름 역시…… 일본 해군이 청나라 땅인 만주를 침략해서 차지할 의도를 담아 지은 이름일 터…….

아이가 몸을 움찔한다. 조그맣고 앳된 어린 얼굴에 다시 소름이 돋았다.

"전하! 바닷바람이 차옵니다. 어서 선실로 드오소서!"

수행 중인 한국인 고관들도 다가서며 채근했다.

"알았소."

선실로 내려가는 갑판의 계단을 조심스럽게 밟는 소년 황태자 이은의 눈에 갑자기 눈물이 핑 돈다.

이 낯선 뱃길, 저 앞에서 나를 기다리고 있는 것은 무엇인가…….

아이는 얼음처럼 차가운 전율이 영혼 깊은 곳을 스치는 것을 느낀다.

남은 이들의 비애

어린 황태자 이은이 뒤에 두고 떠난 대한제국의 땅과 사람들……. 그들은 어떻게 그날을 보냈던가.

이은을 일본으로 떠나보낸 그날, 대한제국의 수도 한양성 위의 하늘은 유난히 맑았다. 구름 없는 하늘에 밝은 태양이 둥실 떠올라 겨울답지 않게 맑은 날씨였다. 그러나 도성 사람들 눈에는 천지가 그저 어둡게만 보였다. 견디기 힘든 수치와 굴욕이 그들 앞에 건널 수 없는 강처럼 막막하게 펼쳐져 있었다.

'인질' 이란 일이 본디 그렇다. 인질로 떠나는 자의 슬픔도 한량없는 것이지만, 뒤에 남은 자들의 굴욕과 고통도 인질로 떠나는 자에 결코 뒤지지 않는다.

태황제(고종)가 계신 덕수궁(경운궁의 새 이름. 경운궁에서 지내게 된 태황제의 장수를 기원하는 뜻을 담음) 한가운데 자리 잡은 즉조당(即祚堂)에서 황귀비 엄씨는 온종일 가슴을 치고 또 쳤다.

"오오! 이 원통함을 어찌하랴! 저 간악한 왜인들이 황태자를 인질로 끌어가다니!"

지난 8월 초순에 만 열 살도 안된 어린 아들 영친왕 이은이 꿈에도 그리던 황태자로 책봉될 때만 해도 이런 일을 상상이나 했던가. 눈에 넣어도 아프지 않을 그 귀여운 황태자 아들이 불과 넉 달 뒤에 바다 건너 먼 일본 땅으로 끌려가서 인질살이를 하게 될 줄을 그 누가 알았으리요. 돌아볼수록 아들 이은이 황태자로 책봉되었을 때 느낀 그 찬란하고 영롱하던 기쁨이 너무도 속절없고 허망해서 엄귀비는 새삼 억장이 무너졌다.

엄귀비가 피를 나눈 모자의 즉물적이고 동물적인 애정으로 그토록 고통스러워했다면, 일반 여염의 백성들이 느낀 절통한 슬픔은 국가의 무력함에 대한 절망을 담은 것이기에 어떤 의미에서는 보다 처연했다.

"우리 황태자 전하께서 오늘 인질로 일본에 끌려가신다!"

"그 어리신 나이에 외국의 인질이 되시다니! 저 간악한 섬오랑캐 놈들의 인질이 되시다니! 참으로 하늘이 무심하도다!"

"저 사악한 왜인들을 모조리 벌하소서! 참혹하게 징치하소서!"

대한제국 백성들이 토해내는 한스러운 탄식과 일본국과 일본인들을 향해 쏟아내는 저주가 도성의 하늘을 무겁게 메웠다.

돌아보면 이등박문은 참으로 집요한 사내였다. 사자가 토끼 한 마리를 잡아도 최선을 다하기 때문에 백수의 왕이라 불린다는 말이 있지만, 이등박문이 대한제국 황실을 '사냥' 하는 작업이야말로 갖가지 모계와 책략이 모두 치밀하게 동원된 것이었다. 그는 이은을 인질로 끌고 가는 작업에 앞서, 아이가 부모와 헤어지는 연습부터 시켰다.

해아밀사사건을 트집 잡은 일본의 강포한 압력으로 1907년 7월 20일에 대한제국의 첫 황제가 황태자에게 황위를 물려주고 태황제란 이름으로 은거하게 된 뒤에도, 태황제와 새 황제(순종)와 황후(순종의 두 번째 배필 윤씨)와 새 황태자 이은과 엄귀비는 모두 경운궁 안에서 함께 기거했다. 그러나 통감 이등박문은 곧 대한제국 황실 분리 정책을 세웠다. 새 황제와 그 부인인 황후 윤씨와 새 황태자인 이은, 세 사람을 창덕궁으로 옮겨 살도록 새 틀을 짰다.

목적은 두 가지였다. 첫째는 유약한 새 황제를 노련한 태황제에게서 떼어 놓은 뒤 마음대로 요리하기 위해서였고, 둘째는 어린 소년인 새 황태자 이은을 인질로 끌고 가기 전에 미리 부모 슬하를 떠나는 연습을 시켜둠으로써 일본 땅에서의 인질생활에 더욱 쉽게 적응하도록 만들기 위해서였다.

계획이 빠르고 실행도 야무진 자답게 이등박문은 몹시 무례하고도 무리하게 '새 황제와 황후 윤씨와 어린 황태자 이은의 창덕궁 이어移御 문제'를 밀어붙였다. 당시 창덕궁은 오랫동안 쓰지 않고 비어 있어 퇴락한 상태인데다 방금 눈앞에 겨울이 닥쳐오고 있었다. 새 황제는 본디 건강이 좋지 않은데다가 황후와 어린 황태자까지 거주하도록 하려면 먼저 창덕궁을 대대적이고 전면적으로 수리해야 했다.

그러나 이등박문은 자신의 목적을 위해서라면 예의범절이나 남의 딱한 사정은 아예 눈에 들어오지도 않는 사내였다. 그가 정해 놓은 시한에 따르자니 궁궐을 제대로 수리할 시간이 없었다. 그가 어찌나 막무가내로 밀어붙이면서 화급하게 독촉해 대는지 그의 강요대로 따를 수밖에 없었다. 결국 궁궐 전체를 수리하지 못하고 당장 황제 내외와 황태자가 들어가서 살 전각만 창황하게 수리하고 옮겨 가기로 했다. 새 황제 내외가 거처할 전각은 대조전, 어린 황태자 이은이 살 전각은 낙선재로 결정되었다.

그런 상황이 당시 신문에 〈사속수리斯速修理〉라는 제목으로 다음과 같이 보도되었다. 사속수리라는 말은 '급하게 수리함'이라는 뜻이니, 당시 이등박문의 궤계와 술수와 강압에 마냥 무력하게 내몰리던 대한제국 황실의 허약하고 원통한 정경이 비수에 찔린 상처처럼 아프게 담겨 있는 기사 제목이다.

창덕궁을 수리할 터인데, 대황제 폐하께서 임어하옵실 전각만 사속 수리한다 더라(《대한매일신보》, 1907. 10. 10).

이런 과정을 거쳐서, 새 황제와 황후 윤씨는 즉위한 지 불과 넉 달 만인 1907년 11월 13일에 경운궁에서 창덕궁 대조전으로 이어했다. 황태자 이은도 황제와 같은 날 창덕궁 낙선재로 이사했고, 그때부터 낙선재가 새로이 동궁東宮으로 불리기 시작했다. 그래서 덕수궁으로 이름이 바뀐 경운궁에는 태황제와 엄귀비만 남았다.

당시 이등박문이 태황제 고종과 새 황제 순종을 격리하기 위해 부린 술수와 경계심의 정도가 어떠했는지를 잘 보여 주는 자료가 있다. 순종을 창덕궁으로 이어하도록 조치하면서 창덕궁에 전기공사를 하게 한 일의 전말이다.

창덕궁의 전기공사는 순종의 창덕궁 이어 준비와 함께 착수되었으나 이등박문의 뜻에 따라서 늦추어졌다. 당시 창덕궁 전기 설치공사를 주도한 통감부 통신국 기사 강본계차랑岡本桂次郎의 회고록에서 당시의 일을 살펴본다.

창덕궁 조명은 그 밀사 사건으로 태황제가 양위하신 후, 신 황제와 같은 경운궁(지금의 덕수궁)에 사시는 것은 정치적으로 좋지 않다 하여 창덕궁으로 옮기게 되었던 것입니다. 여기에는 전등이 없었으므로 "한 달 안으로 전등이 켜지도록 해 달라. 단지 콜브란의 한미전기회사의 선을 끌어서는 안 된다"는 것이었습니다. 만약 외국인이 공사 감독이니 기사이니 하는 명목으로 궁에 출입하면서 임금님과 접촉하면 좋지 않다는 뜻에서였습니다. 금후, 경운궁과 창덕궁의 양궁 발전소나 전기의 일을 일체 나더러 하라는 하명이었습니다.

나는 창덕궁 구내의 전등 공사는 일본 측 회사에서 시공하고 전기만은 콜브란

이건 어디서건 끌어대도 상관이 없지 않겠느냐고 제안했지만 그건 안 된다고 막무가내였습니다. 밀사사건이 끼친 영향은 이처럼 억센 것이었습니다.

당시 경운궁의 발전소에는 여유가 있었으므로 여기에서 송전하면 한 달 안으로 공사를 마칠 수가 있었습니다. 단지 경운궁 발전소에서 송전하면 110볼트의 전압이 50볼트로 내리므로 창덕궁의 전등은 50볼트짜리가 필요했습니다. 다행히 대판大阪 전등은 50볼트로 공급하고 있어 일체를 대판에 수배했던 것입니다.

공사를 시작하려던 참에 이등박문 통감이 동경으로부터 귀임했습니다. 나는 소궁小宮(궁내부 차관)과 같이 이등 통감에게 이 계획을 여쭈었더니, 일본의 황실에서도 전등을 극히 근년에 켰을 뿐이며, 천황 폐하께서도 오래도록 촛불로 참으셨으니 좀 늦는 일이 있더라도 창덕궁에 발전소를 따로 만들도록 하라고 하였습니다. 그리하여 제반 기계를 다시 수배하였던 것입니다.

창덕궁의 발전소도 완성하고 그 이듬해 가을경부터는 전등이 켜지게 되었습니다. 다행히 나는 창덕궁의 전기 전반에 대해 책임을 지게 되었으므로 궁중 어느 곳이고 자유 출입을 하게 되었습니다.

대조전만은 황제의 거실이 있기에 내시의 안내를 받아야 했습니다만 다른 궁전들은 비록 궁녀들의 숙사일망정 안내 없이 맘대로 출입하였던 것입니다. 심한 경우, 양복을 입고 구두를 신은 사람은 대조전일지라도 구두를 신은 채 들어가게 하였던 것입니다. 황제께서도 버선발로 다니시는 방인데 그래서야 되겠나 싶어 소궁小宮 차관에게 말하여 아무 누구라도 대조전만은 구두를 벗고 들어가도록 하였습니다. 어느 날 저녁 석등이 켜지기 직전 어전御殿의 부엌 쪽을 점검하고 있었는데 어두침침한 발밑에 마치 살아 있는 듯한 소대가리가 나를 바라보고 있길래 고함을 지르며 기겁을 했습니다. 알고 보니, 황제께서 소머리고기를 즐기시어, 물에 삶고자 갖다 놓은 것이었습니다.

대조전에 커다란 샹데리아를 설비하기로 되어, 아무래도 황제의 거실이기 때문에 황제께서 친히 선정하시는 것이 좋을 듯하여 카탈로그를 골라 큰방상궁에게 제출하였습니다. 밖에서 기다리고 있었더니, 이것을 하라고 지정하는데, 내 맘에 들지 않는 것이었습니다. 그래서 그것보다는 이것이 좋지 않겠느냐고 혼잣말처럼 했더니, 큰방상궁은 엄숙하게 "황제의 명령은 변경할 수 없다"고 하였습니다. 나는 위축되어 어찌할 바를 몰랐습니다.

그리하여 지정된 형을 닮은 커다란 샹데리아를 주문하여 설치를 하였습니다. 완성된 날 나는 "폐하께서 어선정御選定하신 것이라 과연 훌륭하옵니다"고 능청을 부리며 말씀드렸더니 황제는 크게 만족하셨습니다. 그 이후부터 나는 이 같은 전기기구의 일로 황제의 뜻을 묻는 일은 두 번 다시 하지 않았습니다.

창덕궁의 샹데리아 가운데 가장 큰 것은 인정전 복판에 걸려 있는 것이었습니다. 천장 높이가 15미터쯤 되었으므로 천장에 직접 붙이기에는 힘이 들고 또 조명 효과도 적어서 와이어를 달아 공중에 매어 달았습니다. 한 줄짜리 와이어로는 빙글빙글 돌아 고정이 되지 않으므로 와이어 두 줄에 전선까지 합쳐 석 줄로 고정시켰습니다.

그런데 사건이 하나 일어났습니다. 한국 통감을 비롯하여 여러 귀족들이 초대된 대연회가 인정전에서 열렸을 때입니다. 개회 직전에 무슨 영문인지 와이어 한 줄이 걸린 후크를 벗어나 샹데리아가 빙글빙글 돌기 시작했습니다. 아무리 돌아도 떨어질 염려는 없었습니다만, 연석宴席의 맞바로 위에서 돌아대므로 일대 소란이 벌어졌습니다. 책임상 나는 조급히 사다리를 갖고 오게 하여 반듯이 고쳐 놓았는데, 단 12분 내지 13분밖에 되지 않은 시간이었지만 책임상 나의 고통이란 말로 다 할 수 없었습니다. 지금도 그날 일을 생각하면 손에 식은땀이 납니다.

⬆⬆ **일제에 의해 변형된 인정전의 모습.** 창덕궁의 정전으로 1405년(태종 5)에 지어졌으나 1592년 임진왜란 때 소실되었다. 1607년(선조 40)에 복구공사를 시작해 1609년(광해군 1)에 완공되어 273년 동안 조선왕조의 역사상 주무대가 되었던 점에서 다른 정전과는 또 다른 의미를 가진다(1910년대 중반, 서울대학교박물관 소장).

⬆ **인정전 내부.** 일본식 마루를 깔고, 샹들리에를 설치한 인정전 내부 모습이다. 이는 한 나라의 국왕이 공식적인 큰 행사를 치르는 공간이 일제에 의해 어떻게 변질되었는지를 잘 보여 준다. 국왕의 권위를 담아야 하는 장소가 식사나 연회를 위한 곳으로 바뀌어 버린 것이다(1910년대 중반, 서울대학교박물관 소장).

통감부가 대한제국을 다스리던 시절, 일반 한국민들은 물론이요 대한제국 황실이 겪은 수모와 고통이 어떠했는지를 충분히 미루어 짐작하게 하는 증언이다.

그러나 이처럼 치욕스럽고 곤혹스러운 당시의 대한제국 황실의 역사를 보면서 대한제국 황실이 한낱 일본의 정치가에 불과한 이등박문에게 너무 비루할 정도로 나약하게 휘둘렸다고 보는 것은 실체를 제대로 파악하지 못하는 것이다. 이등박문은 자기 손으로 세상의 큰 틀을 잡아 간다고 자부하고 살아가는 인물로서 세상 사람 누구든 간에 모두 자신의 뜻에 맞도록 휘몰아 가야 직성이 풀리는 사람이었고, 그의 뜻을 거스르는 사람이면 상대가 누구든 간에 용납하지 않는 자였다. 그런데 그런 자가 일본제국의 국력을 쥐고 있었기 때문에 일어난 현상이었다.

이등박문은 본시 일본 천황과 황실까지도 자신 같은 정치가들이 조종하고 시키는 대로 움직여야만 하는 소도구나 꼭두각시쯤으로 여기면서 살아온 사람이다. 그러한 그의 소신을 극명하게 드러내는 일화가 있다. 오랜 세월을 일본에 살면서 명치천황의 전속 시의로 근무한 독일인 의사 벨츠는 분량이 방대한 일기를 남겼는데, 그가 기록해 놓은 1900년 5월 9일의 일기에 따르면 이등박문이 황족인 유서천궁 위인친왕에게 다음과 같이 말하는 것을 옆에서 들었다는 것이다.

황태자로 태어난다는 것은 참으로 불운한 일이지요. 태어나자마자 사방에서 예절이란 사슬로 옭아매고, 성장하면 측근에 있는 자들이 부는 피리에 맞추어 춤을 춰야 하니까 말입니다(《벨츠의 일기》 상권, 204쪽).

이등박문은 그런 소릴 하면서 인형극에서 인형을 놀리는 자들이 줄을 가지고 인형을 춤추게 만드는 몸짓까지 해 보이더라는 것이다.

이등박문이 다른 사람도 아닌 명치천황의 아주 가까운 친척인 최고위급 황족 유서천궁 위인친왕에게 그토록 방약무인한 소리를 했다는 1900년 5월이면, 그가 새 황제와 황후와 새 황태자를 수리도 덜 된 빈 궁궐인 창덕궁으로 몰아넣기 불과 7년 전의 일이다. 자신의 주군의 후계자인 일본 황태자까지도 자신이 부는 피리에 맞추어 춤을 추어야 하는 존재 정도로 만만하게 생각해 온 그가 대한제국의 심신이 모두 허약한 새 황제와 그 친족인 황족들을 어떻게 대했을지는 불문가지의 일이다.

이등박문의 주군이던 명치천황의 생애에 관한 기록을 보면 천하에 존재하는 '군주' 라는 이들의 삶의 실체를 보여 주는 서글픈 풍경이 있다. 일본 근대사상 가장 위대한 성군聖君이라고 추앙받는 명치천황 역시 권력을 쥔 신하들이 노골적으로 드러내는 방약무인한 '조종' 에 마음이 몹시 상해서 크게 저항한 일이 있었다. 명치천황이 재위한 지 35년이 된 때이며 붕어하기 불과 10년 전이자 이등박문이 문제의 "측근에 있는 자들이 부는 피리에 맞추어 춤을 춰야……" 운운하는 발언을 한 때로부터 2년 뒤, 곧 백성들에게서 '살아 있는 신神' 으로 떠받들리고 있던 그의 치세 말기의 일이다.

명치천황은 1902년 11월에 구주 지방의 웅본현熊本縣으로 서행할 계획이 있었다. 그런데 공교롭게도 그해 여름 내내 웅본현 일대에 콜레라가 몹시 창궐했다가 10월 들어서 날씨가 서늘해지면서야 겨우 그 위세가 수그러들었다. 그런 소식을 들은 명치천황은 전염이 우려되어 그곳에 가기를 아주 싫어하고 꺼렸다. 그럼에도 일본 정부의 수뇌인 정치가들은 "콜레라는 음식만 엄하게 조심하면 됩니다"라고 하면서 천황의 순행을 계획대로 밀어붙였다. 당년 50

세인 명치천황은 신하들의 압박에 밀려 할 수 없이 11월 7일에 동경을 출발했다.

그런데 웅본현에서 관련 행사가 끝난 뒤 웅본성에서 황족 이하 내외 신하들과 그 지방 명사들이 모두 참석하는 대연회가 열릴 때였다. 명치천황이 대연회에 참석하기를 완강하게 거부했다. 일본 정부 수뇌들이 자신에게 콜레라 감염의 위험이 있는 웅본현으로 순행하기를 강요한 일과 현지에 와서는 많은 사람들과 함께 먹고 마시는 대연회에 참석하기를 강요하는 것에 대한 강력한 반발이었다. 명치천황은 계속 대연회 참석을 강권하는 전임 총리대신이자 현직 육군대장인 산현유붕에게 "전에는 음식을 철저히 가리면 된다면서 서행을 촉구하더니, 이제는 오히려 짐에게 음식 먹는 자리에 나가야 한다고 강요하고 있소! 경들은 짐을 농락하는 거요!"라고 따지면서 격렬한 언사로 거세게 비난했다.

그런데도 산현유붕은 전혀 끄떡도 않고 명치천황에게 "폐하! 대연회에 참석하소서! 참석하셔야만 합니다!"고 계속 강요했다. 그렇게 참석하라느니 못 하겠다느니 계속 옥신각신하고 있는 동안 연회는 한 시간이나 지연되었고, 연회 참석자들은 음식에 손도 못 댄 채 자리를 지키고 앉아 있었다. 결국 명치천황이 졌다. 신하의 완강한 강요와 사나운 기세에 등 떠밀린 명치천황은 할 수 없이 어용 마차에 올라타고 대연회장으로 갔다. 그러나 준비된 옥좌에 앉아 일동의 인사만 받은 뒤 음식에는 손도 안 대고 즉시 연회장을 떠나 자신의 숙소로 돌아갔다. 당시 신하에게 심하게 강박당하면서 명치천황이 느낀 분노와 굴욕감이 어떠했는지를 넉넉히 짐작하게 만드는 일화다.

자신들의 주군이며 세상이 "영명한 군주!"라고 칭송해 마지않던 명치천황마저 그렇듯 꼭두각시 다루듯이 대한 일본의 정객들이 허약한 이웃 나라인 대한제국의 황제와 황실 가족들을 대할 땐 오죽했을 것인가!

아무튼 황태자 이은은 이때 매우 방자한 배짱을 지닌 이등박문에게 등 떠밀려 태어나서 처음으로 아버지와 어머니의 슬하를 떠나 홀로 자신의 궁, 곧 동궁으로 정해진 낙선재로 갔다. 이등박문이 막무가내로 그렇게 밀어붙이는 데는 천하의 엄귀비도 어쩔 도리가 없었다. 그저 그녀가 할 수 있는 일이라고는 동궁에 가서 황태자 이은을 모실 지밀내인으로 재능과 기질과 충성심이 뛰어난 상궁들과 생각시(생머리를 한 어린 궁녀)들을 고르고 골라 뽑아서 창덕궁 낙선재로 보내는 일뿐이었다.

그런데 다음 달 초면 일본으로 끌고 갈 어린 황태자 이은을 굳이 덕수궁에서 창덕궁으로 옮겨서 낙선재에서 혼자 살게 한 조치야말로 난세의 사나이 이등박문의 집요하고 치밀한 사냥 솜씨를 선명하게 보여 준 사건이었다.

이은은 태어나서부터 그때까지 단 하루도 어머니 곁을 떠나 본 적이 없이 부모의 뜨거운 사랑 속에서 더할 수 없는 응석받이로 살아온 아이였다. 그렇기 때문에, 아이를 갑자기 부모에게서 떼어 내 일본으로 끌고 간다는 것은 사실상 매우 큰 모험이었다. 그래서 이은을 일본으로 끌고 가기 전에 아이가 부모의 슬하에서 떨어져서 홀로 사는 환경에 적응하도록 훈련시키려고 시도한 것인데, 그런 이등박문의 계획은 큰 성공을 거두었다. 이은이 기대 이상으로 훌륭하게 부응했던 것이다.

낙선재는 조선조 24대 임금인 헌종이 몹시 사랑한 순화궁 경빈 김씨를 위해서 창덕궁 동남쪽 경내에 따로 신축해 준 일군의 건물들이었다. 팔천여 평의 대지 위에 석복헌錫福軒·낙선재·수강재壽康齋라 이름 지어진 일련의 전각들이 들어서 있는데, 일반적으로 그 전각들을 모두 합해 통칭 낙선재라 부른다. 사랑하는 후궁을 위해서 정성 들여서 짓게 한 때문일까. 방에는 이중

구들을 놓아 은은하고 따뜻하게 만들고 창문의 창살 무늬가 스물다섯 가지나 되는 다채로운 건물이다. 특히 후원의 경사진 언덕을 계단식으로 꾸미고 각 전각마다 정자를 따로 갖춰 놓은 정원의 아름다움이 한국 궁원의 전통적 정원 양식의 진수를 드러내었다 해서 이름 높은 곳이다.

창덕궁 낙선재의 새 주인이 된 소년 황태자 이은.

뜨거운 사랑 속에서 꺼릴 것 없이 활달하게 자란 아이답게 워낙 밝고 명랑한 그는 자신에게 속한 궁인들을 직접 거느리고 홀로 살아가는 새로운 환경에 아주 쉽게 적응했다. 그는 동궁에 소속된 일고여덟 살 먹은 어린 생각시들과 함께 낙선재 뒤뜰의 계단 정원에서 오르락내리락 뛰고 달리면서 막대기 총과 대나무로 깎은 칼을 가지고 병정놀이를 즐겼다.

"이얏! 얏! 얏! 내 칼을 받아랏!"

"앗! 전하! 소인은 죽었습니닷!"

낙선재 후원에서 벌이는 병정놀이는 정말 재미있었다. 그가 지휘하는 어린 궁녀 부대는 저마다 무용이 뛰어난 우수한 군사들이었고 적진은 언제나 쉽게 무너져 그에게 통쾌한 승리를 안겨 주었다.

부모 슬하를 떠나 낙선재에서 홀로 살던 새 황태자 이은이 병정놀이나 하며 낙선재 안에서 놀고만 있던 것은 아니다. 출국하기 며칠 전까지 황태자로서 기독교 청년회관YMCA 건물 상량식이니 각급 학교 운동회니 뭐니 하는 각종 행사들에 계속 불려 다닌 것이 당시의 신문 기사들에서 확인된다. 어린 아이의 일정을 정신없이 바삐 몰아쳐서 떨어져 있는 부모를 생각할 겨를이 없도록 유도한 것이다.

어린 황태자 이은이 낙선재에서 즐기던 동궁마마 노릇은 단지 '22일' 만에 영영 끝이 났다. 초겨울치고 날씨가 유난히 맑고 차갑던 1907년 12월 5일, 아침 일찍 통감 이등박문이 낙선재에 들어왔다. 드디어 일본으로 끌려갈 시간이 들이닥친 것이다. 김명길 상궁이 쓴 회고록 《낙선재 주변》에는 그날 아침 그녀가 직접 본 그 장면이 이렇게 기록되어 있다.

⬉ **황태자 이은.** 어린 황태자 이은의 낙선재 생활은 단지 22일 만에 영영 끝이 났다. 초겨울 치고 날씨가 유난히 맑고 차가웠던 1907년 12월 5일, 드디어 일본으로 끌려갈 시간이 들이닥친 것이다. 사진 아래 황태자라 명기되어 있어 1910년 전 사진으로 추측된다. 즉 1907년 황태자로 책봉되었으니 11세에서 14세 사이의 모습이다.

태자께서 일본으로 떠난 것은 1907년 12월 아주 추운 겨울이었다. 이등박문이 법석을 떨며 낙선재로 성큼성큼 들어오더니 태자마마께 무릎을 꿇고 절을 하였다. 상궁들과 나인들은 입을 삐죽거리며 이등박문을 흘겨보았다. 겉으로는 차마 못하고 속으로는 어찌나 욕을 해 대었는지.

눈길을 크게 끄는 것은 이등박문이 그날 아침 낙선재에 들어와서 당년 10세 소년 이은에게 무릎을 꿇고 절을 하더라는 증언이다. 본디 평상시의 예절로는 일본국 최고의 권력자인 공작 이등박문이 어린 소년인 이은에게 무릎까지 꿇는 큰절을 할 리가 없다. 그렇기 때문에 그 증언은 착잡하게 다가온다. 어릿광대 기질이 있는 신명의 사내 이등박문이 제 뜻대로 일이 되어 가는 것에 대한 기쁨 때문에 과도한 쇼를 하면서 스스로 즐겼다고도 할 수 있고, 제 손으로 끌고 낯선 땅으로 데려 가려는 어린 인질의 운명, 그리고 장차 그에게서 나라를 빼앗으려는 것에 대해서 느끼는 미안함 때문에 그런 절을 통해서 내심 아이에게 깊이 사죄한 것이었다고도 보이기 때문이다.

"전하! 군복으로 갈아입으시지요."

이등박문의 지시에 따라 이은은 한복인 동궁의 옷차림을 벗고 군복으로 갈아입었다. 그 군복은 황태자로서 공공 행사에 참례할 때 입느라 갖추어 놓고 있던 대한제국 육군 참위의 예복이었다. 당연히 예식용 군도와 군모도 딸려 있다. 그가 군복으로 갈아입고 나자, 이등박문은 성장을 한 장난감 병정처럼 깜찍하고 귀여운 꼬마 장교가 된 그를 내려다보면서 흐뭇한 너털웃음을 흘렸다.

"하하하! 전하께선 군복이 참으로 잘 어울리시오이다! 전하께서 이런 모습으로 일본에 들어가시면, 온 일본 조야가 찬탄을 금치 못할 것이오이다! 이젠 황제 폐하께 떠나는 하직 인사를 드리러 가십시다!"

이은은 그동안 일본인들이 자신을 일본으로 데려가려고 일을 꾸미고 있다는 것을 알고 있었다. 지난 10월 중순에 일본 황태자 가인친왕이 느닷없이 방한하여 태황제를 배알한 자리에서 불쑥 "한국 황태자의 일본 유학……" 운운하는 소리를 꺼낸 뒤부터 궁중 분위기가 계속 침통했던 것이다. 그간 아버지 태황제와 어머니 엄귀비가 자신의 일본행을 막아 보려고 필사적으로 애를 쓰고 있으나 여의치 않다는 것도 눈치채고 있었다. 특히 최근에는 어머니가 매일 울고 지내시기에 그도 형언할 수 없는 비애를 느끼면서 무언가 아주 무서운 것을 기다리듯 하루하루를 보냈다. 그리고 끝내 '그날' 이 온 것이다.

"폐하!"

떨리는 대전 지밀상궁의 목소리가 장지문 밖에서 울리자, 새 황제는 자신도 모르게 흠칫 몸을 떨었다. 역시 예감대로였다. 지밀상궁의 목소리가 이어졌다.

"황태자 전하께옵서 이등박문 통감과 함께 납시었나이다. 폐하!"

바로 오늘이 이복동생인 황태자 이은이 일본으로 끌려가는 날이다. 덕수궁의 태황제와 엄귀비께는 어제 미리 하직 인사를 올렸다고 들었다. 오늘 아침에 황태자가 이등박문과 함께 대전에 들어와 황제인 자신에게 하직 인사를 올린 뒤 곧장 출발하여 현해탄을 건너가기로 되어 있다. 그래서 이미 아까부터 그들을 맞을 준비를 마치고 황후와 함께 기다리고 있던 중이었다. 당연히 "어서 들어오라!"고 대답해야 하는데도, 입에서 얼른 말이 나오지 않아 황제는 주먹을 움켜쥐었다.

끝내, 끝내 이렇게 황태자를 보내야 하는가!

이등박문에게서 처음으로 황태자 이은의 일본 유학 이야기가 나온 그 경악스럽던 순간이 주마등처럼 머릿속을 스쳐갔다.

일본 황태자 가인친왕이 친선방문을 왔다면서 서울에 들어와서 설치고 다닐 때였다. 어느 날 오후에 배알하겠다고 덕수궁에 입궐하여 대전에 들어온 이등박문이 불쑥 말을 꺼냈다.

"황제 폐하! 한국의 황태자 전하로 하여금 일본에 유학하여 신학문을 배우도록 하시는 것이 좋겠사옵니다. 윤허하오소서!"

통역이 한국말로 옮겨 주는 말을 듣고 젊은 황제는 그만 숨이 콱 막히는 듯했다. 지난 8월 7일에 막내동생 이은이 황태자가 된 직후부터 느닷없이 신문지상에 실리던 '일본 유학' 이야기가 드디어 이등박문의 입에서 직접 나온 것이다. 그는 잠시 멍하게 있다가 상대에게 되물었다.

"이등 통감. 지금, 무엇이라고 했습니까?"

그러자 눈가에 부드러운 미소를 가득 담은 이등박문은 서슴없이 대꾸했다.

"폐하! 대한제국의 황태자 전하께서 일본에 유학하셔서 공부하시도록 윤허하오시라고 품달했사옵니다."

"그 무슨 소리요! 일본 유학이라니요!"

"폐하! 한국 황태자 전하를 일본에 유학하시게 하려는 것은 곧 대한제국의 장래를 위해서이옵니다. 황태자 전하께오서 발달한 세상 문물을 친히 보시고 진보된 신학문을 친히 공부하시게 함으로써 탄탄하게 제왕학을 닦으시게 하여 장래 대한제국을 훌륭하게 통치하는 군주가 되시도록 하는 데 그 뜻이 있사옵니다."

이등박문이 대한제국 황실을 효과적으로 통제하는 데 필요한 인질로 삼기 위해 '유학'이란 구실을 내세워 어린 황태자 이은을 일본으로 끌고 가려는 책략을 꾸미고 있음은 장님의 눈에조차 보일 정도로 뻔했다. 그럼에도 그는

'제왕학 닦기' 라는 구실을 진솔한 성심인 듯 극력 강조했다.

"그러하오니, 폐하! 한국 황태자 전하의 일본 유학을 윤허해 주옵소서!"

자신의 말이 통역되는 동안 이등박문은 천연덕스럽게 고개를 쳐들고 젊은 새 황제의 소박하고 병약한 얼굴을 지켜보았다.

"오오!"

육신이 건강하지 못하고 따라서 마음도 연약한 새 황제의 얼굴에 절망의 빛이 떠올랐다.

인질…….

그의 마음속에 냉혹하게 떠오른 단어 한 마디가 시뻘겋게 단 인두처럼 그의 심장을 지졌다.

"아니, 되오. 그, 그건, 아니 되오!"

혀가 굳어 버린 듯 말조차 제대로 나오지 않아서, 새 황제는 토막토막 끊어지는 말을 제대로 이으려고 안간힘을 썼다.

"우리 황, 황태자의 공, 공부는 여, 여기, 수학원에서도 잘, 할 수 있소. 지금, 잘, 하고 있소!"

그는 분노와 절망과 무력감으로 눈앞에 뿌연 이내가 끼인 듯하여 머리를 세게 흔들었다.

"일본에 가는 것은, 안 되오! 절, 절대 아니, 되오!"

그는 주먹을 아프게 움켜쥐었다.

인질……. 인질이 대체 무엇인가. 어떤 존재인가. 누군가 인질이 되는 순간, 그는 곧 인간인 동시에 이미 인간임을 벗어난 어떤 특수한 존재가 된다. "나의 생명과 존재와 가치에 대한 처분권이 너희들의 손에 있음을 인정하겠다"는 약자의 비명과 슬픔이 사람의 형체로 존재하는 것, 그것이 곧 인질이다. 이쪽과 저쪽이 지닌 권력 관계의 강약을 보여 주는 하나의 살아 있는 상징이요 기호가 되는 것이다.

병약한 새 황제의 섬세한 심령은 건강한 사람보다 더욱 민감하고 날카롭게 그걸 감지했다. 그는 난세의 격동하는 파도에 휘말려서 송구스럽게도 전혀 본의 아니게 살아 있는 아버지를 밀어내고 황제의 위에 올랐다. 그러나 후사를 낳지 못하는 성불구자로 태어났기에, 대를 이어 황제의 위를 후대에 전하는 문제에 대해서 정상인보다 더욱 예민한 강박감을 지니고 있었다.

'왜놈들, 이 사악한 것들! 이 나라 국권을 멋대로 농락하다 못해 갓 책봉한 어린 황태자를 인질로 끌고 가려고 하다니!'

그는 절대 안된다고 내심 세차게 고개를 저었다. 비록 어머니는 다르지만, 황태자 이은은 부황이 애지중지 사랑하는 귀여운 어린 동생이고, 또한 아관파천 때 큰 공을 세운 서모 엄귀비의 유일한 아들이 아닌가. 그리고 무엇보다도 언젠가는 나의 뒤를 이어 이 나라를 다스려야 할 황태자가 아닌가.

그러나 그는 동시에 영혼 깊은 곳에서 암담하게 솟아오르는 자신의 처절한 비명 소리를 듣는다. 대한제국의 황제라는 자신이 아무리 결사적으로 반대한다 해도, 결국은 무력하게 어린 동생을 인질로 남의 나라에 빼앗길 수밖에 없을 것이라는 예감이 불길한 주문처럼 뇌리를 쑤셨다.

이등박문의 목소리가 유유하게 다시 건너왔다.

"폐하! 폐하는 명철하신 군주이시오니, 다시 생각하여 보소서! 그리하시면 외신이 품달한 바가 극히 옳은 것임을 밝히 아실 것이옵니다! 곧 윤허하실 것으로 알고, 이만 물러가옵니다!"

넉살 좋은 미소가 이등박문의 얼굴에 여전히 가득 남아 있는데도 그의 눈매는 이미 찬 서리가 내린 듯 싸늘하고 사나워서 더 끔찍했다.

이등박문이 그렇게 대못 치듯 오금을 박고 물러간 뒤에 황급히 알아보니, 더욱 기가 막혔다. 이등박문은 이미 태황제 전에 올라가서 같은 요구를 건넨 뒤에 잇달아 같은 소리를 하러 대전에 들어온 것이었다. 더구나 이등박문은 태황제 전에 올라갈 때 혼자 올라가서 직접 그런 말을 꺼낸 게 아니었다. 더욱 강력한 압력을 가하기 위해서 일본 황태자까지 동원했다. "입경한 일본 황태자 가인친왕이 태황제 전에 문안드리겠다"는 명분을 내세우고 이등박문이 안내하여 같이 태황제 전에 올라가서 일본 황태자가 직접 한국 황태자 이은을 일본으로 보내도록 요구하더라는 것이었다. 그렇다면 이등박문은 대한제국 황실의 반응을 떠보려는 차원에서 이야기를 꺼낸 것이 아니다. 이미 일본의 국책으로 정해 놓고 반드시 성사시키려는 각오로 일본 황태자까지 동원하여 강력하게 추진하고 있는 것이다. 뒤늦게 상황이 파악되자, 황제는 새삼 암담한 얼굴로 가슴을 움켜쥐었다.

일본 황태자 가인친왕 일행을 대한제국에 불러들여 대한제국 황실에다 '한국 황태자 이은의 일본행' 이란 요구를 독약병처럼 던져 놓고 제 나라로 돌아가게 한 뒤, 이등박문은 한국 황실에게 빨리 그 독약을 마시라고 시시각각 쉴 새 없이 채근해 대었다.

"폐하! 황태자 전하의 일본 유학을 윤허하소서! 윤허하소서!"

황제는 그래도 처음에는 태황제와 엄귀비가 막아 낼 것이라는 희망을 가졌다. 희망을 걸 만한 여지나 근거가 있어서 거는 희망이 아니라, 그런 희망이라도 걸어야지 견딜 수 있어서 거는 절망적인 희망이었다.

하지만 역시 태황제와 엄귀비로서도 불가능했다. 이은을 자신이 직접 일본으로 데리고 가려는 통감 이등박문의 욕심과 집념은 태산보다 더 크고 더 무거워서 도무지 요지부동이었다. 노숙하고 노련한 태황제와 사태 파악이 빠르고 남달리 뱃심과 강단이 센 엄귀비로서도 막을 수 없다면, 대한제국 안에는 더 이상 이등박문의 횡포를 막아 낼 사람이 없다. 젊고 연약하고 유약한 새 황제는 애초부터 노회하고 강인한 일본제국 최고의 실력자 통감 이등박문의 상대가 전혀 아니었다.

1907년 11월 19일.

일본 황태자 가인친왕이 불쑥 입국하여 '한국 황태자 이은의 일본 유학'을 요구하고 귀국한 지 꼭 한 달 만이고, 새 황제와 황후와 어린 황태자가 미처 제대로 수리도 안 된 새 궁궐로 창황하게 이어한 지 불과 엿새 만이었다. 그날, 끝내 새 황제는 일본의 표독하고 강포한 폭력에 억눌려 불가피하게 원치 않는 조칙을 비명을 지르듯 내릴 수밖에 없었다.

"황태자에게 명하노니, 일본국에 유학하라!"

그와 동시에 또 하나의 조칙이 발표되었다.

"통감 이등박문 공작을 특별히 황태자의 '태자태사'에 임명하여 황태자를 보도하는 임무를 맡기노라!"

둘째 조칙 역시 이등박문의 요구에 따른 임명이었다. 이등박문은 직접 황태자 이은을 가르쳐서 자신의 생각과 뜻에 맞는 인물로 만들어 내고 싶은 의욕이 매우 강렬했다. 그래서 황태자 이은의 스승이 되겠다고 자청했다. 그 요구만은 대한제국 황실 쪽에서도 아주 고맙게 받아들였다. 이제 이은은 어린 몸으로 인질이 되어 먼 이역 땅에 끌려가서 홀로 살게 되었는데, 이왕이면 일본인들 중에서도 '만인지상 일인지하의 최고 권력자'로 꼽히는 이등박문이 직접 '태자태사'로서 공식 후견인 역할을 해주는 것이 아이의 보호라는 측면에서 크게 유리할 것 같았기 때문이다. 그것은 물에 빠진 자가 지푸라기라도 잡으려는 것과 흡사한 절박한 심정에서 나온 조치이기도 했다. 그래서 새 황제는 이등박문에게 "대한제국 황실은 '태자태사'인 그를 '친왕親王'에 해당하는 예우로 높여서 대우하겠다"고 약속하면서 갖가지 듣기 좋은 아부성 표현들을 동원하여 이등박문을 한껏 추켜올리는 문서까지 내렸다.

그런데 권력에 대한 욕심만큼이나 화려함에 대한 욕구도 남달리 큰 이등박문은 실속 못지않게 모양새도 보기 좋게 갖추고 싶었다. 일본인인 자기 혼자만 황태자를 지도하는 '태자태사'라고 하는 것보다는, 한국 최고의 고관이 자신을 거들게 하는 것이 더욱 보기 좋을 터였다. 그래서 새 황제에게 다시 건의했다.

"폐하! 외신이 태자태사의 큰 소임을 맡았사옵니다만, 다시 한국 정부의 고관을 '태자소사太子少師'에 임명하시와, 외신과 나란히 황태자 전하 보도의 대임을 수행하게 하오소서!"

"알겠소이다. 태자소사에는 누구를 임명하는 것이 적당하겠소?"

"아무래도 총리대신인 이완용 대감이 가장 적당할 줄로 생각하옵니다."

"알겠소! 그리하도록 하겠소."

새 황제는 이등박문을 '태자태사'로 임명한 지 사흘 뒤인 11월 22일자로 총리대신 이완용을 '태자소사'로 추가 임명했다. 이로써 일본제국이 자행하는 해외 침략의 최고 원흉 이등박문과 대한제국 최고 친일파 이완용이 어린 황태자 이은의 스승이란 이름 아래 그의 교육에 절대적으로 간여하고 책임지는 권리를 갖게 되었다.

이등박문은 황태자 이은을 일본으로 떠나보낼 절차를 빨리 진행하라고 서두르며 심하게 재촉했다. 한국 황실 측에서 이런저런 핑계로 하루 이틀 날짜를 끄는 대로 놔두었다가 뜻밖의 동티라도 나면 매우 골치 아플 터였기 때문이다. 그래서 "쇠가 달았을 때 두드린다"는 경구를 그대로 실현하려고 서둘렸다.

이완용을 '태자소사'로 임명한 다음 날인 11월 23일, 새 황제는 '육군보병 참위'라는 형식적인 군인 자격을 지니고 있을 뿐인 황태자 이은을 황실 근위대에 배속시킴으로써 소속과 신분을 확정하는 조치를 밟았다. 세계 대세가 국가 경영 이념으로 가장 먼저 군국주의를 꼽던 시절이라서, 당시 군복은 '인간의 옷 중에서 가장 빛나고 자랑스러운 예복'으로 간주되었다. 그리고 그런 군복을 입으려면 먼저 갖추어야 할 것이 군인 신분이었던 것이다.

다음 날인 11월 24일, 황실에서는 황태자 이은으로 하여금 스승에게 드리는 예물을 챙겨 통감 관저에 가서 태자태사인 이등박문과 스승과 제자로서 상견례를 치르게 했다. 다시 사흘 뒤인 11월 27일, 황태자 이은을 일본까지 배종할 사람들 명단을 확정해 발표했다.

궁내부 대신 이윤용李允用. 농상공부 대신 송병준宋秉畯. 배종무관장 조동윤趙東潤. 특진관 엄주익嚴柱益. 시강원 첨사 고희경高羲敬. 궁내부 비서관 윤세용尹世鏞. 배종무관 김응선金應善. 수학원 교관 엄주일嚴柱日. 농상공부 서기관 이범익李範益. 표훈원 서기관 정동식鄭東植. 궁내부 서기랑 고희중高羲中.

배종 인사들 중 더러는 황태자를 동경까지 모셔다 드린 뒤에 되돌아오고, 더러는 황태자와 함께 일본에 남아서 그 시중을 들 예정이었다. 그 일행 중 시강원 첨사 고희경은 곧 '동궁대부東宮大夫'로 승진 임명됨으로써, 일본에서 이은을 모시고 지내는 벼슬아치들 중 총책임자 노릇을 하게 되었다.

조선조 말 특히 고종 대에 벼슬을 팔아 국정이 극심하게 부패함으로써 망국을 재촉했다고 이야기되고 있다. 하지만 고종황제도 벼슬을 파는 경우가 아니라면 어떤 자리에 누가 앉는 것이 좋은지 사람을 정확하게 판단하는 안목이 있었음을 보여 준 사례가 이때 황태자 이은을 모실 동궁대부로 고희경을 임명한 일이다.

고희경은 제주 고씨 가문 출신으로, 일찍이 벼슬아치 집안의 자제들을 학생으로 뽑아서 가르친 조선조 최초의 관립 신학문 교육기관인 '육영공원'에 입학하여 헐버트를 비롯한 미국인 교사들에게 신학문을 교육받은 사람이었다. 그는 두뇌가 매우 뛰어나고 성품이 올곧은 수재로서, 외국어 습득에도 재능이 뛰어나 특히 영어와 일어에 능통했다. 그는 고종 26년(1889) 6월 2일에 육영학원 출신들을 상대로 치른 전시殿試에 합격하여 진사가 됨으로써 벼슬길에 들어섰으며, 수학원에서 황태자 이은에게 영어를 가르치기도 했다. 또 대한제국의 '외국인 찬의관'으로서 궁중에 다년간 근무한 미국인 샌즈의 차석 통역관으로 근무한 적도 있었다. 그래서 샌즈의 회고록에 고희경에 관한 흥미로운 증언이 다음과 같이 남아 있다.

> 차석 통역관은 역사 시대 이전까지 소급해 올라가는 유서 깊은 명문 대가 출신의 쾌활한 젊은이로 이름은 고희경이었다. 그 역시 외국 여행을 한 적이 없음에도 불구하고 영어를 완벽하게 구사했고, 동서양 상류사회의 관습에 정통해 있었으며, 또 그것이 너무나 자연스럽게 몸에 배어 있었다. 그래서 뒷날 내가 그를 특별 사절의 비서관으로 영국에 보냈을 때, 영국 왕실의 가장 보수적인 몇몇 사람들이 그만을 따로 떼어 자기네 집에 머물게 했을 정도였다. 그는 "양반은 벌거벗겨서 사막에 내어놓아도 표가 난다"는 한국 속담의 완벽한 전형이었다. 그는 보수적이었으며 아주 양심적이고 정직해서 절대적으로 신임할 만했다.

샌즈가 고희경을 특별사절의 비서관으로 영국에 보냈다는 것은, 1902년 에드워드 7세의 대관식에 참석하도록 청안군 이재순과 의양군 이재각을 특명대사로 영국에 파견했던 때 일이었다.

아무튼 위의 글은 '고희경의 능력과 인품'을 손에 잡힐 듯 선연하게 알려준다. 게다가 고희경은 대중을 설득하는 능력도 있었던 듯하다. 1900년에 제주도에서 세칭 '이재수의 난'으로 불린 민란이 일어났을 때, 샌즈는 고희경을 동반해 진압하러 갔다. 고희경이 제주도의 명문인 제주 고씨 가문 출신임을 감안한 처사였다. 고희경은 그 일에서도 역시 큰 공을 세웠다. 《고종실록》 광무 4년(1900) 3월 23일조에 따르면, 당시 고희경은 제주도에 가서 민란을 일으킨 자들을 잘 효유하여 난을 진정시켰기 때문에 그 공으로 특별히 '훈3등勳三等'에 서훈되고 팔괘장八卦章 훈장을 하사받았다. 고희경의 인물됨과 인품이 그러했기에, 어린 황태자를 인질로 보내게 된 대한제국 황실에서 일본에서 황태자를 보호할 관리들을 선정할 때 그가 최고 책임자로 뽑힌 것이다. 나라는 망해 가고 있었으나 인물까지 아주 없던 것은 아니었다.

단지 하나, 고희경의 신원에서 흠이 되는 것은 그가 고영희의 장남이라는 점이었다. 고영희는 서얼 출신으로 한미한 집안에서 몸을 일으켜 출세하여 정부의 고위 벼슬아치가 된 사람이다. 그가 눈에 띄게 출세하기 시작한 것은 갑오경장(1894) 때로 내무 참의에 임명되었고, 을미년(1895)에는 농부 협판(요즘의 차관에 해당함)으로 승진했다. 이어 학부 협판을 거쳐 주일특명전권공사가 되었다가 아관파천(1896) 이후에 농상공부 협판에 임명되었다. 또 독립협회가 발족할 때 발기인(1897)이었고, 그가 탁지부대신일 때 열린 만민공동회 석상에 정부 측 대표들 중 한 사람으로 참가(1898)하기도 했다. 그러나 1910년 8월에 열린 매국 내각에 탁지부대신으로 참여하여 합방조약 가결에 찬성

⬆ **탁지부대신 고영희.** 동궁대부로 이은과 함께 일본으로 떠난 고희경의 부친이다. 고영희는 서얼 출신으로서 한미한 집안에서 몸을 일으켜 개화의 시류를 타고 개화파로 출세하여 정부의 고위 벼슬아치가 되었다. 그러나 1910년 8월에 열렸던 매국 내각에 탁지부대신으로 참여하여 합방조약 가결에 찬성함으로써 매국 내각의 5적 대신 중 한 사람이 되었다.

함으로써 매국 내각의 '5적五賊 대신' 중 한 사람이 되었고, 그 공으로 한일합방 뒤에 일본 황실에서 준 '자작'의 작위를 받음으로써 역사의 지탄을 받고 있다.

고희경은 고영희가 출세하기 시작한 뒤에 태어나, 부유한 가정환경의 영향과 육영공원 재학 시에 받은 체계적인 교육을 통해서 매우 반듯하고 당당한 인물로 성장했다. 그리하여 자신의 아버지와는 다른 길을 걷게 되었다.

《순종실록》에 보면, 12월 2일에 다시 황태자 이은의 일본행에 관련된 황제(순종)의 칙명이 다음과 같이 발표되었다.

황태자가 일본에 유학할 때 수학원 학생인 조대호와 서병갑이 배종할 것을 명함.

대한제국 황실에서는 만 10세에 불과한 황태자 이은 혼자 일본에 보내는 것이 영 마음이 놓이지 않았다. 그래서 이은과 같이 수학원에서 공부한 학우들 중에서 황태자를 모시고 같이 공부할 아이들을 뽑아 보내야겠다는 문제가 진작부터 논의되고 있었다.

그것은 본래 이등박문의 구상이었다. 황태자 이은의 인질살이를 수월하게 하려는 의도와 함께, 대한제국 황실을 향해 그런 조치들까지 취하여 잘 모실 테니까 이은을 일본으로 보내는 일에 대해 과히 걱정 말라고 다독이려는 다목적의 포석이었다.

용의주도한 이등박문은 그의 장기인 능숙한 언론 플레이도 활용했다. 일본 황태자 가인친왕이 지난 10월 20일에 귀국한 뒤, 그런 구상을 슬슬 주위 사람들에게 흘려보내어 신문기자들의 귀에 들어가게 함으로써 보도되게 만들었다. 그래서 《대한매일신보》는 1907년 10월 29일치 지면에 〈학도學徒 배왕陪往〉이라는 제목으로 "이등 통감이 일본으로 귀국할 때에 동궁 전하께옵서 일본 동경에 유학하기 위하여 출발하신다는데 수학원의 학도도 유학하기 위해서 동궁 전하를 모시고 일본으로 건너간다고 한다더라"는 기사가 실렸다.

그런데 이제 출발을 사흘 앞둔 시점에 닥쳐서 수학원 학생인 조대호와 서병갑, 두 아이를 뽑아 일본에 같이 가게 하라는 황제의 칙명이 내린 것이다. 그러나 사흘 뒤에 황태자 이은이 정작 한국을 떠날 때는, 엄귀비의 친정동생인 엄준원의 아들 엄주명嚴柱明과 일본 아이인 증아만曾我滿이 추가되어 모두 네 명이 이은을 따라서 같이 떠났다. 아마도 엄귀비의 뜻으로 배종하는 학도가 추가된 듯하다.

이등박문이 통고한 출발일은 '1907년 12월 5일'이었다. 이리하여 엄귀비가 자기 목숨보다 더 아끼고 사랑한 어린 아들 이은은 황태자로 책봉된 8월 7일로부터 불과 넉 달, 그리고 일본 황태자가 한국에 왔다가 귀국한 10월 20일로부터는 단지 한 달 보름 만에, 일본 땅을 향해 외로운 인질살이의 길에 나서게 되었다.

"이제 가시면 언제 돌아오실 건고!"

어린 황태자 이은이 일본에 가는 행장을 꾸리는 동궁의 궁인들은 죽어 가는 짐승처럼 안색이 처참했다.

"황태자궁의 궁인이 되었다고 기뻐서 뛰었는데, 이게 무슨 일인가! 기껏 이삿짐 싸서 덕수궁에서 창덕궁으로 옮겨 왔는데, 이삿짐을 풀어 놓기 바쁘게 일본으로 가시는 이삿짐을 다시 싸야 하다니……. 참으로 원통하구나!"

궁인들은 눈물을 흘리면서 어린 황태자의 이삿짐을 챙겼다. 언제 돌아온다는 기약도 없이 가시는 길, 가서 지내시기에 불편함이 없으시도록 짐을 잘 챙겨드리는 것만이 그 가엾은 어린 황태자를 위해서 그들이 할 수 있는 봉사의 전부였다.

“황태자 전하의 짐은 아주 단단하게 잘 싸야 한다.”

궁궐살이에 평생을 바친 늙은 정감廷監이 목이 메어 꺽꺽거리는 음성으로 지휘했다.

“머나먼 일본 땅 동경까지, 육로로도 가시고 해로로도 가시는 것이야. 땅에 떨어뜨려도 물에 떨어뜨려도 탈이 없도록 잘 쌌는지 거듭 점검해 보거라!”

“예.”

“짐마다 달아놓은 꼬리표들을 다시 확인해 보거라. 하나라도 빠뜨리지 않도록 정신 차려 잘 챙겨야 한다.”

“예.”

처연한 안색으로 먼발치에서 짐 싸는 것을 지켜보는 궁인들도 있었다.

“귀비마마께서는 지금 어찌하고 계시온지…….”

궁녀 하나가 엄귀비의 정황을 궁금해 하자, 옆의 궁녀가 힘없이 대꾸했다.

“옥안이 퉁퉁 부어 계시더라고 들었네. 전하를 일본에 보내시지 않으려고 갖은 애를 다 쓰셨지만 여의치 않자 그저 밤낮으로 우시기만 하신다는 거야.”

“우리도 눈물을 멈출 수가 없는데, 생모이신 귀비마마께서야 오죽하시겠어.”

낙선재 여기저기서 궁녀들이 수군거리면서 눈물을 흘렸다.

태황제의 친필, 참을 '인忍' 자

아무리 어린 나이라지만, 이은은 일국의 통치자의 아들로 궁중에서 태어나 궁중에서 자랐고 다음 세대의 통치자가 되기로 결정된 아이이다. 본능적으로 세상일이 어떻게 돌아가는지 눈치가 훤했다. 그동안 일이 돌아가는 모양새를 보아서 결국 도리 없이 자신이 일본에 가야만 될 것이라고 짐작했다. 그러나 주위 사람들이 너무도 마음 아파서 아무도 실상을 말해 주지 않았기 때문에 언제 떠나는 것인지 확실한 출발 날짜를 몰랐다.

그가 1907년 12월 5일 아침에 일본으로 떠나야 한다는 것을 확실하게 안 것은 출발 전날이었다. "내일 아침에 일본으로 출발할 터이니 오늘 아바마마와 어마마마께 고별의 예를 올리시옵소서"라고 말하면서 사람들이 그를 덕수궁으로 데려갔다.

덕수궁에 들어가서 태황제의 거처인 함녕전에 올라가니, 태황제께서는 붓글씨를 쓰고 계시던 중이고 엄귀비는 옆에 앉아 계셨다. 먼 길을 떠나게 되었음을 고하고 큰절을 드리자 태황제의 눈시울이 훅 붉어졌다. 두 눈매에 노여움과 원통함과 슬픔이 가득했다.

"나라의 운수 기박하여……."

목이 메어 말을 잇지 못하던 태황제의 침통한 음성이 한참 만에 다시 건너왔다.

"아가! 사람 사는 데는 어디나 다 같다. 어떤 일이 있더라도 마음을 밖으로 드러내지 말고, 때가 올 때까지 굳게 참고 견디거라!"

태황제는 붓을 들고 종이를 끌어당기더니 두 줄의 문장을 써서 황태자 이은 앞으로 밀어 놓았다.

"보아라! 네, 능히 이 글의 뜻을 알겠느냐?"

이은은 눈으로 그 글귀를 읽어 보았다.

선천하지우이우先天下之憂而憂

후천하지락이락後天下之樂而樂

눈에 익었다. 스승에게서 한문을 배울 때 읽은 기억이 있었다.

"예. 아바마마!"

이은은 단정하게 무릎을 꿇은 채 대답했다.

"그건 제왕의 처신이 어떠해야 함을 말하는 것으로, '천하 사람들의 걱정을 먼저 걱정하고, 천하 사람들의 즐거움을 나중에 즐긴다' 고 하여, 걱정스러운 일은 백성들보다 먼저 걱정하고, 즐거운 일은 백성들보다 나중에 즐겨야 한다는 가르침입니다."

"오! 잘 말하였도다. 정녕 그러하다!"

태황제는 침통하게 머리를 끄덕였다.

"그 문장을 늘 마음속에 깊이 담아 두고 늘 새기거라."

태황제는 다시 붓을 들더니 종이에다 무언가 써서 건네주었다.

"받아라! 이것이 내가 지금 네게 건네는 오직 하나의 당부이니라!"

이은이 공손히 받았는데, 종이 위를 바라보는 순간 어린 가슴이 콱 막히는 듯했다. 거기에는 단지 한 글자, 참을 '인忍' 자 하나가 크게 쓰여 있었다.

한때 온 나라의 주인인 황제였던 분이 사랑하는 어린 막내아들을 인질로 이웃 나라에 보내면서 아이 앞에서 몸소 붓을 들어 써서 건네준 참을 '인' 자 한 자, 당시의 견딜 수 없이 비통한 대한제국 황실 정황을 웅변하는 풍경이다. 태황제 옆에 앉아 있는 생모 엄귀비는 그 광경을 지켜보면서 실신할 듯이 지친 모습으로 억지로 눈물을 참고 있었다.

그것이 어린 황태자 이은이 일본을 향해 떠나기 전에 마지막으로 본 부황父皇과 모비母妃의 모습이었다. 그리고 결과적으로는 그것이 그가 생애 마지막으로 본 생모 엄귀비의 모습이기도 했다. 황실 기록에 따르면, 그는 그날 오전 11시에 덕수궁에 입궐하여 오후 3시에 창덕궁 낙선재로 돌아갔다고 하니, 네 시간 동안 부모와 마지막으로 작별하는 자리를 가진 것이다.

그리고 고국에서 마지막 밤을 보내고 드디어 오늘 아침, 이제 사적으로는 형님이요 공적으로는 주군인 황제(순종) 폐하와 형수님인 황후 폐하에게 고별 인사를 드리고 먼길을 떠나야 할 시각이 닥친 것이다. 어린 황태자 이은은 창백하게 질린 얼굴로 황제에게 아뢰었다.

"황제 폐하! 황후 폐하! 소신은 새로운 학문을 연마하려고 오늘 일본국으로 떠나옵니다."

대조전으로 가는 동안 이등박문이 일러 준 말 그대로 황제와 황후에게 사뢰고 이은이 작별의 큰절을 올리자, 병약한 젊은 황제의 얼굴 근육이 푸르르 경련을 일으켰다.

"오오! 우리 태자! ……원로에, 몸 건강히 ……잘, 가라!"

떨리는 황제의 음성이 간신히 건너왔다. 눈물을 억지로 참느라고 황제의 얼굴이 온통 붉게 변했다.

"황제 폐하! 다시 뵈올 때까지 옥체를 보중하오소서! 황후 폐하! 다시 뵈올 때까지 옥체를 보중하오소서!"

눈앞에 들이닥치고 있는 낯선 상황에 대한 두려움 때문에 창백하게 굳은 얼굴로 이은이 황제와 황후께 고별인사를 드리자, 처참한 안색으로 그를 지켜보고 있던 대전의 지밀상궁들이 더는 참지 못하고 흐느껴 울기 시작했다. 그가 황제의 안전에서 물러나오자 얼굴이 눈물로 범벅이 된 대전 궁녀들이 일제히 전각 밖으로 따라 나오면서 목이 메어 그를 불러 대었다.

"황태자 전하!"

"전하!"

"전하! 먼 길에 부디 평안하오소서!"

그는 궁녀들을 향해 돌아서서 마지막 인사를 건네었다.

"모두 잘들 있소!"

멀리 바다 건너 낯선 땅 일본으로 인질이 되어 끌려가는 작고 어린 황태자의 조그만 입에서 흘러나온 낮은 한마디, 모두 잘들 있소, 그 말은 울고 있는 여인들의 마음을 독이 발린 비수처럼 날카롭게 찔렀다.

"오오! 태자 전하!"

"전하! 전하!"

상궁들은 그만 견디지 못하고 목을 놓아 비통하게 통곡했다. 궁중 법도상 국상이 났을 때를 제외하고는 일체 궁 안에서 통곡을 할 수 없게 되어 있었지만, 여인들은 터져 나오는 통곡을 도저히 누를 수가 없었다.

⬆ **고종과 순종, 영친왕.** 1907년 9월 7일자 *The Illustrated London News*에 실린 사진이다. 이층 테라스가 조성된 돈덕전에서 1906년 사내정의가 대포를 헌납하는 장면을 내려다보고 있다. 왼쪽 창 앞에 어린 영친왕의 모습이 보인다.

"전하! 우리 황태자 전하! 어찌 이리 가시오니까!"

"오오! 전하! 우리 전하께서 왜 가셔야 되오니까!"

궁녀들은 절통하게 통곡하고 또 통곡했다.

그로부터 오랜 세월이 흐른 뒤 성인이 된 그가 고국에 돌아와 그날의 궁녀들을 다시 만났을 때, 창덕궁 대조전에서 눈물로 그를 전송하던 상궁들은 당시의 일을 회고하면서 "어리신 전하께서 백지장처럼 창백해진 얼굴로 황제 폐하와 황후 폐하께 고별인사를 올리시는 모습을 보면서 소인네들은 눈물을 참을 수 없었나이다. 게다가 소인네들에게 '모두 잘들 있소' 라고 내리신 말씀을 받잡고는 어찌나 마음이 아프던지 터져 나오는 통곡을 도저히 참을 수가 없었삽지요. 그날 전하께서 떠나신 뒤 하루종일 어찌나 애통하게 울었던지 나중에는 온몸의 뼈마디들이 모두 저리고 쑤셨답니다"라고 털어놓았다.

부황과 모비와 형님 황제 내외분과 편안하고 정다운 자신의 궁을 떠나 산도 설고 물도 설고 사람도 낯선 외국으로 가는 것이 두렵고, 사람들마다 그토록 애통스러워 하는 것이 슬퍼서, 어린 황태자 이은은 내내 창백하게 굳은 얼굴로 이등박문을 따라다녔다. 이등박문은 어린 황태자를 전송하려고 입궐해 있는 대한제국의 고위 관료들과 기념사진을 찍게 하는 등 황태자가 오랫동안 본국을 비워 놓고 외국에서 지내게 할 차비를 차렸다. 그 사진이 현재 남아 세상에 전해진다.

궁중에서 고별 행사가 모두 끝난 시각은 오전 9시, 황태자 일행은 마차를 타고 창덕궁 돈화문을 나와서 남대문 정거장으로 갔다. 한국과 일본 경찰들이 연도를 삼엄하게 경계하고, 말을 탄 일본 기병 2개 소대가 이은이 탄 마차의 앞뒤를 둘러싸고 경호하는 가운데 마차는 정거장으로 달렸다.

연도 좌우에는 소식을 듣고서 대기하고 있던 대한제국의 백성들과 각급 학교 학생들이 그 일행을 향해 태극 깃발을 흔들면서 처절한 전별 인사를 드렸다. 황태자 이은 일행은 남대문 정거장에서 특별열차에 올라 인천으로 갔다.

불과 한 달 반 전……. 내 바로 이 길을 오고갔었는데…….

인천항이 가까워질수록 차가운 얼음 같은 것이 기차 진동에 흔들리는 어린 황태자 이은의 마음을 내리눌렀다. 지난 10월 중순에 일본 황태자 가인친왕

↖ **군복을 입은 고종과 순종.** 벽돌 건물 앞에서 찍은 고종과 황태자의 사진이다. 로제티의 《꼬레아 꼬레아니》에 수록된 것으로 고종과 순종이 각각 대원수복과 원수복을 착용한 것으로 보아 1900년경에 촬영된 것으로 추정된다.

이 온다 해서 주인으로서 손님을 환영하고 또 환송하기 위해서 열차에 올라서 인천까지 왕복하던 경인철도, 바로 그 길을 이제는 언제 돌아올지 모르는 인질이란 참혹한 나그네 신세가 되어 다시 밟고 있는 것이다. 바다 냄새를 품은 매운 겨울바람이 열차 창문 틈새로 스며들자, 아이의 작은 얼굴에 오시시 소름이 돋았다.

역사는 때로 기이한 비의秘義의 징표들을 문신처럼 지닌다. 당시의 기록에 인상적인 일화가 있다. 황태자 이은이 이등박문에 이끌려 도착한 인천항 부두에는 고아 학교의 학생들인 고아들이 나와서 기다리다가 눈물이 바다를 이루도록 통곡하면서 이은을 전송했다는 것이다. 뒷날의 이야기지만, 이은은 일본에 억류되어 있던 중에 어머니인 엄귀비와 부황인 고종을 모두 잃은 고아가 되었으니 당시 인천항의 고아들은 통곡으로 미래의 고아를 전송한 셈이 되었다.

엄귀비의 강인한 대응책,
민갑완

한바탕 광풍이 지상을 휩쓸고 지나간 듯 휘휘하다. 엄귀비는 황태자 이은이 이등박문을 비롯한 수행원들과 남대문 정거장에서 특별열차를 타고 인천항으로 떠났다는 보고를 들은 뒤, 돌처럼 굳은 얼굴로 자신의 거소인 덕수궁 즉조당 건물 깊숙이 들어앉았다. 즉조당은 임진왜란의 참변을 겪은 이후에 광해군이 왕위에 오른 전각이며, 또 인조반정이 성공한 뒤에 인조 임금이 그곳에서 왕위에 등극한 매우 유서 깊은 건물이다. 그처럼 중요한 전각을 자신의 침전으로 차지할 때 느끼던 거오한 만족감도 오늘은 뜬구름처럼 하릴없다.

"아무도 안에 들이지 말라!"

그녀는 홀로 안석에 기대어 앉아서 돌부처처럼 미동도 하지 않았다. 밝은 미소를 가득 담은 어린 황태자 아들의 작고 둥근 얼굴이 눈에 밟혀 시간이 어떻게 가는지 몰랐는데, 언뜻 정신을 차리고 보니 이미 날이 저물어 방안이 어두웠다. 엄귀비는 화들짝 놀라서 방문을 열어젖히고 버선발로 뛰어나가 뜰에 나섰다. 궁을 떠난 자신의 어린 아들은 지금 저 어둔 하늘 아래 어느 낯선 곳에서 그 작은 몸을 고단하게 눕히고 있을 터였다.

"아이고! 우리 아가! 우리 태자야! 너는 지금 어디 있느냐! 대체 어디 있느냐!"

크고 작은 별들이 점점이 박힌 어둔 하늘을 우러러 엄귀비는 목을 놓아 울었다.

"우리 태자야! 이 밤에, 이 어둔 밤에, 너는 지금 어디 있느냐! 어디 있느냐!"

애통하여, 참으로 애통하여 애간장이 다 녹아내리는 듯했다. 엄귀비는 가슴을 치며 울고 또 울었다. 그러다가 문득 괴이한 생각 하나가 마음을 스치는 바람에 저도 모르게 울음을 멈추었다.

장상궁……. 장상궁의 혼령이 살아 있어, 지금 내 모습을 보면 무어라 할 것인가!

마음 한가운데로 차가운 무서리 같은 것이 내려앉았다.

장상궁은 태황제의 둘째 아들인 의친왕의 생모인 궁녀였다. 의친왕 이강은 엄귀비의 아들 이은의 이복형이기 때문에, 사가私家로 치자면 장상궁은 황태자 이은의 서모 격이 되는데, 왕자를 낳은 뒤 오래 살지 못하고 불우하게 죽었다.

엄귀비가 1897년에 아들 이은을 낳았을 때, 죽은 장상궁의 아들 이강은 이미 '의화군' 이란 군호를 지닌 당년 스무 살의 청년으로 인물 좋고 체격 좋은 헌헌장부였다. 엄상궁은 그때부터 자신의 아들을 위해 갖은 술수를 모두 동원하여 의화군을 견제하고 권력의 중심에서 밀어냈다. 그런 술수 중에서 의화군에게 가장 치명적인 상처를 준 것이 1899년에 '외국 유학' 이란 명목을 달아서 국외로 추방한 일이었다. 그렇게 국외로 밀려 나간 의화군은 미국으로 일본으로 떠돌며 귀국하려고 갖가지 애를 썼다. 엄귀비의 아들에게 '영친왕' 이란 왕호를 내릴 때 황실 법도상 할 수 없이 형인 의화군에게도 '의친왕'

이란 왕호를 내리기로 했는데, 그때도 엄귀비가 그의 귀국을 막았기에 왕호를 받는 책봉식을 직접 치르지 못한 채 의친왕이 되었다.

엄귀비가 그렇듯 철저하게 막았기 때문에 의친왕은 해외로 나간 지 햇수로 8년 만인 작년(1906) 4월에야 겨우 귀국했다. 그나마 초대 한국 통감으로 부임차 3월 2일에 입국한 이등박문이 황제를 알현했을 때 "의친왕 이강과 국사범으로 망명 중인 자들을 불러들이소서"라고 강력하게 요청했기 때문에 겨우 이루어진 일이었다. 술수의 귀재인 이등박문은 의친왕 이강의 존재를 대한제국 황실을 통제하고 견제하기 위한 수단의 하나로 이용하려고 굳이 그를 불러들였던 것이다. 아무튼 8년 만에 귀국한 의친왕 이강은 암살을 겁내고 또 권력층 일본인들과의 유대를 돈독하게 유지하기 위해서 자기 궁으로 들어가지 않고 곧장 진고개에 있는 통감부에 들어가 살면서 줄곧 이등박문에게 붙어 다녔다. 그래서 일반 국민들 사이에서 그에 대한 여론이 매우 좋지 않았다.

의친왕의 외국 유학, 그리고 8년 만의 귀국. 내가…… 이 내가 의친왕에게 한 일을, 지금 일본의 이등박문이가 내 아들에게 하고 있는 것이란 말인가…….

그런 생각이 스치자, 등골에 소름이 돋았다.

안 된다! 안 돼! 그렇게 되도록 놔두지 않는다! 어미 없는 의친왕과 어미가 살아 있어 눈 시퍼렇게 뜨고 지키는 우리 황태자의 처지가 같대서야 될 말인가! 내가 누구인가! 지존의 황귀비다. 내 결코 내 아들이 맥없이 비명에 간 장상궁의 아들과 같은 꼴이 되게 놔두지 않으리라!

엄귀비는 이를 악물었다.

그녀는 장상궁과 장상궁의 아들 의친왕에 관한 일이라면 모두 자기 손바닥의 손금처럼 남김없이 파악하고 있었다. 그녀가 중전 민씨의 시위상궁으로 지낼 때는 물론이요, 을미사변으로 중전 민씨가 시해된 뒤 재입궁하여 황제의 아들을 낳은 이래 더욱 신경을 써서 그 모자에 관해 궁중에 전해지는 이야기들을 세심하게 들어 두었기 때문이다.

의친왕의 생모 상궁 장씨는, 본디 철종의 후궁인 숙의儀(종2품) 범씨范氏의 궁에서 일하던 상궁이었다. 그래서 의친왕은 고종 14년에 범숙의의 궁에서 태어났다. 숙의 범씨는 금릉위 박영효와 결혼한 영혜옹주의 생모인바, 영혜옹주는 철종이 남긴 유일한 핏줄이다. 그러니만치 당시 왕실 안에서 나름으로의 존귀한 위치와 비중을 지니고 있는 분이었다. 범숙의의 궁은 경복궁의 서문인 영추문 밖의 순화방 사재감동에 있었는데, 선왕先王의 후궁이기에 궁중 법도로 따지면 당시 임금(고종)보다 서열이 더 높은 이른바 '웃전殿'이었다. 왕실 법도로는, 아무리 임금이라 해도 웃전의 궁녀는 감히 건드릴 수 없게 되어 있다. 그런데도 임금은 궁중 법도를 어기고 웃전의 궁녀를 건드려 아기를 갖게 했다.

장상궁이 잉태했을 때, 임금은 25세였고 중전 민씨는 26세였다. 당시 임금이 궁중 법도까지 어기면서 웃전의 궁녀에게 승은시킨 것으로 보아 꽤나 여색을 밝힌 듯하다. 아니면, 궁중 권력을 한손에 틀어쥔 기가 센 아내 민비에게서 유형무형으로 받는 지속적인 압박감에서 헤어나는 방도로 여색을 탐한 것인지도 모른다.

어쨌든 승은한 장상궁의 배가 불러오자, 범숙의의 궁에서는 민비의 진노가 두려워서 전전긍긍했다.

"장상궁과 아기씨, 두 목숨이 걸린 일이다."

범숙의는 궁 안 사람들을 모두 모아 놓고 당부했다.

"장상궁이 무사히 몸을 풀 때까지, 이 일이 일체 궁 밖으로 새어 나가면 아니 된다. 모두 조심 또 조심하거라!"

범숙의의 궁 상하가 합심하여 장상궁이 몸을 풀 때까지 감쪽같이 비밀을 지켰다. 드디어 해산할 때가 되어 1877년 3월 30일에 아기를 낳으니 건강하고 잘생긴 사내아기였다. 범숙의 궁에서는 장상궁이 왕자를 낳자 안심하고 대궐에 알렸다. 일단 왕의 아들을 낳은 여인은 왕자의 어머니로서 왕족의 신분을 갖게 된다. 그 신분 때문으로라도 무사하게 될 걸로 알았는데, 전혀 그렇지 못했다.

장상궁이 왕자를 낳은 사실을 알게 된 민비의 분노는 서리처럼 냉혹하고 질풍처럼 격렬했다. 궁중 법도고 뭐고 일체 눈에 들어오지 않았다. 당장 장상궁을 자신이 거처하는 궁중 내전으로 끌어오게 하여 잔혹한 고문을 가했다. 그나마 웃전의 궁녀라서 차마 죽이지는 못하고 목숨은 붙여 준 것이다. 그러고도 모자라 범숙의에게 궁에서 어미와 아기를 함께 내쫓도록 강박함으로써 장상궁은 아기를 데리고 친정인 사가로 나가 살아야 했다. 당시 민비에게 끌려간 장상궁은 불에 달군 쇠꼬치로 신체의 은밀한 부분을 쑤시는 참혹한 고문까지 당했고, 그 상처가 끝내 아물지 않아 친정에서 십 년 남짓 앓다가 사망했다고 전해진다.

어미가 죽은 뒤로도 그 가엾은 왕자는 궁으로 들어가지 못하고 가난한 외가에서 비참하게 자랐다. 요즘 말로 하자면 '친자인지親子認知'가 되지 않은 상태, 곧 임금의 아들로 인정받지 못한 채 가난하고 초라한 행색으로 자라고 있었다. 자신의 아들을 낳은 궁녀가 그렇게 처참하게 죽고 자신의 피를 받은 왕자가 민간에서 그렇듯 오랫동안 버림받은 삶을 살고 있는데도 명색이 막중한 지존인 임금은 장상궁 모자를 위해서 아무런 손도 쓰지 못한 채 방관했다. 민비가 살아생전 누린 권력의 실체가 대체 어떤 정도였는지를 생생하게 증거하는 사례들 중 하나다.

그 비운의 왕자에게 생애 최초로 밝은 빛이 비친 것은 그가 만 14세가 된 1891년이었다. 그해는 중전 민씨가 을미사변으로 시해당하기 사 년 전으로, 민비가 만 40세가 되는 해였다.

"여봐라! 장상궁이 낳은 사내아이가 있지 않느냐. 그 아이를 찾아서 데려오너라!"

어느 날, 민비가 뜻밖의 분부를 내리는 바람에 내전 지밀의 심복 상궁들은 제 귀를 의심했다.

"마마! 장상궁이 낳은 아기라 하오시면……."

"십여 년 전에 장상궁이 승은하여 범숙의 궁에서 낳은 그 사내아기 말이니라. 지금 외가에서 자라고 있다고 들었느니라."

"알겠사옵니다. 마마!"

1891년은 민비의 아들인 왕세자 이척(뒷날의 순종)이 가례를 올린 지 9년이 지난 때였다. 그리고 이때 와서야 민비는 그동안 그리도 인정하기 싫던 참혹한 비극, 곧 자신의 아들인 병약한 왕세자가 자식을 둘 수 없는 성불구자임을 사실대로 받아들일 수밖에 없다고 체념했다. 왕세자 이척의 성기는 늘 매달아 놓은 오이처럼 축 늘어져 있는 상태로 결혼 후 성년이 된 뒤에도 아내와 일체 성적 교섭을 하지 못했다. 그래서 민비가 궁녀를 시켜서 왕세자와 성관계를 시도해 보도록 주선하기까지 했는데도 역시 도저히 어찌할 수 없는 불능임을 확인하고 끝났던 것이다.

민비의 체념은 즉각 그녀가 장악하고 있는 권력 구조에 막대한 영향을 끼쳤다. 왕세자인 아들이 성불구자일지라도, 민비 자신이 다시 건강한 아들을 낳을 수만 있다면 문제가 다르다. 왕세자가 다음 왕위에 올라 나라를 다스리고, 그 다음 대는 건강한 작은 아들이 형의 뒤를 이어 왕위에 오르게 하고, 그 뒤로는 작은 아들의 자손들로 하여금 계속 왕위를 이어가게 하면 되기 때문이다. 그러나 이제 만 40세가 된 그녀는 앞으로 건강한 아들을 낳을 자신이 전혀 없었다.

지난 세월 그토록 오랫동안 전국 각지 명산대천에 철 따라 절기 따라 갖은 치성 갖은 기도 다 드렸고, 용하다는 무당이면 너나없이 불러들여 큰 재물 쏟아부어 이런 굿 저런 굿 큰 굿 작은 굿 쉴 새 없이 굿판 열어 갖은 정성 갖은 공을 다 들였다. 그런데도, 그녀는 그토록 오매불망 원하는 건강한 아들 하나를 낳아 기를 수가 없었다. 그렇지만, 아니, 그렇기에 그녀는 더욱이나 보이지 않는 천지신명을 향한 굿과 기도를 멈출 수 없는 심정이었다.

"오호라! 참으로 인명만은 뜻대로 되지 않는구나."

민비는 만 40세가 되어서야 비로소 자기가 아들을 더 낳아 왕세자 이척의 다음 대 임금이 되게 하려는 욕망을 버렸다.

그러나 민비가 누구인가. 그녀가 도달한 체념은 포기하기 위한 체념이 결코 아니었다. 그것은 더 확실한 대비책을 세우기 위한 매우 능동적이고 공격적인 체념이었다. 야심 많고 머리 좋은 민비는 왕세자 이척의 뒤를 이어 왕위에 오를 아이를 자신이 직접 골라서 몸소 키움으로써, 이척의 다음이 될 차차기次次期 임금은 물론 차차차기次次次期 임금까지 자신의 영향력 안에 장악해 두려고 작정했다.

돌아보니, 종실의 여러 가정에 똑똑하고 연소한 사내아이들이 없는 것은 아니지만, 그녀가 원하는 구도에 가장 적합한 아이는 곧 장상궁이 낳은 왕자였다. 다른 사람 아닌 남편의 친자식이고 건강한 사내아이라는 것이 매우 중요한 장점이었다. 게다가 그 왕자는 그런 것보다 더욱 중요한 장점을 따로 갖추고 있었다. 곧 어미가 없다는 점이었다.

당시 민비의 입장에서는, 어미 없는 그 왕자가 곧장 왕세자 이척의 뒤를 잇는 왕세자가 되도록 만들어 놓거나, 아니면 그 왕자가 낳은 아들을 데려다가 왕세자 이척의 양자로 삼아서 이척의 다음 왕위를 이을 왕세자로 세워 놓는 것이 가장 바람직했다. 그렇지 않고, 혹시라도 왕이 다른 궁녀를 건드려서 왕자를 낳게 되어 그 왕자가 왕세자 이척의 뒤를 잇게 된다면 곤란했다. 십중팔구 민비 자신과 왕자의 생모 사이에 불편한 문제가 생길 터이기 때문이다. 왕의 생모는 언젠가는 대비 또는 대비에 버금가는 존재가 된다. 그리 되면 절로 자신의 신분에 걸맞은 권력을 쥐게 되거나 또는 쥐려고 들게 마련이라서 아주 위험했다.

그런 위험 부담을 피해서 종실 집안에서 반듯하게 잘 자란 사내아이를 데려온다 해도 안심할 수 없기는 마찬가지다. 그 아이에게 부모가 있으면 오히려 더 심각한 사태가 벌어질 수 있기 때문이다. 다른 사람 아닌 자신의 남편인 지금 임금을 보아도 그렇다. 바로 종실 집안의 사내아이로서 왕위를 이은 경우인데, 시아버지 흥선대원군이 임금의 생부라는 걸 빌미 삼아 얼마나 엄청난 권력을 장악하여 휘둘렀던가. 자신이 흥선대원군을 상대로 피가 튀는 권력투쟁을 벌여 그의 손에서 권력을 빼앗았지만, 지금도 끊임없이 권토중래를 꾀하는 그를 견제하느라 늘 노심초사 마음을 편히 놓을 날이 없는 처지가 아닌가. 그걸 생각하면, 궁 밖에서 자란 종실 집안의 아이로 차차기 왕위를 잇게 한다는 것은 왕이 다른 궁녀에게서 왕자를 낳게 하는 것보다 더욱 위험했다. 중전 민씨는 이때 처음으로 죽은 장상궁이 남편의 아들을 낳은 것을 고맙게 느꼈다.

"오, 헌헌장부로고!"

궁으로 데려왔을 때, 민비는 장상궁의 아들을 향해 환하게 웃었다. 외롭고 힘들게 자라기는 했어도 머리 좋고 용모 훤한 미소년이던 장상궁의 아들은 이미 만 14세, 그간 궁에서 왕자의 대우를 받으면서 자랐으면 벌써 길례를 올려 가정을 이루고도 남았을 나이였다. 그러나 그동안 아예 임금의 아들로 인정조차 받지 못한 채 혼사는커녕 가난한 외가에서 하루하루 고달프게 살아가다가 느닷없이 궁으로 불려온 것이다.

"그동안 왕자를 왕자답게 대우하지 못하여 미안하네!"

민비는 삼동의 굳은 얼음도 단숨에 녹일 만치 따뜻하고 밝게 웃으며 장상궁 아들의 손을 잡아 다정하게 다독였다.

"앞으로는 내가 잘 보살펴 줄 터이니 안심해라! 이제 항렬 따라 이름도 제대로 짓고 왕자로서 봉군받아 군호도 가져야지. 그렇지! 학식 많고 덕망 높은 재상에게 뜻도 좋고 부르기도 좋은 군호가 없겠느냐고, 어디 한 번 잘 생각해 보라고 부탁해야겠구먼."

그렇게 되어 장상궁이 낳은 왕자는 비로소 왕자의 대우를 제대로 받기 시작했다. 곧 같은 항렬의 왕자들에게 쓰는 흙 토土 변의 한자들 중에서 '강堈' 이라는 글자를 골라 이름을 짓고 '의화군義和君' 이라는 군호로 봉군함으로써 지존의 왕실 가족이 되었다. 중전 민씨는 의화군을 위해서 재물도 손 크게 풀었다. 서울의 중심부인 사동寺洞에 너른 대지를 잡아 별궁을 지어 주어 들어가 살게 했다. '사동궁' 으로 불린 그 별궁의 위치는 종로 사거리 근처에 있는 예전 종로예식장 자리 일대였다.

당시 의화군이 왕의 친아들인 왕자로 인정받고서도 그대로 궁궐에 들어가 살 수 없었던 까닭은 궁중 법도 때문이었다. 본래 조선 왕가의 궁중 법도라는 것은 엄하기 짝이 없어, 궁에서 살 수 있는 왕족들의 신분과 사는 기한이 엄격한 불문율로 지켜져 내려오고 있었다.

남자의 경우, 궁궐에서 살 권리가 있는 왕족은 원칙적으로 왕과 왕세자뿐이다. 그 두 사람 외에 유일한 예외가 있으니 아직 미성년인 왕자들이다. 왕가일수록 조혼의 풍습이 있던 당시, 미성년을 가르는 기준이 되는 나이는 대략 열 살, 그래서 왕의 아들들은 대개 열 살 전후에 혼인하여 일가를 이루고 궁궐에서 나가 살았다.

왕족이라야 궁에서 살 수 있으니 궁에서 사는 권리 자체가 극히 선별된 특권인데, 알고 보면 궁궐에서 죽을 수 있는 권리도 그에 못지않게 까다로운 특권이었다. 극도로 한정된 극소수의 왕족들만이 궁에서 죽을 권리가 있었다.

남자의 경우, 궁궐 안에서 죽을 권리가 있는 사람은 오직 왕과 왕세자와 미성년의 왕자들뿐이었다. 그들 외의 성인 남자는 그 신분이 어느 누구든 간에, 비록 왕자라 할지라도 궁 안에서 죽을 권리가 없었다.

여자의 경우, '왕비' 라는 신분이 기준이었다. 그래서 오로지 현재 '왕비' 인 여인과 왕비였거나 앞으로 왕비가 될 여인, 즉 '대비' 와 '왕대비' 와 '대왕대비' 그리고 '세자빈' 만이 궁에서 죽을 수 있는 권리가 있었다. 따라서 후궁은 그 누구라도 궁궐 안에서 죽을 수 없었으니, 심지어 왕을 낳은 후궁, 즉 왕의 생모조차도 마찬가지였다. 후궁들의 경우는 죽을 권리뿐만 아니라, 궁 안에서 살 권리조차 지극히 한시적인 것이었다. 그녀들이 모시는 임금님이 살아 있을 때까지만 궁에서 살 수 있을 뿐, 임금님이 승하하면 더는 궁에서 살 자격이 없기에 곧 궁을 나가서 나라에서 마련해 준 거처에서 여생을 마쳐야 했다. 그런 관례도 왕을 낳은 후궁, 곧 승하한 선왕의 뒤를 이어 새로 즉위한 왕의 생모인 후궁이라 해도 예외가 없이 엄하게 적용되는 관습이었다.

궁 안에서 죽을 권리가 없는 후궁이나 궁인들은 중한 병이 들거나 노쇠하면 궁 밖으로 내보냈다. 혹시 사람에 따라 그런 조치를 취할 사이 없이 급하게 죽는 경우, 그 시신은 사람대접을 받지 못하고 한낱 물건으로 취급당했다. 그래서 시신을 관도 없이 그냥 수레에 담고 그 위에 장작을 쌓아올려서 장작짐으로 만들어서 궁 밖으로 내보냈다. 왕실의 법도가 그러했기에, 이미 만 14세가 된 장상궁 아들은 왕자로 인정을 받은 뒤에도 왕궁에 들어가서 살 수 없었다.

장상궁의 아들이 처음으로 궁궐로 불려와 중전 민씨를 만난 뒤 왕자의 대우를 받기 시작하던 때, 엄귀비는 궁중에 없었다. 승은했다 해서 중전 민씨가 쫓아내 궁 밖에서 살고 있던 때였다. 그래서 을미사변으로 중전 민씨가 시해된 뒤에 재입궁하고 나서 궁인들에게서 의화군에 관련된 이야기를 상세하게 들었는데, 들을수록 "과연 중전 민씨는 대단한 인물이었다!"고 감탄하지 않을 수가 없었다.

궁녀들 이야기로는, 중전 민씨가 그 타고난 능란한 수완으로 의화군을 자기 사람으로 만들 때 주위 사람들이 모두 벌린 입을 다물지 못했다고 했다. 어찌나 살갑게 굴고 어찌나 노련하게 다루었던지, 의화군은 중전 민씨가 자기 어머니를 죽게 만든 원수인데도 이내 진심으로 심복하여 충심에서 우러나는 충성을 바치더라는 거였다.

"당시 중전마마께서는 비유해 말하자면, 한 손에는 떡을 들고 다른 손에는 매를 들고 의화군 나리를 다루신 셈이셨소."

의화군에 관한 일의 전말을 잘 아는 노상궁이 그런 말을 앞세우며 털어놓은 이야기가 아직도 기억에 선연하다.

"여염에서 막 자라던 아이를 궁으로 불러다 보시고 의화군이라 이름 지어 봉군해 주시고 사동궁을 지어 주시는 등 왕자로 제대로 대우하는 은혜를 베푸시면서도, 사체事體에 따라서는 일부러 냉담하게 시간을 끄심으로써 매운 교훈을 주시기도 하셨답니다. '의화군이 지금 왕자로 융숭한 대우를 받고 있는 것은 오로지 중전마마께서 마음을 써서 살펴 주시기 때문에 가능한 일이지, 중전마마께서 돌아보시지 않는다면 의화군 자체로는 아무것도 아니다', 그런 사실을 뼈에 사무치도록 옹골지게 깨닫게 만들면서 단단히 길들이신 것이지요. 예를 들자면, 의화군의 길례 문제 같은 것이 그런 경우였소이다. 중전마마께서는 궁 안 사람들 짐작과는 달리 의화군의 길례를 계속 미루시더이다. 궁에 처음 데려왔을 때 이미 왕자로서는 혼사가 너무 늦은 처지였기에, 모두들 마마께서 의화군의 길례부터 서둘러 주실 걸로 생각했었구려. 그런데 예상과 달리 길례 문제에는 일체 말씀이 없으셨소. 결국 봉군하고도 이 년이나 더 지난 뒤에 가서야 이제는 충분히 길을 들였다 싶으셨는지, 의화군의 길례를 치르도록 명하시었소."

의화군이 길례를 치른 것은 1893년 10월, 배필은 선조의 계비 인목대비의 친정 집안인 연안 김씨 가문의 선비인 김사준金思濬의 딸이었다.

김사준은 인목대비의 부친인 연흥부원군 김제남의 10대손이다. 인목대비의 친정 집안이라 가격家格은 높지만, 가문의 권세가 혁혁한 권벌은 아니었다. 중전 민씨는 왕세자 이척의 뒤를 의화군이나 의화군의 아들로 이을 것을 염두에 두었기에, 의화군의 배필을 정할 때 여러 여건을 모두 감안하고 철저하게 계산하여 규수를 선택했다. 길례 뒤에 중전 민씨는 의화군 부인 김씨를 아주 정답게 대하고 진심으로 귀여워했다고 한다.

일단 길례를 치러 준 뒤, 중전 민씨는 의화군에게 공식적인 업무를 맡겨 정계에 등장시킴으로써 의화군을 적극적으로 키우기 시작했다. 의화군이 맡은 첫 업무는 외교 관계 사안으로, 그는 청일전쟁의 와중인 1894년 9월 10일에 보빙사로 임명받아 일본에 다녀왔다. 중전 민씨는 다음 해에도 의화군을 특파대사로 삼아 1895년 8월 25일에 출국하여 유럽 5국을 순방하고 돌아오는 외교 업무를 맡도록 주선해 주었다. 만약 그해 10월 8일(음력 8월 20일)에 을미사변의 참극으로 중전 민씨가 시해되지 않았더라면, 의화군은 중전 민씨의 배려 아래 조선 왕실에서 자신의 입지를 아주 탄탄하게 굳혔을 것이다.

의화군은 중전 민씨가 돌봐 주어야만 자신이 클 수 있고 권력을 쥘 수 있다는 사실을 매우 명징하게 인식하고 있었던 모양이다. 선교사 언더우드 부인의 회고록을 보면 흥미로운 사실이 드러난다. 을미사변의 위기 때 의화군이 누구보다 먼저 중전 민씨를 도피시키려고 나섰다는 것이다. 선교사 언더우드 부부는 을미사변 뒤에 일어난 춘생문사건 때 의화군이 피신 차 그들의 집에 와서 머물렀을 정도로 의화군과 친밀히 지냈다. 그렇게 가까운 사이였는데, 을미사변 당시 의화군의 행적에 관해서 언더우드 부인의 회고록에 이렇게 기록되어 있다.

> 탄약은 몰래 옮겨다 놓았고 미국인들에게서 훈련받은 군인들은 거진 다 일본인들에게서 훈련받은 군인들로 바꾸어 놓았으므로, 공격 부대는 총을 쏜 뒤에 거의 아무런 저항도 받지 않고 대궐 안으로 들어섰다. 왕족의 숙소까지는 얼마만큼 거리가 있었는데, 소동이 일어났다는 소문은 그들이 쳐들어오기 조금 전에 그곳에 전해졌다. 중전마마는 깜짝 놀랐다. ……임금의 둘째 아들인 의화군은 중전마마에게 아직 파수꾼이 지키고 있지 않은 작은 문으로 자기와 함께 도망치자고 간청했다. 변장을 하고 그 문으로 빠져 나가서 성안에 있는 자신의 친구들에게로 가자는 것이었다. 그러나 중전마마는 일본인들이 대궐을 점령한 것이 틀림없는 이런 공포 속에 나이가 너무 많아 움직일 수 없는 왕태후를 홀

로 남겨 놓고 갈 수는 없다고 거절하였다. 당시 중전마마는 전에 이노우에 일본 공사가 자신에게 했던 다짐 곧 절대로 안전을 보장하겠노라던 약속을 의심 없이 믿었고, 더구나 정병하라는 신하가 무슨 일이 일어나도 두 분 전하는 절대로 안전하다고 했던 다짐을 믿었던 것이다. ……그래서 중전마마는 무척 불안하고 두려운 채로나마 그냥 남아 있었다. 그러다가 대원군과 고용된 암살자들이 중전마마를 찾으러 밀어닥쳤을 때에야 숨으려고 했다. 아아! 그러나 숨기에는 너무 늦은 때였다.

이 글을 보면, 만약 을미사변 당시 민후가 의화군의 간언을 따랐더라면 죽음을 면할 수 있었을 것이라는 추정이 가능하다. 중전 민씨가 "왕태후를 남겨두고 도망칠 수 없다"고 했다는 이야기 중의 '왕태후'는 헌종의 왕비인 명헌태후로 당시 대궐에서 가장 서열이 높은 윗전이었는데, 대한제국 시대인 1904년에 승하했다.

아무튼 언더우드 부인의 기록은 '의화군'의 인물됨에 관한 중요한 정보를 제공한다. 버림받아 민간에서 자라다가 만 열네 살이 되는 1891년에야 비로소 왕자로 대우받기 시작한 그가, 불과 사 년 뒤 열여덟 살이던 1895년에는 이미 돌발적인 위기 상황에서 자신은 물론 중전마마를 숨겨줄 수 있을 정도로 능력도 있고 신뢰할 수도 있는 '성안에 있는 자신의 친구들'을 확보하고 있었던 것이다. 을미사변 당시 여러 여건과 그로부터 50여 일 뒤에 발생한 춘생문사건 때 의화군이 언더우드 선교사의 집으로 피신한 사실 등을 감안해 보면, 그가 말한 '성안에 있는 자신의 친구들'이란 아마도 언더우드를 비롯한 미국인 선교사들을 지칭한 것으로 추정된다. 아무튼 의화군은 당시 미국 선교사들과 아주 긴밀한 관계를 맺고 지낼 정도로 사교성이 있었으며, 그 명민하다는 왕후 민씨조차 판단을 그르친 을미사변 때 치명적인 위험을 기민하게 감지하여 남보다 먼저 민후를 보호하려고 나섰을 정도로 위기 관리 능력이 있었고, 민후에 대한 철저한 충성심이 있었다. 불우한 사람은 셈이 빨리 든다는데 의화군도 역시 그러했던가 보다.

그러나 을미사변은 민후의 생애를 참혹한 비운으로 끝맺게 함과 동시에 의화군이 누릴 생애의 틀과 방향 역시 치명적으로 바꿔 놓았다. 민후의 별세로 내전이 비어 있는 궁중에 엄상궁이 재입궁하여 세력을 장악하면서부터, 특히 엄상궁이 주도적으로 공을 세운 아관파천사건에 이어서 대한제국이 수립된 뒤에 황제의 아들을 낳으면서부터, 의화군은 매우 빠른 속도로 권력의 밝고 따뜻한 양지에서 어둡고 추운 음지로 밀려났다.

그것은 자연의 생존 경쟁 법칙 그 자체였다. 건강한 아들이 없는 민후에게나 의화군 같은 왕자가 필요하고 소용 있지, 건강한 아들이 있는 엄귀비에게 의화군 같은 존재가 대체 무슨 소용일 것인가. 오히려 자신이 낳은 아들의 빛나는 장래를 위협하는 불편하고 불필요하고 불쾌하고 불안스러운 존재일 뿐이었다.

엄귀비는 자신이 끼어들어서 고통스럽게 비틀어 놓은 의친왕의 신산스런 삶을 생각하다가 문득 마음이 뭉클했다. 그녀는 자신도 모르게 소리 내 중얼거렸다.

"휴우, 불쌍한 것!"

그러나 그것은 자신이 의친왕에게 가한 학대와 박해를 반성하는 마음에서가 아니었다. 강한 자가 더 강해지기 위해서 약한 자를 누르는 세상, 백 개를 가진 자가 백한 개를 갖기 위해서 하나밖에 못 가진 자의 그 하나를 빼앗는 세상, 이 살벌한 싸움판에서 내 아들에게만은 결단코 의친왕처럼 불쌍하고

한심스런 삶을 살게 하지 않겠다는 매서운 각오에서 나온 탄식이었다.

엄귀비는 우선 이은의 결혼 문제부터 시급히 단도리를 해 두어야 한다고 생각했다. 그간 엄귀비는 아들이 일본으로 끌려가는 것을 도저히 막아 낼 수 없는 바에야 반드시 결혼을 시켜서 '기혼자'의 신분으로 일본에 보내려고 필사적으로 노력했다. 그간 느닷없이 "황태자비로 총리대신 이완용의 딸이 택정되었다더라"는 신문 보도가 나온 데서도 보듯이, 이등박문이 황태자비를 택정하는 일에도 끼어들어서 자신의 뜻대로 황태자비를 결정하려고 나설 것이라는 강한 직감이 있었기 때문이었다. 그러나 이미 시대의 대세는 그녀의 편이 아니었다.

지난 8월 21일자로 황제의 조령이 공표되어 "황태자비의 재간택은 음력 9월 20일 손시(양력 10월 26일 오전 9시)에 거행한다"고 확정된 이래, 그녀는 일구월심 그날만을 기다려 왔다. 그런데 재간택 행사 바로 전날인 10월 25일에 뜻밖의 비상사태가 벌어졌다. 황제(순종)가 돌연 다음 날 거행될 재간택 행사 자체를 취소하는 조치를 내린 것이다.

황태자비 재간택 행사는 온 국민의 관심사였다. 따라서 이러한 비상조치에 대한 반응도 매우 민감하고 빨랐다. 《관보》는 '융희 원년(1907) 10월 25일' 자로 '호외'를 발행하여 그 사실을 기재했고, 신문은 10월 27일자로 그런 사실을 보도했다. 이때 《관보》에 실린 내용을 보면 다음과 같다.

《관보》 '호외' 융희 원년 10월 25일
황태자비 재간택 일자를 음력 9월 20일로 추택한 장례원 주본 환입하여 비지批旨를 이대강지以待降旨로 개부표改付票이하하심이라.

'비지批旨'는 임금이 내린 비답(상소에 대한 임금의 답변)의 말씀을 뜻하고, '개부표改付票'는 일단 임금의 재가를 받은 문서에 다시 고쳐야 할 점이 있을 때, 새로 재가를 받도록 고칠 곳에 누런 부전지를 붙이는 것을 가리킨다. 따라서 본문의 내용을 쉽게 풀어 쓰자면, "황태자비 재간택 일자를 음력 9월 20일로 택정하여 상주한 장례원의 주본을 황제께서 보시고 재가해 주셨다가 이

↖ **군복을 입은 의친왕.** 술수의 귀재인 이등박문이 의친왕 이강의 존재를 대한제국 황실을 통제하고 견제하기 위한 수단의 하나로 이용하려고 유학 중인 의친왕을 불러들였다. 8년 만에 귀국한 그는 암살을 겁내고 또 권력층 일본인들과의 유대를 돈독하게 유지하기 위해서 곧장 통감부에 들어가 살면서 줄곧 이등박문에게 붙어 다녔다.

제 도로 들여오게 하시어 주본에 있는 고쳐야 할 곳에 부전지를 다시 붙여 표시하여 내려 보내시면서 '그 문제에 대한 새로운 비답이 내릴 때까지 기다리라' 고 하시었다"라는 말이 된다. 결국 이러한 조치는 '새로운 비답이 내릴 때까지' 재간택 행사를 중지하라고 명하는 행정명령에 해당했다.

당시의 정치적 정황을 감안할 때, 대한제국 황실에서 이러한 비상사태가 발생한 원인은 누군가가 황태자비 재간택 행사를 막음으로써 황태자의 가례가 치러지지 못하게 강력한 막후공작을 한 탓일 수밖에 없다. 그리고 당시 대한제국 안에서 엄귀비와 황태자와 직결된 문제에 대해서 황제가 일단 내린 재가를 취소하도록 강압할 수 있는 자는 통감 이등박문 한 사람뿐이었다.

이때 장례원으로 반려된 주본 안에서 '고쳐야 할 곳' 으로 지목되어 '부표' 라는 누런 부전지를 다시 붙인 곳은 바로 '재간택 일자' 가 씌어 있는 자리였을 것이다. 그것은 "장례원에서 택정한 날인 '음력 9월 20일(양력 10월 26일)' 에 재간택 행사가 거행되지 못했다"는 역사적 사실로 극명하게 증명된다.

엄귀비에게는 너무도 원통한 일이었다. 그러나 그녀는 절망하지 않았다. 절망하여 맥을 놓고 앉아 있기에는 상황이 너무도 절박했다. 언젠가 대한제국의 통치자인 황제가 될 자신의 아들의 평생이 모두 걸려 있는 문제였다. 그녀는 이등박문이 잘 쓰는 '언론 공작 수법' 을 통해서 아들의 혼사 문제를 해결하려고 다시 나섰다. 그 결과 성사되지 못한 재간택일로부터 불과 닷새 뒤인 1907년 10월 31일자 신문에 황태자 이은의 가례와 일본 유학 관련 기사가 다음과 같이 등장했다.

〈가례 후 유학〉

황태자 전하께서 가례 후에는 일본에 유학하신다더라(《대한매일신보》, 1907. 10. 31).

이등박문이 일본 황태자까지 한국으로 불러들이면서 거세게 압박하는 바람에 대한제국 황실로서는 황태자 이은의 일본행을 도저히 막을 길이 없었다. 위의 기사는 그런 상황에서, "황태자의 가례를 올리게 해 주면 일본에 유학하겠다"라는 조건을 내건 것이다.

분석해 보면, 이 기사를 통해서 대한제국 황실이 관철하고자 한 두 가지 요구가 드러난다. 대외적으로는 일본 측을 향해서 "대한제국 황실의 계획대로 가례를 거행하게 해 주면 황태자 이은의 일본 유학에 협조하겠다"는 조건부 거래 의사를 명시한 것이고, 대내적으로는 국민들을 향해서 "황태자의 일본 유학은 가례 후에!"라는 점을 명확하게 알리고 못 박아 놓으려는 것이었다. 그러나 강자의 행동을 자기의 뜻에 맞도록 유도하려는 약자의 계획은 언제나 도상작전으로 끝나기 마련이다. '강약부동'이라는 말이 지닌 애달픔이 거기에 있다. 이등박문은 그 기사를 보고 한 번 차갑게 코웃음을 치고 넘겨 버렸다.

엄귀비는 어린 황태자 이은이 일본으로 끌려가는 그날까지 가례 문제를 해결하기 위해서 갖은 애를 다 썼다. 그러나 해결할 길이 없었다. 이렇게 해 봐도 저렇게 해 봐도 사방 모두 철벽인 양, 도무지 뚫고 나갈 곳이 보이지 않았다. '통감 이등박문'이라는 벽은 그렇게나 크고 단단했다. 그리하여 드디어 1907년 12월 5일, 결국 가례를 못 치른 채 어린 황태자 아들은 이등박문의 손에 이끌려 일본으로 끌려갔다.

어린 아들을 일본에 인질로 빼앗긴 뼈아픈 고통 속에서도 엄귀비는 결코 포기하지 않았다. 그녀는 이제는 시도하는 것 자체가 불가능하게 막혀 있는 '재간택'과 '삼간택'의 절차에 더는 의지하지 않기로 했다. 그리고 상황이 이처럼 너무도 불우하게 돌아가고 보니 며느리의 신원에 대한 바람도 전과 크게 달라졌다. 전에는 며느리가 될 규수의 조건은 '여흥 민씨 집안 출신으로 아들이 맘에 들어 하는 규수' 라면 충분하고 또 충분했다. 그러나 이제는 전혀 그렇지가 않았다. 며느리의 가문을 통해서 권력에 대한 접근성을 더욱 강력하게 확보할 수 있는 규수를 골라서 며느리로 삼고 싶었다. 그런 기준에서 보자면 새로 떠오르는 규수가 있었다.

민갑완…….

초간택에 나온 49명의 처자들 중에서 그런 조건에 가장 가까운 규수가 민갑완이었다. 엄귀비가 며느리 될 사람의 가장 큰 전제 조건으로 삼고 있는 '여흥 민씨 가문' 출신인데다가, 현재의 황후의 집안과 사돈으로 얽혀 있는 집안의 딸이었기 때문이다. 그래서 그녀는 세심하게 따져 본 뒤에 민갑완을 며느리로 삼기로 결정했다.

그래! 이제 우리 황태자와 민갑완 규수를 약혼한 상태로 만들어 두는 거다. 황태자에게 엄연히 약혼녀가 있는 이상, 가례를 올린 것이나 진배없는 상태가 된다!

엄귀비는 결정과 동시에 움직였다.

민갑완의 집안에 연락하여 그녀를 황태자비로 맞겠다는 통고를 하고, 약혼반지를 마련하고, 민갑완의 집에 사람을 보내어 약혼반지를 전달하게 하고…….

그러한 일들을 치르느라고 어린 아들을 인질로 빼앗긴 뒤에 엄귀비는 오히려 더 바빴다. 그리하여 어린 황태자 이은이 일본으로 끌려간 지 불과 19일 만인 1907년 음력 동짓달 스무날(양력 12월 24일), 전 동래부사요 주영 공사였던 민영돈의 둘째 딸 민갑완은 황태자 이은의 약혼녀가 되었다.

동경에 도착한 어린 인질

1907년 12월 7일.

이은 일행을 태운 일본 해군 군함 '만주환'은 현해탄을 건너서 일본의 항구 하관下關에 도착했다. 드디어 일본 땅에 첫발을 디딘 것이다. 어린 인질 이은에게는 생애 첫 여행이자 그의 전 생애를 두고 계속될 긴 여행의 시작이었다. 하관은 대마도를 제외하면 한국에서 가장 가까운 항구로, 뒷날 일제 강점기에 부산과 하관 사이를 정기 운항하던 연락선인 '관부연락선'의 '관關'자가 바로 이 하관에서 나왔다.

"황태자 전하! 어서 오시옵소서! 성심으로 환영하옵니다!"

하관 항구에는 명치천황이 보낸 환영 칙사인 시종직 간사 암창구정岩倉具定 공작이 미리 와서 대기하고 있다가 그들을 반겼다. 곧 수많은 관리들과 백성을 동원한 대대적인 환영 행사가 벌어졌다. 이날, 이은 일행은 청일강화회담이 벌어졌던 장소로 유명한 춘범루春帆樓에 투숙하여 일본에서의 첫날밤을 보냈다. 일본 땅에서의 첫날밤, 이은에게는 그 첫날밤에 묵은 춘범루의 인상이 매우 비상했던 것 같다. 그는 오랜 세월이 지나도록 그날 춘범루에서 먹은 너무도 맛이 없던 일본 음식과 그 장소를 기억했다. 뒷날 그가 처음 공식적으로 조선을 방문할 때, 가는 길에 특별히 춘범루에서 숙박하도록 지시하여 춘범루 주인을 감격하게 만들었다고 한다.

1907년 12월 8일.

아침 일찍 이은 일행은 수도 동경으로 올라가는 특별열차에 올랐다.

대한제국의 만 열 살짜리 황태자를 인질로 데리고 귀국한 이등박문 일행은 일본 사회 전체에 대단한 선풍을 일으켰다. 그들을 맞은 일본 열도는 온통 큰 잔칫집처럼 떠들썩하게 들떠 올랐다. 당시 유일한 대중 선전 매체인 신문들도 한국 황태자 이은의 입국에 대해서 저마다 대대적으로 보도했다.

"아! 저기 온다! 저기다!"

"한국 황태자가 아주 어리네. 정말 깜찍하게 귀엽구나!"

이등박문과 이은 일행이 수도 동경을 향해 가면서 거친 여러 지방 어디서든 다 똑같았다. 일본 당국은 그들이 지나는 지역마다 대대적으로 환영 인파를 동원하여 행사를 벌였는데, 그 외에도 각 지역민들이 자발적으로 길을 메우다시피 쏟아져 나와서 인질로 끌려온 장난감 병정처럼 작고 귀여운 대한제국의 황태자와 수행원 일행을 구경하면서 몹시 신기해하고 매우 즐거워했다.

사실 인질 일행의 모습은 꽤나 볼 만했다. 인질의 신분이 '대한제국 황태자' 라서 우선 듣기에 귀가 호사스럽고, 그 장난감 병정같이 귀엽고 깜찍한 군복 차림은 보는 눈을 즐겁게 했다. 일본 역사상 외국의 황제나 황태자가 온 것은 1891년 러시아 황태자가 해외 여행 중 잠깐 들렀던 것이 유일했다. 그런데 지금 한국의 황태자가 인질로 끌려온 것이다.

그것만으로도 이미 말할 수 없이 호사스러운 구경거리였는데, 일본 정계 최고의 거물이자 대원로인 이등박문 공작이 몸소 인질을 데리고 수도로 상경하고 있다는 사실도 엄청난 화제와 큰 구경거리였다. 머리와 수염이 허연 노정객 이등박문 공작은 우정 그들의 눈앞에서 보란 듯이 어린 한국 황태자를 극도로 공손하고 정성스럽게 모시는 자세를 취함으로써 인질 일행의 모습을 매우 인상적으로 부각시켰다. 그래서 구경하는 일본 백성들의 즐거움과 신명은 더욱 크게 부풀어 올랐다.

그뿐인가! 인질인 어린 황태자의 말벗이 되고 공부벗이 되도록 딸려 보낸 조그만 어린아이들 네 명의 모습이라니! 모두 너무나 신기하고 흥미진진했다. 전설로만 듣던 삼백 년 전 옛날에 저 유명한 덕천가강 장군이 어린 나이에 다른 영주에게 인질로 끌려갈 때 벗이 되도록 함께 동행했다는 어린 소년들의 고사故事가 절로 떠올랐다. 그래서 환호성을 질러 대는 구경꾼들 사이에서, 너무도 어린 그들이 바다 건너 멀리 말도 안 통하는 외국으로 인질살이를 하러 온 모습이 너무 가엾다고 눈물 지은 사람도 꽤 많았다고 한다.

물론 그 밖에도 구경거리는 더 있었다. 앞으로 일본에서 황태자를 모시고 살면서 시중을 들 거라는 동궁대부와 동궁무관장과 같은 대한제국의 관리들, 그리고 어린 황태자를 일본까지 모셔다 놓은 뒤에 도로 한국으로 돌아갈 거라는 이윤용, 송병준 등 대한제국 대신들의 각종 훈장들을 주렁주렁 단 프록코트와 실크모자로 예복 정장을 차린 모습들, 모두들 정말 볼 만했다.

하관에서 기차로 상경길에 오른 일행이 12월 11일 낮에 일본의 옛 수도인 경도역京都驛에 도착했을 때는 이천 명에 달하는 각급 학교 학생들과 함께 수많은 군중들이 역까지 출영 나와서 대대적인 환영식을 거행했다. 실로 볼수록 대단하고 떠들썩한 구경거리였다. 이들 일행이 동경을 향해 올라가고 있던 동해도東海道 연선에서만 이들에 관한 이야기가 화제였던 것이 아니다. 당시의 풍경을 전하는 일본인들의 기록에 따르면, "'대한제국의 황태자를 일본에 데려왔다' 는 소문은 일본 전국 각지의 궁벽한 촌락 구석구석에 이르도록 널리 퍼져서 집집마다 그 이야기가 그칠 줄을 몰랐다"고 한다.

1907년 12월 15일.

대한제국 황태자와 이등박문 공작과 수행원 일행을 태운 기차가 드디어 동경의 신교역新橋驛에 닿았다. 서울을 떠난 지 꼭 열흘 만이었다. 불과 한 달 반 전에 일본 황태자 가인친왕이 동경을 출발하여 한국의 서울에 도착할 때까지 엿새가 걸렸는데, 한국 황태자 이은이 서울에서 동경까지 가는 데 열흘이나 걸린 이유는 무엇인가. 두 사람 똑같이 대중교통 수단은 전혀 이용하지 않고 특별열차와 특별군함만을 이용했음을 생각하면 교통수단의 우열 때문이라고는 할 수 없고, 이은의 경우에는 각지에서 벌어진 환영 행사에 참여해서 일본 백성들에게 얼굴을 보여 줘야 해서 시간이 지체된 것으로 보인다.

이은이 동경에 도착하여 하차한 신교역의 풍경도 일본 사회에서 두고두고 화제가 되었다. 도착한 사람들도 그랬지만 마중 나온 사람들의 신분 역시 대단했던 것이다. 위로는 일본 황태자 가인친왕(뒷날의 대정천황)을 비롯하여 각 궁가宮家의 황족들과 귀족들 및 정계와 군부와 재계를 비롯한 각계각층의 명사들이 모두 가족 동반으로 한껏 좋은 옷을 떨쳐입고 나왔다. 그래서 구경 나온 수많은 일반 시민들을 제외하고도, 정거장에 모인 각계 명사들과 귀부인의 수효만 해도 천여 명에 이르렀다. "이것은 동경이 생긴 이래 처음인 대성황이다!" 하는 감탄이 그들의 입에서 절로 튀어나왔다.

사람들이 목을 길게 빼어 바라보는데 기차가 역 구내에 들어와서 멈추어 섰다. 이윽고 대한제국의 황태자 이은이 그 조그만 모습을 드러내었다. 이은은 이등박문의 손을 잡고 기차에서 내려 플랫폼에 섰다. 대한제국 육군 보병 참위의 황실 근위대 장교 예복을 차려입고, 대한제국 황실의 최고 훈장인 '이화대수장李花大綬章'과 함께 일본 황실의 일급 훈장인 '훈일등욱일동화대수장勳一等旭日桐花大綬章'을 가슴에 찬 차림이었다. 지난 10월 중순에 한국을 방문한 일본 황태자 가인친왕이 서울에서 이은에게 전한 바로 그 훈장이었다.

"아! 저 아이구나!"

사람들은 누가 가르쳐 주지 않아도, 어린 대한제국 황태자 이은을 즉각 알아보았다. 그날 기차가 멎은 신교역 플랫폼에 있던 상류층의 환영객들은 아무래도 당대 일본 최고 계층의 인물들이라 좀 더 세상 돌아가는 상황을 정확하고 예민하게 파악하고 있어서였던가. 이은을 처음 보았을 때의 반응이 지금까지 거쳐 온 다른 지방들과 달랐다. 당시의 일본 기록은, 이은이 플랫폼에 모습을 드러낸 순간에 "일순 장내는 아무 소리도 들리지 않게 조용해졌고, 그 어린 나이에 부모 슬하를 떠나서 먼 이방에 온 어린아이의 마음을 생각하고 눈물을 흘리는 여인들이 보였다"고 전한다.

곧 역전에 미리 마련해 둔 환영식장에서 환영 행사가 벌어졌는데 규모가 대단했다. 예포 20발이 일비곡日比谷 공원에서 발사되고, 일본 황실의 근위 군악대가 봉영奉迎 음악을 연주했다. 황실을 경호하는 근위병들은 연도에 정렬하여 경호했다. 당시 일본 신문들의 보도에 따르면 이은이 환영식장에 모습을 드러내자, 거리를 온통 메울 지경으로 몰려나와 기다리던 일반 대중들은 일시에 "천지를 진동시키도록" 커다란 함성을 올렸다고 한다. 뒷날 이은의 아내가 된 일본 황족 가문의 여인 방자方子는 자서전에서 이때의 일에 관해서 다음과 같이 기록했다.

바로 이해 12월, 조선의 이은 황태자가 일본으로 오셨다. 일본 황족들은 황태자의 마중을 위해 모두 신교역까지 환영을 나갔다. 우리 부모들도 나갔다. 후에 어머님은 "참 의젓하고 귀여운 소년이었다"고 회상하셨다.

대대적인 '환영 행사'가 끝나자 이은 일행은 마차에 올랐다. 마차는 이은의 임시 거처로 정해진 일본 황실의 별궁인 지이궁芝離宮을 향해 경쾌하게 나아갔다. 이날 그들이 지나가는 거리마다 인도를 메운 수만 명의 군중들이 인질로 온 대한제국의 어린 황태자를 보려고 서로 밀쳐 대어 동경 하늘에는 먼지가 마구 피어올랐다.

황태자 이은 일행이 동경에 도착한 다음날인 12월 16일, 이등박문은 궁성에 들어가서 명치천황을 배알했다.

"폐하! 한국 황태자 이은 전하가 어제 무사히 입경하였나이다. 어린 나이에 긴 여로에 시달린지라 많이 지쳐 있사옵니다. 푹 쉬어 노독을 씻고 피로가 풀린 다음에 입궐하여 폐하께 알현하도록 준비하겠사옵니다."

"좋소! 잘하셨소. 이등 공작!"

명치천황은 그간의 경과를 보고하는 공작 이등박문에게 치사를 아끼지 않았다.

"한국 황태자를 일본으로 데려오는 계획은 참으로 시의적절한 묘책이었소! 이등 공작이 아니었다면, 그 누가 있어 이처럼 큰일을 이리 훌륭하게 성취해 낼 수 있으리오!"

명치천황의 얼굴에서 흐뭇한 웃음이 떠나지 않았다.

일본에 인질로 끌려온 대한제국의 황태자 이은…….

당시 그의 존재는 일본 황실과 정부, 즉 다시 말해서, 일본 통치자와 정객들이 일본 국민들에게 선사한 최대의 선물이자 위문품이었다.

일본이 해외 침략 전쟁에 나선 뒤로 그때까지, 일본 국민들은 수많은 고통을 겪었고 수많은 상처를 입었다. 청일전쟁과 러일전쟁에서 승리했다고는 하지만, 국민들 개개인의 입장에서는 치유하기 어려운 상처와 고통과 슬픔이 많았다. 집집마다 전쟁에 나가서 죽은 가족이나 다쳐서 불구자가 되어 돌아온 가족이 없는 집이 없었다. 또 전쟁 상황에 몰려 턱없이 오른 물가고로 엄청난 고생들을 했고, 사회 전체가 전시 체제로 움직이는 동안 입은 사회문화 분야의 손실도 막대했다.

그럼에도 국민들이 보기에 일본이 그 막대한 희생을 치르고 얻은 승전의 대가는 너무나 빈약했다. 십여 년 전의 '일청전쟁' 때에는 일껏 차지한 중국의 요동반도를 삼국간섭으로 되빼앗기는 굴욕을 겪었고, 이 년에 걸쳐 싸운 '일러전쟁'에서는 엄청난 희생 끝에 승리했음에도 불구하고 러시아와 맺은 강화조건이 너무도 빈약해서 승전 자체가 의심스러울 정도였다. 희생과 고통은 엄청났음에도 불구하고 대가가 너무나 시원찮았다.

그러자 국가 지도층을 향한 국민적인 저항이 일어났다. 재작년에 '일러강화조약' 조인에 즈음해서 수도 동경에서 대규모의 '강화 반대 국민대회'가 열렸고, 분노에 찬 시민들은 끝내 대규모 폭동을 일으켰다. 동경 시내에 있는 경찰서 15개소 중에서 13개소를 습격하여 불태워 버렸고, 141개소의 파출소를 파괴했으며, 내무대신의 관저와 정부 측 신문사를 습격하여 파괴했다.

폭도로 변한 시민들은 일본 정계를 대표하는 이등박문에 대해서 특히 격분을 드러냈다. 그들이 격노의 표시로 이등박문의 동상을 끌어내려 길바닥으로 끌고 다닌 바람에 동상의 코가 짓뭉개져서 망가졌다. 일본 정부는 경찰력만으로는 폭동에 대처하지 못해 계엄령을 선포하고 군대를 동원하여 겨우 진압할 수 있었다. 폭동은 진압되었지만, 그토록 거칠게 팽창하고 폭발한 불평과 불만과 분노는 그대로 수면 아래로 잠복했다. 그리하여 일본 사회 전반에 걸쳐서 계속 호시탐탐 그 불길한 반항의 머리를 다시 쳐들려고 노리고 있는 처지였다.

이런 상황과 정세 아래서, "일본은 대한제국을 '보호국'이라는 이름 아래 사실상의 식민지인 속국으로 만들었다. 이제 대한제국으로 하여금 결단코 딴 생각을 품지 못하도록 그 종속 관계를 확실하게 굳히기 위해서 대한제국의 통감인 이등박문 공작이 직접 나서 대한제국의 어린 황태자를 인질로 끌고 왔다"라는 소식은, 일본의 국민들과 사회 전반에 깔려 있는 불온하고 침체된 분위기를 단숨에 일신시킬 수 있는 위력을 가진 더 이상 바랄 나위 없는 호재였다. 그래서 명치천황으로서는 이번 일과 관련된 이등박문의 업적과 노고를 거듭거듭 칭송하는 것 자체가 더할 나위 없는 기쁨이었다.

"과분하온 말씀을 내리시어 너무도 황공하옵니다! 폐하!"

명치천황의 치사를 이등박문도 환한 얼굴로 받았다.

"하온데, 일은 이제부터이옵니다. 앞으로 한국 황태자 이은 전하의 교육을 우리 일본의 국익에 도움이 되는 방향으로 잘 해내느냐 못 해내느냐, 그에 따라 이번 일의 최종 성공 여부가 결정될 것이옵니다."

"옳은 이야기요!"

이등박문이 한국 황태자 이은의 교육 방침에 대해 그간 생각해 둔 복안을 상세하게 보고하자 명치천황은 크게 만족스러워했다. 그리고 '주효료酒肴料'라는 명목으로 거금 천 원을 하사했다. 주효료란 술과 안주 대금이란 뜻이니, 노고에 대해 위로주를 내린다는 뜻이 된다.

동경에 도착한 지 사흘 만인 12월 18일, 이등박문은 그간 쉬면서 여독을 푼 대한제국 황태자 이은을 데리고 궁성으로 가서 처음으로 명치천황을 만나게 했다. 이등박문 공작과 암창구정 공작과 황태자 이은의 동궁대부인 고희경, 그 세 사람이 이은이 탄 마차에 함께 배승하여 모시고 갔다. 이날, 명치천황은 전례 없이 접견실인 봉황간의 입구까지 몸소 마중 나와 이은을 맞았는데, "그것은 이례異例 중의 이례였다"고 일본인들이 저술한 《영친왕 이은전》에 기록되어 있다. 이은을 인질로 끌어온 일에 대해 명치천황이 느낀 기쁨의 크기를 짐작하게 한다.

이날 이은은 본국에서 가지고 온 옥피리, 호피, 도자기 화병들, 노랑담비의 모피, 청자 물병, 술잔 한 벌, 표범가죽, 도자기 꽃병, 청자 향합, 청자 대접 등의 선물을 명치천황과 황후와 황태자와 황태자비에게 증정했다. 그날 궁성에서 베푼 오찬에 이은의 수행원들은 물론 일본 황족들도 대거 배석했다.

이틀 뒤인 12월 20일, 명치천황과 황후 내외는 '답방'이란 명목으로 몸소 지이궁으로 가서 이은을 만났다.

"자, 받으라. 이것은 내가 아끼는 시계다. 그대에게 주고 싶구나!"

이날 명치천황은 차고 있던 금시계를 풀어 이은에게 선사했고, 몸소 이은이 사용하는 침실과 거실을 일일이 살펴본 뒤 모시고 있는 자들에게 이은의 식사를 마련하는 일에 대해서도 세심한 주의를 주었다.

명치천황은 본래 그 성품이 무뚝뚝하다고 소문난 인물이다. 그러나 국익을 위해서는 그 성품도 눌렀다. 이은이 일본의 국익을 위해 극히 중요한 기능과 역할을 하는 존재였기에 이은에게는 아주 살갑고 다정하게 대했다.

"쓸쓸하거나 심심할 때는 언제든 내게 놀러 오너라. 알겠느냐?"

명치천황이 자주 그런 소리도 해서, 이은은 일본에 간 초기에 툭하면 궁성으로 가서 명치천황이나 황후와 함께 시간을 보냈다. 이은만 궁성으로 명치천황 내외를 찾아간 것이 아니다. 명치천황 내외도 때때로 이은의 거처를 찾아와 같이 시간을 보내기도 했다.

그런 일은 평소 아이라면 자기 자식조차 만나기를 싫어하던 명치천황으로서는 아주 희귀한 일이었다. 본래 일본 황실에는 천황의 아이가 태어나면 잘 기를 수 있는 신하의 집에 보내서 몇 년 동안 키운 뒤에 황궁으로 데려오는 전통이 있었다. 그래서 생모가 후궁이었던 명치천황도 1852년에 외할아버지인 권대납언權大納言(태정관의 차관급 정도의 직책) 중산충능中山忠能의 집에 마련된 산실에서 태어나 그 집에서 만 네 살이 될 때까지 자란 뒤에 황궁으로 들어가서 살기 시작했다. 그러나 입궁 전에도 아버지인 효명천황孝明天皇이 아들을 자주 보고 싶어 했기에 그럴 때마다 황궁에 불려 들어가서 아버지를 만나고 외가로 돌아오고는 했다고 한다.

그러나 명치천황 자신은 그런 면에서 자신의 부친과 전혀 달랐다. 신하의 집에 맡겨 키우는 자녀들이 오랜만에 궁에 들어와도 알현을 거절하여 얼굴조차 대면하지 않은 채 그대로 내보내는 일이 흔했다. 딸의 경우에는 더 심해서, 딸들이 성년이 가까워질 때까지 궁 안에 들이지도 않고 만나보지도 않는 채로 지나기 일쑤였다. 그나마 어쩌다가 잠깐 만나도 냉담하기 짝이 없었다. 그래서 명치천황의 일곱째 딸 방자房子는 "아버지 명치천황이 웃는 모습을 처음으로 본 것은 자신이 결혼하여 애를 낳은 뒤 어린 자식을 데리고 입궐하여 그 애가 천황 앞에서 장난을 쳤을 때였다"라고 회상하는 글을 남겼을 정도였다. 명치천황이 그런 면모는 본래 타고난 성품 탓이 큰 것으로 보인다. 그의 성품의 특이함을 매우 기이하고도 인상적으로 보여 주는 어린 시절의 일화가 있다.

이해(1856) 3월, 아직 네 살도 되지 않은 황자(명치천황)는 벌써부터 고집을 부리

⬆ **명치천황.** 일본 근대사상 가장 위대한 성군이라고 추앙받는 명치천황은 본래 그 성품이 무뚝뚝하다고 소문난 인물이다. 그러나 국익을 위해서는 그 성품도 눌렀다. 이은이 일본의 국익을 위해 극히 중요한 기능과 역할을 하는 존재였기에 이은에게는 아주 살갑고 다정하게 대했다.

기 시작했다. 준비된 가마를 타는 것을 싫어했다. 그 바람에 유모가 안고 걷는 수밖에 없었다. 게다가 황자는 백성들이 자신을 바라보는 것을 몹시 싫어했다. 그래서 중산충능(외할아버지)의 저택에서 궁궐까지 길에 일반인들이 지나지 못하도록 막이 쳐졌다. 이 막이 호기심 어린 눈으로부터 황자를 지켜주었을지는 모르지만, 그 바람에 사람들은 길을 돌아갈 수밖에 없었다. 그러한 불편을 잘 알고 있으면서도 황자가 입궐할 때면 어김없이 막이 쳐지곤 했다(《명치천황》 상권, 도널드 킨, 다락원).

미처 네 살도 되지 않은 어린아이가 그처럼 사람들의 눈을 의식하는 것도 흔치 않은 일인데, 게다가 그걸 너무도 싫어하여 모시는 자들이 그가 지나는 길에 막을 쳐서 가리고 그 막 안으로만 다녀야 했다니 참으로 희한한 일이었다고 아니할 수 없다. 동서 구별도 제대로 못할 나이에 벌써 그토록 강렬한 사람 혐오증이 있었기에, 뒷날 자신의 친자식이나 친손주를 만나는 것조차 별로 달가워하지 않았던 모양이다.

그런데 희한한 것은 그토록 별난 성품의 명치천황이 이은에게만은 전혀 다르게 행동했다는 점이다. 이은에게는 시간과 물건을 아끼지 않았다.

이은은 나이로 보면 명치천황의 손자뻘이다. 그런데 당시 이은과 비슷한 나이인 일본 황태손 유인친왕(뒷날의 소화천황)이 조부인 명치천황을 만난 횟수와 이은이 명치천황을 만난 횟수를 비교해 보면, 정말 대단한 차이가 있다. 《명치천황기》에 따르면, 이은이 일본에 간 1907년 12월부터 명치천황이 사망한 1912년 7월에 이르기까지 5년 동안에 명치천황이 이은을 만난 것은 '25회' 였다고 기록되어 있다. 반면에 같은 기간 동안에 그가 친손자인 황태손 유인친왕을 만난 횟수는 단지 '2회' 였다고 기록되어 있다.

명치천황이 왜 이은에게 그토록 마음을 썼을까? 그 이유는 여러 가지로 생각해 볼 수 있다.

첫째, 그는 격동하는 시대의 광풍 속에서 권력을 쥐려는 자들에게 둘러싸여 인형처럼 조종당하던 자신의 어린 시절을 생각하고 이은을 동정했을 수 있다. 그가 미처 철이 들기도 전에, 일본은 실질적인 의미에서 국체國體가 바뀌는 격동기에 들어섰다. 삼백 년 가까이 정권을 독점하고 강력하게 일본을 통치한 덕천막부와 막부를 지지하는 세력인 막부파, 그리고 덕천막부를 쓰러뜨리고 정권을 쟁취하려는 토막파……. 일본 전체가 그렇게 둘로 나뉘어져 격렬한 내란 상태에 빠졌었다.

그런 와중에 확고한 막부 지지파이던 아버지 효명천황이 1866년 12월에 갑자기 사망했기 때문에 그는 열네 살 어린 나이로 황위에 올랐다. 당시 토막파가 효명천황을 독살한 것이라는 소문이 온 나라에 파다했다. 뒷날 이등박문을 죽인 안중근 의사가 재판 과정에서 그 이야기를 거론했을 정도로 국내외로 널리 퍼졌던 소문이다. 그가 부친의 뒤를 이어 천황의 위에 오르자, 토막파에서는 불경스럽게도 어린 천황인 그를 '옥玉'이란 은어로 부르면서 '옥'을 그들의 손안에 확보해 놓고는, 자신들의 뜻에 맞추어 어린 천황을 맘껏 이용했다. 그들은 각지의 영주들에게 "막부를 토벌하라!"는 명치천황의 이름으로 된 칙명을 내려서 막부를 몰아붙이고 막부 지지파를 '조정의 적賊'으로 모는 등, 덕천막부 토벌에 멋대로 어린 천황의 존재와 이름을 최대한 이용했고 결국 덕천막부는 무너졌다.

황위에 오른 뒤 명치천황은 자신의 부친을 독살했다는 의혹을 받는 사람들에게 연금되다시피 지내는 상태에서 그들이 시키는 대로 행동하면서 그 격동의 세월을 지냈다. 그러니 열 살에 인질이 되어 끌려온 이웃 나라의 어린 황태자 이은을 보면서 자신의 어린 시절을 보는 듯한 연민을 느꼈을 수 있다.

둘째, 이은이 일본에서 인질생활에 적응하지 못하여 중병에 걸리거나 죽기라도 한다면 치명적인 낭패가 된다. 국제 사회에서 일본에 대한 여론이 매우 나빠질 것은 물론이요, 대한제국 황실과 국민들의 강력한 반발과 저항을 불러일으키게 된다. 그렇잖아도 대한제국에서는 황태자 이은이 이등박문과 출국한 바로 다음날인 1907년 12월 6일에 일본에 저항하는 의병 6천 6백여 명이 양주에 집결, 13도 의병대를 결성하여 의병대장으로 이인영李麟榮, 군사장軍師長으로 허위許蔿를 추대하는 등 항일투쟁이 가일층 조직적으로 확산되고 있는 터였다. 그러니만큼 어린 한국 황태자 이은이 낯선 외국 땅에서 인질살이에 빠르게 적응하고 잘 견디어 내도록 배려하고 돕는 것은 곧 일본의 국익에 직결되는 일로서, 문자 그대로 '막중한 국사國事'에 속했던 것이다.

한편 어린 황태자 이은을 먼 이역 땅에 보내고 분노와 슬픔과 근심에 찬 대한제국 황실에서는 출국한 이은의 안부를 알기 위해서 갖은 애를 다 태웠다. 이은이 떠난 지 5일 만인 12월 10일에 전직 시종과 일본 유학생 출신인 인사들로 이루어진 제1차 문안사절단을 출발시키고, 9일 뒤인 12월 14일에는 이은의 보모保母상궁을 포함시킨 제2차 문안사절단을 출발시켜서 이은의 뒤를 따라가게 하는 등 연신 사람을 뒤쫓아 보내면서 이은의 안위를 계속 확인했다. 고뇌와 분노와 슬픔에 찬 문안사절단의 행차였다.

이등박문의 유명한 저택, 창랑각

명치천황이 부부동반으로 지이궁에 찾아와서 어린 인질 이은을 살펴보고 차고 있던 금시계까지 풀어서 선사하고 간 날로부터 이틀 뒤인 1907년 12월 22일, 통감 이등박문 공작은 이은을 데리고 자신의 별장이 있는 대기大磯로 내려갔다.

"황태자 전하! 대기에는 외신이 아주 좋아하는 별장인 창랑각이 있습니다. 경치도 매우 좋고 공기도 매우 좋습니다. 외신과 함께 거기 가셔서 여독을 모두 푸신 뒤에, 다시 동경으로 올라가십시다!"

대기는 동경 아래쪽 상모만相模灣 바닷가에 자리 잡은 고급 별장 마을로, 현재 지명은 '신내천현 중군 대기정神奈川縣 中郡 大磯町'이다. 이곳은 이등박문의 생애에서 아주 의미가 깊은 고장이다. 일본사에 등장할 정도로 유명한 그의 별장 창랑각이 현재까지 남아 있을 뿐만 아니라, 그가 대한제국 초대 통감이었음을 기념하여 도로에다 통감이란 단어를 붙인 '통감도統監道'라는 길까지 있다. 그리고 1907년 12월 22일에 이등박문이 일본에 도착한 지 7일이 된 어린 인질 이은을 그곳에 처음 데려간 이래, 이은의 생애에서도 두고두고 인연이 깊은 고장이 되었다.

일본의 옛 서울인 경도에서 국철 동해도 본선 기차를 타고 동경을 향해 올라가노라면 대기가 나오는데, 거기서 71킬로미터를 더 올라가면 동경이다. 대기는 본래 한국인들과 인연이 깊은 땅이었다. 고구려가 망하자 귀족인 약광若光이 일본에 건너와서 이곳에 자리 잡고 살았다고 한다. 그래서 그 일대에 고려산高麗山, 고려사高麗寺 등 '고려' 자가 붙은 유적들이 많다. 일본인들은 1867년에 고려사를 폐사시켰다가, 1897년에 용도를 신사로 바꾸고 이름에서도 고려라는 글자를 뺀 '고래신사高來神社'로 다시 문을 열게 허락했는데, 이 신사에서는 아직도 약광을 제사 지내고 있다.

근세에 들어와서, 대기는 동해도의 숙장宿場(여관촌)이 설치되어 있는 곳의 하나로 일본 지도에 그 지명이 올라갔다. 동해도는 일본에서 가장 중요하고 규모가 큰 국도다. 덕천막부가 강호江戶(지금의 동경)에 자리 잡은 뒤 1601년에 확정한 전국적 도로망인 세칭 '5가도五街道', 곧 강호를 기점으로 전국을 연결하는 5대 주요 기간 도로 중에서도 가장 큰 길이 동해도였다. 동해도는 당시 천황이 거주하는 수도인 경도와 일본의 실질적인 통치자이던 막부의 장군이 거주하는 강호성을 직결하는 대로였다. 도로 폭은 산길을 제외하고는 보통 4간(7.2미터), 넓게는 7간(12.6미터)으로, 전 가도에 1리(4킬로미터)마다 도로 표지인 일리총一里塚을 설치했다. 일리총은 도로 양쪽에 가로 세로 약 5간(약 9미터)의 넓이로 쌓아 올린 흙무더기로, 그 중앙에 팽나무를 심어 멀리서도 정확하게 거리를 알아볼 수 있게 만들었다. 또 2~3리마다 둔 역참에는 무사들이 묵는 본진과 협본진이 설치되어 영주들의 참근 교대나 공무 출장자들의 편의에 제공되었고, 말과 서민들이 묵는 숙박시설도 있었다. 강호성에서 18리(한국 이수로는 1백80리)가량 떨어진 해변 마을인 대기에도 그런 역참과

숙박시설이 설치되어 있었다.

1887년 일본 정부에서 동해도를 따라 부설한 철도가 개통될 때 대기에도 기차역이 세워졌다. 철도 개통으로 교통이 편해지자, 대기에는 황족들과 정계 유력 인사들과 재벌들의 별장이 대거 들어섰다. 그리하여 대기는 특권층의 고급 별장지로 이름을 떨치면서 한동안 일본 정계 막후 정치의 주요 거점이 되었다. 1890년에 이곳 해변에 전국에서 처음으로 해수욕장이 개장되었기에 '일본에서 가장 오래된 해수욕장' 이란 명성을 지니게 되었고 요즘도 여름이면 해수욕객들로 붐빈다고 한다.

이등박문이 대기로 옮겨 온 것은 1896년 5월이었다. 그는 본래 대기 아래쪽에 있는 휴양지 소전원小田原에 있던 별장 '창랑각滄浪閣' 을 대기로 옮겨다 짓고 이사하면서 호적의 본적지까지 대기로 옮겼다고 한다. 창랑각은 서양식 건물로 5천 5백 평에 이르는 넓은 대지에 자리 잡고 있다. 본래 본저를 가리켜서 창랑각이라고 불렀지만, 크게 말할 때는 본저는 물론 부속건물인 사현당四賢堂과 식물을 키우는 온실, 북당 등 구내 건물들 전체를 통틀어서 창랑각이라고 일컬었다. 그런데 창랑각이라는 저택의 이름에 내력이 있다. 이등박문이 그 집의 이름을 '창랑滄浪' 이라고 지을 때, 중국 전국 시대의 시인인 굴원屈原의 《초사楚辭》에 나오는 "창랑의 물이 맑으면 갓끈을 씻고, 창랑의 물이 흐리면 발을 씻겠노라"는 문장에서 땄다는 것이다.

이등박문은 《초사》의 그 구절을 얼마나 좋아했던지 몸소 그걸 패러디한 노래를 평생토록 즐겨 불렀다는데 그 모습이 희한하다. 그는 말술을 즐기는 호색한으로 늘 기생집을 제집처럼 드나들었다. 그런데 술집에서 연회를 벌이다가 술이 얼큰하게 취하면 그 자리에서 제일 마음에 드는 기생을 하나 남기고 다른 기생들은 모두 방에서 쫓아낸 다음에 그 기생의 무릎을 베고 누워서 자신이 지은 노래를 소리 높여 불렀다. 노래 가사는 "술에 취해 흐려진 내 머리는 미인의 무릎을 베고 누워서 놀고, 술이 깨어 맑아진 내 머리는 나라를 다스릴 길을 궁리하도다"라는 것이다. 그런 노래 가사는 그가 《초사》를 좋아하는 것 못지않게 강하게 지니고 있던 '나라를 다스릴 길을 궁리' 하는 자기 자신에 대한 자부심을 드러낸다. 자부심의 질량을 가지고 따진다면, 그는 나라를 다스리는 일에서는 '신하' 가 아니라 '통치자' 이고도 남았다.

창랑각이 일본 역사에 등장하는 유명한 건물이 된 까닭은 이등박문이 그 건물에서 동지들과 일본 헌법의 초안을 만들었기 때문이다. 그래서 '창랑각은 일본 헌법의 산실' 이라고 불렸다. 물론 이등박문이 헌법을 만들 때는 창랑각이 대기가 아니라 소전원에 있던 시절이었다. 그처럼 역사적 의미가 큰 건물이기에 이등박문도 창랑각에 크나큰 애착과 자긍심을 가졌다. 그래서 자신의 호를 '창랑각 주인' 이라고 짓는가 하면, 창랑각의 현판 글씨를 청나라의 유명한 정치가 이홍장에게 부탁하여 받을 정도였고, 대기로 이사할 때는 그대로 뜯어다가 옮겨 지은 것이다.

이등박문과 창랑각이 대기로 옮겨 온 뒤인 1905년 11월 17일에, 일본제국은 한국에 통감정치를 실시하고 외교권을 박탈하는 것을 골자로 하는 '을사늑약' 을 체결했다. 그리고 12월 20일자로 통감부와 이사청 관제를 공포하고는, 12월 21일자로 이등박문을 초대 한국 통감에 임명했다. 그리고는 기민하게 이등박문의 별장이 있는 대기 중심부의 큰 거리 이름을 '통감도' 로 명명함으로써, 그가 대한제국에 일본의 통치 조직인 통감부를 설치하기에 이르기까지 쏟은 노력과 그 성취를 기렸다. 참으로 탄식을 금할 수 없는 소인배들의 작태였다고 아니할 수가 없다.

건축사학자인 김정동 교수의 《일본을 걷는다》에는 대기와 창랑각을 답사

↑ **창랑각과 만년의 이등박문.** 대기는 이등박문의 생애에서 아주 의미가 깊은 곳이다. 일본사에 등장할 정도로 유명한 그의 별장 창랑각이 현재까지 남아 있을 뿐만 아니라, 그가 대한제국 초대 통감이었음을 기념하여 통감이란 단어를 붙인 통감도라는 길까지 있다. 그리고 1907년 12월 22일에 이등박문이 일본에 도착한 지 7일이 된 어린 인질 이은을 그곳에 처음 데려갔다. 그 뒤 이은에게 창랑각을 선사했기 때문에 이은의 생애에서도 두고두고 인연이 깊은 곳이 되었다.

한 기록이 그 고장의 역사적 유래와 함께 기록되어 있다. 그 책에서 김정동 교수는 대기大磯(오이소)에 가서 이등박문(이토 히로부미)의 자취를 답사하고 "오이소에 넘실대는 이토 히로부미의 망령 '통감도'라 부르는 길에서"라는 제목의 글에서 다음과 같이 기술했다.

> 국도 1호선을 따라 창랑각 길을 걸어가 보기로 하자. 역에서 택시로는 3분 거리이다(西小磯 85).
>
> 태평양 바닷가를 끼고 걷는 그 길은 일본 중장년 아주머니들에게 인기가 있다 한다. 남서쪽 해변가로 조금 가면 통감도가 나오고 창랑각이 보인다. 창랑각의 이름은 지금은 '오이소 창랑각 방케트 홀'의 별관이 되어 있다. 도로명은 옛 그대로 통감도이다.
>
> 이토의 본거지. 창랑각 앞에는 도리이鳥居의 디자인도 묘한 신사宇賀神社 하나가 이토를 지키는 듯 서 있었다. 이곳에 통감도라는 거리 이름이 붙여진 것은 이토와 그의 집과 연관이 있는 것이다. 1906년의 기록에 이미 통감도가 나타나니 이토 생전에 붙여진 이름이다. 그는 1909년에 죽었으니 한국 통감 취임을 기념해서 붙여진 것으로 보인다.
>
> 1904년 2월 한일의정서를 강요, 이것은 1905년의 소위 을사보호조약(제2차 한일협약)으로 이어졌다. 그 상징조직이 통감부였다. 그들의 대표 이토는 고종 배알권을 강요했고 "전쟁을 일으키는 일도 사양하지 않겠다"고 도요토미 히데요시豊臣秀吉 수법의 행패를 부렸던 것이다. 1910년에는 합병이란 애매한 말로 조선을 집어삼켰다. 이후 지금까지도 우리는 일본을 증오한다. 우리 역사상 단 한 번도 도움이 되지 않았던 나라였기 때문이다.
>
> 동남아시아에 가면 '킹스 로드'니 '퀸스 웨이'니 하는 도로가 있다. 식민지 시

대의 흔적이다. 그러나 이것은 식민지로 거느리던 도시에 해당하는 말이지 식민지를 거느리던 자국에 그런 도로를 두는 예는 거의 없다. 예를 들면 식민지 정복자의 이름이나 직위 같은 것을 자국 내에 두는 경우는 없다.

그러나 그런 시대착오적 사례가 지금 일본에 버젓이 남아 있는 것이다. 한때 화폐에 그의 사진이 박혀 있는 것조차 불쾌해했던 우리인데 지금도 그가 통감이란 직책으로 여기 서 있는 것이다. 백 번 양보해서 '이토 히로부미도伊藤博文道' 라면 할 말도 없다. 간섭하고 싶지도 않다. 그러나 통감도는 의미가 다르다(《일본을 걷는다》, 김정동, 한양출판).

오늘날까지 일본 동해도의 해변 마을 대기에 엄연히 존재하는 도로 이름 '통감도'……. 그것은 그 시대에 명치천황과 이등박문을 포함한 일본인들이 대한제국을 식민지로 만드는 첫 단계인 통감부 설치에 성공한 뒤에 얼마나 큰 환희와 보람을 느꼈는지를 여실히 증거한다. 그들의 죄악에 찬 기쁨은 오늘날까지 그 거리에 살아남아서 사악한 요령 소리같이 울리고 있다.

통감도, 통감도, 통감도…….

1905년 12월 21일에 한국 통감으로 임명된 이등박문은, 대한제국을 일본의 속국인 상태로까지 밀어붙여 간 자신의 역량과 그 성취에 대해 크나큰 자긍심을 느끼고 있었기에 자신의 직명職名인 '통감' 을 자신이 살고 있는 고장의 거리 이름에 붙이는 것을 사양하지 않았을 것이다.

그는 대한제국의 통감으로 취임한 지 이 년 만에 대한제국의 숨통을 결정적으로 조이기 위해서 새롭게 추진한 극약 처방인 '대한제국 황태자 인질 작전' 도 보란 듯이 성공했다. 그리고 이제 1907년 12월 22일, 자신이 직접 서울에서부터 끌고 온 대한제국 황태자 이은과 함께 '통감도' 가 있는 대기로 온 것이다.

그해 연말 소년 인질 이은은 창랑각에서 이등박문과 함께 남은 해를 보냈다. 그 이후 '창랑각'과 이은의 인연은 더욱 깊어졌다. 이등박문이 훗날 창랑각을 이은에게 선사했기 때문이다. 이등박문은 미래의 대한제국 통치자가 될 이은의 손에서 그의 나라를 강탈할 공작을 진행하고 있었기 때문에, 그 대가로 자신에게 가장 중요한 것을 먼저 선물했던 모양이다.

명치천황의 독 묻은 사랑

1908년 1월 1일. 새해 새 아침이 밝았다. 대한제국의 어린 황태자 이은은 난생 처음으로 이역 땅에서 홀로 새해를 맞았다.

“아바마마! 어마마마! 만수무강하오소서!”

이은은 아침 일찍 멀리 고국을 향하여 큰절을 올렸다.

1908년 1월 29일, 이등박문은 이은을 데리고 궁성에 들어가서 명치천황을 배알했다. 천황은 이은에게 격려하는 말을 건넸고, 이은을 모시고 입궐한 동궁대부 고희경과 배종무관장 조동윤에게도 이은을 잘 모시라고 당부했다.

그로부터 나흘 뒤인 2월 3일, 무뚝뚝하기로 소문난 명치천황이 자신의 사위들인 황족 네 명 곧 죽전궁 항구왕恒久王 · 북백천궁 성구왕成久王 · 조향궁 구언왕鳩彦王 · 동구이궁 임언왕稔彦王에게 새로운 칙명을 내렸다.

“사람이 타국에서 사는 것이 힘든 것은 우선 말이 통하지 않기 때문이다. 말이 통하지 않으면 벙어리와 다를 게 뭐가 있겠느냐. 사람은 말이 통해야 숨이 나가는 법이다. 그대들이 대한제국 황태자의 일본어 학습을 도와라. 매주 한 번씩 교대로 이은의 저택으로 가서 일본어로 이야기를 나누는 상대가 되

李王家御正門

어 주도록 하라!"

그간 유독 이은에게는 별스럽게 친절하고 각별한 애정을 보인 명치천황이 나아가서 '이은이 일본어를 빨리 익히도록 돕는 일' 에까지 자상하게 마음을 쓴 것이다. 그것은 실로 심모원려深謀遠慮에서 나온 계책이었다. 우선 일본 국민과 사회를 상대로 보란 듯이 어린 인질 이은이 일본 천황의 사위들인 고위 황족들과 가깝게 지내게 함으로써 그 위상을 한껏 높여 주어서 인질의 가치를 극대화하려는 것이고, 다음으로는 이은이 일본 고위 황족들과의 친밀한 유대 관계를 통해서 일본 사회에 보다 빠르고 쉽게 동화되도록 유도하려는 것이었다.

아무튼 당시 이은은 비록 신분은 인질이지만, 천황 부부까지 각별히 관심을 갖고 갖가지 선물을 자주 하사하면서 돌보는데다가 그의 일본어 학습을 돕는 일에 천황의 사위들인 황족 네 명이 모두 동원될 정도로 호사스러운 대우를 받고 지냈다. 명치천황 부부만이 아니다. 일본 정계 최고의 실력자인 이등박문도 이은에게는 아주 극진하고 공손하게 굴고 갖가지로 마음을 썼다. 이등박문은 일본에 오면 으레 이은과 함께 쌍두마차에 나란히 올라앉아 시내 구경을 하러 돌아다니고, 둘이서 사진을 찍어도 어린 이은은 의자에 앉히고 흰 수염 휘날리는 노인인 자신은 그 옆에 단정하게 시립한 자세를 취했다. 그래서 그런 포즈의 사진들이 오늘날까지 남아 있다. 명치천황 내외를 논외로 치고 말한다면, 외견상으로는 그 시기에 일본 전역에서 지위의 고하와 남녀의 구별과 연령의 노소를 막론하고 외국인 인질인 소년 이은처럼 극상의 대우를 받은 자는 없었다.

이런 환경 속에서 대한제국의 어린 황태자 이은은 일본 생활에 수월하게 적응해 갔다. 그래서 뒷날 이은의 인물됨과 생애를 잘 아는 사람들은, "대한제국 마지막 황태자 이은은 일본에 끌려간 이래 일본인들 중에서 꼭 세 사람을 전적으로 의지하고 믿고 따랐는데 곧 명치천황 부부와 이등박문이었다"고 증언했다.

이은이 동경에서 살 저택이 정해지던 과정을 보면 명확하게 증명되는 역사적 사실이 있다. 당시 대한제국 황태자 이은을 일본으로 끌고 간 인질작전은, 이등박문이 해아밀사사건을 빌미 삼아서 급박하게 일으킨 대한제국 황제 양위 소동의 와중에서 돌발적으로 계획되고 무척 촉박하게 추진되었다는 점이다.

이은이 처음 입주한 지이궁은 일본 황실의 별궁으로서 임시 거처였다. 이은이 살 집이 그때까지도 제대로 구비되지 않았기 때문이다. 그간 일본 궁내

↖ **조거판 저택.** 일본 궁내성은 천황의 명을 받아 조거판에 있는 좌좌목 후작의 저택을 매입해 대대적으로 개수했고, 1908년 2월 9일 이은과 그의 수행원들은 조거판 저택으로 이사했다. 이 저택은 대지 천여 평에 건평 이백여 평 되는 규모였다고 한다.

성은 천황의 명을 받아 이은이 살 집을 마련하고 있었다. 새로 저택을 지을 시간이 없어서, 조거판鳥居坂에 있는 좌좌목佐佐木 후작의 저택을 매입하여 대대적으로 개수하고 있는 중에 이은이 동경에 도착한 것이다.

좌좌목 후작의 저택은 대지 천여 평에 건평 이백여 평 되는 규모였는데, 개축하는 일에도 명치천황이 마음을 많이 썼다고 한다. 개축공사를 끝냈다는 보고를 받고는 "누군가 그 집에서 하룻밤 묵어 살기에 편한지 직접 확인해 보라"는 명을 다시 내리는 바람에, 용도계 담당 직원이 사흘 밤을 계속 묵으면서 이상 유무를 확인했다는 정도였다. 명치천황은 전혀 불편이 없도록 개축이 잘 되었다는 보고를 받은 뒤에야 이은 일행에게 새 저택으로 옮겨 가게 명했다. 그래서 지이궁에서 오십여 일을 지낸 뒤인 1908년 2월 9일, 이은과 그의 수행원들은 조거판 저택으로 이사했다.

이날 명치천황은 시종직 간사 암창구정을 시켜서 이은에게 시회문蒔繪文(금은가루로 칠기면에 그림을 그린 것) 벼루집과 가죽으로 만든 휴대용 필통을 보냈고, 황후는 자단나무로 만든 책장을 보냈으며, 황태자 가인친왕은 책상을 보냈다.

당시 명치천황이 어린 인질 이은을 매우 다정하게 대한 모습을 명확하게 증언하는 자료가 있다. 명치천황이 사망한 뒤인 1918년, 조선총독부 기관지인 《매일신보》에 "명치대제明治大帝의 어인애御仁愛"라는 제목으로 실린 다음과 같은 기사를 통해 당시의 실상을 잘 알 수 있다(국망 이후의 기사이기에, 이은을 황태자가 아니라 왕세자로 표기하고 있음).

■ 전하께 당하여 다시 없을 보물

■ 명치천황께서는 어떻게 친절히 전하를 사랑하옵셨나

■ 장중하신 폐하께서도 전하를 대하시면 대소하셨다

■ 다달히 하사하옵신 각종 물품

동경 조거판의 왕세자 저에는 여러 가지 진기한 물품이 감추어 있다. 이 진기한 물품이라 하는 것은 가액이 많은 보물이라는 의미가 아니오, 세자 전하께 당하여는 세상에 다시 얻으실 수 없이 귀중한 기념품이라.

그것은 전하가 명치 선제께 받으신 여러 가지의 완롱품과 일상용품과 장식품 수십 점인데, 이것을 사노라고 매월에 한 번씩 돌아다니던 사람은 작년 여름에 '이왕가 전범' 을 심의할 자료를 조사하러 경성에 왔던 궁내 서기관 율원광태栗原廣太 씨인데, 율원 서기관이 이 어려운 직책을 맡아 가지고 애를 쓰던 일은 지금도 한 이야깃거리가 되어 있다.

명치천황께서 "좋은 것을 보내어라" 하시는 전교가 내리면 물건을 선택하여 사 드리는 율원 서기관은 공구하여 "또 어떤 것을 사 드린단 말인가" 하고 황송히 지내었다는 말이라 (중략).

명치천황께서 위엄 높으신 체격으로 평시 기거하옵시는 전각 안 의자에 계셔서 비단보를 덮어놓은 탁상을 격하여 그때에 아직 어리신 세자 전하를 대하시면서 "그대는 장성하면 무엇을 하려나?" 하고 물으시면, 어여쁘게 풍우하신 체격에 조그만 '카키' 색의 군복을 입으시고 장난감과 같은 군도를 차신 세자 전하는 당교의에 두 다리는 공중에 뜨도록 깊이 들어 앉으셨던 몸을 활발히 솟치시며 "나는 군인이 되겠습니다." "어떤 군인이 되노?" "육군대장이 되겠습니다." "육군대장은 커다란 어른이 아니면 안되는데 그대는 그렇게 작은데 언제 커진단 말인가?" 하시면 "네. 나는," 하고 전하는 당교의에서 미끄러지는 듯이 양탄 바닥에 내려서시와 오른손을 머리 위로 높이 드시면서 "이렇게 커다라집니다." 이와 같이 천진난만하옵신 전하의 거동은 깊이 명치천황을 유쾌하시게 하여 명치천황께서는 전각 밖에까지 울리도록 크신 소리로 만족하게 웃으셨더라. 명치천황께서는 그와 같이 웅위 장중하시와 평생에 소리를 높이시와 웃으신 일은 가까이 모시고 있는 이들이 거의 들은 일이 없을 지경이건마는 세자 전하와 대면하옵실 때에는 실로 크신 음성으로 가가대소하옵심이 보통이셨다. 명치천황이 보시기에는 이같이 어리신 왕자께서 멀리 고국을 떠나 폐하의 연곡지하에 학업을 닦으심이 이미 기특하옵시고 귀여우신데, 더욱 이와 같이 천진난만으로 우스운 대답을 여쭙는 것이 극히 재미있으며 또한 진기하게 생각하옵신 듯하다. 그리하여 폐하께서는 비상히 전하를 사랑하시와 여러 가지 물품을 하사하옵심이라.

그 어하사품御下賜品을 사서 바치는 이는 앞에 말한 율원 서기관으로 그 전교가 다달이 계신 고로 서기관도 나중에는 별로 사서 바칠 만한 상당한 물품이 없게 되어, 하루는 이등 공작을 만나서 "폐하의 칙명이시지마는 다달이니까 성지에 만족하옵실 물품을 등대하기에 곤란합니다그려" 하였더니 이등 공작도 그 말을 들은 뒤에 참내하여 폐현하였을 때에 "여러 가지 물품을 하사하옵시는 것은 황감한 일이옵지마는 그와 같이 다달이 하사하옵시면 도리어 받는 이에게 해로웁지나 아니할까 합니다"고 상주한즉 폐하께서는 "그럴 리는 결단코 없지. 한국 태자는 매우 영리하니까 짐이 그렇게 한다고 결코 마음이 변할 리가 없으리니 경은 근심하지 말라" 하옵시고 역시 자주 자주 하사품이 있어서, 그것이 지금까지 조거판의 왕세자 저에 보물로 보존되어 있다(동경에서)(《매일신보》, 1918. 1. 10).

당시 어린 인질 이은의 마음을 붙잡아 일본에서 사는 일에 적응하도록 하기 위해 일본인들은 위로는 명치천황 내외로부터 아래로는 저택을 청소하는 하인에 이르기까지 모두 적극 합세하여 전력투구했음을 알 수 있다.

이로 보면, 당시 일본은 강포한 군사력과 포악한 횡포만으로써 대한제국을 삼켰던 것이 아니다. 대한제국 황태자 이은 인질작전의 단초를 열기 위하여 격노한 의병들이 항일무장투쟁을 벌이는 위험한 한국 땅에 심신이 허약한 일본 황태자를 투입하는 위태한 모험, 최고 통치자인 명치천황까지 동원된 어린 인질 따뜻하게 구슬리기, 일본 정계 최고 거물인 이등박문의 공손한 소년 인질 모시기 등 온갖 교묘하고 능소능대한 심리전 수법과 잔혹한 정치적 술수와 갖가지 심로를 모두 쏟아부은 엄청난 노력을 통해서 대한제국을 식민지로 만들어 갔던 것이다.

그러나 목적이 그러했기에, 명치천황이 이은에게 베푸는 온정과 배려에는 냉혹한 한계가 있었다. 양국의 관계와 상황의 변동에 따라 대우가 달라졌던 것이다. 일본이 대한제국을 삼키기 전까지, 곧 인질로서 이용 가치가 컸을 때에는 이은을 친자식보다 더 따뜻하고 친절하게 보살폈다. 그러나 일단 대한제국을 삼킨 뒤, 곧 인질로서 이용 가치가 떨어진 뒤에는 이은을 대하는 태도와 대우가 즉각 야박하고 각박하고 차갑게 변했다.

일본 유학…….

아무튼 인질로 끌어올 때 천하에 내세운 명분이 그랬던 만치, 기거할 처소가 확정된 뒤부터 이등박문의 구상에 따른 황태자 이은에 대한 교육이 시작되었다. 이은의 조거판 저택에 '어학문소御學問所'를 설치하여 각 과목별로 정해진 교수들이 와서 가르치기 시작했다.

명치천황은 이은이 동경에 처음 도착했을 때 그를 대하는 기준으로 "만사, 일본 황태자와 똑같이"라는 칙명을 내렸다. 따라서 어학문소의 교수진 구성에도 그 기준이 그대로 적용되었다. 그리하여 추밀원 고문관이자 이등박문의 만사위이기도 한 영국 케임브리지 대학 출신의 말송겸징末松謙澄 박사, 영목대졸鈴木大拙 박사, 앵정방기櫻井房記 박사 등 당대 최고 수준의 학자들로 교수진이 채워졌다.

"전하! 전하께선 한문 실력이 도저하오시니, 조금만 공부하셔도 곧 일본어에 숙달되오실 것이옵니다."

동궁대부 고희경의 통역으로 어학문소에서 수업을 시작하면서, 일본인 교수들은 하나같이 이은을 추키고 격려하는 말들을 건넸다.

"예……."

이은은 새가 지껄이는 듯 알아들을 수 없는 일본인 교수들의 말을 차근차근 통역해 주는 동궁대부 고희경의 입만 바라보았다. 마음 한가운데로 얼음덩이가 섞인 차가운 냇물이 흘렀다. 한국에서 함께 온 네 명의 공부 벗들 가운데 일본 아이인 증아만은 이내 돌아갔고, 수학원 시절 학우들인 엄주명, 조대호, 서병갑, 그렇게 한국 아이들 셋이 이은과 나란히 앉아서 일본인들이 가르치는 새로운 학문을 배우기 시작했다.

낙선재 뜰의 조약돌

늦겨울 오후의 말간 햇살이 비스듬히 비껴드는 일본식 거실, 방의 구조며 장식물이며 벽에 걸린 그림까지 모두 일본 고유의 것이다. 그 방 한가운데, 고희경은 그간 별러 온 속 깊은 이야기를 단 둘이 나눠 보려고 황태자 이은과 마주 앉았다.

난세에 약소국에 태어나 외국의 인질이 된 어린 황태자…….

외로움과 슬픔이 절절하게 배어 있는 이은의 조그맣고 둥근 얼굴을 바라보노라니, 고희경은 심장을 독이 발린 비수로 푹 찔린 듯 고통스럽다.

내, 이 작은 주군을 보호하는 데 온 심령과 정성을 모두 바치리라!

고희경은 이를 악물고 마음을 다잡는다.

"전하! 우리 속담에 '호랑이에게 물려 가도 정신만 차리면 산다' 는 말이 있습니다."

이은을 향해 고희경이 입을 열었다. 아주 간곡한 음성이다.

"전하! 바로 지금이 그러한 때, 호랑이에게 물려 있는 때이옵니다. 마음을 단단히 가지시옵소서! 전하께서는 대한제국의 황태자이시옵니다. 절대로 여기 일본인들에게 깔보이면 아니 되시옵니다."

"……알아요."

"어제 저녁의 목욕 시간을 어떻게 보내셨는지, 알고 있습니다. 이야기를 들었사옵니다."

"……"

"전하! 요즘 많이 힘드실 줄로 아옵니다. 전하! 그러나 사람은 역경을 거치면서 강하고 큰 사람으로 성장하는 것이옵니다. 그렇기에, 큰 역경 없이는 큰 성장도 없는 것이옵니다."

"……"

"우리 속담에 '젊었을 때 고생은 은을 주고 사서라도 하라'는 말이 있는 것도 그런 까닭이옵지요."

그렇듯 간곡하게 자꾸 다짐하면서도 고희경은 오히려 자신이 먼저 눈물을 쏟을 것 같아 견디기 어렵다.

조거판 어용저로 옮긴 다음부터 본격적으로 황태자 이은에게 일본식 교육이 베풀어지고 있다. 요즘 이은의 일상은 한국의 궁궐에서 살 때와 전혀 다르다. 우선 시중드는 사람들부터 구성이 다르다. 한국에서는 주위에 맨 여성들뿐이었다. 황태자궁에 속한 지밀상궁을 비롯한 궁중 여관女官들이 모든 기거범절은 물론 일거수일투족을 모두 챙겨 주고 극진히 떠받들어 주었다. 그러나 일본 동경의 조거판 어용저에서는 측근에 여관이라고는 전혀 없이 모든 시중을 중년 내지 노년 남자들이 들고 있다. 거주하는 건물도 모두 순일본식이라서 한국식의 온돌방이 없고, 겨울인데도 다다미방에 방석을 놓고 앉아서 지내고 있다. 또 하루 일정은 엄격한 기숙사 생활 못지않게 몹시 규칙적으로 짜여 진행된다.

- 기상 시간은 겨울철에는 아침 7~8시, 여름철에는 6~7시.
- 기상한 뒤에는 세수하고 군복을 착용한 뒤, 정원을 산책한다.
- 아침 식사를 한 뒤, 10시부터 12시까지 '학문실學問室' 에서 공부한다.
- 정오가 되면 점심 식사를 한 뒤, 오후 1시부터 3시까지 다시 '학문실' 에서 공부를 하고 난 뒤에 운동을 하고 자유 시간을 갖는다.
- 오후 6시에 저녁 식사를 하고 난 뒤에는 당구를 치면서 쉰 뒤에 목욕을 한다. 오후 9시에서 10시 사이에 침소에 들어 취침한다.

동궁대부 고희경은 어린 황태자 이은을 하루 24시간 내내 살펴보면서 마음을 놓지 못했다.

주위 환경이 너무 갑자기 너무 크게 바뀐 건데…….

그러나 아직까지, 그리고 적어도 겉으로는, 이은이 잘 적응하고 있는 것으로 보였다. 시간표에 맞추어 기상하고 취침하는 것을 잘 해내고 있고, 일본어 학습을 비롯한 학과 공부도 예상이나 기대한 것보다 훨씬 빠른 진척을 보이고 있다. 그걸 보고 일본인 교수들도 그의 두뇌가 아주 명석하다고 모두 칭송하고 있다. 그럼에도 불구하고, 고희경은 그동안 왠지 마음이 몹시 불안한 게 조마조마했다. 꼭 화산이 터지기 전의 정적 같은 것이 느껴졌던 것이다.

과연 우려가 현실로 나타났다. 어젯밤 목욕을 하고 나온 황태자 이은의 태도가 어딘가 이상했다. 애써 고개를 돌려 시선을 마주치지 않고 침실로 갔는데, 얼핏 보기에도 몹시 울고 난 얼굴이었다. 그래서 이은과 같이 목욕을 하러 들어갔던 엄주명 소년을 조용히 불러 확인했다.

짐작대로였다. 엄주명은 눈을 내리깐 채 그들이 목욕탕 속에서 함께 울었다고 털어놓았다. 목욕을 하려다가 말고 황태자가 먼저 "주명아! 넌 어머니가 보고 싶지 않니? 난 어마마마가 너무나 보고 싶다" 하면서 울기 시작했고 주명도 "전하! 저도 어머니가 몹시 보고 싶습니다" 하고는 같이 붙들고 울기 시작했다는 것이다. 어찌나 눈물이 쏟아지는지 마냥 소리 죽여 울다가 보니 정해진 목욕 시간이 다 지나가 버려서 목욕은 전혀 하지 못한 채 그냥 나왔다고 했다. 엄주명의 이야기를 들으면서 고희경은 큰물에 둑이 무너지듯 가슴이 그대로 주저앉았다. 그냥 넘겨서 될 일이 아니었다.

"전하! 가족과 나라를 멀리 떠난 사람이 가족과 고국을 그리워하는 것은 극히 당연하옵니다. 슬퍼하는 것도 극히 당연하옵니다."

고희경은 힘주어 말을 이어갔다.

"단지 하나, 그 그리움과 그 슬픔에 져서 해야 할 일을 하지 못하고 닦아야 할 학문을 닦지 못하면, 그런 사람은 이 세상에 아무런 소용없는 무익한 존재가 되는 것이옵니다. 전하! 이게 무슨 이야기인지 아시옵지요?"

눈을 내리깐 채 고희경의 이야기를 듣고 있던 아이가 낮게 대꾸했다.

"예, 알아요."

"전하! 전하께서 앞으로 우리 대한제국을 훌륭하게 이끄실 영명한 군주가 되실 수 있는지, 또는 나라에 별 도움이 안되는 무능한 군주가 될 것인지, 그것이 모두 지금 여기서 보내는 이 시간들에 달려 있사옵니다. 전하께서 이국땅에 와서 겪는 고초와 슬픔을 참으시고 열심히 공부하셔서 제왕의 학문을 잘 닦으시면, 뒷날 우리 대한제국을 크게 중흥시킬 위대한 황제가 되실 것이옵나이다. 전하! 부디 그 점을 마음 깊이 헤아리소서! 앞으로 우리 대한제국의 번영과 융성이 오로지 전하 한 분께 달려 있사옵니다. 소신이 왜 지금 이런 말씀을 아뢰고 있는지 아시옵니까?"

"예."

또렷하게 대답은 했지만, 자신의 대답이 안고 있는 무게에 지레 짓눌린 듯 어린 황태자 이은의 눈매는 깊은 슬픔에 젖어 애처롭다. 어미 잃은 어린 강아지같이 연약한 눈길이었다. 저토록 어리고 조그만 아이가 인질로 남의 땅에 끌려와서는 너무도 외롭고 고달파서 절로 터져 나오는 울음조차 제대로 소리 내어 울지 못하고 꾹꾹 소리 죽여 운 것이다. 고희경은 아무리 힘찬 말로 격려한다 해도 아이의 마음에 깊이 자리 잡은 슬픔을 걷어낼 수 없음을 느꼈다.

"전하!"

고희경은 짐짓 음성을 밝게 바꾸어서 작은 주군을 불렀다.

"소신이 그간 말씀드릴 것을 깜박 잊은 게 있사옵니다. 혹시 여기 오실 때 갖고 오고 싶으셨는데 빠뜨리신 물건은 없사옵니까? 여기 와서 지내다 보니 특히 생각나는 것, 아끼시던 물건이나 갖고 싶으신 것, 혹시 그런 것이 있으시면 말씀하오소서! 서울로 편지를 보내서 가져오도록 하겠사옵니다."

아이가 눈길을 들어 고희경을 바라보았다. 큰 상처를 입고 뒤처지는 바람에 함께 다니던 무리를 잃어버리고 홀로 남은 어린 사슴처럼 몹시 아프고 슬픈 눈길이었다. 잠시 뒤에 아이의 입에서 힘없는 목소리가 흘러나왔다.

"내가, 지금 원하는 건……, 그건……."

"예. 전하! 어떤 것이든 말씀하오소서!"

"다시…… 다시, 서울에 가서, 어마마마와 아바마마를 뵙고……."

"……"

"……그리고, ……궁궐 뜰을 ……내 발로, 다시 걸어 보았으면……."

아이의 눈에 눈물이 핑 돌더니 주르르 볼을 타고 흘러내렸다.

"전하!"

불러 놓고도 차마 아이의 얼굴을 바라보지 못하겠어서 고희경은 고개를 깊이 떨구었다. 그의 눈에도 눈물이 가득 차올랐다. 굳이 듣지 않아도 아이의 심정을 짐작하고도 남았다. 아무리 위로는 일본 천황에서부터 아래로는 막일 하는 잔심부름꾼들까지 혹여 아이의 심기를 거스를세라 한껏 마음 써 주고 위해 준다 해도 인질살이는 워낙 고달프고 옹색한 고역이다. 단순히 심정적으로만 그런 것이 아니라, 하다못해 살고 있는 집의 규모로도 그러했다.

일본으로 끌려오기 전에 이은은 덕수궁 그 크고 너른 궁궐 안에서 거칠 것 없이 살았다. 하다못해 일본으로 끌려오기 직전에 잠깐 자신의 궁이었던 창덕궁 안의 낙선재, 즉 '동궁'만 해도 팔천여 평의 대지에 규모 있게 늘어서 있는 여러 채의 당당한 건물들과 아름다운 정자들로 이루어져 있는 너른 궁이었다. 그에 반해서, 현재 이은이 살고 있는 조거판의 어용저는 대지가 천여 평에 건평이 이백여 평 뿐인 조촐한 일본 귀족 저택에 불과했다. 동쪽 창 앞에 서면 낮은 추녀가 머리를 들이밀고 서쪽 창 앞에 서면 높은 담이 시야를 가로막는다. 어찌 마음이 답답하지 않을 수 있고, 어찌 숨쉬기가 옹색하게 느껴지지 않으리요! 당연히 부모 생각에 덧붙여서 거칠 것 없이 뛰놀던 너른 궁궐 생각도 간절할 터였다.

"전하! 소신이 다만 한 말씀만 아뢰겠사오이다."

고희경은 머리를 들고 이은을 바라보았다.

"전하! 아무리 힘이 드셔도, 아무리 괴로우시어도, 전하께오서는 대한제국의 황태자이심을 한시라도 잊지 마소서! 훗날 대한제국의 황제가 되시어 나라를 이끌어 가셔야 할 귀하고 또 귀한 몸이시온 것을 잠시라도 잊지 마오소서! 전하!"

말하면서도 고희경은 통증으로 가슴이 갈라져서 그대로 피가 쏟아져 내리

⬆ **창덕궁 낙선재.** 황태자 이은이 한국에서 마지막 22일을 보낸 곳이다. 1917년 창덕궁에 큰불이 난 뒤에 순종황제도 이곳 낙선재에 머물렀다. 특히 낙선재는 황족들이 마지막을 보낸 곳으로 유명한데, 마지막 황후인 순정효황후가 1966년까지 여기서 기거하다 별세했고, 1963년 고국으로 돌아온 이은과 그의 부인 이방자는 각각 1970년과 1989년 이곳에서 생을 마감했다. 덕혜옹주 역시 어려운 삶을 보내다 1962년 낙선재로 돌아와 여생을 보내다가 1989년에 별세했다.

는 듯했다.

이처럼 연약하고 어린 조그만 아이에게 자신이 요구하고 있는 것이 무엇인가. 담대한 심장을 지닌 장년의 어른이라도 차마 감당해 내지 못할 인고와 자중자애, 그것을 이 어리고 조그만 아이에게 요구하고 있는 것이 아닌가. 나라와 나라, 생긴 모양도 쓰는 말도 각기 다른 수많은 민족들, 제도와 권력, 삶과 다툼, 강한 자와 약한 자……. 이 세상을 이루고 있는 그러한 모든 것들이 날카로운 끌처럼 그의 마음을 아프게 자극했다.

그는 마음의 눈으로 자신의 마음을 쑤셔 대는 그 통증을 응시하면서 간곡하게 이야기를 계속했다.

"오직, 그것만 잊지 않으시오면, 전하의 몸은 어디에 머물고 계시든지 간에, 전하의 정신은 내 나라 내 궁궐 안에 엄연히 좌정해 계신 것과 같사오이다. 지금, 소신이 전하께 아뢸 말씀은, 오직 이것 하나뿐이옵나이다!"

동궁대부 고희경의 눈에서 뜨거운 눈물이 흘러내리고 있다. 멈추려고 기를 써도 멈추어지지 않아서 그는 이를 악물고 울었다. 울고 있는 그의 흔들리는 어깨에 황야의 바람소리 같은 비애가 거칠게 일렁인다.

동궁대부가 나 때문에 울고 있구나…….

조용히 고희경의 말을 듣고 있던 이은의 얼굴이 어느덧 밝아졌다. 고희경은 황태자 이은에 관련된 업무를 모두 통괄하는 총책임자인 대한제국 황실의 동궁대부이자, 고국에 있을 때부터 지금까지 그에게 영어를 가르치고 있는 뛰어난 스승이기도 하다. 당연히 보통 벼슬아치들과 달리 대할 때 어딘가 어려운 인물이었다. 그가 처음 이야기를 시작할 때만 해도 어제 고국의 어마마마가 그리워서 우느라고 목욕을 하지 못한 일을 두고 나무라는 말을 하려는 줄로 생각했다. 그런데 나무라기는커녕 동궁대부 역시 이은 본인 못지않게 그의 처지와 고통을 매우 슬퍼하고 있음을 보고 아이는 마음에 커다란 위로를 느낀 것이다.

"동궁대부!"

"예!"

"동궁대부의 말대로 ……나는 대한제국의 황태자임을, 한시도 잊지 않겠어요."

"전하!"

"그런 뜻에서…… 나는 저……."

"예. 전하! 말씀하소서!"

"저, ……낙선재 뜰에 있는 조약돌을 몇 개 보내 달래서, 늘 지니고 싶어요."

"전하!"

고희경은 눈을 크게 치켜뜨고 이은을 바라보았다. 돌연 그의 심장이 대장간의 풀무처럼 크게 펄럭였다.

"전하! 낙선재! 다름 아닌 낙선재 뜰의 조약돌 말씀이옵니까!"

고희경은 격한 목소리로 그렇게 반문하더니, 부지중에 다시 뜨거운 눈물을 쏟았다. 불우한 사람들은 오관이 발달한다. 고희경은 어린 황태자 이은의 말 속에 들어 있는 단단하고 야무진 알맹이를 섬광처럼 빠르게 알아본 것이다.

낙선재의 조약돌…….

낙선재는 현재 대한제국 황실의 동궁으로, 이은이 살다가 떠나온 자신의 궁이다. 그러나 이은이 낙선재에서 실제로 거주한 기간은 단지 '22일' 밖에 안 된다. 더구나 그 '22일' 이라는 기간조차 정상적이고 평온한 궁궐생활을 했다고 할 수 없다. 당시 그는 이미 곧 일본으로 떠나도록 확정된 상태에서 이사했고, 낙선재의 여건도 별로 좋지 않았다. 겨울이 눈앞에 닥쳐온 시기, 꽃도

잎도 다 진 추운 계절에 끔찍하게 사랑해 주는 부모 슬하를 떠나서 시중을 들어줄 궁인들만 데리고 오랜 세월 사람이 살지 않던 빈 궁궐로 이사해 들어간 것이다. 게다가 낙선재에서 산 그 짧은 기간에도 황태자로서 각종 행사에 참석하라 해서 여기저기 돌아다니느라 바쁘게 보냈다. 그리고는 일본으로 건너왔다. 그러니 이은이 낙선재에 별다른 정이 들 만한 상황은 전혀 아니었다.

때문에, 단순히 향수와 외로움 때문에 그리워하는 것이라면, 아버지인 태황제와 어머니인 엄귀비가 현재 살고 계시는 궁이자 자신이 태어나서 만 십 년 동안이나 살았던 궁이기도 한 경운궁(덕수궁)을 거론해야 마땅했다. 경운궁에 얽힌 인연과 연조의 깊이에 비한다면, 창덕궁 낙선재 정도는 아예 입에 올려 이야기할 거리조차 되지 않았다. 그럼에도 불구하고 지금 이 외로운 인질인 어린 황태자 이은이 원하는 것은, 영친왕으로 오래 살아 정든 경운궁 뜰에 있는 조약돌이 아니라 황태자로 아주 잠깐 살았던 창덕궁 낙선재 뜰의 조약돌이라는 것이다.

그 이유는 어째서인가! 그것은 오로지 창덕궁 낙선재가 대한제국의 동궁이기 때문이다. 이역 땅에 인질로 끌려와 있는 이 조그만 아이는 자신이 대한제국의 황태자임을 결코 잊지 않겠다는 상징과 다짐으로, 다른 곳 아닌 대한제국의 동궁 뜰에 있는 조약돌을 원한 것이다.

고희경에게는 그러한 이은의 마음가짐이 그대로 알알이 느껴져서 새삼 날카로운 송곳으로 가슴을 쑤시는 듯했다.

"전하! 그리하오소서! 전하!"

그는 견딜 수 없도록 아이가 애처로우면서도, 한편으로는 너무나 믿음직하고 대견해서 다시 뜨거운 눈물을 쏟았다.

"소신이 곧 본국으로 기별하여 낙선재, 예! 전하! 다른 곳 아닌 바로 낙선재 뜰의 조약돌을 보내 달라 이르겠나이다. 전하!"

"아니오. 동궁대부! 내가 아바마마에게 보내 주시오라 직접 청하고 싶어요."

"알겠사옵니다. 전하! 그리하소서!"

고희경은 흐르는 눈물을 주체하지 못한 채 무너지듯 주저앉아서 이은을 향해 꿇어 엎드렸다.

"전하! 용서하소서! 소신들을 용서하소서! 신하들이 군주를 바로 모시지 못하여 일이 예까지 이르렀나이다. 전하!"

"동궁대부!"

이은의 조그만 입에서도 억눌린 흐느낌이 터져 나왔다. 이은의 작은 두 손이 고희경의 어깨를 움켜잡았다. 어린 황태자와 그의 동궁대부는 함께 소리 죽여 울었다. 남이 들을세라 애써 소리를 죽인 채 흐느끼던 고희경의 뇌리에 문득 일본 속담 하나가 불길하게 떠올랐다.

물속의 흙부처土佛.

흙으로 빚은 부처를 물에 넣으면 오래지 않아 녹아 버리게 되니, 그 속담은 곧 오래가기 어렵거나 또는 멀지 않아 망가질 존재를 지칭하는 말이었다. 돌아보니, 자신이 모시고 있는 어린 황태자 이은이야말로 자칫 잘못하면 그런 꼴이 되기 쉬운 처지였다. 침략자들의 본거지인 일본 땅에서 이 어린 소년이 대한제국 황태자로서 자신을 올곧게 지켜 간다는 것은 어느 정도까지 가능할 것인가.

일본이라는 깊은 물속에 던져진 조그만 흙부처 같은 신세…….

아이의 애처로운 억눌린 울음소리를 들으면서 고희경은 주먹으로 눈물을 씻어 내었다. 그는 눈물 속에서 스스로 마음 깊이 다짐했다.

이 작은 소년 인질이 일본이라는 차가운 물속에 던져져서 맥없이 녹아 버린 한 줌의 쓸모없는 진흙덩어리가 되지 않도록 하려면, 흙 그대로 존재하게 두면 안 된다. 같은 흙으로 만들었어도 불에 넣어 고온으로 구워 낸 도자기는 물속에 암만 오래 넣어 두어도 절대 녹지 않듯, 조그만 흙부처 같은 이 어린 인질도 단단하게 단련시켜서 어떤 물로도 녹일 수 없는 순백의 조선백자 같은 귀한 존재로 만드리라. 결코 애처롭게 물에 녹아 버리는 조그만 흙부처가 되도록 놔두지 않으리라! 가엾은 작은 주군, 이 어리고 외로운 아이를 지키는 데 내 몸과 목숨을 모두 바치리라!

다음날, 어린 인질 이은은 손수 쓴 '낙선재의 조약돌'을 요청하는 편지를 대한제국의 덕수궁으로 부쳤다. 대한제국 황실에서는 편지를 받은 즉시 낙선재의 조약돌을 거두어 인편으로 동경에 보냈다. 보나마나 낙선재 조약돌을 보내 달라는 청 때문에 대한제국의 황실 가족들 모두, 특히 엄귀비가 오래오래 마음 아파 고통을 겪으면서 통분해 마지않았을 터였다.

그런 연유로 당시 일본으로 간 낙선재의 그 조그만 조약돌들은 대한제국의 마지막 황태자 이은의 애처로운 인질 시대를 불로 지져 놓은 화인火印처럼 선명하게 증언하는 물건이자 불우한 인질 이은의 평생을 지킨 소중한 물건이기도 했다. 이 조약돌의 존재는 뒷날 이은의 아내 방자가 쓴 글로 세상에 널리 알려졌다.

방자가 그 조약돌들을 처음 본 때는 약혼 시절이었다. 그에 대해서 방자는 자서전에 다음과 같이 기록해 놓았다.

> 어느 날 전하의 처소에서 나는 반들반들 손때가 묻은 몇 개의 조약돌을 보았다. 다 큰 사람의 방에 아이들이나 가지고 노는 조약돌이 있는 것이 너무 이상해서 나는 이것이 무엇이냐고 전하께 물어보았다. 전하는 한참이나 망설이다

가 낙선재에서 가져온 것이라고 했다.

전하는 열 살 때부터 부왕과 떨어져 낙선재에서 지냈다고 한다. 일본으로 데려가기 위한 준비 기간이었다. 어린 전하는 영문도 모르고 낙선재 후원을 오르락내리락하며 7~8세의 생각시(생머리를 한 어린 궁녀)들과 막대기 총과 대나무를 깎은 칼을 가지고 놀았다. 그런데 11세 때인 추운 겨울날 이또 히로부미伊藤博文가 들어오더니 전하가 입고 있던 한복을 벗기고 군복으로 갈아입혀 순종 황제께 데리고 갔다. 순종은 "원로에 몸 건강히 잘 가라" 하며 얼굴이 붉어졌다. 상궁들이 뒤에서 흐느껴 울었다. 은 전하가 "잘들 있소" 하니 상궁들이 소리를 내어 울었다. 이날 얼마나 울었는지 뼈마디가 다 쑤실 지경이었다고 상궁들은 후에 내게 말해 주었다. 전하는 어린 나이에 무엇인지는 잘 모르지만 집을 떠나는 것이 슬퍼서 눈물을 닦으며 이등박문을 따라 인천에서 만주환을 타고 숙명의 일본행 길에 오른 것이다.

일본에 온 은 전하는 부모와 형제, 궁녀들, 뛰놀던 궁궐이 너무 그리워 밤마다 남몰래 울었다. 그러다가 고종황제께 낙선재 뜰에 있는 조약돌을 몇 개 보내 달라고 편지를 썼다. 조선 궁중에서는 마침 일본에 가는 사람이 있어 조약돌을 보냈는데 은 전하는 이 돌들을 어루만지며 눈물을 흘렸다 한다. 그 뒤로 이 조약돌들은 전하의 향수와 외로움을 달래 주는 친구가 되었고 장난감이 되었다. 이 얘기를 들으면서 나도 울었다. 전하의 외로움이 얼마나 뼈저린 것이었나를 실감할 수 있었기 때문이다(이방자, 《세월이여 왕조여》).

위의 글에는 중요한 오류가 있다.

황태자 이은은 1897년 10월 20일생으로, 1907년 11월 13일에 덕수궁 태황제와 엄귀비의 슬하를 떠나 창덕궁 안의 낙선재로 이사했고, 이사한 지 '22

일' 만인 같은 해 12월 5일에 일본에 끌려갔다. 다시 말해서, 그가 낙선재로 이사한 것과 일본으로 끌려간 것은 모두 그의 나이로 만 열 살(전통적 나이 계산법으로는 열한 살)이던 1907년 하반기에 있었던 일이다. 그럼에도 불구하고, 이방자의 기록에는 "열 살 때 낙선재로 이사했고, 그 다음 해인 열한 살 때 일본으로 간 것"으로 잘못 기술되어 있다. 당시 일본인들은 만 나이 계산법을 썼기 때문에, 조선식 나이와 뒤섞어서 말한 이은의 이야기를 방자는 모두 일본식 나이로 잘못 알아들으면서 생긴 혼동으로 추정된다.

압류된 여름방학

대한제국의 어린 황태자 이은을 끌고 일본에 건너온 이래, 이등박문은 자신의 임지인 서울로 돌아가지 않고 일본에 계속 머물면서 이은이 일본생활에 빨리 적응하도록 극진히 도왔다. '전력투구' 라는 표현 정도라야 이등박문의 그런 '노고' 를 적절하게 묘사한 말이 될 것이다. 이등박문은 자주 이은의 저택에 근무하는 일본인들을 모아 놓고 훈시하고 당부했다.

"본관은 1907년 12월 5일에 한국 황태자 이은 전하를 모시고 서울을 떠나서 일본으로 왔다. 본관이 초대 한국 통감이란 막중한 직책에 매인 몸이면서도 임지인 한국으로 즉시 귀환하지 않고 계속 여기 머무르고 있는 이유는, 오로지 이은 전하 때문이다!"

그것은 입에 발린 공치사가 아니라 문자 그대로 그의 진심을 담은 말이었고, 또 살아 있는 동물과도 같이 예민한 그의 정치 감각을 생생하게 드러낸 말이기도 했다.

"이국의 낯선 땅, 낯선 사람들 속에 불쑥 데려다 놓은 어린 황태자 전하께서 새로운 환경에 잘 적응하고 있다는 확신이 들 때까지, 본관은 도저히 임지로 돌아갈 수가 없다. 이은 전하의 안위는 곧 우리 일본제국의 안위와 직결되기 때문이다. 여러분은 이처럼 중요한 분을 모시고 있다는 것을 항상 명심하며, 큰 긍지를 지니고 이은 전하께서 편안하고 즐겁게 일본생활을 즐기시도록 늘 최선을 다해서 성심껏 봉사하라!"

일본 최고의 권력자에게서 그런 당부를 받은 직원들은 아주 조심스럽게 이은을 모셨다. 일본에 머무르는 동안, 이등박문은 기이하게 보일 정도로 많은 시간을 이은에게 할애했다. 조거판의 어용저로 이은을 찾아가서 같이 놀아주고 시내 구경을 하자고 집 밖으로 끌어내어 함께 마차를 타고 놀러다녔다.

"황태자 전하! 이것은 양인洋人들 말로 아이스크림이라 부르는 서양 음식이옵니다. 아이들이 특히 좋아하옵지요. 전하께서도 한 번 시식해 보옵소서."

그는 이은을 마차에 태우고 동경 시내 번화가에 데리고 나가서는 의도적으로 눈에도 입에도 귀에도 신기한 최신 문물을 소개하면서 같이 즐겼다. 이은이 신기한 풍광과 문물에 혹하게 함으로써 부모와 고국에 대한 향수에 잠기는 것을 막는 일면, 일본 국민들에게는 동경 거리에 다니는 외국의 어린 인질을 직접 눈으로 목격하게 하여 국력의 팽창을 실감하게 함으로써 사기를 진작시키고……. 그런 것들을 모두 계산한 다목적 나들이였던 것이다.

눈치 없는 사람들 눈에는 일본 정계 최고 원로의 행각치곤 어처구니없을 만큼 한가하고 느슨하게 보였을 것이다. 그러나 그 실상을 들여다보면, 당시 이등박문은 '대한제국 황태자를 하루빨리 양순하고 소심한 인질로 길들이기' 라는 몹시 예민한 고차원의 정치 행위를 몸소 긴박하게 실행하고 있었던 것이다.

어느덧 봄이 되었다. 기온이 온화해지고 새들이 서로 노래하고 꽃들이 앞다투어 피어났다. 나목의 줄기마다 돋았던 연약한 연둣빛 새 잎들은 나날이 짙은 녹색으로 청청하게 푸르러 갔다. 1908년 4월 초순이 되자, 이등박문은 이제는 마음을 놓아도 되겠다 싶었는지 비로소 임지인 한국으로 돌아갔다. 작년 12월 초순에 이은을 데리고 바다를 건너 일본에 온 이래 만 4개월 동안이나 임지로 복귀하지 못했던 것이니까, '천하의 이등박문'이라 불린 그가 '대한제국 황태자 인질작전'의 성패에 어느 만큼이나 절박하게 매달려 있었는지를 짐작하게 한다.

그러나 이은을 두고 벌인 이등박문의 고등수학과도 같은 전방위 전략은 그것으로 끝난 것이 아니었다. 7월 중순이 되자 이등박문은 3개월 만에 다시 일본으로 돌아왔다. 역시 대한제국 황태자 이은 때문이었다. 여름방학을 맞을 이은을 어떻게 다루어야 할지를 곰곰이 궁리한 끝에 일본으로 건너온 것이다. 그는 이번에는 현임 대한제국 총리대신인 이완용까지 동반하여 동경에 나타났다. 이완용은 이른바 이은의 태자소사太子少師로서, 이은이 공부하는 모습을 알아볼 겸 일본의 각 관청들을 시찰한다는 명분으로 이등박문과 함께 현해탄을 건넜다. 이등박문이 귀국하여 대기의 창랑각에 들어간 날은 7월 21일이었다. 대기에서 푹 쉬면서 휴식한 뒤에 동경에 올라와서 조거판의 어용저에 나타난 이등박문은 이은을 향해 얼굴 가득 환하게 웃었다.

"황태자 전하! 그간 강녕하시었나이까!"

제 새끼를 바라보는 어미의 눈길이라 해도 저렇듯 부드러울까. 웃음을 가득 담아 건네는 눈길이 그대로 녹아내릴 듯 따뜻했다.

"외신이 외람되게 태자태사라는 막중한 직무를 지녔음에도 불구하고 다망한 국사에 쫓겨서 그간 전하의 곁을 오래 떠나 있어서 죄송만만하오이다. 외신이 4월 초순 봄날에 전하의 곁을 떠났는데, 문득 깨닫고 보니 벌써 7월 한

여름이 되어 있삽더이다. 그래서 외신은 전하를 가까이에서 다시 모시려고 만사 모두 제쳐 놓고 부랴부랴 동상했사옵니다. 태자소사로서 외신과 함께 전하의 교육을 당부받은 대한제국 총리대신 이완용 대감도 동반해서 동상했사옵니다."

'동상東上' 이라 함은 일본 수도 동경이 동쪽에 있기 때문에 수도에 상경함을 가리키는 말이다. 옆에 섰던 이완용이 한 걸음 앞으로 나섰다.

"전하! 소신 이완용, 문안드리옵니다!"

이완용이 이은에게 신하로서의 예를 올리자 이은은 절도 있게 답례했다.

"반갑습니다. 먼 길에 오시느라 고생하셨습니다."

이등박문은 성미가 급했다. 곁에 시립하고 있는 어학문소의 교수들에게 그간 이은이 공부한 교과 과정을 설명하도록 재촉했다. 즉각 이은이 사용하는 책과 공책들이 이등박문과 이완용 앞에 펼쳐졌다.

"호오! 참으로 장하시오이다!"

이은이 일본문으로 써 놓은 글들을 읽어 보면서, 이등박문은 얼굴 가득 떠오르는 기쁨을 금치 못했다.

"전하의 일본 글과 글씨, 모두 드높은 기품과 격조를 드러내고 있사옵군요. 참으로 훌륭하시오이다!"

솔직히 말해서, 그건 기대 이상의 수준이었다. 한 줄의 문장 속에 천 갈래의 생각이 담겨 있다지만, 그간 이은이 써 놓은 일본 글과 글씨는 이제 그가 일본생활에 훌륭히 적응하고 있음을 한눈에 보여 주고 있었다. 이등박문은 그간 이은에 관한 일은 모두 한국의 통감부로 수시로 보고하도록 조치해 놓고 있었다. 그래서 이은의 일본어 실력이 늘어서 웬만한 생활어는 어렵지 않게 사용하는 정도이고, 꽤 수준이 높은 일본글까지 불편 없이 쓰고 읽는다는

⬆ **일본 옷을 입은 황태자 이은과 이등박문.** 이등박문은 언제나 어린 소년 황태자 이은을 앞에 내세우고 자신은 아주 겸손한 자세로 그 뒤에 시립했다. 이등박문의 공손한 소년 인질 모시기는 온갖 교묘하고 능소능대한 심리전 수법과 잔혹한 정치적 술수의 하나로 이러한 엄청난 노력을 통해서 이은을 일본인으로 대한제국을 식민지로 만들어 갔다.

정도는 이미 파악하고 있었다. 그러나 멀리서 전하는 말을 듣는 것과 실제로 현장에서 직접 눈으로 확인하는 기쁨은 또 달랐다. 그것은 예술가가 심혈을 기울여 만든 작품이 아주 마음에 들었을 때 느끼는 환희와 비슷한, 거의 창조의 기쁨이라 부를 만한 것이었다. 자신이 밤낮으로 신경을 쓰고 공을 들인 노력이 그대로 화려하고 화사하게 꽃을 피운 것을 들여다보고 있는 듯했다.

"전하! 굳이 어학문소의 교수들 말을 들어보지 않아도, 그간 전하의 학문이 얼마나 큰 진전을 이루셨는지를 넉넉히 짐작할 만하오이다. 전하! 참으로 장하옵시니이다!"

"예. 여러 교수님들이 성의를 다해 가르쳐 주신 덕분입니다."

이은이 단정하게 대답하자, 이등박문은 새삼 흔쾌한 웃음을 터뜨렸다.

"참으로 기쁜 일이올시다! 전하! 이완용 총리대신이 곧 한국에 돌아가면 전하께서 얼마나 훌륭하게 학문을 닦고 계시는지를 보고 들은 대로 고국에 계시는 덕수궁의 태황제 폐하와 귀비마마께 상세하게 아뢰실 것이옵니다. 물론 창덕궁에 계시는 황제 폐하와 황후 폐하께도 빠짐없이 아뢰실 것이옵니다."

"예."

"전하!"

이등박문은 이쯤에서 일말의 주저함도 없이 마음에 담고 온 용무를 태연자약하게 꺼내 놓았다.

"전하께서 지난 겨울에 만주환을 타고 일본으로 오시던 때, 외신이 바다 위에서 세상은 너르고도 또 너른 것이라고 말씀드렸던 것, 기억하시지요?"

"예."

"좋습니다! 전하!"

이등박문은 호사스런 잔칫상에 잘 고인 떡접시라도 올려 놓는 듯 흔쾌한 얼굴로 천연덕스럽게 말을 건넸다.

"좋은 계획이 있사옵니다. 전하! 이번 여름에는 외신과 함께 그 너르고 너른 세상을 몸소 전하의 두 발로 디디고 다니면서 두루두루 둘러보십시다. 아주 좋은 구경도 되고 겸하여 큰 공부가 될 것이옵니다!"

"예? 무어라고요?"

이은의 눈이 휘둥그레지는데, 통역을 하고 있던 동궁대부 고희경을 비롯하여 뒤쪽에 시립하고 있던 어용저에서 이은을 모시고 사는 한국인 관리들이 모두 아연 긴장했다. 권모술수의 달인인 이등박문이 이제 또 무슨 요사를 부리려고 하는 것인가? 그들은 일제히 굳은 얼굴로 이등박문을 지켜보았다.

"전하! 한여름에는 각급 학교에서 여름방학이라 해서 공부를 쉬는 것은 이미 아시지요? 전하의 어학문소에서도 여름방학에는 공부하지 않고 쉬게 되옵니다."

"예. 그럴 거라는 이야기는 이미 들었습니다."

"전하! 바로 그 여름방학을 이용하는 것이옵니다. 이번 기회를 이용하여 외신과 함께 일본 땅 이곳저곳을 두루두루 여행하십시다. 외신이 직접 전하를 모시고 다니면서 상세하게 안내해 드리겠사옵니다."

"예? 이등 태사님과 일본 땅을 여행하자고요?"

"예. 여름방학 기간이라는 긴 시간을 그냥 놀면서 낭비하는 것보다, 전하께서 몸소 일본 각지를 직접 돌아보시는 여행을 통해서 견문과 배움의 폭을 크게 넓히시는 것이 아주 유익하리라 사료되옵니다. 책을 통해서만이 아니라 몸소 내 눈으로 너르고도 너른 세상의 참모습을 두루 살펴보며 견학하신다면 전하의 제왕학 공부에 얼마나 큰 도움이 되겠사오이까!"

"……"

“그래서 외신은 지금 통감부에도 할 일이 잔뜩 쌓여 있지만 모두 뒤로 미루고, 전하의 여행에 배종하려고 창황하게 귀국한 것이오이다.”

이은의 얼굴이 창백해졌다. 이은을 모시고 사는 한국인 관리들의 얼굴도 모두 딱딱하게 굳어졌다. 실내에 정적이 흘렀다. 그간 그들은 여름방학이면 한국으로 귀성할 거라고 철석같이 믿고 있었다. 작년에 일본으로 건너오기 전에, 이등박문은 이은의 일본행을 극력 반대하는 대한제국 황실을 달래면서 “방학 때면 반드시 귀성시켜 부모와 함께 지내게 하겠소이다!”라고 굳게 약속했기 때문이다.

이윽고 이은이 어렵게 입을 열었다.

“저, 그런데……, 저, 방학이 되면 한국으로 돌아가서, 아바마마와 어마마마를 만나 뵙게 된다고 했는데요.”

“아, 그것, 그간 그렇게 말을 했습니다만, 하하!”

이등박문은 유쾌하게 소리 내어 웃었다.

“생각해 보니까, 방학은 여름마다 겨울마다 있는 것입니다. 그런데 이번 여름방학에는 일본 각지를 돌아보시는 여행을 하시는 것이 전하께서 제왕학을 닦는 데 보다 좋을 것이라고 사료되기에 귀성은 잠시 뒤로 미루고 일본 내지를 여행하시도록 이미 계획을 모두 세워 놓았습니다.”

아이의 얼굴이 더 창백해졌다.

이등 통감! 방학 때는 한국에 돌아가서 부황과 모비를 만나 뵙게 해 주겠다고 약속했지 않습니까! 그 때문에 나는 지금까지 힘든 것을 모두 꾹 참으면서 빨리 여름이 오기만을 밤낮으로 기다리고 있었습니다.

이은은 울컥 치미는 항의의 말을 애써 참았다. 일단 이등박문의 입에서 그런 말이 나온 이상, 아무리 항변해 보았자 달리 변경될 여지가 전혀 없다는 것쯤은 이미 본능적으로 깨닫고 있는 것이다.

아아! 이 또한 부황께서 당부하신 '참을 인忍 자'를 명심해야 하는 경우인가.

어린 소년 인질은 뼈를 저미는 듯한 아픔 속에서 남모르게 이를 악물었다.

당시 현직 대한제국 통감인 이등박문이 통감부 일은 아예 제쳐 놓고 일본으로 급히 돌아온 이유는 '이은의 여름방학'이란 상황에 기민하게 대처해야 했기 때문이었다. 그가 보기에, 이은의 여름방학은 한국 황실과 일본 황실 사이에 새로 제기된 아주 다루기 곤란하고 민감한 현안이었다.

왜 그 문제가 그렇듯 중요했던가?

이은을 인질로 일본에 끌어오면서 내건 명색이 이른바 '유학'이었다. 그러니만치 유학생들이 모두 귀성하는 방학인데도 이은을 그냥 동경의 어용저에서 지내라고 방치해 두는 것은 어느 면으로 보나 적절치 않아서 난처했다.

그렇다고 해서 애당초 인질작전을 개시하면서 대한제국 황실에 약속한 대로 방학을 맞은 이은을 본국으로 데려간다는 것은 더욱 곤란했다. 일단 귀국한 뒤에 다시는 일본으로 가지 않겠다고 아이와 부모가 함께 결사적으로 버티기라도 하면 대처하기 심히 곤란한 국제 문제로 비화될 상황이 된다. 그리 되면 대한제국 황태자 인질작전의 구도 자체가 사상누각처럼 일시에 무너져서 하루아침에 세상의 웃음거리가 되어 버리는 황당한 결과로 이어진다.

사태가 이쯤 되자, 노회한 권모술수의 대가인 이등박문이 해결책으로 궁리해 낸 것이 '여름방학을 이용한 이은의 일본 국내 여행'이란 새로운 카드였다.

이등박문은 내친김에 아주 장기적인 계획을 세웠다.

그렇다. 이번 첫 방학만이 아니다. 앞으로도 방학 때마다 이은의 귀성 문제가 아예 제기되지 못하도록 확고한 틀을 만들어 두어야 한다. 그러니까, 제왕학을 충실하게 닦는 훈련이라는 명분 아래 방학 때마다 일본 땅 곳곳을 여행

다니게 한다. 그래서 그 여행 때문에 방학이 되어도 도저히 본국으로 귀국할 시간이 없다는 틀을 만들어서 고정시키는 거다. 그래, 이번 1908년 여름에는 우선 유서 깊은 관서 지방을 돌고, 다음 해 방학에는 그 위의 지방으로……. 그렇게 순차적으로 일본 전국을 돌게 하는 거다.

그런 책략을 성공적으로 추진하기 위해서는 섬세한 무대장치와 연출이 필요했다. 이등박문은 이미 동물적인 예민한 감각으로 그에 대한 계산을 하고 있었다.

우선 '누가, 어떤 방식으로, 이은을 데리고 여행을 하느냐', 그 문제가 가장 중요했는데, 그에 대한 이등박문의 계산은 과연 남달랐다.

일본 정부의 고위 관리가 이은을 배종하여 여행한다, 그런 구도로는 불충분해. 그렇게 한다면, 이웃 나라의 어린 황태자를 인질로 끌어다 놓고 아주 야비한 수작을 한다는 점이 오히려 선명하고 확실하게 세상에 부각되는 역효과가 발생할 게 뻔하다. 그래! 현재 그 일을 제대로 맡을 만한 사람은 일본 천지에 단 두 사람이다. 일본 황태자 전하와 나 이등박문이다. 우리 두 사람 중 한 사람이 그 일을 맡아야만 한다. 그런 수준 정도의 모양새를 갖추어 주어야, 별다른 부작용 없이 또 무리 없이 아이를 계속 일본에 잡아 둘 수 있다.

일본 황태자는 일본 황실의 서열에서 천황 다음의 제2인자인 사람이고, 이등박문 자신은 현재 일본 국민들 중에서 가장 으뜸인 자다. 따라서 일본국 안에서 차지하는 비중으로 말하자면, 두 사람 모두 소위 '일인지하 만인지상一人之下 萬人之上'의 비중을 지닌 몸이었다. 그런 두 사람 중 한 사람이 이은의 여행에 동행한다는 것 정도는 되어야 한국과 일본 두 나라 국민들에게 비치는 모양새가 그럴듯할 뿐 아니라, 당사자인 인질 소년 이은이 순순히 따르게 할 수 있을 터였다.

그렇다면 계산과 결론은 간단했다. 건강도 안 좋고 타고난 자질이나 상태 역시 전혀 안심이 안 되는 미숙한 일본 황태자를 내세울 수는 없는 일, 결국 이등박문 자신이 몸소 나서서 이은을 데리고 여름방학 내내 일본 각지를 여행할 수밖에 없다, 그런 결론에 도달한 것이다.

이등박문이 누구인가. 일단 그렇게 계산을 끝내자, 책략에 능하고 일 만들기를 좋아하는 그의 기질은 즉각 그런 구도 자체를 훌쩍 뛰어넘어 앞으로 치달리기 시작했다. " '대한제국 황태자의 일본 각지 여행' 을 아주 화려하고 거창한 대대적인 행사로 만들어서 일본 백성들의 통치에 활용하는 큰 잔치로 만들어야겠다"는 선으로 즉각 발전한 것이다.

그렇다! 일찍이 우리 천황 폐하께서 젊은 시절에 각지를 순행하셨던 고사를 이제 다시 소규모로나마 그대로 재현시킨다는, 그런 구도와 그런 열성으로 이번 여행을 추진해야겠다.

그쯤 되면 그것은 이미 인질 소년 이은의 본국으로의 귀국을 막기 위해 궁여지책으로 궁리해 낸 울며 겨자 먹기 같은 성격의 고육책 수준이 아니었다.

"전하! 한 가지 여쭈어 보겠소이다."

여름방학에 귀국하는 대신 일본 국내를 여행해야 한다는 말 때문에 느낀 고통과 근심으로 이미 딱딱하게 굳어 있는 이은의 창백한 얼굴빛을 모른 체하고, 이등박문은 능청스레 물었다.

"우리 일본국의 관서 지방이라 하면 어디를 가리키는 말인지 알고 계시오니까?"

"예."

이은은 자꾸 일그러지려고 하는 낯빛을 애써 가다듬으면서 낮게 대꾸했다.

"예전의 수도였던 경도와 거대한 상업도시인 대판이 포함된 지역으로서,

수도가 동경으로 옮겨지기 전에는 기내畿內라고 불리던 지방을 지칭하는 말입니다."

"호오! 전하의 학문 수준이 정말 도저하시군요! 참으로 대단하오십니다. 전하!"

이등박문은 과장스레 파안대소했다.

"그렇습니다. '관서關西' 지방이라 할 때의 관關 자는 수도를 지키는 관문이 있는 곳인 관소關所를 가리키고, 따라서 관서는 곧 '관소의 서쪽' 이라는 의미로 현재의 경도와 대판 일대의 지방을 말하지요. 일본의 수도가 경도이던 시대에는 '왕도王都와 그 주변 지역' 이라는 뜻을 지닌 '기내' 라는 지명으로 불렸지요. 경도는 평안조平安朝 천년의 수도이던 유서 깊은 도읍이옵고, 대판은 물산이 풍부하고 상업과 교통이 매우 발달하여 각지의 미곡이 모두 모여드는 집산지라서 '천하의 부엌' 이라는 별호를 지닌 매우 활기찬 도시이옵니다. 전하! 이번 여름방학에는 외신과 함께 우선 바로 그 관서 지방부터 보러 가십시다."

"……"

"전하! 여행이란 정말 좋은 것이옵니다. 전에도 말씀드린 적이 있지만, 이 외신도 소싯적부터 구라파 여러 나라를 돌며 많은 걸 배워 왔기 때문에 일본의 발전에 나름대로 기여할 수 있었던 것이옵니다."

"……예."

"아하! 참, 전하! 전하께서도 우리 천황 폐하께옵서 삼십여 년 전 젊으셨던 시절에 일본 전역을 몸소 찾아 대대적인 순행을 하심으로써 전 국민을 모두 감격하게 만든 고사를 잘 알고 계시지요?"

"천황 폐하의 순행이라고요?"

"예."

"아니요. 그에 대해선, ……아직 들은 적이 없는데요."

이은이 무안한 얼굴로 중얼거리자, 이등박문은 아주 유감이란 듯 과장스레 손을 내저었다.

"저런! 저런! 저런! 그 유명한 대순행 때 일을 아직 모르시다니요!"

순행巡幸은 곧 순수巡狩와 같은 뜻으로, '임금이 나라 안 여러 곳을 돌아다니는 것'을 의미한다. 우리나라에도 신라 시대에 세워진 '진흥왕 순수비'가 여러 지방에 남아 있어, 진흥왕이 국토의 변경 지방들을 순행한 사적을 후세에 전하고 있거니와, 자고로 제왕의 국토 순행에는 으레 '국론 통일'이나 '국민들의 사기 진작'이나 '통치자의 위엄과 위력 과시' 등의 정치적인 목적이 내포되어 있기 마련이다.

이등박문은 그 능한 말솜씨로 이야기를 시작했다.

"금상 폐하의 치세 초기의 일이옵니다. 폐하께서 소년 황제로 대위에 등극하신 지 미처 십 년도 안되었을 때 일이었습지요. 폐하께서는 일본 전국을 몸소 순행하시기로 결정하시었답니다. 아직까지 천황 폐하의 은혜와 위엄을 제대로 모르는 벽지의 어리석은 백성들까지 포함하여 전 국민을 모두 염려하고 배려하고 계심을 알려 주시려는 성려聖慮에서 나오신 결정이었습지요. 그래서 1876년 여름에 첫 순행지로 멀리 동북 지방과 북해도 지방을 택하사 몸소 그곳까지 납시었었더이다. 그때 그 지역 일대의 백성들이 얼마나 감격하며 기뻐했던지, 정말 대단한 장관이었습지요."

"……예."

"그때를 시작으로, 폐하께서는 해를 이어 거듭 각지를 순행하시었답니다. 1878년 두 번째 순행 때는 북륙北陸 지방과 동해 지방에 납시었고, 1880년 세 번째 순행 때는 산리山梨·삼중三重·경도 지방에 납시었고, 1881년 네 번째 순행은 다시 산형山形·추전秋田·북해도 지방으로 이어진 길고도 긴 여정이었답니다. 모두 대단한 장거이셨지요."

"예."

머리 좋고 낙천적인 성품의 아이들은 본능적으로 호기심이 많다. 이은의 눈매에 예민하게 호기심이 떠오르고 있다. 매 같은 눈썰미로 아이의 그런 표정을 기민하게 살핀 이등박문은 다시 호탕한 웃음을 크게 터뜨렸다.

"전하! 순행 당시에 우리 천황 폐하께서 무엇을 타고 다니셨는지 짐작하시겠습니까? 놀라지 마시오라! 가마, 바로 가마를 타고 전국을 순행하셨답니다! 그때만 해도 황소가 피리 불던 옛날이라, 문명의 이기가 아직 발달하지 않았을 때였습지요. 그래서 많은 대소 관리들과 경비 병력은 물론 취재하는 신문기자들까지 대거 수행시킨 엄청난 행사였음에도 불구하고, 천황 폐하께서는 건장한 가마꾼들이 멘 네모난 가마에 들어앉으셔서 각 지방을 다니셨답니다. 물론 때로는 마차를 타시기도 하셨사옵지요. 예. 아무튼 그때 천황 폐하께서 가마를 타고 가시는 순행 행차를 그린 그림들이 오늘날까지 많이 전해오는데, 요즘 눈으로 보자면 참으로 금석지감을 금할 수가 없답니다. 하하!"

굳어 있던 이은의 얼굴이 조금 풀리면서 가벼운 미소가 떠올랐다. 돌연 튀어나온 여름방학 기간의 일본 국내 여행 이야기에 대해서 느꼈던 심한 거부감이, '명치천황의 전국 순행 이야기' 로 인하여 슬그머니 누그러진 것이다. 그걸 기민하게 파악한 이등박문은 짐짓 소탈한 어조로 덧붙였다.

"전하! 외신이 천황 폐하께서 가마 타시고 일본 전국을 순행하시는 모습을 그린 그림을 곧 구해서 전하께 보여 드리겠사옵니다. 보시면 아주 재미있으실 것이옵니다."

"예."

이은은 훨씬 편해진 얼굴로 선선히 대답했다. 이등박문의 교묘한 심리 조작 수법이 절묘하게 효력을 발휘한 것이다.

이등박문은 명치천황의 순행이 천황 자신의 생각에서 나온 통치 행위였던 것처럼 꾸며서 이야기했지만, 실제로는 그와 전혀 달랐다.

명치유신의 전야, 실질적인 일본의 통치 권력이던 덕천막부를 전복시키려고 나선 토막파들은 먼저 14세의 어린 소년인 명치천황을 자신들 수중에 확보한 뒤에, 천자를 끼고 제후를 호령한다는 이른바 '협천자 이령제후挾天子以令諸侯'의 수법으로 그때까지 일본을 통치한 덕천막부를 쓰러뜨리고 일본의 권력을 쟁취했다.

그렇지만 당시 정정은 몹시 불안했다. 덕천막부 지지자와 사족들의 반란이 잇달았고, 토막파 진영 내부의 분열과 반발이 자꾸 번지면서 새 정권의 기반이 매우 취약했다.

대다수 국민들은 정치사회적 격변과 불안에 기인한 기존 경제 구조의 붕괴와 극도로 악화된 생활고와 가치관의 혼란 때문에 극심한 고통을 겪었다. 게다가 각지에서 농민 폭동이 잇따랐다. 당시의 혼란상은 통계 수치로도 여실하게 증명된다. 덕천막부가 통치한 장장 265년 동안 농민 폭동은 모두 6백건이 되지 않았는데, 명치유신으로 덕천막부가 무너진 뒤인 1868년(명치 원년)부터 불과 십 년 동안에는 무려 190건이 일어났던 것이다.

그토록 정치적으로 불안하고 긴박한 시기에 토막파 정권 담당자들이 생각해 낸 것이 바로 '천황의 전국 순행'이었다. 당시 대다수 일본 국민들의 시각과 정서로 보자면, 덕천막부를 쓰러뜨리고 새 정부를 세운 토막파는 권력 투쟁에서 승리한 서남西南의 거대한 번벌藩閥 출신 야심가들의 집합체, 요즘 말로 하자면 한무리의 성공한 쿠데타군에 불과했다.

그러한 국민 정서와 정황을 피부로 파악하고 있었기에, 토막파들은 자신들이 제거한 '일본을 통치하는 막부 장군' 의 자리에다 새롭게 '일본을 직접 통치하는 천황 폐하' 라는 대체물을 내세워서 '천황 숭배' 라는 이데올로기를 창출해 내고, 그 이데올로기를 국민통치의 도구로 삼았다. 말하자면, 새로운 형태의 통치술, 즉 천자를 끼고 국민을 호령한다는 의미의 '협천자 이령국민挾天子 以令國民' 이라고 부를 만한 술책을 추진했던 것이다.

그런 술책의 하나로 추진되고 실행된 것이 바로 '명치천황의 국토 순행' 이었다. 그것은 일본 정부 당국자들이 조직적으로 추진한 '천황 숭배' 풍조의 깃발이 처음으로 대중성을 띠고 일본 사회에 드높이 쳐들린 사건이기도 했다.

여기서 한 가지 짚고 넘어갈 것이 있다.

현재 우리 사회에는, '종래의 일본 사회에서 천황 가문은 어떤 위상을 차지하고 있었던가?' 하는 문제에 관해 다소 오해하는 부분이 있다. '명치유신 이전의 막부 통치 시절에 천황은 신도神道를 주관하는 일개 가난한 제사장 정도로 아주 하잘것없는 존재였다' 고 알고 있는 사람들이 의외로 많다. 그러나 그것은 사실과 다르다. 일본에서 천황은 자고로 국가를 상징하는 신성한 존재라는 의의를 지니고 그에 걸맞은 존중을 받았다. 명치유신으로 천황이 직접 통치에 관여하게 되기 이전, 즉 천황에게는 통치권이 전혀 없고 덕천막부의 수장인 '장군' 이 일본을 실질적으로 통치하던 막부 시절일지라도, 막부가 지닌 통치권의 실체는 '천황으로부터 통치권을 위임 받아 행사한다' 는 구조와 형태에 그 법적 근거를 갖고 있었기 때문이다.

그런 정치 구조를 가장 상징적으로 선명하게 보여 주는 사례가, 일본 무사

⬆ 황태자 이은과 이완용 내각. 여름방학을 맞을 이은을 어떻게 다루어야 할지를 곰곰이 궁리한 끝에 이등박문은 현임 대한제국 총리대신인 이완용까지 동반하여 동경에 나타났다. 이완용은 이른바 이은의 태자소사로서, 이은이 공부하는 모습을 알아볼 겸 일본의 각 관청들을 시찰한다는 명분을 걸고 이등박문과 함께 현해탄을 건넜다(1907, 한미사진미술관 소장).

도의 정수를 드러내었다고 일컬어지는 '번주播州 적수번赤穗藩의 47명 무사의 복수사건'이다. 그것은 덕천막부가 가공할 정도의 철권통치를 시행하던 시절인 1702년 3월에 발생한 유명한 실화다. 적수번의 무사들이 막부의 명으로 자신들의 주군이 할복자살하도록 만든 원수인 영주의 집에 쳐들어가서 그의 목을 베어 주군의 영전에 바쳤다. 그 뒤 막부의 명에 따라 복수전에 참가한 무사 전원이 할복자살한 사건이다.

이 사건은 입에서 입으로 전해져 일본 전역에 알려졌고 결국 〈충신장忠臣藏〉이란 제목의 연극으로 만들어져서 연년세세 오늘날까지 끊임없이 공연되며 사랑받는 일본의 가장 대표적인 국민연극이 된 바, 이 사건의 배경에 존재한 것이 바로 천황의 권위였다.

천황이 거주하고 있는 수도 경도에서 새봄이 왔음을 축하하기 위해서 천황이 보내는 칙사가 강호성(지금의 동경)의 덕천막부에 내려오게 된다. 그때 칙사를 접대하는 직책에 지명된 젊고 경험 없는 적수번의 영주가, "혹시라도 천황의 칙사를 맞을 때 갖추어야 할 궁중 예절에 조금이라도 어긋나면 어찌할까" 하고 몹시 두려워하면서 전전긍긍하던 중에 천황의 칙사를 대하는 법도와 예절을 그에게 지도할 임무를 지니고 있던 영주와 충돌함으로써 그토록 처참한 사건이 빚어졌던 것이다.

일본은 본래 그처럼 천황의 존재와 권위가 기본적으로 그리고 절대적으로 인정되고 있는 사회였다. 그렇기 때문에 그런 사회 구조 안에서 거둘 수 있는 극적인 효과를 노린 토막파의 정부가 '명치천황의 국토 순행'이라는 프로젝트를 기획하고 실행했던 것이다.

순행이 처음 시작된 1876년에 명치천황의 나이는 스물세 살이었다. 이등박문의 말대로 당시 명치천황은 주로 건장한 가마꾼들이 멘 가마에 들어앉아서 전국 각지를 돌아다녔다. 그때까지만 해도 대대로 천황은 궁성 밖으로 나오지 않았고, 궁성 안에서도 극히 제한된 인물들, 즉 관위官位가 매우 높은 공경公卿들 이외에는 직접 알현할 수도 없었다. 그래서 일반 백성들에게는 구름 위에 있는 듯한 매우 생소한 존재였다. 그렇기 때문에 이때의 국토 순행은 문자 그대로 '전례가 없는 대사건'으로서, 명치천황의 치세 초기에서 가장 유명한 사건이었다.

당시 명치천황은 순행 중에 주로 각 지방에 있는 학교나 공장이나 특산물 제조소 같은 곳을 방문했다. 그러나 지역에 따라서는 기껏 찾아갔으면서도 현지 백성들에게 '단 한 번도 얼굴을 내보이지 않고' 가마 안에 그저 들어앉아 있기만 했던 곳도 많았다고 한다.

그 이유를 미루어 알 만하다. 본래 명치천황은 네 살도 되지 않은 어린아이 때부터 집 밖에 나갈 때면 길에다 막을 쳐놓고 그 막 안으로만 다니게 할 정도로 유별나게 사람들의 시선을 싫어하는 천성을 타고난 사람이었다. 그런 만큼, 무력으로 막부를 쓰러뜨리고 집권함으로써 권력의 실세가 된 신하들의 강요로 그런 순행을 해야 하는 것이 기질적으로 너무 싫어서 그랬을 것이다. 또 천황이란 대대로 '궁성宮城의 옥렴玉簾' 속에서만 고고하게 지내던 존재인데, 자신의 대에 와서 몸소 궁성을 나서서 집 잃은 나그네처럼 흙길 물길을 가리지 않고 전국을 떠돌아야 한다는 것이 너무도 모욕스럽게 느껴졌던 점도 있었을 것이다.

그렇다고는 해도 어쨌든 순행의 효과는 대단했다. 일반 백성들은 천황의 가마와 그 어마어마한 수행원들을 눈으로 직접 보면서 그간 말로만 듣던 '천황'이란 통치자의 존재를 실감했고, 천황의 신민으로서의 자각과 친밀감과 일체감을 느꼈다. '백 번 듣는 것보다 한 번 보는 것이 더 낫다'고 하는 경구,

즉 '백문불여일견百聞不如一見' 이 백성들 사이에서 그대로 이루어진 것이다.

당시 명치 정부가 이때의 천황 순행에 얼마나 큰 비중을 두었는지를 알 수 있는 것이 그 규모다. 순행은 1876년, 1878년, 1880년, 1881년, 이렇듯 1876년부터 1881년까지 6년에 걸쳐서, 1877년과 1879년 두 해만 빼고 해마다 대규모로 계속되었다. 그리고 순행이 중단된 1877년과 1879년을 살펴보면, 순행 자체가 불가능한 비상 시기였기 때문에 불가피하게 중단했을 뿐이다.

1877년은 명치 정부 수립 이후 최대의 위기였던 저 유명한 서남전쟁西南戰爭이 일어난 해였다. 명치유신의 주역이요 원훈이자 당시 유일한 육군대장의 계급을 갖고 있던 서향융성西鄕隆盛이 1877년 2월 15일에 구주의 녹아도鹿兒島에서 3만 명에 달하는 사족 무사들을 이끌고 새 정부에 대항하여 거병했다. 그리하여 일본 정부가 국력을 모두 기울여 항전해야 했던 내전, 곧 서남전쟁이 발발했다. 서향군과 정부군 사이에 벌어진 전쟁은 근 8개월간을 끌면서 일본 정부의 존립 자체를 위태롭게 몰아가다가, 9월 24일에 정부군의 총공격을 받은 서향융성이 패전하여 자결함으로써 막을 내렸다. 그처럼 격렬한 내전이 장기간에 걸쳐 벌어진 해였기에 천황의 순행이 원천적으로 불가능했다. 그리고 1879년에는 전국적으로 콜레라가 크게 번진 해였기에 순행이 중단되었다.

이처럼 불가피했던 이 년을 제외했을 뿐, 당시 일본 정부는 젊은 명치천황에게 여러 해 동안 지속적으로 전국 각지를 순행하도록 강요하여 성사시켰다. 당시 집권자들이 '천황 순행' 에 건 정치적 기대치와 목표가 얼마나 절박했던 것인지를 능히 짐작할 수 있다.

그 시절에 이미 일본의 눈 있는 사람들은 집권자들이 이렇게 천황을 전국적으로 순행시키는 의도가 무언지를 즉각 짐작했다. 그래서 일본 정계의 비주류 측에서는 "여태까지 막부의 전제 때문에 권력 행사가 불가능했던 번벌 수령들이 그들의 정치적 야심을 달성하기 위해서 천황 숭배를 추진하고 있다"고 강력하게 비판하고 나섰다. 막부를 쓰러뜨린 자들이 국민들에게 천황 숭배를 유도하여 천황을 신격화한 뒤 천황의 이름을 내세워 실질적인 권력을 장악하려 한다는 비판이었던 것이다.

그 비판은 정곡을 찌른 것이었다. 일본 집권자들은 1876년에 시작된 천황 순행으로 첫 봉화를 높이 올린 '천황 숭배 사상'을 청일전쟁 등 국가적 위기 때마다 지속적이고 강력하게 주입하였다. 그 결과, 그들은 넘치도록 목표를 달성했다. 일본 국민들로 하여금 '천황은 사람의 모습을 한 살아 있는 신'이라는 '현인신現人神' 주장을 사실로 믿게 만들 정도로 맹목적인 '천황 신격화'에 성공했다. 일본 정치가들은 나중에는 그 신격화를 아예 미신적인 수준으로까지 몰아가서, 일본 국민들로 하여금 "천황의 얼굴을 직접 보면 눈이 먼다"는 말까지 실제로 믿도록 만들었다.

뒷날 일본의 정치학자들은 이때의 '천황 순행 행사'와 관련해서 "명치 초기에 집중적으로 추진된 천황 순행은, 민중을 교화하기 위한 수단으로서 연출되고 관리되고 규제된 것으로, 이때 권력에 의해 이데올로기적으로 만들어진 천황상天皇像은 민중의식과 모순과 갈등을 일으키면서도, 결국 민중 자신에 의해 받아들여지게 되었다"고 분석했다. 물론 이등박문은 명치유신 이래 늘 정부 권력의 핵심에 있던 인물인 만큼, 그러한 '천황의 국토 순행'의 배경과 그것이 가져온 뛰어난 성과에 대해 소상하게 파악하고 있었다. 그렇기에 이제 인질로 끌고 온 대한제국 황태자 이은을 소재로 삼아서 같은 성격과 목적을 지닌 행사를 다시 한 번 벌여 보려는 욕구를 일으켰던 것이다.

이등박문은 그런 것을 생각하는 것만으로도 근골에 힘이 치솟고 즐거움이 가슴을 가득 메우는 사내였다. 그 즐거움이야말로 '술에 취해 몽롱한 머리를 미인의 무릎 위에 얹는 즐거움' 에 결코 뒤지지 않는 즐거움인 '술이 깨어 맑아진 머리로 나라를 다스릴 길을 궁리하는 즐거움' 의 극치였다.

"하하하! 하하! 전하! 외신이 성심을 다해 전하를 잘 모시고 다니겠사오이다. 전하께서는 안심하시고 이번 여름 여행을 크게 즐기소서! 하하!"

전혀 노인답지 않은 활기찬 웃음이 그의 입에서 계속 흘러나왔다.

어린 인질의 제1차 일본 순유
—1908년 여름

1908년 8월 3일.

폭염이 이글대는 한여름, 습도는 높아 끈적이고 태양은 낮게 떠서 뜨겁다. 67세 노인과 열한 살짜리 사내아이가 함께 긴 여행을 하기에는 아주 부적절한 때였다. 그럼에도 불구하고, 대한제국 통감 이등박문 공작과 대한제국 황태자 이은은 이날 많은 수행원들을 이끌고 여행길에 나섰다. 그들은 동경을 떠나서 일본 관서 지방을 향해 나아갔다. 이은이 일본에 끌려온 지 꼭 8개월이 된 때였다.

"전하! 보소서! 삼십여 년 전에 우리 천황 폐하께서는 좁은 가마를 타고 일본 땅을 순행하셨는데, 이제 전하와 외신은 너른 기차에 앉아서 다닙니다그려!"

교활한 이등박문은 줄곧 의도적으로 '이 여행은 예전 명치천황의 순행과 같은 대단한 행사'라고 암시하기를 멈추지 않았고, 이은은 천진한 아이답게 곧 그 분위기에 휩쓸렸다.

"그래요. 그걸 생각하면 우리는 지금 너무 편안하게 다니는 것 같아요."

과연 이등박문의 계산은 빈틈이 없었다. 허연 머리터럭과 긴 수염을 바람에 날리는 일본 최고의 권력자와 대한제국 육군 보병 참위의 군복 정장을 입고 작은 군도까지 찬 조그만 외국 황태자인 어린 인질……. 두 사람이 이룬 기이한 짝은 그것만으로도 엄청난 화젯거리였고 대단한 구경거리였다. 그들이 가는 곳마다 손에 손에 양국 국기를 든 관민官民이 함께 모인 거창한 환영회가 대대적으로 열렸고, 밤에는 군중들이 거리거리 몰려다니면서 환영의 제등행렬 행사를 벌이는 열광적인 분위기가 거듭 되풀이되었다. 각 지방의 신문들은 그런 행사들을 경쟁적으로 보도하여 분위기를 더욱 뜨겁게 달궜다.

"아, 저기 보인다!"

"그래! 바로 저 애가 이등 공작께서 인질로 동경에 데려다 놓은 한국 황태자야!"

"귀엽다! 꼭 장난감 병정 같구나."

구경꾼들은 저마다 한마디씩 하면서 으쓱거렸다. 그들이 가는 곳 각 지방마다, 일본 국민들은 소문으로만 듣던 그 유명한 어린 소년을 직접 봄으로써 매우 큰 만족감을 느꼈다. 일본이 이웃에 있는 나라인 대한제국을 보호국이라는 이름의 속국으로 만든 데다 그 나라 황태자를 인질로 손안에 확보해 둔 상태라는 사실을 새삼스럽게 실감했던 것이다. '대한제국 황태자 이은 전하 환영회' 라는 행사야말로 현재 욱일승천의 기세로 국운이 뻗어가고 있는 강국 일본 , 그 실체를 생생하게 느끼게 만드는 매우 호사스럽고 흔쾌한 잔치이며 신명나는 축제였다. 이등박문이라는 산전수전 다 겪은 노련한 사수는 작심하고 노린 과녁의 중심을 쇳소리 나게 명중시킨 것이다.

횡수하橫須賀 → 명고옥名古屋 → 대판大阪 → 신호神戶 → 오吳 → 내량奈良 → 우치宇治 → 기부岐阜

이등박문은 이은을 데리고 그런 여정으로 여행했다. 이등박문이 쓰는 수법이 항용 그랬듯이, 이 특이한 여행은 다중적이며 섬세하고도 차원 높은 심리전술의 하나였다.

일차 과녁은 황태자 이은이었다. 한국을 일본에 합병하기 위한 전초 작업으로, 이은을 자신이 직접 데리고 다니면서 크게 은혜를 베풀고 두터운 정을 쌓음으로써 전적으로 자신에게 의지하고 예속되도록 유도하고, 또 이은으로 하여금 일본 각지를 직접 봄으로써 일본이 지닌 국력의 크기를 피부로 깨달아 미리 주눅 들게 하여 마음 깊은 곳에서부터 진심으로 일본제국과 자신에게 심복하도록 만들려는 것이다.

이차 과녁은 일본 국민이었다. 현재 일본 사회는 청일전쟁과 러일전쟁 등의 국가적 위기에 말미암은 과도한 부담으로 물심양면 모두 심하게 피폐해진 상태로 현재 사회 전반에서 국론의 분열과 갈등 현상이 팽배해 있었다. 그런 국민들을 상대로 인질로 끌고 온 대한제국 황태자 이은을 직접 보여 준다는 것은, 현재 일본의 국운이 힘차게 세계로 뻗어 나가고 있음을 아주 극적으로 생생하게 증명해 줄 가시적인 기호와 표지가 된다. 일본 국민들은 자신들의 고장에 몸소 찾아와서 눈앞에 서 있는 이웃 나라의 어린 황태자 인질을 직접 보면서, 그간 겪은 극심한 고생을 보상받는 큰 잔칫상을 대하는 듯한 통쾌함을 느낄 터였다. 그리되면 일본 국민들은 자신들의 희생이 국력의 신장과 국운의 융성으로 보상받았음을 실감하고 일본 국정에 대한 자긍심과 일체감을 느끼는 동시에, 앞으로 일본제국이 계속 뻗어 나갈 미래에 대한 기대치 또한 더욱 드높아짐으로써 현재의 힘든 고비를 보다 쉽게 넘길 수 있게 된다.

삼차 과녁은 이등박문에 대한 일본 국민의 정서였다. 국민들은 결국 그런 일들을 모두 가능하게 만든 이등박문이란 인물의 역량과 위대함을 새롭게 실감하고 진심으로 감사하게 될 것이다.

그러한 계산과 구도를 바탕으로 계획된 여행이었다. 그래서 교활하면서도 천진하며 노회한 야심가인 동시에 타고난 배우처럼 노골적인 현시욕을 지닌 활기와 신명의 사나이 이등박문은 진심으로 그 여행을 즐겼다. 그는 흡사 무대에 오른 뛰어난 연극배우처럼 노련하게 자신의 역할을 해내느라 전력을 쏟았다.

"전하! 전하! 전하를 환영 나온 저 군중들을 보소서! 전하를 뵈옵고 얼마나 기뻐하고 있사오니까! 어수御手를 흔들어 답례해 주소서!"

두 사람이 함께 여행을 다니는 동안 이등박문은 지극히 충성스러운 신하가 자기 주군을 모시듯이 아주 깍듯하게 이은을 모셨다. 이은의 허영심을 부추기고 이은으로 하여금 인질생활을 호사스러운 유람생활처럼 느끼도록 만들기 위해서였다.

당시 이등박문의 나이 만 67세, 이등박문은 일본국의 초대 총리대신을 시초로 네 번이나 총리대신을 역임했고 초대 추밀원 의장이고 초대 귀족원 의장이었으며 현재 대한제국 초대 통감직을 맡고 있는 자였다. 경력으로도 온 나라 안의 으뜸이요, 지위는 공작으로서 인신人臣의 극에 올라가 있다. 그럼에도 불구하고 그는 각지의 환영객들을 대할 때마다 언제나 열한 살 어린 소년 황태자 이은을 앞에 내세우고 자신은 아주 겸손한 자세로 그 뒤에 시립했다. 그래서 그들의 모습은 더욱더 대단한 구경거리가 되었고, 보는 사람들에

⬆ 군복을 입은 황태자 이은과 이등박문. 이등박문의 구상에 따라 황태자 이은에 대한 교육이 시작되었다. 이은의 조거판 저택에 어학문소를 설치해 각 과목별로 정해진 교수들이 와서 가르치기 시작했다(1907).

게 깊은 인상과 함께 좋은 구경을 즐길 때 맛보는 흔쾌한 만족감을 주었다. 그는 '대한제국 황태자 이은'이라는 어린 인질을 지렛대로 삼아 대한제국 전체를 들어 올려 일본제국의 융성과 번영을 담보하는 토대로 만들고자 자신의 늙은 몸을 그토록 혹사했다.

"전하! 외신이 시를 하나 지었나이다!"

재주도 많고 신명도 많은 사내 이등박문의 취미 중에는 '시 짓기'도 있다. 여행 중 대판 일대를 둘러본 뒤 신호항神戶港에서 군함 만주환에 올라 오吳지방을 향해서 항해하고 있을 때였다. 만주환은 지난 겨울에 고국을 떠나 일본으로 갈 때 탔던 군함이라 낯익어서 새삼 형언할 수 없는 감회가 어린 이은의 가슴을 채우는데, 이등박문은 붓 돌아간 품새가 매우 활달한 글씨로 채운 종이 하나를 이은에게 내밀었다.

"이것은 요즘 외신이 전하를 모시고 천하를 두루 밟으면서 느낀 바를 쓴 것이옵니다. 읽어 보시옵소서!"

"예."

종이를 받아든 이은이 흥미로운 눈길로 들여다본다. 한자로 쓰인 한 편의 칠언절구였다. 한자라면 고국에서부터 공부한 바이기에 어느 정도 문리를 짐작하고 있다. 아이는 차분하게 읽어본다.

불타는 팔월 더위를 무릅쓰고 수레로 배로 천하를 주유함은炎天八月駕艨艟
황태자의 총명함을 계발해 드린다는 약속을 반드시 지키기 위함이로다實踐須期啓睿聰
자고로 큰 인물이 못 되고 중도에 꺾인 신동들이 많았음은自古神童多挫折
큰 공을 들이지 않으면 큰 그릇이 만들어지지 않음을 말함이 아니런가不成大器

이은에게 읽히려고 쓴 것이라 되도록 쉬운 한자를 골라 글을 지었기에 한 번 보는 것으로 이은은 대강 그 뜻을 파악했다. 시를 읽고 난 아이의 눈이 두 번째 구에 있는 '계예총啓睿聰' 이란 부분으로 되돌아가서 멎었다.

'예睿' 는 황태자를 뜻하는 글자다. 태자태사인 이등박문이 황태자인 자신의 총명함을 계발시켜 주겠다고 한 약속을 지키느라 8월의 염천 아래서 엄청난 고생을 하고 있다는 생색이 활달한 글씨 위에서 넘치도록 출렁거린다. 그러나 아이는 전혀 불쾌하지 않다. 같이 여행하는 동안 그만큼 정이 든 것이다.

아이가 다시 한 번 시 전문을 곰곰이 읽는다. 종이에서 눈길을 드는데, 시의 뒷부분이 큰 징소리처럼 마음을 친다.

"자고로 세상에는 신동으로 태어났음에도 불구하고 크게 되지 못하고 중도에 좌절하여 사라져 버린 자들이 많은데, 그 이유는 그들이 큰 인물로 자라나도록 큰 공을 들여서 돌보고 보살펴 준 사람이 없어서였다."

마지막 두 구절은 그렇게 해석되는데, 그것은 실상 아주 노골적인 협박이었다. 이처럼 험한 고생을 마다 않고 애쓰는 이등박문 자신의 계도함이 없다면, 황태자 이은도 좌절해서 세상에서 흔적 없이 사라져 간 수많은 신동들의 전철을 그대로 밟게 될 것이란 소리이기 때문이다. 그러나 외롭고 고단한 인질 처지의 어린 소년인 이은의 눈에는 그렇게 보이지 않았다. 자신이 장차 세상의 큰 그릇 곧 '위대한 황제' 가 될 인물로 성장하도록 최선을 다해 도와주겠다는 약속인 동시에 실천으로 보였다.

"아주 의미가 깊은 시이군요! 정말 감사합니다!"

이은은 진심으로 깊이 고개를 숙였다.

"태사님! 앞으로도 계속 지도 편달을 아끼지 말아 주세요. 훗날 반드시 큰 그릇으로 대성함으로써 태사님의 큰 공과 큰 은혜를 갚겠습니다!"

"오! 전하의 그 말씀, 이 늙은 외신의 마음이 감격으로 터질 듯하옵니다!"

이등박문은 진심으로 기뻐하면서 아이를 향해 손을 내밀었다. 아이는 얼른 손을 내밀어 그 손을 마주잡았다.

"전하! 안심하오소서! 이 외신, 늘 분골쇄신의 마음과 정성으로 전하를 극력 보필하겠사옵니다!"

마음 깊은 데서부터 우러나오는 강한 신뢰가 아이의 얼굴에 가득했다. 손을 맞잡은 그들은 몹시 다정한 할아버지와 손자 사이처럼 아주 친밀하게 보였다.

아이의 마음이 그렇게 강하게 자신에게 쏠리도록 만든 것은 역시 이등박문의 뛰어난 연출의 힘이었다. 아이는 가는 곳마다 관리들이며 민간인들 가릴 것 없이 떼 지어 몰려들어서 대대적인 환영 행사를 벌이고 깍듯이 모시는 축제 분위기에 완전히 현혹된 것이다.

그러나 당시 환영 행사에 동원되어 손에 손에 일본 국기와 대한제국 국기를 흔들며 늘어서 있던 인파 속에는 그런 겉모습의 화려함에 들뜨지 않고 오히려 행사의 주인공인 이은의 모습을 '애처롭다' 고 느끼고 두고두고 마음속 깊이 담아 둔 소년도 끼어 있었다. 그 거창하고 화려한 축제의 참된 주인은 이등박문이고 일본 국민들일 뿐, 어린 인질 이은은 행사용 소품에 불과함을 남김없이 알아본 것이다. 나중에 이은의 육군중앙유년학교 동창생이 된 도전정순稻田正純이 남긴 이은을 추억한 회고담에는 "자신은 어린 중학생일 때 미자米子 지방에서 열린 대한제국 황태자 환영 행사에 동원되었는데, 환영 대

열 속에서 바라본 군복 차림의 어린 황태자 이은의 모습이 몹시 애처로웠다"는 술회가 들어 있다.

일본 측 기록들은 당시 이들이 행한 여행을 두고 '관서 순유巡遊' 라고 지칭했다. '순행' 은 천자에게만 쓰는 용어이기에, 황태자인 이은에게는 순행보다 한 등급 아래 용어인 '순유' 라는 표현을 쓴 것이다.

이등박문과 이은은 19일 동안 한여름 무더위 속에서 일본 관서 지방을 두루 돌아다닌 뒤에 8월 21일에 이등박문의 별장이 있는 대기에 도착했다. 실은 더 오래 여행할 계획이었는데, 이등박문의 평생의 친구로 오랫동안 일본 외무대신을 역임한 정상형井上馨이 신병으로 위독하다는 급보가 와서 황급히 여행을 단축한 것이다.

정상형은 이등박문과 같은 장주번 출신으로 젊은 시절부터 손잡고 생사를 같이하면서 일본 정계에서 활약해 온 친우로서, 같은 번 출신 권력가인 산현유붕山縣有朋과 함께 이른바 '장주 삼존三尊' 의 하나로 꼽히던 평생의 지기였다. 더구나 아들이 없는 이등박문이 정상형의 조카를 데려다 자신의 집안을 이을 양자로 삼았으리만큼 절친한 사이였다. 그렇기 때문에 정상형의 위독설에 그만치 놀랐던 것이다.

대기로 돌아온 이등박문은 이은을 자신의 별장인 창랑각에 머물러 쉬게 조치해 놓고, 자신은 황급히 정강현靜岡縣 흥진興津에 있는 정상형의 별저로 달려갔다. 그는 거기서 정상형의 머리맡에 앉아 몸소 밤낮으로 극진히 간호하면서 정상형이 기적적으로 소생한 9월 중순까지 머물렀다.

그런데 이등박문은 8월의 무더위 속에서 긴 여행을 다니면서 어리고 조그만 소년인 이은을 자신과 일본의 국익을 위해 철저하게 이용하고 있는 것에 대해 마음 깊은 곳에서 치미는 미안함을 느꼈던가 보다. 드디어 정상형이 병에서 놓여난 것을 보고 대기의 창랑각으로 돌아온 이등박문은 자기 나름으로는 아주 큰맘 먹고 결심한 선물을 이은에게 주었다.

"전하! 이 창랑각, 보시기에 어떻사옵니까?"

"좋습니다. 아주 좋은 건물입니다."

"마음에 드시옵니까?"

"예. 마음에 듭니다."

"전하! 이 건물은 현재 일본에서 역사적으로 매우 큰 의미를 지닌 아주 유명한 건물이옵니다. 왜 그런지 아시옵니까? 바로 이 건물 안에서 외신이 일본제국 최초의 헌법을 만들었기 때문입지요."

"예. 저도 들어서 알고 있습니다."

"전하! 외신이 이 창랑각을 전하께 선물로 바치겠사옵니다. 받아 주시옵소서!"

"예? 창랑각을 저에게요?"

"예. 전하! 이 창랑각을 전하께 바치겠사옵니다. 외신이 전하를 얼마나 아끼고 존경하는지, 그 마음의 일단을 표시하고 싶어서 그러는 것이옵니다. 외신이 이 세상에서 지니고 있는 소유물 중에서 가장 아끼는 창랑각을 전하께 드리겠사옵니다!"

이은은 놀라서 대꾸했다.

"아! 그처럼 유서 깊은 건물을 저에게 주시다니요! 정말 고마우신 선물이군요!"

일본에서도 가장 유명한 고급별장 지대인 대기에 있는 이등박문의 유서 깊은 별장 창랑각은 그렇게 소년 이은의 소유가 되었다. 후일담이지만, 이 건물 증여에 관한 서류 처리는 이등박문이 1909년에 죽고 나서 십여 년이 흐른 뒤인 1921년에 이등박문의 양자인 이등박방이 정리하여 공식서류상으로도 완전한 이은의 소유물이 되었다.

이은은 8월 24일까지 창랑각에서 쉬고, 다시 탑지택塔之澤이란 곳으로 옮겨 가서 피서를 즐긴 뒤 27일에 동경의 조거판 저택으로 돌아갔다.

명치천황이 동경으로 돌아온 이은을 궁성으로 부른 것은 9월 1일, 명치천황은 이은에게서 관서 지방을 여행한 소감을 들은 뒤에 선물들을 내놓았다.

"그대는 활동사진에 취미가 많다지? 보게. 특별히 구하게 한 물건이야."

영사기를 본 이은의 얼굴에 환한 미소가 떠올랐다.

"폐하! 정말 고맙습니다!"

"마음에 드는 모양이군. 그대가 좋아하니 나도 기쁘이."

명치천황과 이등박문이 줄곧 그런 식으로 이은을 대했기 때문에, 이은은 말년에 이르기까지 자신이 평생에 걸쳐서 진심으로 믿고 의지했던 오직 세 명의 일본인으로 명치천황과 황후와 이등박문을 꼽았던 것이다.

그해 10월 20일, 이은이 일본에 온 뒤 처음으로 맞은 생일이었다. 명치천황은 이은의 생일까지 챙겼다. 10월 29일에 황궁으로 불러서 생일 축하 인사와 함께 생일 선물로 은제 잉크병과 초인종을 주었고, 황후는 황후 문장이 새겨진 거북 모양으로 된 은병을 하사했다.

그러나 명치천황이나 이등박문은 모두 매우 잔혹한 사람들이었다. 그처럼 앞에서는 어린 인질 이은을 금이야 옥이야 위해 바치는 모습을 연출하면서 동시에 뒤로는 대한제국을 일본에 병합할 계획을 빠르게 진행시키고 있었다. '등치고 간 내 먹는다' 는 속담 그대로였다. 자기들이 이역 땅에 끌어다 놓았기 때문에 고아처럼 외로운 조그만 어린아이……, 밖으로는 그 아이를 향해 녹을 듯이 다정하고 따뜻하게 웃는 얼굴로 그 외로움을 보듬고 달래주면서,

안으로는 냉혹하고 냉철한 솜씨로 그 아이의 손에서 그 아이가 다스릴 나라를 빼앗을 작업을 진행시키고 있었던 것이다.

이등박문의 간계,
융희황제의 처연한 겨울 순행

1908년 11월.

나무마다 벌인 가지에서 나뭇잎 우수수 떨어지고 늘어선 거리마다 찬바람이 휘몰아치는 늦가을이 되었다. 이등박문은 조거판 어용저로 이은을 찾아가서 작별을 고했다.

"전하! 외신은 이제 한국으로 귀임하옵니다. 그래서 떠나는 인사를 여쭈려고 왔나이다!"

"아! 한국으로 돌아가신다구요!"

이은의 얼굴에 매우 서운한 빛이 떠올랐다. 까마귀도 고향 까마귀가 반갑더라고, 산 설고 물 선 이역 땅 낯선 일본인들 중에서 그래도 모국에서부터 알고 지냈던 사이인 낯익은 이등박문의 존재가 마음에 큰 의지가 되었던 것이다.

"예! 전하! 외신이 전하 곁을 비우는 동안에도 전하께서는 쉼 없이 면학에 매진하소서! 어학문소의 뛰어난 교수들의 많은 지식을 모두 내 것으로 하겠다는 큰 뜻을 품고 전심전력 노력하소서! 그것이 곧 전하의 나라를 위하는 길이옵고, 전하 자신을 위하는 길이옵니다. 요즘 세상은 실력 있는 자가 모든 것을 갖는 시대이기 때문이옵니다!"

"예! 알겠어요."

"한국에 계시는 태황제 폐하와 황귀비 전하와 황제 폐하와 황후 폐하께오서 현재 전하를 향해 바라고 기대하시는 것이 과연 무엇이겠사옵니까! 오로지 전하께오서 학문을 부지런히 닦으시와 뒷날 나라를 바르게 이끄실 훌륭한 군주가 되시는 것, 바로 그것이옵니다. 늘 명심하오소서!"

"예. 말씀대로 열심히 공부하겠습니다! 그러니까 태사님께서는 한국에 가서 아바마마와 어마마마와 황제 폐하와 황후 폐하를 뵙거든, 제가 열심히 노력하고 있더라고 전해 주세요."

이은은 밝게 웃는 낯으로 씩씩하게 대꾸했다.

"예! 전하! 분부 명심하겠나이다!"

이등박문은 매우 흐뭇한 얼굴로 이은과 헤어졌다. 이은이 지난 여름에 장기간에 걸쳐 함께 여행한 일로 인하여 이전보다 더욱 강한 유대감과 친밀감을 느끼고 있는 것이 역력했기 때문이다.

이등박문이 다시 한국으로 나간 것은 1908년 11월 14일로, 그는 다음 해인 1909년 2월 17일까지 석 달 동안 한국에 머물렀다. 겨울 한 철을 모두 한국에서 보낸 것이다.

그런데 과연 이등박문이었다. 화려함과 극적인 상황을 즐기는 자답게 그는 세상을 세게 후려칠 사안 두 가지를 은밀하게 준비해 놓고 1909년의 새해가 시작되기를 기다렸다. 그리고 새해에 들어서자마자 즉각 준비해 둔 것들을 강력 폭탄처럼 터뜨려서 대한제국 천지를 엄청난 충격과 경악으로 온통 뒤흔

들어 놓았다.

그가 내민 두 가지 현안은 보통 사람은 상상조차 할 수 없는 엄청난 것들이었다. 하나는 융희황제로 하여금 '서순과 남순'이라는 명목 아래 태어나서 처음인 전국 여행을 하도록 강박하여 실행시킨 것이고, 다른 하나는 일본에 인질로 가 있는 황태자 이은의 '혼혈결혼 문제'를 공개적으로 꺼내서 공론화를 시도한 것이다. 그런 일을 겪으면서 한국 백성들은 이등박문이 빙빙 돌리고 있는 통 속에 갇혀서 마구 돌려지고 있는 듯 도무지 제대로 정신을 차릴 수가 없었다.

먼저 '융희황제의 전국 여행'이란 사안을 본다. 조선조 오백년을 통해서 임금이 전국 여행이란 것을 한 적이 전혀 없었다. 그런데 돌연 건강하지도 않은 황제로 하여금 전국 여행을 하게 한다니, 듣는 것만으로도 경악 그 자체인 일이었다. 다음으로는 일반인들도 외국인과 결혼하는 일이란 거의 없던 때인데 지존의 황태자가 일본 여성과 결혼할 것이라는 주장을 내세우고 나선 것이다. 그 역시 차마 들은 귀를 믿을 수 없도록 경악스러운 일이었다.

이등박문은 이미 지난 1908년 12월에 극비리에 '융희황제(순종)의 전국 순회 여행'이라는 계획을 모두 완성해 두었다. 맹추위가 극렬히 위세를 떨치는 1909년 1월과 2월 초에 이르는 동안에 병약한 황제로 하여금 궁궐을 나서서 두 차례에 걸쳐 남북한을 두루 도는 대여행 곧 '황제 순행'을 하도록 만들려는 계획이었다. 그는 자신이 직접 황제를 모시고 다니면서 그 행사를 치르도록 계획을 세운 뒤에 그 실행에 필요한 수배 조치까지 극비리에 모두 끝내 놓은 상태였다. 그리고 융희황제에게 그 일에 관한 이야기를 꺼낼 시기를 정해 놓고 그날이 오기를 기다리고 있었다. 늘 화려함과 극적인 상황을 즐기는 자답게 그가 정해 놓은 시기는 새해맞이를 축하하는 신년 하례식 때였다.

이때 이등박문은 왜 '황제 순행' 이라는 카드를 꺼내 든 것인가?

당시 대한제국은 각지에서 일어나는 의병들의 활동으로 치안이 매우 불안했다. 통계에 따르면, 1908년 한 해 동안 각 도에서 일어난 의병과 일본군의 교전 회수가 1천 9백 76건이고, 교전 의병 수는 8만 2천 6백 76명에 달했다고 한다.

이등박문은 당시의 대한제국 국내 상황을 획기적인 민심 수습책이 있지 않으면 도저히 치유하기 어려운 난경이라고 파악했다. 일본으로서도 한국의 국내 상황이 안정되어야 손쉽게 합방하여 속국으로 만들 수 있지, 이런 형편이라면 합방하기도 어렵고 또 무리하게 합방한다 해도 통치하기가 여간 어려운 일이 아닐 터였다.

한시바삐 이런 상황을 일거에 반전시켜야만 한다.

오래 궁리할 것도 없었다. 그가 이은을 데리고 일본 땅을 여행하는 동안 이미 마음속에 세워 둔 계책이 있었다. 전가의 보도처럼 잘 써먹는 '황제 순행 작전' 이었다.

1876년에 일본의 신정부 권력자들에 의해서 확인된 바, '황제 순행' 이란 형식이 일반 백성들에게 미치는 막대한 영향력과 절대적인 효용성과 찬연한 성과……. 그것을 그는 지난여름에 이은을 데리고 일본 관서 지방을 여행하면서 재확인했고, 새삼 대단한 만족을 느꼈다. 그래서 이제 그 비법을 대한제국의 융희황제를 상대로 다시 써먹기로 했다. 대한제국 국민들의 민심을 수합하고 치안을 안정시키는 수단으로 '황제 순행' 을 강행하기로 작정한 것이다.

1909년 1월 1일.

새해 첫날에 창덕궁에서 신년 하례식이 열려 융희황제 이하 문무백관들이 모여서 새해를 축하했다. 하례식이 끝나자 식에 참석한 통감 이등박문은 황제에게 특별 알현을 청하였다. 황제는 사람 좋은 웃음을 얼굴 가득 떠올리며 접견실에서 이등박문을 맞았다. 그런 황제를 이등박문은 사냥꾼이 토끼를 대하는 시선으로 바라보았다. 그의 뇌리에 측근 부하들의 얼굴이 스쳤다.

후훗! 극비리에 이 여행에 관한 계획을 짜고 있을 때, 자네들은 뭐라고 했는가! 시국이 이토록 불안하고 살벌한 때에, 게다가 한겨울의 맹추위가 혹독한 기세를 떨치고 있는 이 사나운 일기에, 건강도 좋지 않은 병약한 융희황제를 궁궐에서 끌어내어 전국 순행의 길 위에 올려놓는다는 것은 아예 불가능한 일이라고들 자네들은 거듭 주장했었다. 물론 이건 쉽지 않은 일이다. 본래 이 나라는 조선조 시절부터 임금은 선조들이 묻힌 왕릉에 가서 제사를 드리는 능행 때나 또는 반란으로 몽진하는 비상시가 아니라면 궁궐을 벗어나는 일이 거의 없는 것이 전통이고 관례였으니까! 게다가 현재 황제는 유달리 신체가 병약한 사람임에랴! 그러나 자네들! 모두 내 솜씨를 지켜보아라! 내가 이 일을 어떻게 다루어 내는지, 눈 크게 뜨고 귀 크게 열어서 잘 보고 잘 배워 두어라!

이등박문은 천천히 입을 열어 아직도 웃음기를 가득 띠고 있는 황제의 얼굴을 상대로 침을 뱉듯 거칠게 말했다.

"폐하! 폐하께서도 알고 계시겠지만, 지금 대한제국은 멸망하기 직전에 있소이다!"

그는 타고난 협박과 강박의 귀재였다. 황제의 얼굴에 서려 있던 웃음기가 빠르게 걷히는 것을 빤히 지켜보면서 사납게 황제를 다그치기 시작했다.

"현재 전국 도처에서 의병이라 자칭하는 폭도들이 미친 듯이 날쳐서, 도시고 농촌이고 간에 치안이 전혀 확보되지 않는 처지이오이다. 빨리 이런 시국을 수습하여 민생을 안정시키지 않으면 언제 나라 자체가 무너져 내릴지 모를 일이오니다."

그는 불편한 안색으로 침묵하고 있는 황제를 계속 몰아붙였다.

"나랏일과 형편이 이에 이르면 어찌 되겠사오니까! 굳이 밖에서 외국 군대가 쳐들어오지 않아도, 내부에서 스스로 무너져 절로 망하게 되는 것이 아니겠사오니까!"

"……"

"폐하께서 스스로 상고해 보옵소서! 신라가 어찌 망했고, 고려가 어찌 망했나이까? 바다 밖에서 쳐들어온 이민족의 외적들에 의해 망한 것이오니이까?"

"……"

"전혀 그렇지 않음을 폐하께서도 잘 아실 것이오이다."

"……"

"그렇잖아도 대한제국은 지금 국력이 너무도 허약하여 스스로 지탱할 수 없는 지경에 이르러 있사오이다. 그리하여 우리 일본이 국력을 기울여 물심양면으로 돕고 대규모 군대까지 주둔시켜서 성심을 다해 보호함으로써 겨우 그 명맥을 이어가고 있는 터가 아니오이까! 그러나 이런 무정부적인 상태가 계속되어 우리 일본제국의 국익에 자꾸 해를 끼치고 우리 일본군의 인명을 자꾸 손상시킨다면, 우리 일본제국도 이 나라에서 손을 떼고 물러날 수밖에 없사옵니다. 그리 되면, 일이 어찌될 것 같사오니이까!"

황제는 침묵하고 있으나 치미는 불평을 억지로 누르고 있는 얼굴이었다. 의병이라 부르든 폭도라 부르든 간에, 한국 백성들이 무기를 들고 일어나 일본군과 싸우는 원인은 곧 일본의 침략 때문이 아닌가. 일본군이 이 땅에 주둔해 있지 않으면 서로 싸울 일도 없고 서로 고통받을 일도 없을 텐데, 그렇게 된 원인을 제공한 쪽에서 무슨 헛소리냐! 입 밖에 내지는 않았으나, 그런 생각을 하고 있음이 역력했다. 늙은 여우 이등박문이 그 기색을 놓칠 리 없다. 짐짓 아주 단호한 표정으로 추궁했다.

"폐하! 혹시라도 현재의 이 모든 혼란이 일본국과 일본 군대에 대한 반감 때문에 일어난 현상이라고 단순하게 생각하고 계시는 것은 아니겠지요?"

"……"

"혹시 만의 하나라도 폐하께서 그렇게 생각하신다면, 그것은 사물의 핵심을 제대로 보지 못하시는 것이옵니다. 지난 역사에서 간단한 예를 들어서 생각해 보옵소서. 애당초 갑오년(1894)에 일청전쟁이 어찌하여 일어났는지를 생각해 보옵소서! 조선 안에서 동학도들과 농민들이 대대적으로 일으킨 내부의 민란을 조선 왕실에서 자력으로 제압하지 못하고 청나라에 출병을 요청한 것에서 비롯된 것이 아니오니까!"

"……"

"아니, 그보다 더 근본 원인으로는 임오군란부터 꼽아야 하겠구먼요. 그 군란의 처리 과정에서 '일청 양국 군대의 조선 동시 주둔'이라는 빌미가 만들어진 것이었으니까요. 그러니만치, 조선에 임오년의 군란이 없고 갑오년의 민란이 없었던들, 일청전쟁이 하필 조선 땅에서 일어나는 일은 결단코 없었을 것이로소이다. 조선의 군주가 제 나라 군인을 제대로 다루지 못하고 제 나라 농민도 제대로 다루지 못하여, 그래서 그렇듯 군란으로 민란으로 나라가 넘어지게 되었기 때문에 청나라니 일본이니 하는 외국의 군대가 이 땅에 들어오게 된 것이 아니오니까!"

"……"

"폐하! 생각해 보소서! 조선의 군주와 백성이 일심동체가 되어 내부적으로 잘 다스려지고 국정이 탄탄했더라면 어찌 되었겠나이까! 설혹 일본과 청나라가 동양의 패권을 다투느라 부득이 전쟁을 하여야 했다 해도 결코 조선 땅에서 전쟁을 벌이지는 못했을 것이니, 조선국이 지난번처럼 무고하게 큰 피해를 입는 일은 없었을 터이옵니다."

"……"

"하온데, 지금의 국내 상황을 똑바로 보소서! 임오년 군란이나 갑오년 민란이 일어났을 때의 유가 아니올소이다. 그때보다 훨씬 더 위태하고 더 위험한 상태이옵니다. 현 상태를 하루 빨리 진정시키고 제압하지 못한다면 어찌될 것 같사오니까! 대한제국을 삼키려고 호시탐탐 노리고 있는 러시아나 서구 열강들에 의해서 망하기 전에 대한제국 스스로 먼저 멸망할 것이옵니다. 과거에 신라나 고려가 멸망할 때에 그러했듯이, 이민족이 나라 밖에서 쳐들어와서 멸망시키기 전에, 나라 안에서 일어난 역성혁명易姓革命으로 나라의 주인이 바뀌고 국호도 바뀌지 않겠사오이까! 폐하!"

어투는 공손하나 말의 내용은 오만하고 방자하며 무엄하고 참람하기 짝이 없다. 융희황제는 등에서 식은땀이 흐름을 느꼈다.

이등박문이 하는 말은 완전히 일본 측의 일방적인 논리로 무장된 것이었다. 모두 틀렸다고는 할 수 없지만 그렇다고 전적으로 옳은 이야기도 아니었다. 그러나 꺼내 놓는 말마다 듣고 있기에 괴롭고 소름끼치고 불쾌하고 공포스러운 것이라는 점에서는 일치했다. 융희황제로서는 러시아나 서구 열강을 비롯한 외적들이 쳐들어온다는 말보다 '역성혁명' 운운한 대목을 들으면서 느낀 공포가 더 크고 참혹했다.

난세에 성씨가 다른 인물이 일어나 기존의 왕조를 뒤엎고 새 왕조를 창건함을 지칭하는 이른바 '역성혁명'에 대한 공포는 어느 왕조 어느 군주에게나 상존하는 것, 바로 자신의 선조인 태조 이성계도 위기에 처한 왕씨가 군주인 고려를 뒤엎고 이씨가 군주인 조선이라는 새 나라를 세웠기 때문에 그의 후손인 자신이 지금 군주가 되어 있는 것이 아닌가! 사실 나라가 지금의 형편에까지 이르고 보니, 이등박문의 저 발칙한 언동이 단순한 협박이 아니라 알맹이가 있는 예언이 될 수도 있다고 느낀 것이다.

황제가 자신의 협박에 충분히 공포를 느끼고 있는 것을 본 이등박문은 돌연 어조를 아주 부드럽고 편안하게 바꾸었다. 이른바 '당근과 채찍'의 양면 작전을 구사하려는 것이다.

"하오나, 폐하! 이 어지러운 난국을 해결할 비책이 아주 없는 것은 아니오이다! 다른 사람은 아니 되고 오직 폐하의 힘으로만 실현 가능한 신묘한 해결책이 하나 있사옵니다!"

"그, 그것이 무엇이오?"

융희황제의 다급한 반문에 이등박문은 대뜸 '황제 순행'이란 준비된 카드를 꺼냈다.

"그것은, 폐하께서 몸소 궁궐을 나서서 국토 안 곳곳을 순행하시는 것이옵나이다!"

"뭐라고요? 순행이라니요?"

"예. 해결책은 '순행'이옵니다. 황제 폐하께서 나라 안 곳곳을 다니시는 순행을 실행하시면, 곧 민심이 진정되고 국론이 절로 단합하게 되옵니다."

융희황제의 얼굴에 금세 실망하는 기색이 짙게 떠올랐다. "황제가 국토를 순행하는 것만으로 어지러운 나라 안이 안정된다면 천하에 망할 나라가 어디 있으랴!", 그런 생각이 뇌리를 스친 것이다. 황제의 그런 모습을 눈여겨보면서, 이등박문은 예의 '1876년 이래 다년에 걸친 명치천황의 일본 전국 순행'

에 관한 이야기를 꺼내 열변을 토했다.

"폐하! 어느 나라나 위기는 있는 것이옵니다. 우리 일본도 수백 년간 나라를 통치하던 덕천막부가 쓰러지고 새 정부가 들어선 무렵이 바로 그러했습지요. 당시 우리 일본이 겪은 혼란과 위태로움은 요즘의 대한제국 형편보다 훨씬 더 심하면 심했지 결코 덜하지 않았나이다. 그런 극심한 위기 상황을 보시고 영명하신 우리 천황 폐하께서는 어신御身을 일으키셔서 몸소 전국 각지를 도시는 순행을 통하여 백성들을 교화하심으로써 국론을 통일시키고 민심을 안정시키셨나이다. 실로 우리 일본이 오늘날 강력한 대제국으로서 세계열강들 가운데 우뚝 서게 된 토대는 그때 우리 천황 폐하께서 몸소 행하신 순행으로써 이룩된 것이옵니다!"

이등박문은 능란한 변설로 예전에 있었던 명치천황의 일본 전국 순행 사실을 소개하고 극구 칭송했다. 거기에다 덧붙여서 지난여름에 있었던 한국 황태자 이은의 일본 관서 지방 순유 또한 극구 칭송했다.

"이번 순유로 한국 황태자를 직접 알현하게 된 일본 백성들이 모두 한국에 대해 큰 호의를 갖고 한국을 신뢰하게 됨으로써, 대한제국과 일본제국 두 나라의 우의 형성에 대단한 진전을 이루었나이다."

그는 자신의 뜻에 맞도록 사실들을 크게 왜곡하여 역설한 뒤에, 이번에는 매우 간곡한 어조로 타이르듯 말을 늘어놓았다.

"폐하! 폐하께서 전국을 순행하시겠다고 결심만 하오시면, 외신은 한국 통감직은 물론 외신의 목숨까지 모두 걸고서 폐하께 굳게 약조하겠사오이다. 폐하께서 황궁 문을 나서시어 도성을 떠나시는 순간부터 순행을 마치시고 도성으로 되돌아오셔서 황궁에 다시 드시는 순간까지, 이 외신이 단 한순간도 폐하의 곁을 떠나지 않고 몸소 수행하면서 마음을 다하고 정성을 다하고 힘을 다하여 폐하를 보위하겠사오이다!"

"……"

"폐하! 외신을 믿어 주시옵소서! 외신이 지난여름에 한 일을 생각해 보소서! 외신은 아직 어린 소년에 불과하신 대한제국 황태자 전하께서 일본 관서 지방을 순유하실 때도 몸소 받들어 지성껏 모시고 다니면서 일체 불편 없으시도록 모든 것을 마련하고, 각지의 일본 백성들에게서 극진한 환영과 경모를 받으시도록 조치해 냈사옵니다. 그런데 하물며 지존의 황제 폐하의 본국 순행 행차이오리까! 폐하께오서는 모든 것을 이 외신에게 맡기시고 그저 편안하게 차 안에 계시기만 하오시면 되시게 하오리다!"

융희황제는 '순행'이라는 것이 듣는 것만으로도 싫었다. 국내가 편안하고 안온할 때라 할지라도 군주가 전국을 돌면서 백성들을 직접 만난다는 것은 전례가 없는 일이라 나설 엄두가 안 날 판이다. 그런데 하물며 일본의 강포한 침략으로 국가가 누란의 위기에 처하여 도처에서 의병들이 일어나 침략군인 일본군 및 그들의 지휘를 받는 정부군과 피비린내 나는 전투를 벌이고 있는 험악한 세월임에랴! 그러나 그에게는 이미 황제로서의 권위도 능력도 힘도 없었다. 그리고 "현재 그러한 국가적 위기이기 때문에 황제의 순행이 필요한 것!"이라는 이등박문의 강박을 물리칠 논리도 능력도 뱃심도 부족했다.

"생각, 생각을 좀 해 보겠소이다."

융희황제는 힘없이 뒤로 물러났다.

"좋사오이다. 잘 생각하소서! 그런 뒤에 확실하게 답변해 주시옵소서! 생각을 잘해 보셔야 외신이 올린 말씀이 매우 중요한 일이라는 것을 아시게 될 터이니까요!"

"……"

"깊이 잘 생각해 보소서!"

"……"

황제는 결국 집요하게 거듭되는 이등박문의 강요에 굴복했다.

"알겠소이다. 통감의 계획에 따르겠소. 순행하겠소!"

"폐하! 잘 생각하셨소이다! 폐하께서 윤허하셨은즉 가능한 한 빠르게 추진하겠사옵니다. 엿새 뒤인 1월 7일에 출발하여 먼저 남한 쪽부터 살펴보시는 순행을 하시도록 조치하겠습니다. 그에 맞추어서 순행하실 차비를 해 주시옵소서!"

황제는 물론 모시고 있는 자들이 놀라서 눈을 치떴다. 설마 엿새 뒤에 출발하자고 나올 줄은 꿈에도 생각하지 못했던 것이다. 이등박문은 사람들이 놀라서 벌어진 입을 다물지 못하고 있는 황제의 접견실을 물러나와서 득의만만하게 통감부로 돌아갔다. 그는 부하 직원들에게 호기롭게 지시했다.

"'순행'에 대한 황제의 칙허가 떨어졌다! 준비해 놓은 순행 일정과 행사 계획표를 다시 한 번 재점검한 뒤, 한 부 깨끗이 정서하여 창덕궁에 전달하라!"

'황제의 순행'은 결코 간단한 행사가 아니다. 순행 지방과 순행 일정을 마련한 뒤, 거기에 맞추어 수행하는 인원과 경호 대책을 정하고 이동 수단인 특별열차와 마차도 미리 수배해 놓아야 했다. 또 이번 순행에도 역시 극도의 연출 효과를 올리도록 면밀하게 기획된 여러 행사들이 효과적으로 시행되어야 했다.

먼저 황제 일행이 각지에 닿을 때마다 대규모 군중을 동원하여 벌여야 할 성대한 환영 행사들을 마련하도록 조치해 두어야 했다. 그런 행사 중에는 그 고장이 낳은 충신과 효자와 열녀에 대한 표창과 포상 절차를 반드시 끼워 넣어야 했고, 그 지방의 세력가와 유지들을 인선하여 황제와 이등박문 통감을 대면하고 함께 식사하는 모임을 갖도록 하는 것도 필수항목이었다.

"제군들! 황제의 순행은 1월 7일 아침에 남대문역에서 특별기차로 출발하는 것으로 시작된다! 각별히 명심하고 만사 일체 차질이 없도록 준비하라!"

통감 이등박문의 눈매에 신명에 넘친 웃음기가 찰랑찰랑 고여 오르고 있었다.

이제, 두 번째 현안도 모두 정신 못 차릴 정도로 급박하게 밀어붙여야지!

'전국 순행' 에 대한 융희황제의 칙허를 받아낸 1월 1일부터 황제를 모시고 순행길에 오를 1월 7일 사이에는 '엿새' 라는 시간이 있었다. 통감 이등박문은 그 엿새 동안에 '두 번째 현안' 을 마저 처리하기로 결심했다. 두 번째 현안은 곧 대한제국 황태자 이은을 일본 황족 여자와 결혼시키려는 계획이었다. 그는 이제 그 계획을 공개적으로 꺼내 놓고 거론함으로써 공론화하는 수순을 밟을 시기라고 판단한 것이다. 그는 대한제국을 일본에 병합해서 하나의 나라로 만드는 작업을 추진할 예정이었기 때문에, 양국 황실을 결혼에 의하여 하나로 묶는 작업을 미리 착수해 두려고 계획한 것이다.

1909년 1월 2일.

"경성일보 기자를 불러라!"

그는 두 번째 현안을 평소 즐겨 써 온 언론 공작방법을 동원하여 처리할 예정이었다. 그는 통감부 기관지인 일본어 신문《경성일보》의 기자를 불러서 온통 거짓으로 날조된 허위 기사를 제공하여 지면에 보도하는 방식을 통해서 '대한제국 황태자와 일본 황족 여성의 혼혈결혼 문제' 를 공개적으로 제기했다. 그러자 사안이 너무 중대했기에 민족지 쪽에서도 이내 그 기사를 받아 실었다. 그래서《대한매일신보》1909년 1월 8일자 지면에 문제의《경성일보》기사를 전재한 기사가 〈동궁 허혼東宮 許婚〉이라는 제목 아래 다음과 같이 실렸다.

한국 황태자비 간택에 있어서 전일에 한국 황제 폐하께서 이등 통감에게 위임하셨음으로 이등 통감은 일본 모某 고귀高貴 영양令孃을 후보자로 택정한 후 태황제 및 대황제 양 폐하께 윤허를 받았는데, 이번에 남한南韓 순행을 필하신 후에 통감이 동경에 가서 제반 준비를 정리한 후 동경에서 황태자 허혼식을 거행할 터인데 이 허혼식에는 태황제 폐하와 이 총리와 기타 원로대신이 참여할 터인데 엄비 전하께서는 임신姙娠중이신고로 참여치 못하신다고 경성신보에 게재하였더라.

《대한매일신보》에 전재된 《경성일보》의 기사는 완전히 날조된 허위였다. 한국 황제나 태황제가 이등박문에게 황태자비 간택 문제를 위임한 적도 없고, '일본 모 고귀 영양'을 황태자비로 윤허한 적도 없기 때문이다. '모 고귀 영양'이라 함은 '일본 황족 여성'을 뜻하는 말이라는 것은 누구나 알아보았다. 누가 보아도 너무나 터무니없는 날조 기사였다. 문제는 그런 엉터리 거짓 기사를 통해서 명백하게 드러나는 통감 이등박문의 강력한 의사였다. 그가 "한국 황태자와 일본 황족 여성의 혼혈결혼을 추진하고 있다"는 정황을 큰 징소리처럼 명백하게 알려주고 있었다.

그 기사를 통해 알 수 있는 것은 그뿐만이 아니었다. 이등박문이 엄귀비에게 매우 큰 유감을 품고 그녀를 마구 조롱하고 욕보이려는 마음도 극명하게 드러나 있었다. 엄귀비는 당시 임신하고 있지 않았을 뿐더러, 1854년생 만 55세의 늙은 여성이어서 임신이 가당치도 않은 나이였다. 그럼에도 불구하고 그는 굳이 "(허혼식에) 엄비 전하께서는 임신 중이신고로 참여치 못하신다"고 기사에 써 넣도록 만든 것이다. 엄귀비가 이은을 일본에 보내기 전에 가례를 올리게 하려고 그토록 애썼고, 또 이은이 끝내 가례를 올리지 못한 채로 일본으로 떠난 직후에는 약혼반지를 여흥 민씨 가문의 규수 민갑완에게 보내어 '이은의 한국인 약혼녀' 로 만들어 둠으로써 이은을 '약혼자' 인 상태로 만들어 놓은 것이 너무도 미워서 그랬을 것이다. 그가 원한 대로 이은을 일본의 황족 여성과 결혼시키려면 이은의 신분이 한국인 약혼녀가 있는 '약혼자' 라는 것은 그렇지 않은 것보다 아무래도 껄끄러운 일이고, 또 일본 황실이나 상대자가 될 황족 여성에게 송구스러운 일이었기 때문이다.

아무튼 그토록 거짓으로 범벅이 된 엉터리 날조 기사를 신문에 싣도록 조치하면서, 이등박문 자신도 대한제국의 태황제가 동경에 가서 '황태자 허혼식' 이라는 것에 참예하리라고는 전혀 기대하지 않았을 것이다. 대신들이라면 몰라도 태황제가 일본에 간다는 것은 도저히 바랄 수 없는 일이었기 때문이다. 그러니까 그는 실행되지 않을 일인 줄 뻔히 알면서도 기사에다 그런 따위 헛소리들을 늘어놓게 만든 것이다.

문제의 기사와 관련된 정황들을 모두 감안해 보면 그림이 하나 크게 나온다. 그 기사의 진짜 목적은 두 가지, 하나는 '이은의 혼혈결혼 정책' 의 공론화요, 다른 하나는 대한제국 황실에 대한 시위였다.

이제 보면, 그가 전에 "총리대신 이완용 씨의 딸을 황태자비로……" 운운하면서 의도적으로 기존의 황태자비 간택 절차를 무시하여 혼란을 야기하는 행태를 자행한 것은 '황태자의 혼혈결혼 정책' 을 세상에 내놓기 위한 여건을 조성하기 위해서 짐짓 미리 바람을 잡은 사전 공작이었다. 그런데 그는 이 시점에서 '황태자비 선정 문제' 에 관련해서 대한제국 황실에 확실한 메시지를 전할 필요가 있다고 판단한 것이다.

"아무리 대한제국 황실에서 황태자 이은의 한국인 약혼녀를 선정해 놓았다고 해도 상관없다. 그런 정도 따위의 일로 한국 황태자와 일본 황족 여성을 결혼시켜서 양국을 근본부터 융합해 하나로 만들려는 내 뜻을 꺾을 수 있을 줄 아는가! 전혀 가당치도 않은 일이다!"

그는 그런 메시지를 확실하게 전해 줄 시위를 해 둘 필요가 있다고 생각했다. 물론 그런 식의 시위도 그가 실제로 실행하려는 한국 황태자 이은의 혼혈결혼 작전을 위한 사전 정지 작업에 해당했다.

아무튼 문제의 기사는 이등박문이라는 인간이 지닌 인격의 야박하고 비열한 본색을 매우 적나라하게 드러낸 사례 중 하나였다. 적어도 한 나라를 대표하는 최고 정치가라는 자가 약한 이웃 나라를 삼키기 위해서라면 아주 저질스럽고 사악하고 야비한 거짓 행동을 하는 것을 전혀 꺼리지 않았음을 생생하게 보여 준 것이다.

엄귀비가 조선조 오백년 궁중사에서 전무후무한 폭거, 즉 바리바리 준비해 놓은 외아들 황태자 이은의 혼수품들을 싣고 금상황제(순종)가 살고 있는 창덕궁에 가서 시정 상인들을 궁 안으로 불러들여 떠들썩하게 경매까지 붙여 판 것은, 이등박문의 입에서 나온 "한국 황태자 이은과 일본 황족 여인과의 결혼설"이 한국 신문들에까지 보도된 뒤의 일로 보인다.

조선조 궁중 풍속 연구의 대가인 김용숙 교수는 옛 상궁들을 직접 만나 조선왕조 시대의 궁중생활에 관한 증언을 많이 채록하여 자신의 책에 기록해 놓았는데, 그중에 다음과 같은 기가 막힌 일화가 있다.

엄비는 한말 풍운을 타고 파격적으로 명성왕후의 뒷자리를 차지하고 상궁에서 빈嬪으로, 다시 황귀비라는 칭호로 정실 대우를 받게 되었던 것이다. 그가 전실 소생인 순종보다는 자기 소생에게 마음을 쏟아 윤비에게는 등한히 되었던 것은 당연하다. 아직 7, 8세밖에 안된 영친왕의 결혼을 위해 바리바리 해 놓았었다 한다. 그러나 그 호화로운 혼수 물품도 영친왕의 도일渡日로 무용지물이 되자 창덕궁 뜰에 내놓고 경매를 불러 시정 상인배에게 팔았다는 것이다.

엄귀비가 '이은의 혼수물품'을 하필 '창덕궁'에서 팔았다는 사실은 시사하는 바가 크다. 그것은 어디까지나 창덕궁에 살고 있는 '황제'를 향한 거센 시위가 목적이었음이 분명하기 때문이다.

엄귀비는 이은을 임신한 뒤로 단 하루도 창덕궁에서 거주한 적이 없다. 이은을 잉태한 곳은 러시아 공사관이었고, 거기서 경운궁(덕수궁)으로 환궁한 뒤에 이은을 낳았으며, 이은을 낳은 뒤로는 계속 고종과 함께 경운궁에서 살다가 1911년에 그곳에서 별세했다. 그러니까 창덕궁은 엄귀비와 아무런 관계가 없는 궁궐이었다.

그리고 혼수 물품이 보관되어 있던 곳도 창덕궁이 아니었다. 이은의 혼수에 쓸 호화로운 귀중품이라면 엄귀비의 개인 궁인 경선궁에 보관되어 있었을 터였다. 이은이 일본으로 끌려가기 전에 창덕궁 낙선재에서 살기는 했지만, 그것은 일본에 가기로 확정된 뒤에 옮겨 가서 불과 '22일' 동안만 거주했다. 그러니까 혼수품인 귀중품들을 낙선재로 옮겨 놓았을 이치가 없고, 더군다나 이은이 일본으로 간 뒤에는 계속 빈 궁궐로 남아 있었으니까, 낙선재에다 귀중한 혼수품을 놓아 두었을 리가 없다.

그렇다면 엄귀비는 자신이 살지도 않는 창덕궁에 일부러 이은의 혼수 물품들을 싣고 가서 시정 상인배들을 궁궐 안으로 불러들여 그것도 놀랍게도 하필 '경매'라는 방식으로 소란스럽게 야단법석을 떨면서 팔았다는 것이 된다.

엄귀비가 왜 그렇듯 만고에 들어보지 못한 괴이한 행동을 감행한 것일까? 당시의 정세와 정황을 엄귀비의 대찬 성격과 함께 고려해 보면, 이런 해석이

가능하다.

엄귀비는 이은이 일본으로 끌려가기 전에 가례를 올린 뒤에 가게 하려고 온갖 안간힘을 다 썼다. 그래서 그해 10월 26일에 재간택 행사를 치르기로 날짜까지 받아 놓았다. 그런데 이등박문의 제지와 압력에 굴복한 황제가 재간택 행사 하루 전날에 장례원 주본에 대한 '윤허 취소' 라는 행정 조치를 취하여 재간택 행사를 막았다. 그 결과 이은은 가례를 올리지 못한 채 일본으로 끌려갔다. 그래서 궁여지책으로 민갑완 규수를 선택하여 그 집에 약혼반지를 보내어 이은의 약혼녀로 만들어 두었다.

생각하면 그처럼 초라하고 궁색한 일을 하는 것만으로도 너무도 분하고 속이 상하는데, 이제 와서 이등박문은 간악하게도 '대한제국 황태자 이은과 일본 황족 여성의 결혼설' 을 제기하고 있다. 다른 사람 아닌 일본 황실까지도 좌지우지한다는 일본 최고의 권력자 이등박문의 일이니만치, 일단 그처럼 말을 내어 공식화해 놓은 이상 끝내 일본 여자와 결혼시키려 들 것이고, 그렇게 된다면 일본 황족 여자와 결혼한 이은의 장래는 보나마나 예측 불가능한 혼란 상태에 빠지게 될 터였다.

엄귀비로서는 실로 땅을 치며 원망해도 오히려 분함과 안타까움이 남을 판이었다. 이미 황태자로 책봉되었으니만치 훗날 대한제국의 3대 황제로서 나라를 통치해야 하는데, 백성들이 일본 황족 여자와 결혼한 이은을 자신들의 황제로 순순히 인정하지 않을 것이란 것쯤은 어렵지 않게 짐작되기 때문이다. 현재 대한제국 황실에는 이은 외에도 엄연히 같은 아버지의 핏줄인 이복형 이강이 있다. 그렇기 때문에 이은이 통치자로서 그처럼 치명적인 결격 사유를 지니게 된다는 것은 맨발로 성난 독사를 밟고 선 듯 몹시 위험한 일이 된다. 그래서 엄귀비는 하늘에 닿을 듯 크게 성이 났다.

이등박문이야 포악한 침략자이니까 더 말할 나위가 없고, 이제 와서 돌아보면 가장 원망스러운 게 황제의 당시 처사였다. 황제가 이등박문의 압력에 꿋꿋이 버텨서 이미 정해져 있던 황태자의 가례 절차가 진행되도록 그냥 놓아 두었다면 얼마나 좋았으랴! 그랬다면 이제 와서 자신의 그 소중한 아들이 이처럼 해괴한 '혼혈결혼' 이란 야비한 술책의 대상이 되지는 않았을 터였다. 그러니 엄귀비는 너무도 원통하고 절박하고 분해 참고 견딜 수가 없어서 창덕궁에 가서 황제가 보란 듯이 그처럼 해괴한 '황태자 혼수품 경매 소동' 을 벌였던 것이다. 비통하고 비참하던 구한말의 궁중 풍경을 한 잔의 극약처럼 보여 주는 일화가 아닐 수 없다.

1909년 1월 7일.

"폐하! 먼저, 남순이옵니다!"

이등박문은 의기양양하게 융희황제를 인도하여 남대문 정거장으로 나갔다. 황제의 첫 순행은 7일 아침에 서울 남대문 역에서 특별기차에 올라서 남쪽으로 하행한 이래 13일에 이르기까지 6박 7일 동안에 걸쳐서 실시되었다. 여정은 대구와 부산과 마산 일대의 남쪽 지방을 둘러보는 이른바 '남순南巡' 이었다.

이등박문은 특히 황제가 항구 도시들인 부산과 마산에 갔을 때 특유의 잔재주를 부렸다. 항구에 주둔하고 있는 일본의 제1함대와 제2함대들을 동원하여 막강한 위세를 자랑하는 동시에, 명치천황의 칙명을 빙자해서 융희황제로 하여금 직접 각 함대들의 거대한 기함旗艦에 올라가서 배 안을 둘러보게 함으로써 저절로 주눅이 들게 만든 것이다.

이때 벌어진 남해안 어부들의 해상 시위에 관한 일화가 역사의 행간에 들어 있다. 그들은 이 년 전 어린 황태자를 일본으로 끌고 간 일본인들이 이번에는 황제까지 인질로 잡아서 일본에 끌고 가려는 것으로 생각했다. 그래서 그것을 막겠다고 자신들의 어선을 몰고 바다로 나가서 일본 군함들 앞을 가로막는 시위를 벌였다. 나뭇잎처럼 작고 초라한 돛배 어선들로 거대한 최신 장비를 갖춘 기선인 대형 군함들 앞을 가로막은 이름 없는 남해의 어부들……. 그들의 그 장렬한 기개와 애절한 충정과 처연한 분노가 눈물겹다. 나라는 망해 가고 있었어도 국민들의 마음 모두가 무너져 있었던 것은 아니었다.

황제와 통감 이등박문 일행은 1월 13일에 서울로 돌아왔다.

1909년 1월 27일.

"폐하! 이번에는, 서순이옵니다!"

이등박문은 지치지도 않고 융희황제를 독촉했다. 두 번째 순행은 첫 순행에서 환궁한 지 불과 두 주 만에 재개되었다. 이번에는 1월 27일 아침에 서울 남대문역에서 기차를 타고 출발해서 평양을 거쳐 신의주까지 올라갔다가 내려와서 개성을 둘러보는 이른바 '서순西巡' 이었다. 서순은 7박 8일에 걸친 여정이었다.

황제는 2월 3일에 환궁했다. 서순 중에는 특히 평안북도 선천에 갔을 때의 일화가 유명하다. 이때의 일은 이등박문의 그 기복 많고 파란 많은 생애가 낳은 수많은 일화들 중에서도 특히 유명한 사례로, 당대 일본인들 사이에서 널리 자랑스럽게 회자되었다.

선천은 기독교가 널리 전파되고 배일사상이 특히 강렬한 고장이었다. "제 아무리 통감이라 해도 일개 외국인에 불과한 이등박문이 감히 방자하게도 황제를 이리저리 끌고 돌아다니고 있다" 하여 민심이 몹시 험악해져 있었다. 황제가 탄 특별열차가 선천역에 닿았을 때, 격노한 군중들이 살기등등하게 역 앞으로 모여들어 곧 폭동이라도 일으킬 기세였다.

그러자 돌연 이등박문은 경호인 없이 단지 통역 한 사람만 대동하고 군중 앞에 나가서 변설로써 민심을 진정시키겠다고 나섰다. 그를 수행하던 좌우의 일본인들이 파랗게 질려서 만류했지만, 그는 굳이 고집을 부리며 경호인 한 사람 딸리지 않은 채 완전히 비무장 상태로 군중 앞에 나섰다. 그리고 예정에 없던 옥외 연설을 시작했다. 갑신정변을 일으킨 세기의 풍운아 김옥균이 평소 자신의 언변에 매우 강한 자긍심을 지녀 늘 "나에게 단 5분만 시간을 달라. 5분만 주면 누구라도 내 세 치 혀로 설득해 보이겠다!"고 자부했다더니, 이등박문 역시 김옥균과 같은 기질의 인물이던가 보다.

살기등등한 군중 앞에 나선 이등박문은 대단한 열변을 토했다. 그는 "현재 동양 각국이 서구 열강들의 제국주의적 위협 아래 신음하고 있는 형세"로부터 이야기를 시작하여 "대한제국과 일본제국의 과거 역사와 지정학적 관계"를 이야기하고 "조선조 역대 왕들의 계속된 악정 때문에 현재 나라와 백성들이 빈사 상태에 빠져 있음"을 설파한 뒤, "현재 일본이 통감정치를 통해서 추진하고 있는 대한제국 정치의 개혁에 성공하여 한국이 자력으로 능히 외침을 막아 낼 수 있는 자주독립의 국가가 되면 당연히 일본의 보호정치는 끝나고 대한제국은 당당한 독립국이 될 것이며, 바로 그것이 일본제국의 목표!"라고 목청을 다해 부르짖었다.

"거, 참 대단한 광경이었지요!"

당시 수행한 일본인들은 두고두고 그때의 일을 찬양하고 기록으로 남겼다.

"이등 공작께서 연설하실 때, 그 의기 어찌나 장렬하고 그 논리 어찌나 정연하며 그 기세 어찌나 대담했던지요. 그토록 험악하던 선천의 군중들이 일체 반론을 꺼내지 못하고 묵묵히 연설을 들은 뒤 저절로 흩어지더라니까요!"

그렇지만 그것은 일본인의 시각으로 본 전형적인 아전인수의 설익은 해석에 불과했다. 당시 선천의 군중들이 묵묵히 흩어진 것은 이등박문이 일본은 한국을 삼킬 야욕을 전혀 갖고 있지 않다고 극력 주장하고 한국의 독립을 거듭거듭 확실하게 약속했기 때문이지, 단순히 그의 의기와 언변과 기세에 눌려서가 아니었다. "나와 우리 일본제국은 서구 열강의 침략에 대비하여 동양 전체를 방어하려는 차원에서 대한제국이 자주적인 독립국가로 성장하도록 돕고 있을 뿐이다! 전혀 한국을 침략할 뜻이 없다!"고 열과 성을 다 쏟아서 확언하고 약속하는 자에게, 대체 무엇을 항의하고 반론할 것인가. 실제로는 그렇게 실행할 생각이 전혀 없이 오로지 감언이설로 한국인들을 속인 것이 그의 실체였기 때문에 문제였지, 이등박문이 그 자리에서 겉에 내세운 말 자체는 '천하의 공론'에 해당했던 것이다.

그렇게 왼눈 하나 깜빡 않고 표리부동한 사악한 술수를 거침없이 쓰면서 약자를 멸망시키는 것을 대단한 업적으로 알던 이등박문과 같은 사내가 당대 일본 정계 최고의 지도자였던 사실은 그의 희생물이 된 대한제국과 한국인들만의 불행이 아니었다. 그것은 동시에 일본제국과 일본인들의 불행이기도 했다. 일본제국은 이등박문과 같은 유형의 인물들이 열어 놓은 배신과 불의로 점철된 해외 침략의 길을 치달린 결과, 끝내 세계 최초로 원자탄을 맞고 천황이 무조건 항복을 함으로써 적국인 미국 군인들의 군정軍政에 의해 통치되는 치욕을 겪는 데까지 이르렀던 것이다.

어쨌든, 이등박문의 강요로 1909년 초에 대한제국 안에서 시행된 융희황제의 순행은 그가 노린 효과를 거두었던가?

일단은 "그렇다!"라고 대답할 수밖에 없다. 참으로 역설적인 이야기지만, 융희황제의 순행은 국민들로 하여금 친밀감이 아니라 배신감을 느끼게 하고 희망이 아니라 절망을 줌으로써 격동하는 국내 정세를 빠르게 진정시켰다.

어찌된 연고일까?

그것은 국민들의 눈에 비친 융희황제의 못남 때문이었다. 국민들은 멀리서 들은 소문과 정황으로 이미 짐작은 하고 있었으나, 막상 높은 궁궐 담장을 벗어나 그들 눈앞에 나타난 황제가 그저 못나고 나약한 범부에 불과한 것을 눈으로 직접 확인했다. 침략의 원흉인 외적 이등박문과 일본군을 몸소 쳐서 물리치지는 못할망정 그런 자들과 한 하늘 아래에 함께 머리를 둘 수 없다는 정도의 기개와 정신력을 지니고 있음을 보여 주어야 할 터인데 융희황제는 전혀 그렇지 못했다. 게다가 이등박문은 당당한 풍채와 대담한 처신과 표한한 기세로 순행을 주도하고 있는 반면, 융희황제는 황제로서의 위엄이나 풍채를 전혀 갖추지 못한 채 심신이 모두 박약해 보이는 둔중한 외모와 이리저리 끌어당기는 대로 끌려다니는 무력한 처신으로 심한 거부감과 절망감을 느끼게 했다.

"이 나라 앞날에 희망이 없구나!"

'백문불여일견百聞不如一見'의 진리가 역으로 작용했다 할까. 말로만 듣던 새 황제의 못난 인물됨을 직접 대면한 백성들의 입에서 탄식이 절로 흘러나왔다.

아무리 강포한 자의 압제와 횡포와 폭력에 시달린다 해도, 미래에 희망을 걸 수 있는 한 사람은 결코 굴복하지 않는다. 그러나 희망을 걸 여지가 없을 때는 투지 자체가 사라지기 때문에 그저 맥없이 무너진다. 절대군주 체제에서는 군주가 나라의 주인이다. 그렇기 때문에, 외적의 침략으로 존망의 극한 위기에 처해도 나라의 주인인 군주에게 희망을 걸 수 있으면 모두들 떨쳐 일어나 저항하려는 투지가 솟는다. 그러나 군주의 위인됨이 도저히 소망스럽지 못할 때는 싸우기도 전에 절망하게 되어 저항다운 저항도 없이 나라가 망하게 되는 것이다.

어쩌면 이등박문이 1909년 연초에 융희황제에게 순행을 강요하면서 가장 염두에 두고 눈독을 들인 부분이 바로 그 점이었을지도 모른다. 그렇다면, 이등박문은 자신이 바란 것 이상의 완벽한 성공을 거둔 것이다. 아무튼 68세 노구를 이끌고 남순과 서순의 여행길 내내 융희황제를 모시고 다닌 이등박문의 집요하고 강인한 추진력과 활력과 건강 상태는 참으로 감탄할 만했다.

1909년 2월 17일.

융희황제의 남순과 서순이 끝난 지 불과 두 주일 만인 이날, 이등박문은 다시 황급하게 일본으로 돌아갔다. 명색이 대한제국 통감인 그가 임지인 대한제국을 그리도 자주 비운 것은 대한제국을 일본에 합병하려는 계획이 빠른 속도로 추진되고 있기 때문이었다.

당시 일본에서 인질 노릇을 하고 있던 어린 황태자 이은은 꿈에도 몰랐지만, 이은이 일본에 끌려간 지 불과 1년 4개월 만인 1909년 봄에 이미 명치천황은 물론 이등박문을 비롯한 장주벌 계통의 일본 정계 실력자들은 대한제국을 합병할 계획을 매우 구체적으로 진행시키고 있었다. 이들은 1909년 1월과 2월에 시행된 융희황제의 남순과 서순으로 대한제국의 국내 상황이 효과적으로 반전되기 시작했다고 판단했다. 그래서 이제는 일본제국과 대한제국을 합병해 명실상부한 하나의 나라로 만드는 절차를 구체적으로 추진하기로 한 것이다.

뒷날 일본 정부의 공식 문서들이 증명하는 바지만, 당시 일본 총리대신 계태랑桂太郎은 1909년 4월 10일에 소촌小村 외무대신과 함께 이등박문을 그의 동경 저택으로 찾아가서 "일한병합을 어떻게 실행시킬 것인가?", 그 방법에 관해 협의했다. 계태랑은 장주벌의 중심인물로서, 일찍이 1907년 10월 중순

⬆ **순행을 마친 융희황제.** 남서 순행을 마치고 인정전 앞에서 기념촬영하는 융희황제와 일행들이다. 이등박문은 맹추위가 극렬한 위세를 떨치는 1909년 1월과 2월 초에 이르는 기간 동안에 병약한 황제로 하여금 궁궐을 나서서 두 차례에 걸쳐 남북한을 두루 도는 '융희황제(순종)의 전국순행' 을 강행했다(1909, 한미사진미술관 소장).

에 일본 황태자 가인친왕이 한국을 방문할 때 현역 육군대장이자 전임 총리대신의 신분으로 수행원이 되어 따라갔던 인물이다. 그는 1908년 7월에 다시 총리대신이 되었는데, 같은 장주벌 출신의 대선배인 이등박문과 아주 호흡이 잘 맞는 사이였다.

이등박문 공작과 현임 총리대신과 외무대신이 함께 '일한병합'을 협의한 그날 이래, 이등박문은 자신의 동경 저택은 물론 대기의 별장 창랑각으로 일본 정계의 실력자들을 계속 불러들여 이른바 '일한병합'이란 형태로 대한제국을 삼킬 계획을 화급하게 추진해 갔다.

그런데 당시 일본 정부 요인인 각부 대신들의 의견이나 소신이 다 같은 것은 아니었다. 외교를 담당한 실무자인 소촌 외무대신은 강제로 한일합방을 밀고 나갈 경우 그 후유증이 매우 클 것이라는 점을 우려하며 소극적인 태도를 취했다. 반면에 이등박문은 아주 적극적이었다. 현재 상당수의 많은 역사서들에 실제의 역사적 사실과는 정반대로 "이등박문은 양국의 '합방'을 반대했는데 안중근에게 피살되는 바람에 막을 사람이 없어져서 합방이 결행되었다"고 기술되어 있다. 이등박문이 생시에 겉으로는 "대한제국을 합병할 의도가 전혀 없다!"고 줄기차게 거짓말을 늘어놓다가 죽었기 때문에 그렇게 심각한 역사의 왜곡이 빚어진 것이다. 그러나 실제 역사적 사실은 그와 정반대였다. 현재 남아 있는 일본 정부의 비밀 자료들은 물론 이등박문의 작은딸인 조자朝子가 낳은 손녀인 등정청자藤井淸子의 증언에 그 진실이 생생하게 밝혀져 있다.

이것도 이등의 손녀인 등정청자 부인이 말한 것인데, 한일병합의 문제가 진전되어 가고 있을 때, 외무대신 소촌이 대기의 창랑각을 방문했다. 이등과 소촌

두 사람은 이틀 밤에 걸쳐서 격론을 벌였다고 한다. 이등은 좋아하는 브랜디를 마시고 소촌은 일본주를 기울이며 한국 문제에 대해 논의했는데, 한일병합 뒤의 걱정 때문에 소촌은 소극론을 폈다. 마침내 두 사람은 멱살을 잡을 듯 격하게 논쟁을 벌여 옆에서 술시중을 들고 있던 청자 부인(당시 15세 정도)은 무서워서 그 자리를 피했을 정도였다고 한다(《伊藤博文》, 中村菊男, 강창일 옮김, 중심).

이때 소촌 외무대신이 그렇게 신중론을 편 데에는 까닭이 있다. 그의 신중론은 머리에서 나온 것이 아니라, 직접 겪은 생의 쓰라린 체험에서 나온 것이었다. 그는 한국과 한국인을 잘 알았다. 대한제국으로 국호가 바뀌기 전 조선국 시절에 그는 조선 주재 일본 공사로 서울에서 근무했는데 하필 그때 저 유명한 '아관파천사건'이 일어났던 것이다.

당시 일본이 조선의 국모인 왕후 민씨를 살해하면서까지 조선을 무리하게 일본 쪽으로 밀어붙이자, 조선 측에서는 '군주의 아관파천'이란 방책으로 대응했다. 그리하여 그간 일본이 갖가지 무리수까지 불사하면서 애써 쌓아 올린 기반이 하루아침에 허망한 물거품으로 돌아가고, 조선은 러시아의 영향력 아래로 들어갔다. 그렇게 강화된 러시아의 영향력을 조선에서 제거하기 위해서 일본은 '러일전쟁'이라는 역사의 대격동과 거대한 출혈을 겪어야만 했다.

당시 그는 그런 역사의 대변환을 현장에서 생생하게 목도했고, 평생을 두고 그때 받은 소름 끼치는 교훈을 잊지 않았다. 그래서 그는 사 년 전 러일전쟁의 강화회담 때 일본의 전권대사로 미국의 포츠머스에서 러시아 측과 담판하면서도 결코 무리하게 러시아 측을 밀어붙이지 않았다. 그리고 지금 대한제국 처리 문제를 두고도 이등박문이 강력하게 추진하는 '양국 병합'이란 방식으로 급박하게 대한제국을 멸망시키려는 구도에 제동을 걸려고 애썼던 것이다.

"공작 각하! 쥐도 막다른 골목에 몰리면 돌아서서 고양이를 문다고 합니다. 지금 한국을 급박하게 밀어붙이면 분명 우리가 감당하기 어려운 사태가 벌어질 겁니다. 이 문제는 한국만의 문제가 아니라, 우리 일본국의 만년대계까지 같이 걸려 있는 문제임을 명심해서 깊이 생각하고 신중하게 처리해야 합니다!"

그러나 이등박문은 요지부동이었다.

"소촌 외무는 다 좋은데 때론 그 과도한 심사숙고가 맹점이야. 지금 한국은 다 익혀 놓은 냄비 속의 음식이네. 수저 들고 떠서 먹기만 하면 되는 게야. 이미 그간의 통감통치를 통해서 배추에 소금 뿌리듯 한국 국민들의 숨을 팍 죽여 놓은데다가, 무엇보다도 한국의 황태자를 우리 땅에 끌어다 놓지 않았는가. 한국 황태자가 인질로 우리 손아귀 속에 꽉 잡혀 있는데 무슨 걱정인가. 두고 보게! 내 진심으로 장담하지만, 여건을 이만큼 완벽하게 갖추어 놓았으니만치 지금 당장 즉각 한국을 합병한다 해도 아무런 후유증이 없을 것이야!"

이등박문은 일본 역사상 가장 유명한 영웅인 풍신수길조차 실패한 '한국 병합'을 성취하는 것이야말로 자신의 정치 경력의 정상을 장식하는 가장 화려한 열매가 되리라고 확신하고 있었다. 그래서 그 열매를 하루바삐 자신의 손으로 직접 수확하고 싶은 유혹을 도저히 억누를 길이 없었다. 그래서 반대 의견을 가진 자라면 옆에서 보고 있던 사람이 무서워서 자리를 피할 정도로 "멱살을 잡을 듯 격하게 논쟁을 벌여" 가면서 화급하게 '한국 병합'을 서둘렀던 것이다.

1909년 5월 24일.

그간 계속 동경에 머물고 있던 이등박문은 이날 명치천황에게 "대한제국 통감직을 사임하겠다"는 사표를 올렸다. 《명치천황기》에 따르면, 사표를 받은 명치천황은 "일한병합의 대사를 실행하여야 할 때이므로 사임을 허락할 수 없다"는 이유로 거절했다고 한다. 명치천황은, 대한제국 합병 문제와 같이 국가의 명운을 좌우할 막중대사는 가장 유능한 국가 원로이자 현재 대한제국 통감직에 있는 이등박문이 직접 맡아서 책임지고 처리해야만 차질 없이 편편하게 진행되리라 믿었다. 그래서 결코 사임을 허락할 수 없었다.

그러나 당시 이등박문은, 지금이 바로 '일한병합의 대사를 실행해야 할 때'이므로 대한제국 통감직을 사임하기를 원했다. 그는 그간 대한제국 황실과 정부와 국민들을 상대로 계속 자신의 이름과 위신과 목숨을 모두 걸고 "대한제국의 독립을 보장한다! 일본은 한국을 침략할 의사가 전혀 없다! 그러니 절대 오해하지 말라!"고 거듭거듭 소리 높이 역설하고 확언하고 강변해 왔다. 그렇기 때문에, 일본이 병합으로 대한제국을 아예 삼켜서 멸망시키는 일을 자신의 손으로 직접 실행하는 것이 난처하여 그 현장을 피하고자 한 것이다.

언뜻 생각하면 고양이도 낯짝이 있다는 경우에 해당하는 처신인가 싶지만, 그것이 다른 사람 아닌 이등박문의 일이고 보면 그렇게 단순하지가 않다. 아마도 그토록 큰 불신을 자행한 자신이 현장에서 일을 추진해 가면 한국 국민들을 더욱 격렬하게 자극시켜 저항이 더 거세게 끓어오르게 될 것을 예상하고 그것을 미리 방지하고자 한 교활한 현장 도피작전이었으리라고 보는 것이 보다 정확한 분석일 것이다.

언제나 그랬듯이, 이번에도 역시 이등박문의 뜻대로 일이 마무리되었다. 명치천황은 다음 달에 가서 자신의 뜻을 접고 권신 이등박문이 원하는 대로 일을 처리해 줄 수밖에 없었다. 이등박문은 6월 14일자로 대한제국 통감직의 사면을 윤허받았고, 당시 부통감이던 증이황조曾禰荒助가 그 뒤를 이어 제2

대 한국 통감으로 임명되었다. 이등박문은 다시 천황의 최고 자문기관인 추밀원의 의장 자리에 앉았다.

1909년 7월 1일.

일본 추밀원 의장 이등박문은 통감직의 사무를 인계하려고 한국으로 건너갔고, 그로부터 닷새 뒤인 7월 6일에, 일본 정부는 "대한제국을 일본제국에 병합하기"로 공식 결정했다. 그 사실이 현재 일본 정부 문서로 남아 있다. 이 때 이미 명치천황과 이등박문과 일본 정부 모두가 한국을 일본에 병합시키는 문제를 최종적으로 타결하고 완전하게 마무리 지은 것이다.

그리하여 이제는 양국 병합을 실행할 날만 남긴 상태였다. 현재 1909년 10월 26일에 안중근 의사가 한일합방을 강력하게 반대하던 이등박문을 쏘아 죽임으로써 한일 간의 사태가 급격하게 악화되는 바람에 부득이하게 1910년 8월에 한일합방이 실현된 것처럼 이야기하는 사람들이 한일 양국에 꽤 많이 있다. 그러나 당대의 전후 사정과 역사의 실상을 전혀 모르는 망언이다.

한국으로 건너간 이등박문은 대한제국의 숨통을 더욱 조이는 마수를 다시 휘둘렀다. 제2대 통감 증이황조를 앞에 내세워서 대한제국 정부에서 사법권을 박탈하는 협약을 7월 12일자로 체결시켰다. 한 나라의 사법권을 빼앗는다는 것은 그 통치권의 기본 틀을 완전히 파괴해 버리는 폭거다. 이로써 대한제국이라는 나라는 오로지 국호뿐인 상태가 되었다. 대한제국의 사법권마저 강탈한 뒤 이등박문은 의기양양하게 귀국길에 올랐다.

대한제국을 형태만 남은 빈 매미 껍질처럼 만들어 놓고 일본으로 돌아간 이등박문은 동해도선 기차를 타고 상경하던 중에 일단 대기에서 내렸다. 창랑각에서 푹 쉬면서 여독을 푼 다음에 동경에 올라가기로 한 것이다.

어린 인질의 제2차 일본 순유
—1909년 여름

1909년 7월 1일에 서울에 갔던 이등박문이 귀국하여 대기의 창랑각에 들어간 날은 7월 19일이었다. 그 짧은 기간에, 만 68세 노인인 그가 일본의 동경과 한국의 서울 사이를 왕복했고, 그 와중에 한국 황제와 정부를 위협해서 사법권을 강탈하는 일까지 치러 내었다. 피로한 것이 당연했다.

벌써 계절은 한여름이었다. 창랑각 큰 문들을 열어젖히면 시원한 바닷바람과 싱그러운 바다 냄새가 그대로 흘러들었다. 그는 활짝 열린 거실 문으로 들어오는 바닷바람을 맞으면서 큰 안락의자에 깊숙이 몸을 묻은 채 손에 든 일본 지도를 곰곰이 들여다보았다.

"그래, 또 여름이다. 다시 한국 황태자를 데리고 순유를 떠나야 할 계절이로구나!"

그는 참으로 집요한 인간이었다. 별장에서 늙은 몸에 쌓인 여독을 푸는 시간마저도 그냥 흘려보내지 않고, 이은의 두 번째 순유에 관한 계획을 구체적으로 세웠다.

"그러니까, 이번에는 8월 1일에 출발하기로 하고……. 작년 여름에 관서 쪽으로 갔으니, 이번에는 반대로 관동이다. 동경에서 위쪽으로 방향을 잡아야지. 그렇지. 이번에는 동북 지방을 아우른 뒤 북해도까지 올라가기로 하자."

그는 지도 위에다 연필로 행선지를 차례차례 연결했다.

며칠 뒤 동경에 올라간 그는 궁성에 들어가 명치천황을 배알하고 업무 보고를 했는데, 가장 주요한 안건 중 하나가 황태자 이은에 관한 사항이었다.

"폐하! 동경에 와 있는 대한제국 황태자를 제대로 교도하는 일은 곧 우리 일본이 실행해야 할 대한제국의 병합과 장악이라는 현안에 직결되는 중차대한 일이옵니다. 하오니, 이제는 우리 정부의 공식 기구로 특별히 이은 전하를 담당하는 조직과 직책을 따로 신설할 필요가 있사옵니다."

"호오! 그래요? 그것도 좋은 생각이구료!"

"소신의 생각으로는, 직책의 명을 '대한제국 황태자 보육총재輔育總裁'라 하고, 그 직책을 맡은 사람에게 이은 전하를 교도하고 보살피는 업무를 전담하게 함이 좋겠사옵니다. 신설을 윤허하여 주시옵소서! 그리하오시면, 소신이 직접 보육총재직을 맡아서 열과 성을 다해 진력하겠나이다. 윤허하여 주옵소서!"

"좋소! 그리합시다!"

명치천황은 1909년 7월 27일자로 이등박문을 이은의 보육총재로 임명했다. 그리하여 당시 공작 이등박문의 현직은 다음의 세 가지였다.

일본제국의 '추밀원 의장'

일본제국의 '대한제국 황태자 보육총재'

대한제국의 '태자태사'

이로써 이등박문은 대한제국 황태자 이은을 가르치고 보호하는 업무를 목적으로 한일 양국에 설치된 벼슬의 최고위 직책인 '태자태사'(한국)와 '보육총재'(일본국)를 모두 차지했다. 그가 '소년 인질 이은에 대한 관리를 얼마나 막중한 일본제국의 국사國事로 생각하고 있었는지'를 아주 생생하게 보여 주는 행적이다.

'보육총재' 직함을 받은 지 사흘 만인 7월 30일에 이등박문은 황태자 이은을 데리고 궁성에 들어가서 명치천황을 배알했다.

"폐하! 신 이등박문은 내일 대한제국 황태자 이은 전하를 모시고 다시 순유의 도정에 오르옵나이다. 이번 순유에서는 이은 전하로 하여금 일본의 동북지방과 북해도 지방 일대를 세세히 살펴보시도록 계획하였사옵니다!"

"장하오! 힘껏 수고하여 주시오!"

통치자로서 충성스럽고 유능하고 부지런한 신하를 보는 것보다 더 기쁜 일이 있을까. 명치천황은 흐뭇한 웃음을 입안 가득 물고 기껍게 치사의 말을 내렸다.

"한국 황태자의 이번 순유 역시 일한 양국의 우호와 이해 증진에 큰 도움이 됨은 물론 학업 성취에도 많은 기여를 하리라고 생각하오!"

그들이 궁성을 하직하고 나올 때, 명치천황과 황후는 또 이은에게 갖가지 선물을 주었다.

1909년 8월 1일.

이등박문은 대한제국 황태자 이은을 데리고 동경을 출발하여 동북 지방과 북해도를 향해서 북상했다.

수호水戶 → 선태仙台 → 성강盛岡 → 북해도北海道 → 소준小樽 → 찰황札幌 →

실란室蘭 → 추전秋田 → 산형山形 → 미택米澤 → 복도福島……

여행하는 지역과 지명만 다를 뿐, 만사가 일 년 전인 작년 8월에 두 사람이 한 여행의 완벽한 재판이었다. 이번 여행길에서도 역시 그 두 사람이 이룬 기이한 짝은 엄청난 화젯거리였고 대단한 구경거리였다.

그처럼 순유하면서 각 지방에서 열리는 환영회에 참석할 때마다 대중 연설을 하기 좋아하는 이등박문은 으레 환영 나온 대중들을 상대로 연설을 했다. 현재 남아 있는 자료들을 보면, 당시 그가 한 연설의 제목은 '일한융합', '일한의 융합과 한국 황태자 유학', '국력 발전', '동양 평화의 희망' 등이었다. 그런 주제들을 내세워서 연설할 때마다 그는 으레 어린 인질인 이은의 존재를 매우 인상적으로 부각시킴으로써 일본 국민들의 사기를 돋우었다.

8월 1일에 도착한 첫 방문지인 수호의 환영회에서 수호의 관민을 상대로 이등박문이 연설한 내용이 남아서 오늘날까지 전해지고 있다. 그는 이때도 전혀 가당치 않은 거짓말과 참말을 뒤섞어서 제멋대로 말을 만들어 내고 거기다가 자기 자랑까지 한껏 섞어서 떠들어댔다. 연설의 제목은 '한국 황태자 영친왕의 유학 사정과 일한의 융합'으로, 그 내용은 다음과 같았다.

한국 황태자께서는 견학 차 동경으로부터 이에 이르러 계시다.

황태자께서 일본 유학을 하시게 됨에 대해서는 이미 재작년부터 한국의 유지 사이에서 주창되어 왔다. 그러나 일본 땅에 발을 내딛어 유학한다는 것은 그리 용이하게 기획될 문제는 아니었다.

오늘날 한국은 비록 쇠약해 있다지만 4천 년에 걸쳐 한 나라를 형성하고 있는 나라다. 그 같은 나라의 통치자의 자손인 처지로서 외국에 나와 유학한다는 것, 그 같은 예는 고금에 없는 일이었다. 그러나 시국의 변천에 따라서 오늘날은 지식을 연마하지 않으면 안된다는 이유로 극소수의 식자들 사이에 유학론이 거론됐던 것이다.

바야흐로 유학론이 진척된 것은 재작년 가을, 내가 우리 황태자께 권고 드려서 우리 황태자께서 한국 나들이를 해 주신 것이 동기가 되었다.

드디어 한국 황실 측에서도 태자를 일본으로 유학시키기에 이르러, 불초한 이 사람으로 하여금 육척지고六尺之孤(여나믄 살짜리 어린아이. 《논어》에서 따옴)를 맡게 하기에 이르렀다. 한국 황제 폐하의 의뢰를 받아 이 나라로 모시고 와서 거의 일 년 반 이상을 보냈는데, 지금은 일본말도 웬만큼 아시게 되었고, 또 일본 교육도 받으셔서 북해도라든가 그 외 당지의 지명까지 거의 외우고 계시고, 눈에 비치는 것은 거의 다 이해하신다.

나 자신의 수고쯤은 물론 개의할 바가 아니지만, 그러나 황태자께서는 아무래도 아직 열한 살이라는 어린아이시다. 그렇기 때문에 이 불볕더위에 순유하시는 것으로 인하여 전하의 건강에 지장이 없도록 밤낮으로 애태우며 신경을 쓰고 있는 중이다.

무릇 세상 사람들에게 "이러저러한 구구한 사정들을 겁내서 학업을 태만히 하는 일이 있어 가지고는 절대로 학업이 성취될 수 없으니 학업이 성취되는 날을 아예 보려고도 하지 말지니라" 하는 본보기를 보일 생각으로, 나는 이 불볕더위를 무릅쓰고 황태자 전하를 모시고 다니고 있는 중이다.

오늘밤 이곳 관민 유지 여러분과 다수의 소학생들이 제등행렬을 하는 것을 인력거 위에서 보았다. 이것은 참으로 우방의 정의를 존중하는 일이고, 특히 한일 양국 관계는 거의 형제 간과 같은 사이처럼 보통 사이가 아닌 사이라는 것이 미래의 국민인 어린이들의 마음속에서까지 잘 이해되어서 그것이 발양된 것이라고 생각한다.

이것은 물론 어린이들의 마음에서 우러난 것만이 아니라 교사들의 힘에 의하여 이에 이른 것이겠지만, 이 사람은 이것을 한 · 일 양국의 관계에서 바라볼 때 이 사람의 책임상 충심으로 감사의 뜻을 표하지 않을 수 없다.

오늘날 여기에 열석하신 유지 여러분은 이 사람에 대하여 두터운 정의를 나타내 주셨을 뿐 아니라 동시에 한국 황태자에게도 가장 열렬한 환영을 표한 것이다. 그러기에 만강의 사의를 표하는 바이다.

이등박문은 이처럼 군중들의 눈앞에 이은 소년을 세워 놓고 "시국의 변천에 따른 한국 황태자의 일본 유학" 운운하는 억지소리를 늘어놓고는 또 그 일에 공헌한 자신의 역할을 크게 강조하면서 즐겼다. 그러나 말하는 자나 듣는 자들이나 그 어린 소년이 인질로 일본에 끌려온 것이라는 것은 피차 뻔히 알고 있는 사실이었다.

이등박문이 이 연설을 한 1909년 8월이면, 1897년 10월생인 이은의 나이는 '만 12세' 였다. 그런데도 불구하고 그걸 누구보다도 잘 알고 있는 이등박문이 대중들을 상대로 연설하면서 이은을 바로 옆에 세워 놓은 채 "황태자께서는 아무래도 아직 열한 살이라는 어린아이시다"라고 말했다. 왜 그랬을까? 아무래도 좀 더 극적인 효과를 거두기를 원해서 일부러 이은의 나이를 줄여서 말한 것으로 보인다. 이등박문은 그처럼 정황상 조금이라도 유리할 것이라고 생각되면 태연하게 거짓말을 꾸며 대는 것을 전혀 꺼리지 않는 사내였다.

"아! 이등 공작님께서 정말로 나라를 위해서 큰일을 하고 계시는구먼!"

"인질로 데려온 한국 황태자를 우리 고을에 앉아서 보게 되다니, 그것 참 기분 좋네그려!"

이은과 이등박문이 가는 곳마다 현지의 일본인들은 흡사 잘 차려 놓은 귀한 잔치에 참석한 듯 흔쾌한 기분으로 '대한제국 황태자 환영회'를 즐겼고, 그때마다 이등박문은 '연설'로써 일본의 국력이 날로 크게 신장되어 가고 있음을 강조하고 또 그에 기여하고 있는 자신의 공을 추켜세웠다.

물론 이번 여행길에서도 이등박문은 의도적으로 어린 황태자 이은을 깍듯이 모셨다. 이제는 이등박문도 나이 만 68세의 노구, 머리에 흰 서리 내린 지 오랜 노인이었다. 그 당시는 사람들의 평균 수명이 매우 짧던 시대임을 감안하면, 그는 '오늘날의 나이로는 1백 세 정도에 해당하는 아주 늙은 노인'이라고 할 수 있는 나이였다. 그럼에도 불구하고 그는 여전히 어느 곳의 누구 앞에서나 으레 열두 살 어린 소년인 이은을 앞에 세우고 자신은 지극히 겸손한 태도로 그 뒤에 섰다.

이등박문이 안중근 의사의 총탄에 맞아서 비명에 죽을 때까지 이은을 대할 때면 시종일관 한결같이 지닌 그런 태도는 이은으로 하여금 인질생활에 보다 쉽게 적응하게 만드는 효과가 대단했다. 황제의 아들로 태어나서 궁궐 안에서 지극하게 떠받들리면서 자란 소년 인질의 마음을 아주 편안하게 안정시켰기 때문이다. 이등박문은 바로 그 점을 예리하게 파악했기 때문에 이웃 나라의 그 조그만 어린아이 앞에서 연상 흰머리를 숙이고 늙은 몸을 공손하게 굽혔다. 목적에 따라서 능소능대하게 처신하는 데 이골이 난 난세의 풍운아로서의 면모가 늙어갈수록 더욱 빛을 발하여 그저 휘황찬란했다 할까. 그저 바라보기만 해도 눈이 부신 연출이었다.

그러나 그것은 곧 당시 일본 정계 최고의 인물이라는 이등박문의 능력이자 한계인 동시에, 그의 조국인 일본국이라는 국가의 행운이었으며 더없는 불운이기도 했다. 어찌하여 그러한가!

한 나라의 인신人臣의 최고위에 있는 자, 곧 국가의 주석柱石인 승상에 해당하는 인물의 인품은 곧 그 나라의 품격을 드러내는 법이다. 나라가 그런 인물을 발탁하고, 그렇게 발탁된 인물이 그가 속한 나라의 체제를 다듬기 때문이다. 그래서 예로부터 동양에서는 승상의 그릇을 몹시 중시했다. 그렇기 때문에 자고로 동양의 사대부치고 중국의 사서《십팔사략十八史略》에 나오는 전한前漢 선제宣帝 때의 명승상 병길丙吉의 고사를 승상 된 자의 사표로 삼지 않는 자가 없었다. 병길의 고사가 어떤 것이기에 그러했을까.

병길은 관대하고 예의가 바르고 겸손했다. 어느 날, 외출했다가 많은 사람들이 싸움을 하여 적잖은 사상자가 생긴 것을 보았으나, 그는 거기에 대해 아무 말도 묻지 않고 지나갔다. 그러나 소가 숨을 헐떡이며 가는 것을 보게 되자 그냥 지나치지 않았다. 그는 가던 길을 멈추고 그를 수행하는 자를 소를 모는 사람에게 보내어 "몇 십 리나 소를 끌고 왔느냐?"고 묻게 했다. 어떤 사람이 "싸움이 벌어져서 사람이 상한 것은 묻지 않고 소가 헐떡이는 것을 물은 것은, 일의 가볍고 무거움을 모르는 처사다"라고 비평했다. 그 말을 들은 병길은 말했다.
"백성의 다툼에 대해서는 경조京兆(수도)의 윤尹(장관)이 단속할 일이요, 승상은 세세한 일에 손을 댈 것이 아니다. 그러나 지금은 봄이므로 아직은 더운 시기가 아닌데 소가 숨을 헐떡거리는 것은 덥기 때문일 것이니, 그것은 곧 계절이 잘못된 탓일 것이다. 삼공三公은 선정을 베풀어서 음양陰陽을 고르게 해야 한다. 그러므로 소가 헐떡거리는 것은 내 직책상 근심되는 일이다."
말을 전해 들은 사람들은 승상 병길은 천하에 승상 된 자가 걸어야 할 큰길을 알고 있는 사람이라고 감탄했다.

그런 이야기로서, 천 년을 두고 그 이야기를 듣는 자들에게 감명을 주고 있다.

그런데 '1909년 여름' 이라는 시점에서 일본국이라는 나라를 지탱하던 인물들을 놓고 보면, 경력으로나 비중으로나 이등박문을 덮을 자가 전혀 없었다. 이등박문은 명치천황의 총애와 신임을 한몸에 받는 총신寵臣이자, 초대 총리대신과 궁내성대신을 겸임한 이래 도합 네 번에 걸쳐 총리대신으로서 일본의 국정을 몸소 담당했던 정치가이며, 대한제국 초대 통감을 거쳐서 현재 천황의 최고자문기관인 추밀원의 의장으로 재직하고 있는 말 그대로 일본의 대표적 권력가였다. 그가 일본국의 정계와 관계에서 차지한 비중으로 치자면 승상 중의 승상이었다.

그러나 불행히도 그는 타고난 인품이 진정한 승상의 그릇에는 미치지 못하는 사람이었다. 그래서 '천하에 승상된 자가 걸어야 할 큰길' 을 제대로 걸을 수 없었다. 그는 오로지 계산 빠르고 능력 출중하고 성품 교활한 장사꾼의 본능과 잣대를 가지고 국사를 다루고 국제 문제를 다루었다. 그래서 흰머리와 흰 수염을 휘날리는 국가의 대원로이면서도 간교한 수법으로 이웃 나라의 어린 황태자를 인질로 끌고 올 책략을 궁리해 내었고, 또 스스로 몸을 분주하게 부려 그 책략을 직접 실행하기를 전혀 꺼리지 않았고, 더 나아가 그 어린 인질 앞에서 늙은 몸을 공손하게 굽혀 시립하고 정성스레 모시고 다니는 연출과 노고를 기꺼이 떠맡았다.

본래 사람 사는 세상의 인간 관계라는 것은 예민한 저울처럼 냉정하고 냉혹한 것이다. 그래서 비록 왕이나 제후일지라도 그 지위에 걸맞은 인격과 능력과 무게가 갖추어지지 않으면 자신의 신하들에게서조차 우습게 보이고 만만하게 여겨지는 법이다. 하물며 이은은 이웃 나라에서 끌고 온 어린 외국인 인질 소년에 불과한 존재였다. 그런 조그마한 소년을 상대로 무엇이 두렵고 무엇이 존경스러워서 온 일본의 권력을 한 손에 쥔 권력자인 이등박문이 그처럼 공손하게 몸을 낮추었을 것인가.

그는 오로지 그 외로운 소년 인질의 마음을 다독여서 인질살이를 잘 견디도록 만들려는 목적 하나로 그처럼 처신했던 것이다. 그것은 그가 '극적인 구도와 외형을 갖춘 권모술수적 계획의 수립과 실행에 강한 자부심과 성취감을 느끼면서 타고난 연극배우처럼 스스로 연기하기를 즐기는 자' 이었기 때문에 가능한 풍경이었고, 비천한 가문에서 태어나 일국의 최고 권력자로 고속 출세해 가는 과정에서 스스로 터득하여 몸에 익힘으로써 체질 자체가 된 냉혹한 광대놀음이기도 했다.

그리고 무엇보다도 개탄할 것은 그가 지닌 인격적 결함이었다. 그가 가장 맹렬하게 앞장서서 어린 소년 인질 이은의 모국 대한제국을 멸망하게 만들 '한일합병 정책' 을 강력하게 추진한 결과, 그것이 일본 정부의 정책으로 공식 확정된 것이 지난 4월의 일이었다. 그럼에도 불구하고, 그런 결정 이후에도 그는 인질 아이를 '모시고' 일본 각지를 돌아다니면서 자신이 곧 멸망시키려고 하는 대한제국이 영원히 계속될 것처럼 '한일 양국의 우의' 니 '우방의 정의' 니 운운하는 연설을 신명나게 거듭하면서 그 조그만 어린아이까지 감쪽같이 기만한 것이다. 그것은 엄밀하게 말해서 아주 정도가 심한 인격 파탄자가 아니면 하기 힘든 어릿광대짓이었다.

그런 점에서 이등박문의 인격이나 성격에는 삼백 년 전 임진왜란 때 조선을 침공한 풍신수길과 너무도 흡사하게 닮은 요소가 많았음을 알 수 있다. 난세에 비천한 가문에서 몸을 일으켜 자신의 몸뚱이와 실력 하나로 칼과 칼이 싸우고 영주와 영주가 다투는 전국 시대의 일본을 통일하고 국권을 모두 장악하여 당대 제일의 권력자가 된 풍신수길은 사람의 마음을 빠르고 정확하게 읽어 내는 능력과 함께 스스로 어릿광대짓을 즐겨 하는 취향이 있었다고 한다. 그런데 이등박문의 능력과 성격도 바로 그러했던 것이다. 그리고 두 사람 모두 일본의 권력을 장악한 뒤 눈을 해외로 돌려서 조선을 침공하는 일에 남은 생애를 모두 바친 점도 놀랍도록 닮은꼴이었다.

이등박문의 시대에 일본 사회에서 이등박문이란 인물이 차지하고 있던 지위와 비중을 그가 아닌 다른 인격의 사람, 예를 들어 자신의 출신 배경에 아무런 콤플렉스가 없는 일본 최고의 명문 가문 곧 장군 덕천가강의 정통 후예인 덕천막부의 실력자가 차지하고 있었다고 가정해 보자. 역사의 가정은 부질없다지만, 조선과 일본의 관계는 분명히 달라졌을 것이고, 어린 황태자 이은의 처연한 인질생활도 없었을 것이며, 동아시아의 역사 자체가 달라졌을 것이다.

역사는 비정하다. 공짜가 없다. 이등박문처럼 목적을 위해서라면 수단과 체면과 방법을 가리지 않는 교활하고 뱃심 좋은 인물이 근대 일본 사회가 배출한 가장 강력한 권력자가 되었고, 그의 손에 의해서 덕천막부 시절과는 영 다른 형태의 새로운 일본국의 기초가 놓이고 나아갈 방향이 정해졌다는 사실은 곧 근대국가 일본국의 불행한 운명을 결정한 지표가 되었다. 그리고 결국 일본국은 그 대가를 혹독하게 치렀다.

1909년 8월 1일에 동경을 출발한 이은과 이등박문이 불타오르듯 뜨거운 염천 아래서 다시 강행한 두 번째 순유를 마치고 동경으로 돌아온 것은 8월 23일이었다. 장장 22박 23일 동안 2,700킬로미터를 돌아다닌 엄청난 장거리 여행이었다. 교통편이 현대와 같이 편리하지 않던 당대의 여행 여건을 살펴볼 때, 열두 살 소년과 68세 노인이 함께 다닌 여행으로는 너무나 무리한 거리와 일정이었다. 그 여행을 통해 이루고자 한 이등박문의 다목적 기대치와 집념의 크기와 집요함을 여실히 보여 준다. 이등박문은 여행을 마치고 귀경한 뒤 피서를 겸해서 며칠 동안 소년 이은과 함께 자신의 저택인 대정의 은사관에서 여독을 풀었다.

"전하!"

"예."

"역시 여행은 큰 스승이옵니다. 이처럼 세상 각지를 몸소 돌아보시고 나니까, 몸과 마음이 함께 부쩍 큰 듯하옵지요?"

"예. 그렇습니다. 태사님!"

날이 갈수록 더욱 깊어지는 신뢰가 가득 담긴 눈길로 자신을 보는 이은 소년을 바라보면서 이등박문은 얼굴 가득 환한 미소를 지었다.

그 무더운 8월 여름에 23일 동안이나 '대한제국 황태자 이은 전하의 일본 동북 지방과 북해도 지방 순유를 배종한 여행'이 난세의 풍운아 이등박문의 생애 종반의 마지막 대여행이 되었다. 그로부터 불과 두 달 뒤에 그가 하얼빈 역두에서 안중근 의사의 총에 사살되어 향년 68세로 파란에 찬 생애를 마감했기 때문이다. 여행 준비에 들어간 시간과 23일 동안의 실제 여행 기간과 여행에서 돌아온 뒤에 피로를 씻기 위한 휴식 기간까지 생각하면, 이등박문은 그의 생애 최후의 8월을 오로지 이은이라는 소년 인질 한 사람을 모시고 다니면서 그 마음을 다독이는 일에 모두 바친 것이다.

돌아보면 '근대 일본의 기초를 쌓고 토대를 만든 자' 이등박문의 다사다난하고 갖가지 일화로 가득한 생애에서 이 일은 그 유례를 찾아볼 수 없는 희귀한 사례에 해당했다. 그가 오로지 한 사람을 모시고 여행하는 일에 한 달이라는 긴 시간을 모두 쏟아부은 것이기 때문이다. 당시 그가 대한제국의 어린 황태자 이은을 일본의 국익과 필요에 부합하는 인간으로 순치시키는 일에 얼마나 대단한 정성과 공을 들이고 있었는지를 피부에 닿을 듯 생생하게 보여 준다.

이은과 이등박문이 장기 여행의 여독을 푸는 휴식을 취하고 있는 동안, 8월의 마지막 날들이 무더위와 함께 물러가고 새벽에 부는 바람에 서늘한 가을 기운이 묻어나는 9월이 되었다.

1909년 9월 2일.

휴식을 마친 이은과 이등박문은 이날부터 다시 움직이기 시작했다. 그들은 함께 천황의 거처인 궁성으로 가서 명치천황을 배알했다.

"천황 폐하! 폐하의 성려聖慮에 힘입고 이등 공작의 배려에 의지하여 동북 지방과 북해도 지방을 순유하는 여행을 무사히 마치고 돌아왔나이다."

어린 황태자 이은은 명치천황에게 깍듯이 인사했다.

"오! 그래. 여행은 보람 있었는가?"

명치천황은 얼굴에 미소를 가득 띠우고 친절하게 대꾸했다.

"예. 폐하! 매우 좋은 공부가 되었나이다."

이은도 밝은 얼굴로 대답했다.

"폐하께 헌상하려고 각 지방의 토산품을 구해 가지고 왔나이다."

"호오! 그 참 고맙구먼."

이은은 북해도 지방에서 구해 온 흰곰 가죽과 북해도 토인들의 풍속 사진첩을 천황에게 선물하고, 천황으로부터는 상아조각상, 은제사진첩, 은제금침입상銀製襟針入箱을 선사받았다. 황후와도 비슷한 규모로 선물을 주고받았다.

바로 이날이 한국의 어린 인질 이은과 이등박문 공작과 명치천황과 황후, 그 네 사람이 이승에서 함께 만난 최후의 날이었다. 바로 다음 달인 10월 26일에 이등박문이 안중근 의사에게 사살되었기 때문이다.

9월에 접어들면서부터 조거판의 한국 황태자 어용저의 어학문소에서는 다시 학과 공부가 시작되었고 이은은 일상으로 돌아갔다.

"전하! 서울에서 전보가 왔습니다."

천황을 만나고 온 지 엿새 만인 9월 8일 오후, 동궁무관 김응선이 싱긋 웃으면서 이은을 찾았다.

"전하! 축하드립니다. 황제 폐하께서 전하의 계급을 부위副尉(중위)로 올려 주셨답니다."

"응. 그래요?"

이은의 얼굴에도 미소가 떠올랐다.

"그럼 군복의 계급장 표시를 바꿔야겠네요. 참, 그보다 먼저 감사드리는 전보부터 올려야겠군요."

대한제국 황실에서는 이번 8월 여름에도 역시 이은이 대한제국 참위參尉(소위)의 군복 차림으로 이등박문 공작과 함께 장기간 여행하면서 많은 일본인들을 만났다는 이야기를 들었다. 그래서 이은의 계급을 올려서 겉모양새를 좀 더 보기 좋게 만들어 주려고 배려한 것이다. 내장이 모두 썩어 들어가는 중병 환자가 손톱 손질이나 하면서 마음을 달래는 것과 흡사한 풍경이었다.

안중근 의사,
덤덤탄으로 이등박문을 사살하다

싸늘한 바람결에 낙엽이 우수수 흩날리는 10월이 되었다. 현직 대일본제국 추밀원 의장인 공작 이등박문은 이 시점에서 활동 영역을 대거 확장하여 일본 역사에 새롭고도 거대한 획을 그으려는 일에 나섰다. 지난 4월에 일본 정부에서 공식적으로 대한제국을 일본제국에 병합하기로 확정했기 때문에, 이제 그의 시선은 대한제국의 국경 너머 만주로 옮겨 가 있었다. 그간 몸과 마음과 힘을 다해서 추진한 대한제국 합병은 실행 과정만 남긴 상태였다. 그것은 자신의 뒤를 따라오는 자들에게 맡기면 되었다. 이제 그의 야심과 두뇌는 남보다 한 걸음 더 앞으로 나아갔다. 그는 '대일본제국과 대한제국 합병 이후의 동양'을 새로운 현안으로 삼아서, 그것이 최대한 일본의 국익에 공헌하도록 만드는 판을 새로 구상하느라고 바빴다.

1909년 10월 9일.

그는 명치천황을 알현하려고 입궁했다.

"폐하! 신 박문은 이제 만주로 건너가서 그 지역 일대를 유력하고 돌아오겠나이다."

"알겠소! 모쪼록 건강에 유념하시오. 경의 어깨에 제국의 기대와 긍지가 모두 걸려 있소!"

그가 왜 만주에 가려고 하는지 잘 알고 있는 명치천황은 따뜻하고 활기차게 격려했다.

이등박문은 퇴궐하여 대기의 창랑각으로 내려갔다. 일 만들기 좋아하는 평생의 성정 그대로, 그는 대한제국의 병합 이후의 동양 판도를 자신의 뜻에 맞게 재배치하고 싶었다. 이제 대한제국의 영토를 일본제국의 판도 안에 집어넣으면, 일본의 국경은 두만강과 압록강까지 뻗어 나가서 두 강을 사이에 두고 만주와 직접 맞닿게 된다. 당연히 다음번 공략 목표는 만주가 될 수밖에 없다. 이번 만주 시찰은 그에 대한 대책을 세우려는 목적을 지닌 답사 여행에 해당했다. 당연히 러시아와의 관계도 재정립해야 했다. 그래서 그는 이번 여행 계획에 '하얼빈 역에서 러시아의 재무장관 코코프쵸프V. N. Kokovtsov를 만난다'는 일정을 마련해 두었다.

그가 만주로 가기 위해서 대기를 떠난 날은 1909년 10월 14일이다. 좌목융삼佐木隆三의 저서 《이등박문과 안중근》이라는 책의 첫머리에는 그날의 풍경이 다음과 같이 묘사되어 있다.

1909년 10월 14일.

추밀원 의장 이등박문은 오후 5시 20분에 대기역에서 열차에 올라탔다. 하관下關행 급행열차는 원래는 대기역에서 서지 않는데 만주 시찰에 나서는 이등박문을 위해서 그날은 임시 정차했다. 정장 차림인 68세의 이등박문은 희색이 가득한 얼굴로 100명이 넘는 고위 인사들의 송별을 받으며 대기를 떠났다.

일본제국의 판도를 넓히기 위한 공략의 다음 목표를 만주로 삼고 의기양양하게 길을 떠나는 이등박문과 그를 둘러싼 주변 인사들의 모습이 생생하다.

그렇게 대기를 떠난 지 이틀 뒤인 1909년 10월 16일에 이등박문은 하관에서 기선에 올라 출국하여 황해의 흐린 물결을 헤쳐 나갔다. 그가 중국의 요동반도에 있는 상업 도시인 항구 대련에 도착한 날은 18일이었다.

대련은 1898년에 러시아가 청나라로부터 조차하여 건설한 도시로서 남만주철도의 종점인 항구였다. 일본이 1905년에 러일전쟁에서 승리한 뒤 러시아에게서 대련을 넘겨받음으로써 이제는 일본의 조차지가 되어 있다. 그는 대련에서 나흘 머문 뒤 22일에 기차에 올라서 봉천으로 갔고, 26일 아침에 하얼빈 역에 내렸다.

이등박문이 아직 대련에 머물고 있을 때다. 동경에 있는 이은이 보낸 지급전보가 도착했다.

"응? 한국 황태자 전하께서 지급전보를 보내셨다고? 무슨 일이실까? 어디, 이리 주어 보게!"

의아한 얼굴로 전보를 받아 읽던 이등박문이 곧 밝은 얼굴이 되어 활짝 웃었다. 이등박문이 출국한 뒤, 이은은 추밀원 고문관이자 어학문소의 교수이며 이등박문의 사위인 말송末松 박사와 함께 경정택輕井澤에 있는 말송 박사의 별장으로 가서 며칠 동안 함께 묵고 있는 중인데, 그곳의 관리들과 백성들에게서 대대적인 환영을 받았다는 내용이었다.

"오! 이런! 참으로 기쁜 일이로구먼!"

이등박문으로서는 이은이 대환영을 받았다는 사실도 반가웠지만, 그보다는 이은 측에서 그런 일을 화급하게 지급전보로 자신에게 알려 온 것이 훨씬 더 흐뭇했다. 현재 이은이란 소년의 마음에 자신이 얼마나 큰 비중으로 들어

앉아 있는지를 여실히 말해 주기 때문이다. 바로 이등박문이 대련에서 받은 그 지급전보가 이은과 이등박문의 생애 최후의 접촉이었다.

1909년 10월 26일 오전 9시 30분, 하얼빈 역.

그 시간, 그 장소에서, 요란한 총소리와 함께 이등박문의 생애는 끝났다.

탕! 탕! 탕!

이등박문이 한입에 삼키려고 그처럼 공을 들인 대한제국에 사람이 있었다. 대한제국의 의병장이며 행동하는 지식인 안중근이 하얼빈 역까지 쫓아가서 이등박문을 향해 총을 쏘았다. 사용한 무기는 7연발 브라우닝 권총, 그는 저격이 끝난 후에 러시아 헌병들에게 잡히자 하늘을 향해 세 번 크게 외쳤다.

"코레아 우라(한국 만세)!"

"코레아 우라!"

"코레아 우라!"

그래서 현장에 있던 일본인들과 러시아인들은 이등박문을 저격한 사람이 대한제국의 국민임을 즉각 알아차렸다. 나중에 여순감옥에서 일본 검찰관이 체포될 때의 행적에 대해서 신문하면서 "그때 피고는 뭐라고 말하지 않았는가?"라고 묻자, 안중근은 "'한국 만세'라고, 영어로 '코레아 우라'라고 외쳤다"라고 대답했고, 검찰관이 "'코레아 우라'라는 말은 러시아말이 아닌가?"고 반문하자, 그는 "영어로도 불어로도 러시아어로도 '코레아 우라'라고 한다"고 단호하게 대답했다.

당시 안 의사가 7연발 브라우닝 권총에 장전한 탄알은 일종의 덤덤탄 dumdum彈 형태의 것이었다. 덤덤탄이란 영국이 인도를 정벌할 때 캘커타 시 부근에 있는 덤덤의 조병창에서 1886년부터 제조하기 시작한 총알의 종류로, 탄두에 구멍을 뚫어 놓거나 일부러 흠집을 내어 피갑탄의 납을 노출시킨 탄알을 가리킨다. 이런 탄알들은 목표물에 명중할 경우 참혹한 상처를 만들기 때문에 치사율이 매우 높았다. 그래서 사냥꾼들이 맹수를 사냥할 때 많이 사용했다. 그런 치명적인 성능을 가진 탄알이라서, 1907년 헤이그에서 열린 만국평화회의에서 '사람에게 사용하는 덤덤탄 문제'가 의제로 올랐고 '전쟁에서 덤덤탄 사용을 금지하기'로 가결되었다.

총탄이 보통 탄알이었더라면 명중했다 해도 이등박문이 그처럼 빨리 숨지지 않았을 것이다. 그러나 안중근이 사용한 총탄은 모두 총알 끝에 십자형의 홈을 새겨 놓은 덤덤탄 형태의 탄알이었다. 그래서 이등박문은 피격된 뒤에

만주 하얼빈 역에 도착한 이등박문. 만주 시찰을 목적으로 1909년 10월 26일 하얼빈 역에 도착했다. 여기서 대한제국 의병장이며 행동하는 지식인 안중근의 총에 최후를 맞는다.

이내 숨졌다. 안중근 의사가 이 년 전에 열린 헤이그 만국평화회의에서 각국이 덤덤탄 사용을 금지하기로 결의했음을 알고 있었는지 모르고 있었는지는 파악되지 않는다. 아무튼 소년 시절부터 사냥에 매우 능해 각종 총과 총알의 성능을 잘 파악하고 있던 그는 이등박문을 차질 없이 확실하게 처단하려면 덤덤탄 형태의 총탄을 사용해야겠다고 판단했음을 알 수 있다.

이등박문의 몸에 명중된 총알은 세 발, 그는 피격된 지 불과 30분 만에 절명했다. 그는 죽기 전에, "나를 쏜 자가 누구냐?"고 묻고 "한국인입니다"라는 대답을 듣고는 "바까나 야쯔(바보 같은 놈)!"라고 욕을 내뱉은 뒤에 숨을 거두었다고 전해진다. 그러나 그 이야기는 실제로 있었던 일이 아니라 뒤에 만들어 낸 이야기라고도 전해지고 있다. 아무튼 실제의 일이었다면, 세 발의 총알을 맞고 치명상을 입어 선지피를 흘리면서 목숨이 끊어지려는 그 절박한 순간에 자신을 쏜 사람을 향해서 굳이 한마디 욕을 뱉은 뒤에 숨을 거둔 처절한 모습이야말로 '이등박문' 이란 노회한 풍운아의 초상을 완성하는 최후의 마무리 붓질과 같은 것이었다.

삶의 기쁨에 대한 매우 집요하고도 현세적인 집착, 밑 빠진 항아리같이 한계를 모르는 세상을 향한 야심, 사물의 기미를 통찰하여 기민하게 지름길을 찾아내는 동물적인 감각, 목숨이 아홉 개라는 고양이와도 같은 유연한 탄력과 강인함을 아울러 지닌 능소능대한 처세술, 동시대의 일본인들조차 "교활하다!"고 평한 고도의 권모술수를 지닌 대권력자……. 그는 일본의 근대라는 격동기의 토양이 길러 낸 맹독의 향기를 지닌 괴화怪花였다.

"아! 이등 공작이 한국인에게 피살되다니!"

이등박문 피살 사건이 일본 황실과 정부에 준 충격은 엄청났다. 그것은 문자 그대로 국가적 대사건에 해당했다. 특히 명치천황이 받은 충격은 대단했다. 뒷날 세상에 전해진 측근 시종의 증언에 따르면, "이등박문 공작이 피살되자 명치천황은 힘이 쭉 빠져서 갑자기 아주 늙어 버린 것처럼 보였다"고 한다.

사건 발생 직후에, 일본 당국자들은 일단 이등박문의 시신을 본국으로 가져오기 전까지는 피살당한 사실조차 세상에 숨기기로 결정했다. 이등박문의 시신은 비밀리에 하얼빈에서 대련으로 옮겨지고 거기서 해로로 일본에 돌아가는 길을 밟았다.

대한제국 황실과 정부에서는 그 사건을 언제 어떤 경로로 알게 되었을까?

으레 일본 정부나 한국 통감부에서 알려 주었을 것 같은데, 《순종실록》의 기록을 보면 그런 짐작과 전혀 다르다. 이등박문이 한국인에게 피살된 것에 대한 격노를 표시하는 동시에, 자신들의 수중에 대한제국 측의 인질을 확보하고 있음을 새삼 강렬하게 깨우쳐 주려는 의도였을까. 일본 정부는 이등박문의 피살을 동경에 있는 이은에게만 알렸고, 이은은 황급하게 극비인 '친전親電'의 형식으로 본국 황실에 지급전보를 보내어 알렸다.

물론 황태자 이은을 돌보는 동궁대부 고희경이 맡아 처리한 것이겠지만, 《순종실록》에 당시 이은의 이름으로 본국 황실에 보낸 지급전보의 내용이 다음과 같이 수록되어 있다.

> 황태자가 친전을 보내 아뢰기를, "이등 태사가 오늘 오전 9시에 하얼빈 정거장에 도착하여 우리나라 사람의 흉한 손에 해를 당했다는 소식을 듣고 놀람과 애통함을 이기지 못합니다. 별세한 소식은 아직 세상에 알리지 않았고, 영구를 모셔 온 뒤에 공포한다고 합니다. 일본 황실에서는 시종무관과 시의를 파견했습니다. 그래서 신 역시 김응선을 파견하고자 합니다. 우리 황실에서도 일본 황실에 친전을 보내어 위문하시기를 엎드려 빕니다"라고 했다(《순종실록》 1909

년 10월 26일조).

당시 일본의 수도 동경 한복판에 기거하고 있던 인질인 대한제국 황태자 이은과 그를 모시는 한국인 관리들의 입장이 얼마나 난감하고 두렵고 곤혹스럽고 난처하고 두려웠을지, 한밤에 불을 보는 듯이 선연하다.

《순종실록》에는 이등박문이 사살된 소식을 듣고 놀란 대한제국 황실의 당황한 모습이 역력하게 들어 있다. 황실에서는 이은의 전보를 받은 26일에 즉시, 황제의 이름으로 일본 명치천황과 이등박문의 집으로 친전을 보내어 "경악과 통한을 이기지 못합니다!"라는 말로 위문했다. 다음 날인 27일에는 위문사들이 이등박문의 영구가 운반되어 와 있는 요동반도의 일본 조차지 대련으로 화급하게 파견되었다. 황제(순종)의 위문사로 시종원경 윤덕영, 태황제(고종)의 위문사로 승령부 총관 조민희, 정부를 대표하는 위문사로 내각 총리대신 이완용, 그렇게 사신 3인이 대련으로 황황하게 달려갔다.

이등박문의 유해가 일본으로 옮겨져서 그의 사망이 일본 국민들에게도 공포된 28일에는 대한제국 황제가 공식적으로 애도의 조칙을 공표하고 일본 천황에게 다시 애도하는 친서를 보냈다. 또 중추원 의장 김윤식과 궁내부대신 민병석을 급히 일본으로 특파하여 이등박문의 영전에 조문하게 하면서 그에게 '문충공文忠公'이란 시호를 내리고 유족들에게 막대한 부의금을 보냈다. 나아가 3일간 서울 성안에서 노래와 춤을 정지시켰으며, 황태자 이은에게는 사부師傅의 상을 당한 제자의 예로서 3개월 동안 상복을 입도록 조치했다.

일본인 권등사랑개權藤四郎介가 쓴 《이왕궁비사李王宮秘史》에 따르면, 당시 태황제(고종)는 저녁 식사를 하던 도중에 이등박문이 한국인에게 피살되었다는 소식을 듣고 놀라서 그만 손에 쥐고 있던 젓가락을 떨어뜨린 채 한동안 아무런 소리도 못 내다가 이윽고 입을 열어 맨 먼저 꺼낸 말이 '사직社稷의 앞날과 동경에 있는 황태자 이은의 신상에 관해서 걱정하는 것' 이었다고 한다.

당시 대한제국 황실이 느낀 경악과 당혹과 공포에 반해, 일본 측의 반응은 전혀 예상외로 아주 정중하고 유연했다. 이등박문의 피살에 대한 책임을 대한제국 황실에 일절 추궁하지 않았을 뿐더러, 대한제국 황제가 유감과 위로를 표하는 전보를 거듭 보낼 때마다 명치천황은 즉각 매우 정중한 답전으로 감사를 표했고, 경악과 보복에 대한 두려움으로 전전긍긍하고 있었을 어린 황태자 이은에게는 계속 좋은 선물을 골라 보내면서 마음을 다독였다.

그 이유는 무엇일까? 두 가지로 추정된다.

첫째로는 대한제국을 일본제국과 병합해서 하나의 나라로 만들려고 하는 커다란 목표의 달성을 바로 눈앞에 두고 있는 상황이어서 큰일을 망치지 않기 위해서 삼가 아주 조심한 것이다.

둘째로는 강한 자에게는 약하고 약한 자에게는 강한 일본인들 특유의 정서 때문에, 이등박문 같은 희대의 거물을 간단히 사살해 버리는 한국인의 단호함에 눌려서 오히려 당한 자기들 쪽에서 조심한 것이다.

1909년 11월 4일.

↗ **권등사랑개.** 이왕직 궁내관을 지낸 권등사랑개는 한일병합, 궁중 숙청, 순종의 일본 방문, 고종의 국장, 이은의 결혼 등이 진행된 통감정치와 무단통치의 실무자로 일했다. 그는 대한제국 황실에 관한 숨은 이야기가 담긴 책《이왕궁비사》를 저술했다.

동경의 일비곡日比谷 공원에서 이등박문의 장례식이 국장으로 성대하게 치러졌다. 아침부터 하늘에는 구름이 잔뜩 덮여 곧 비가 쏟아질 듯 음울한 날씨였는데, "실로 성대한 장의葬儀로, 지금까지 많은 국장이 거행되었지만 전에도 없고 앞으로도 없을 그러한 것이었다"는 세평이 나올 정도로 거창한 장례식이었다.

이때 대한제국 황태자 이은은 만 열두 살 소년으로 이등박문의 장례식에 참석했다.

"태사님! 이등 태사님……."

이은의 눈에서 눈물이 절로 흘러내렸다. 눈물은 흐르고 또 흘러 쉽게 멈추지 않았다.

지난 이 년 동안 여름마다 둘이서 다정하게 일본 각지를 여행하고 다닌 사이……. 그토록 자랑스러워하고 아끼던 창랑각까지 선뜻 선물로 준 분…….

소년 인질 이은은 이등박문이 그에게 매우 강력하게 주입해 놓은 몹시 왜곡되고 기만적인 환상, 즉 '이등박문 태사는 아무런 사심 없이 자신을 뒷날 대한제국의 위대한 황제가 될 인물로 키워 주려고 그토록 따뜻하고 지극하게 보살펴 주었다'는 환상을 철두철미하게 믿고 있었다. 그렇기 때문에 그의 죽음에서 엄청난 상실감과 낭패감을 느꼈다. 그리고 평생 동안 그 감정을 그대로 지니고 있었다. 그래서 뒷날 그는 일본 황족 여인인 방자와 결혼한 뒤에 아내에게 이등박문에 관해 다음과 같이 이야기했다고 한다.

> 이등 공은 실로 성실하게 보살펴 주었다. 그리고 장차 내가 공부를 끝내고 새로운 지식을 한국으로 가지고 돌아가서 고국에 공헌할 것을 기대하고, 그 같은 구상을 생각하고 계셨다고 짐작된다. 그런데 그 이등 공이 암살당한 것이 한국

⬆ **이등박문의 장례 행렬.** 1909년 11월 4일 이등박문의 장례식은 동경의 일비곡 공원에서 국장으로 성대하게 치러졌다. 이은은 죽을 때까지 이등박문이 그에게 매우 강력하게 주입해 놓은 몹시 왜곡되고 기만적인 환상을 안고 살았다.

의 운명을 바꿔 놓게 되어 버린 것이 아닌가 생각한다. 그리하여 군국적인 군인 총독에 의하여 영국 식민지 정책의 흉내나 낸 꼴이 되어 버렸으니 분해서 못 견디겠다.

이은은 죽을 때까지 그처럼 어처구니없는 환상과 '분함'을 안고 살았다. 당연히 평생토록 안중근 의사를 원망했을 것이다. 그가 살아 있을 때는 아직 일본 정부의 합병 관련 서류들이 공개되지 않았다. 그렇기 때문에 그는 이등박문이 '일한합병'으로 대한제국을 멸망시킬 것을 가장 강력하게 주장하여 관철시킨 괴수였다는 사실도 전혀 몰랐고, 1909년 4월에 이미 일본 정부가 한일합병 정책을 공식적으로 확정했다는 사실도 전혀 몰랐다. 이은이 평생토록 지닌 '분함'이란 것은 그런 무지 때문에 빚어진 처참한 희극이었다.

명치천황은 '대한제국 국민에 의한 이등박문 공작 피살'이란 충격적인 상황에서도, 아니 그런 상황이기에 더욱이나 대한제국의 황태자 이은을 잊지 않았다. 명치천황은 이등박문의 장례가 치러진 뒤 불과 13일 만인 11월 17일 자로 특명을 내려서, 사망한 이등박문 공작이 맡고 있던 '대한제국 황태자 보육총재'의 직책에 공작 암창구정岩倉具定을 임명한다고 발표했다. 그런데 이 암창 가문이 또한 별스런 집안이었다.

암창구정은 부친인 공작 암창구시岩倉具視가 사망한 뒤 그 작위를 세습하여 공작이 된 사람이다. 부친 암창구시는 본래 천황의 궁중에 봉직하던 아주 낮은 지위의 하급 공경公卿이었다. 막부 시절, 궁중의 하급 공경은 생계나 체면 유지조차 곤란할 정도로 봉록이 매우 적었기 때문에 암창구시 역시 매우 가난했다. 그래서 공경의 집은 치외법권인 점을 이용해서 자신의 집을 도박장으로 개방하고 그 자릿세를 받아서 살림에 보태었다고 한다.

야심을 위해서는 수단과 방법을 가리지 않는 성품인 하급 공경 암창구시는 대표적인 표변의 인물이었다. 유신 이전에는 덕천막부를 위해서 천황 가문에까지 무리한 일을 강요해서 욕을 많이 먹었다. 그러나 덕천막부의 처지가 불리하게 돌아가자 돌연 입장을 바꾸었다. 막부를 무너뜨리려는 토막파에 적극적으로 가담하여 그들을 위해서 궁중 안에서 갖은 암계를 동원하여 극력 지원함으로써 막대한 공을 세웠다. 명치유신이 성공한 뒤에 암창구시는 그 대가로 유신 정부의 핵심에 들어앉았다.

그는 명치천황의 부친인 효명천황을 독살한 장본인이라는 소문의 주인공이기도 했다. 당시 덕천막부를 무너뜨리려는 작전을 실행하는 데 효명천황은 매우 큰 걸림돌이었다. 그가 매우 확고한 막부 지지파였기 때문이다. 그래서 효명천황이 살아 있었다면 명치유신은 결코 성공할 수 없었다는 것이 역사가들의 공통된 견해다. 그렇기 때문에 암창구시가 실제로 효명천황을 암살했다면, 토막파를 위해서 더할 나위 없는 대공을 세운 것이다.

아무튼 암창구시는 그처럼 전력을 다해 막부 타도에 기여한 공으로 화족령이 공포되어 화족제가 시행될 때 최고위 작위인 '공작'을 수여받았다. 당시 일본 전국에서 오로지 10개 가문에만 공작 작위를 내렸는데, 대대로 천황 궁정에서 복무해 온 유서 깊은 상위 귀족인 최상급 공경도 아니고 막강한 무력과 광대한 영지를 지닌 대제후인 대명도 아닌 자로서는 오로지 단 한 사람 하급 공경 출신인 암창구시가 공작이 되었던 것이다. 그가 막부 타도에 세운 공적을 유신 정부가 얼마나 크게 평가하였고 얼마나 대단하게 보상하였는지를 생생하게 보여 준다.

화족령에 의해 작위는 세습되는 것이므로, 암창구시 공작이 죽은 뒤로는 아들인 암창구정이 암창가의 가독을 계승하여 공작이 되어 일본 정계에서 활약했다. 암창구정은 이 년 전인 1907년 12월 초순에 이은이 이등박문을 따라 처음 일본에 건너올 때, 천황의 명을 받은 환영 사절로 멀리 하관까지 마중 나왔던 인연도 있었다. 명치천황은 새로 보육총재가 된 암창구정 공작을 통해서도 '대한제국 황태자 이은에게 선물 주기'를 줄기차게 계속했다. 그래서 수묵화·서양과자·완구·은제 문방구·붓걸이·서양 장난감……, 그런 선물들이 자꾸 보내졌다.

그뿐이 아니다. 암창구정 공작이 병들어서 한국 황태자 보육총재의 임무를 제대로 수행할 수 없게 되자, 명치천황은 다시 이등박문의 양자인 이등박방伊藤博邦 공작을 '한국 황태자부 어용괘御用掛'로 임명하여 이은을 돌보는 실무를 맡도록 했다. 아들이 없던 이등박문이 절친한 벗인 정상형의 조카를 양자로 맞아들여서 이등박방이라고 이름 지었는데, 이등박방은 양부의 사후에 작위를 세습하여 공작이 되었다. 이등박방 공작은 기꺼이 한국 황태자 이은을 모시는 일을 맡았고, 암창구정 공작이 1910년 3월 31일에 사망한 뒤로는 전적으로 이은을 돌보았다.

"오! 일본 천황 폐하께서 이등박문 공작 가문으로 하여금 대를 이어 우리 황태자를 돌보게 배려해 주시다니, 참으로 감사한 일이로다!"

대한제국 황실은 한국인이 이등박문을 죽였음에도 불구하고 일본 측이 그 책임을 전혀 추궁하지 않고, 더구나 다른 사람 아닌 이등박문의 아들로 하여금 다시금 이은을 돌보게 한 처사에 감격을 금치 못했다. 그러나 이등박방은 이은을 위해서라기보다는 그 양부 이등박문이 미처 못 이루고 죽은 유업을 자신의 손으로 완성시키겠다는 마음으로 이은을 맡았던 것이다.

안중근은 누구인가

한국인치고 '안중근 의사'를 모르는 사람은 없다. 거의 모두 높이 평가하고 있다. 그러나 일본인들은 다르다. 안중근을 제대로 알고 높이 평가하는 이들이 있는 반면, 실상을 아주 왜곡하여 비하하는 이들도 많다. 일본 근대사를 연구하는 서구 학자들 중에는 후자 쪽 주장의 영향을 받아 "이등박문의 피살은 일본 정계 내부의 정쟁政爭의 산물로, 안중근은 이등박문에게 적대적인 세력에 속한 일본인의 사주를 받아서 이등박문을 죽였다"는 해괴한 주장을 거침없이 펴는 사람도 있다.

그렇게 안중근을 비하하는 견해 중에서 가장 대표적인 주장이 "일본의 아시아 침략사"란 부제가 붙은 《야마토 왕조*The Yamato dynasty*》(스털링 시그레이브 · 페기 시그레이브 공저. 한국에서는 《일본인도 모르는 천황의 얼굴》(강만진 옮김)이란 제목으로 번역 출간됨)란 책에 들어 있다. 그 책의 저자들은 "이등박문의 정적인 산현유붕은 흑룡회黑龍會(중국 대륙 침략을 목표로 결성된 일본의 대표적인 극우적 국수주의 단체)를 지원했고, 이등박문을 제거하기 위해서 흑룡회의 보스인 내전양평內田良平을 사주하여 대규모 자객 집단을 이등박문의 수하에 밀어 넣었다. 내전양평은 흑룡회에 소속한 조선인 단원에게 이등박문의 살해를 교사한 결과 이등박문이 피살되었다"고 주장한다.

항일의병의 지도자인 안중근을 일본 흑룡회의 조선인 단원이라고 왜곡하고, 더욱이 그 단체 두목의 사주를 받아 거사한 것이라고 극히 모욕적으로 폄하한 것이다. 전혀 가당치 않은 역사의 왜곡이다. 스털링과 페기 시그레이브는 매우 정력적으로 일본을 연구하는 성실한 학자들인데도 이런 중대한 오류를 빚은 것은 참으로 유감이다. 우리 한국인들이 진정한 시대의 영웅 안중근 의사의 참모습을 세계인들에게 제대로 알리지 못한 무능과 게으름을 새삼 아프게 반성하게 만든다.

안중근은 1879년에 황해도 해주부 수양산 아래서 태어났다. 진해 현감을 지낸 조부 안인수安仁壽는 자선을 많이 베풀어 명망이 자자한 인물이었는데, 안인수의 아들 여섯 명 중 셋째 아들인 안태훈安泰勳이 안중근의 부친이다. 안태훈은 재주와 지혜를 겸전한 인재로 과거에 합격하여 진사가 되었고, 조씨 댁 규수(천주교에 입교한 뒤의 이름은 조마리아)와 혼인하여 3남 1녀를 낳았으니, 그 장남이 안중근이다. 안태훈은 문무를 겸전했던 인물로서, 안중근은 부친의 기질과 재능을 그대로 이어받았다.

안태훈은 조선조 말기의 혼란한 시대상에 불만을 품고 안중근이 6, 7세 된 무렵에 일가권속 칠, 팔십여 명을 이끌고 황해도 신천군 청계동으로 이사했다. 청계동은 천혜의 요새와도 같은 지형을 갖춘 요지여서, 안 진사는 1894년에 일어난 동학농민전쟁 당시에 난군이 된 동학군의 침입을 막는 의려義旅(민간 군사 조직)를 조직하여 청계동에 의려소를 설치하고 의려장으로 활동했다. 당시 만 15세 소년이던 안중근은 의려의 간부로서 동학을 빙자하여 청계동에 쳐들어오려는 대규모의 난군을 맞아 몸소 유격대 십여 명을 이끌고 야간의 어둠을 이용한 기습공격을 감행하여 거대한 적진을 일시에 무너뜨린 큰 전과를 올리기도 했다. 소년 시절부터 사격술과 무인으로서의 담력이 대단했음을 증명하는 일화다.

백범 김구는 동학농민전쟁 때 황해도의 동학 접주로서 동학 군사를 이끌고 참전했다가 세력을 확장하려는 다른 동학군 부대의 공격으로 군사를 모두 잃은 뒤, 적장인 셈인 안태훈 진사의 초청에 응하여 1895년 2월에 청계동에 들어가서 여러 달 동안 살았다. 그래서 그의 자서전인 《백범일지》에는 청계동과 안중근의 소년 시절에 관한 증언이 다음과 같이 들어 있다.

> 그때에 안진사의 맏아들 중근은 열세 살로서 상투를 짜고 있었는데 머리를 자주수건으로 질끈 동이고 돔방총이라는 짧은 총을 메고 날마다 사냥을 일삼고 있어 보기에도 영기가 발랄하고 청계동 군사들 중에 사격술이 제일이어서 짐승이나 새나 그가 겨눈 것은 놓치는 일이 없기로 유명했다. 그의 계부 태건과 언제나 함께 사냥을 다니고 있었다. 그들이 잡아 오는 노루와 고라니로는 군사들을 먹이고 또 진사 6형제의 주연의 안주를 삼았다. 진사의 둘째 아들 정근定根과 셋째 아들 공근恭根은 다 붉은 두루마기를 입고 머리를 땋아 늘인 도련님들로 글을 읽고 있었는데 진사는 이 두 아들에 대하여서는 글을 아니 읽는다고 걱정도 하였으나 중근에게 대하여서는 아무 간섭도 아니 하는 모양이었다.

안중근이 십대 어린 나이에 그토록 사냥을 잘했다는 것은 그의 사격술이 천부적인 재능에 의한 것임을 알게 한다. 또 시대가 그토록 험악했기에 한다하는 명문의 양반 가문인 집안에서 장손인 안중근이 총을 메고 사냥 다니는 것을 묵인했을 것이니, 천품과 시대가 함께 그의 생애의 큰 틀을 결정한 셈이다.

안중근은 평생을 두고 "나는 학문에 힘쓰지 않았다"고 자처했다. 그러나 그런 발언은 그가 평소 양반 가문의 장손으로서 학문에 대해 지닌 진솔한 겸양과 한편으로는 뛰어난 사격술을 지닌 한 사람의 무인으로서 지닌 자긍심 때문에 그렇게 표현한 것일 뿐, 실제로는 꽤 깊이 학문을 닦은 진정한 선비이기도 했다.

그는 부친이 청계동에 세운 서당에서 《사서삼경》과 《통감》을 비롯한 동양의 고전들을 배우면서 선비로서의 교양을 익힌 데다, 당대에 유명한 문장가의 아들답게 글도 잘하고 글씨도 잘 썼다. 더욱이 17세 때 부친을 따라 천주교에 입교[영세명 도마(토마스, 多默)]한 뒤로는 《만국역사》와 《조선역사》를 비롯한 신학문의 역사서들까지 공부했다. 더 나아가 기독교의 교리 공부와 프랑스 선교사에게서 프랑스어를 배운 경험은 그에게 국제 감각을 키워 주었다. 그가 한때 진남포에 신학문을 가르치는 학교를 세워 교육 사업에도 힘쓴 경력을 비롯하여, 여순감옥에 있을 때 여러 사람들의 청탁으로 붓글씨를 많이 써서 남긴 것이나, 또 《동양평화론》을 저술하는 등의 큰 뜻을 품은 사상가로서의 면모가 확고했던 사례들은 그가 지닌 당당한 선비의 품격을 선명하게 증언한다.

안중근은 1879년생이고 이등박문은 1841년생으로 나이 차이가 38년이다. 그러나 그들의 시대는 두 사람의 운명을 서로 마주 보고 울리는 북처럼 하나로 맺어 놓았다.

이등박문이 을사늑약을 강행하자, 울분에 찬 안중근은 즉시 전 가족의 해외 망명을 계획했다. 그리고는 우선 상황과 여건을 살펴보기 위해서 혼자서 상해까지 갔다. 그러한 경위가 그가 여순감옥에서 집필한 자서전에 다음과 같이 밝혀져 있다.

러일전쟁이 강화로 끝난 뒤에 이등박문이 한국으로 건너와서 정부를 위협하여 5조약을 강제로 맺자 삼천리 강산과 이천만 인심이 바늘판에 앉은 것 같이 요란했다. 그때 아버지께서는 심신의 울분으로 병이 매우 중하게 되었는데, 나는 아버지와 비밀히 상의하기를,

"일본과 러시아가 개전했을 때, 일본이 전쟁을 선포하는 글 가운데, 동양의 평화를 유지하고 한국의 독립을 굳건하게 하겠다고 했습니다. 그러나 이제 일본이 그와 같은 대의大義를 지키지 않고 야심적인 침략을 자행하는데, 이것은 모두 일본의 대정치가인 이등伊藤의 정략인 것입니다. 먼저 강제로 조약을 정하고, 다음으로 뜻있는 지사들을 없애고, 그 뒤에 영토를 삼키는 것이 요즘 세상에서 남의 나라를 멸망시키는 새로운 방식입니다.

만약 속히 계획을 세우지 않으면 큰 화를 면하기 어려울 테니 어찌 속수무책으로 앉아서 죽기만 기다릴 수 있겠습니까. 그러나 지금 의거를 일으켜 이등의 정책에 반대한다 해도 강약부동으로 부질없이 죽을 뿐, 아무 이익이 없을 것입니다.

현재 들으니, 청국 산동山東과 상해上海 같은 곳에 한국인이 많이 살고 있다 합니다. 우리 집안도 모두 그곳으로 옮겨 가서 살면서 선후방책을 도모하는 것이 어떻겠습니까. 그렇게 한다면 제가 마땅히 먼저 그곳으로 가서 살펴본 뒤에 돌아올 것이니, 아버지께서는 그동안에 비밀히 짐을 꾸린 뒤에 가족들을 데리고 진남포로 가서 기다리시다가, 제가 돌아오는 날 다시 의논해서 행하도록 하십시다."

하여 부자 간에 계획을 세우기를 마치자, 나는 곧 길을 떠나 산동 등지를 두루 다녀본 뒤에 상해에 이르렀다…….

위의 글에 나온 바와 같이, 부자 간에 장래에 대한 대비책을 세우고 안중근이 상해로 간 뒤에, 그의 부친 안태훈 진사는 을사늑약 때문에 '심신의 울분으로' 병이 깊어진 몸을 이끌고 맏아들과 약속한 대로 청계동 살림을 정리하여 가족을 이끌고 진남포로 이사하던 중에 재령에서 숨을 거두었다.

상해에 간 안중근은 그런 줄도 모르고 국사를 의논하기 위해서 당시 상해에 망명객으로 머물고 있던 왕년의 세도가 민영익을 여러 번 찾아갔으나 만나 주지 않아서 분노하고, 다시 큰 장사꾼 출신인 서상근徐相根이란 사람을 여러 번 만나 독립운동을 같이 하기를 권유했으나 성과를 얻지 못하는 등 실의의 날을 보냈다. 그러던 중에 우연히 그의 생각을 바꾸게 한 인물을 만나 그 가르침에 따라 귀국했다가 부친의 객사를 알게 되었다. 안중근의 자서전에 그 상황이 다음과 같이 기록되어 있다(원문은 한문임).

> 하루는 천주교회당에 가서 한참 동안 기도를 드린 다음, 문 밖으로 나와 바라볼 즈음에 문득 신부神父 한 분이 앞길을 지나가다가 고개를 돌려 나를 보기에 서로 마주 보다가 서로 놀라며
> "그대가 어째서 여기 온 겁니까?"
> 하고 손을 잡고 서로 인사하니, 그는 바로 곽郭 신부였다(이 신부는 프랑스 사람으로 여러 해 동안 한국에 와서 머물며 황해도 지방에서 전도하고 있었기 때문에 나와 절친한 사이였고 이제 홍콩香港으로부터 한국에 돌아가는 길이었음).
> 그야말로 참말 꿈만 같았다. 두 사람은 같이 여관으로 돌아와 이야기를 시작했다. 곽 신부가 묻기를
> "그대가 여기를 왜 왔습니까?"
> 하기에 나는 대답하되

"선생께서는 지금 한국의 비참한 꼴을 듣지 못했습니까?"

하자 곽 신부도 하는 말이

"들은 지 이미 오래입니다."

하므로 나는 말하되

"현상이 이와 같으니 형세를 어떻게 할 도리가 없어 부득이 가족들을 외국으로 옮겨다가 살게 해 놓은 다음에, 외국에 있는 동포들과 연락하여 여러 나라로 두루 돌아다니면서 억울한 정상을 설명해서 동감의 뜻을 얻은 뒤에 기회가 오기를 기다려서 한번 의거를 일으키려고 합니다. 그렇게 하면 어찌 목적을 이루지 못하겠습니까."

하였더니, 곽 신부는 아무 말 없이 한참 있다가 대답하되

"나는 종교가요 전도사라, 전혀 정치계에 관계가 없지마는 지금 그대의 말을 듣고는 느꺼운 정을 이길 수가 없습니다. 그대를 위해서 한 방법을 일러줄 것이니, 귀를 기울여 들어 보아서 만약 이치에 맞거든 곧 그대로 따라 행하고, 그렇지 못하거든 그대의 뜻대로 하시오."

하기로 내가,

"그 계획을 듣고 싶습니다."

하니 곽 신부는 말하되

"그대가 세운 계획이 비록 옳은 것 같기는 하나, 그것은 다만 하나만 알고 둘은 모르는 일입니다. 가족을 모두 외국으로 옮긴다는 것은 잘못된 계획입니다. 이천만 민족이 모두 그대와 같이 한다면 나라 안은 온통 빌 것이니, 그것은 곧 원수가 원하는 바를 이루어 주는 것입니다. 우리 프랑스가 독일과 싸울 적에 두 지방을 내어 준 것은 그대도 아는 바요. 지금껏 40년 동안에 그 땅을 회복할 기회가 여러 번 있었지마는 그 지역에 있던 유지당有志黨들이 온통 외국으로 피

해 갔기 때문에 그 목적을 달성치 못했던 것이니, 이것이 본보기가 될 만하지 않습니까.

해외에 있는 동포들로 말한다면 국내 동포에 비해서 그 사상이 배나 더하여 서로 모의하지 않아도 같이 일할 수 있으니 걱정할 것이 없습니다. 그러나 열강 여러 나라의 움직임으로 말하면 혹시 그대가 말하는 억울한 설명을 듣고서는 모두 가엾다고 하기는 할 것이지만, 한국을 위하여 군사를 일으켜 성토하는 나라는 없을 것입니다.

지금 각국이 이미 한국의 참상을 알고 있기는 하나, 각자 제 나라 일에 바빠서 전혀 남의 나라를 돌아봐 줄 겨를이 없습니다. 그러나 만일 뒷날 운이 이르고 때가 오면 혹시 일본의 불법 행위를 성토할 기회가 있을 것이오. 그러나 오늘 그대가 하는 설명은 별로 효력이 없을 것입니다. 옛글에 일렀으되 '스스로 돕는 자를 하늘이 돕는다' 고 했습니다. 그대는 속히 본국으로 돌아가서 먼저 다음과 같은 일을 힘써 하시오.

첫째, 교육의 발달.

둘째, 사회의 확장.

셋째, 사람들의 뜻을 모음.

넷째, 실력의 양성.

이 네 가지를 확실히 성취시키기만 하면 이천만의 마음의 힘이 반석과 같이 단단해져서 비록 천만문千萬門의 대포를 가지고서도 능히 공격하여 깨뜨릴 수가 없을 것입니다. 이것이 이른바 한 지아비의 마음도 빼앗지 못한다는 그것이거늘, 하물며 이천만 사람의 마음의 힘이겠습니까.

그렇게 하면 강토를 빼앗겼다는 것은 이미 형식상으로 된 것일 뿐이요, 조약을 강제로 맺었다는 것도 종이 위에 적힌 빈 문서라, 헛된 일로 돌아가고 말 것입니다. 그같이 하는 날에라야 신속하게 사업을 이루고 반드시 목적을 달성할 것이오. 이 계책은 만국에 두루 통하는 예이므로 권유하노니, 스스로 잘 헤아려 보시오."

하는 것이었다. 그 말을 다 들은 뒤에 나는 대답하되

"선생님 말씀이 옳습니다. 그대로 따르겠습니다."

하고는 곧 행장을 차려 가지고, 기선을 타고 진남포로 돌아왔다.

1905년 12월에 상해로부터 진남포로 돌아와 집안 소식을 알아본즉 그동안에 가족들이 모두 청계동을 떠나 진남포로 갔는데, 다만 아버지께서 중도에 병세가 더욱 중해져서 마침내 세상을 떠났기 때문에 가족들이 아버지의 영구를 모시고 도로 돌아가 청계동에 장례를 모셨다고 한다. 나는 이 말을 듣고 통곡하며 몇 번이나 기절했다.

다음 날 길을 떠나서 청계동에 이르러 상청을 차리고 여러 날 동안 재계齋戒를 지켜서 상례를 마친 뒤에 거기서 가족들과 함께 그해 겨울을 났다. 이때 나는 술을 끊기로 마음에 맹세했는데, 대한이 독립하는 날까지로 그 기한을 정했다.

망해 가는 나라를 구하려고 외국에 나가서 갖가지로 노심초사 애쓰다가 고국에 돌아와서 아버지의 객사 소식을 안 뒤에 "통곡하며 몇 번이나 기절하는 장남의 모습", 참으로 처절하고도 가슴을 치는 이야기가 아닐 수 없다.

안중근은 다음 해인 1906년 3월에 진남포로 이사하여 양옥 한 채를 지어 가족들의 살림을 안정하게 한 뒤에, 상해에서 곽 신부와 의논한 대로 교육 사업에 몸을 바쳤다. 집안의 재산을 모두 기울여서 두 고장에 학교를 세워 한 곳은 삼흥학교三興學校, 다른 곳은 돈의학교敦義學校라고 이름 짓고 스스로 학교 업무 전체를 관장하면서 재주 있는 청년들을 뽑아 가르쳤다.

그러나 이등박문은 안중근을 그런 모습 그대로 살게 놓아 두지 않았다. 실로 안중근을 새로운 역사의 장으로 나아가게 밀어 댄 사람은 바로 이등박문이었다. 이등박문은 해아밀사사건을 빌미 삼아 광무황제를 강제로 폐위시킨 다음 유약한 황태자를 새로 황제의 위에 오르게 하고, 새 황제를 협박하여 대한제국의 국권을 더욱 제한하는 세칭 '정미7조약'을 맺은 뒤에, 대한제국의 군대까지 해산시켰다. 그러자 격분한 한국 의병들이 도처에서 벌떼처럼 일어나 삼천리강산이 포성으로 진동하게 되었다.

이등박문의 주도하는 횡포와 강압으로 나라 사정이 이처럼 눈썹에 불이 붙듯 위급해지자, 안중근은 그대로 있을 수가 없었다. 그는 진남포에서 운영하고 있는 교육 사업을 중단하고 감연히 몸을 떨치고 일어섰다. 그는 "급급히 행장을 차려 가지고 가족들과 이별하고" 북간도로 건너갔다가 다시 노령으로 넘어가서 소년 시절부터 그의 특장이던 총을 들고 일제와 투쟁하기 시작했다.

그러나 그는 결코 단순한 총잡이가 아니었다. 대일 무력 항전에 나선 이래, 처음에는 문자 그대로 '인의仁義'로써 일본인들을 대했다. 1908년 6월에 의병 부대를 이끌고 두만강을 건너 국내 진공 작전을 폈을 때의 일화는 유명하다. 일본군과 전투를 벌였을 때 일본 군인들을 포로로 잡았다. 동료 의병들은 일본군 포로들을 처형하자고 했으나, 그는 동의하지 않았다. 오히려 포로들로 하여금 "동양 평화를 위해 헌신하겠다"고 약속하게 한 뒤에 풀어 주고 압수한 무기까지 돌려주었다. 그러나 포로들이 귀대한 뒤에 그들의 안내로 일본군 부대가 역습을 가함으로써 안중근이 지휘하던 한국 의병 부대는 막심한 희생을 치렀고 안중근 자신도 거의 죽을 뻔한 곤경에 떨어졌다가 가까스로 생환하여 노령으로 돌아갔다.

이처럼 해아밀사사건을 계기로 급박하게 요동치던 국내외 정세를 배경으로 안중근과 이등박문 두 사람은 치면 울리는 북처럼 역사의 전개에 기민하게 반응하면서 운명의 하얼빈을 향해 전진해 갔던 것이다.

1909년 10월 중순.

안중근은 블라디보스토크에서 '이등박문의 북만주 시찰'에 관해 보도한 신문 기사를 읽었다. 근일 중에 이등박문이 하얼빈에 도착할 것이라는 기사였다. 안중근은 그 기사를 읽고는, "여러 해 소원하던 목적을 이제야 이루게 되는구나! 늙은 도둑의 일생이 이제 내 손에서 끝나게 되었다!" 하고 소리치고 기뻐했다. 그는 블라디보스토크에 거주하는 같은 뜻을 지닌 동지 우덕순禹德淳(33세, 서울 사람)을 찾아가서 의논한 결과 함께 거사하기로 약속하고 둘다 가슴에 권총을 품고 하얼빈을 향해 길을 떠났다.

1909년 10월 26일 오전 9시 30분.

드디어 안중근은 북만주에 있는 러시아풍의 도시 하얼빈 정거장에서 그의 뛰어난 사격 솜씨로 이등박문을 사살하는 데 성공했다.

흔히들 "시대가 영웅을 만들고 영웅이 시대를 만든다"고 하는데, 안중근과 그의 시대 역시 그러했다. 당시 대한제국 국민 중에는 안중근 외에도 명사수가 많았다. 또 당시 대한제국 국민 중에는 안중근 외에도 이등박문이 양두구육羊頭狗肉의 궤변을 구사하면서 대한제국을 능욕하고 침탈하는 상황을 극명하게 꿰뚫어 보면서 공분을 금치 못한 지사들이 많았다.

그러나 하얼빈 정거장에 도착한 이등박문의 신변 경호에 허점이 드러난 순간을 놓치지 않은 명사수이면서 동시에 지사인 대한제국의 국민은 오로지 한 사람 안중근뿐이었고, 그는 그때 그곳에서 스스로 자신에게 부과한 임무를 매섭게 완수함으로써 그 시대를 자신의 것으로 만들었다.

뒷날, 안중근은 자서전에서 이등박문을 저격하던 때의 상황을 이렇게 기술했다(원문은 한문으로 되어 있음).

다음 날 아침에 일찍 일어나서 새 옷을 모조리 벗고 점잖은 양복 한 벌로 갈아입은 뒤 권총을 지니고 바로 정거장으로 가니 시간이 오전 7시쯤이었다. 그곳에 이르러 보니 러시아 장관將官과 군인들이 많이 와서 이등伊藤을 맞이할 절차를 준비하고 있었다. 나는 차 파는 집 안에 앉아서 차를 두세 잔 마시고 기다렸다. 9시쯤 되었을 때 이등이 탄 특별열차가 도착했다. 그때 인산인해였다.

나는 찻집 안에 앉아서 그 동정을 엿보면서 스스로 생각하기를, '언제 저격하는 것이 좋을까?' 하고 갖가지로 재어보되 미처 결정하지 못할 즈음, 이내 이등이 차에서 내려 다가오고 각 군대가 경례하고 군악 소리가 하늘을 울리며 귀를 채웠다. 그 순간 분기가 치솟아 오르고 3천 길 업화業火가 머릿속에서 터져 나왔다.

"어찌하여 세상일이 이같이 공평하지 못한가. 슬프다. 이웃 나라를 강제로 빼앗고 사람의 목숨을 잔혹하게 해치는 자는 이처럼 즐겁게 날뛰고 조금도 거리낌이 없는 반면, 죄 없이 어질고 약한 인종은 오히려 이처럼 곤경에 빠져야 하는가."

나는 더 말할 것도 없이 곧 큰 걸음으로 뛰쳐나가서 군대가 열을 지어 서 있는 뒤에까지 이르러서 바라본즉, 러시아 일반 관리들이 호위하고 오는 중에 맨 앞에 누런 얼굴에 흰 수염을 가진 한 자그마한 늙은이가 있었다. 이같이 염치없이 천지 사이를 감히 횡행하고 다니는 자가 누구인가. 필시 그자가 이등 늙은 도적老賊이라고 생각되었다. 곧 권총을 뽑아 들고 그의 오른쪽을 향해서 빠르게 4발을 쏜 다음……(《안중근 의사 자서전》, 안중근 의사 숭모회, 1986).

피격 당시 이등박문은 특별열차에서 내려서 환영 나온 러시아 군대를 사열하고 각국 외교 사절단과 인사를 나누던 중이었다. 안중근은 전에 이등박문의 얼굴을 그린 그림을 한 번 보았을 뿐, 실제로는 물론 사진으로도 본 적이 없었다. 그래서 상황으로 보아서 환영 받는 인사들 맨 앞에 선 수염 난 작은 노인이 이등박문이라고 판단하고 그를 향해 쏘았다. 그는 총알이 모두 장전되어 있던 7연발 브라우닝 권총으로 빠르게 3발을 쏘았고, 3발 모두 이등박문에게 명중했다. 실제로 이등박문을 쏜 총알은 '3발' 인데, 그는 '4발' 을 쏜

↖ **옥중의 안중근.** 일본 근대사를 연구하는 서구의 학자들 중에는 안중근을 아주 왜곡시켜 "이등박문의 피살은 일본 정계 내부의 정쟁의 산물로서, 안중근은 이등박문에게 적대적인 세력에 속한 일본인의 사주를 받아서 이등박문을 죽였다"는 해괴한 주장을 거침없이 펴는 사람도 있다.

것으로 착각했던 듯하다.

당시 안중근의 연발 사격이 어찌나 빨랐던지 현장에 있던 이등박문 수행단에 속한 일본인 의사 소산선小山善은 그 총소리를 "폭죽 같은 소리"였다고 증언했다.

저격은 그것으로 끝나지 않았다. 이등박문을 쏜 다음 순간이다. 안중근은 이등박문의 생김새를 제대로 모르는 상태에서 저격한 것이기 때문에, 돌연 그의 머릿속에서 '만약 지금 총에 맞은 자가 이등박문이 아닌데 잘못 쏜 것이라면?' 하는 의구심이 일어났다. 그래서 대사가 낭패로 돌아가는 일이 없도록 사격 목표를 다른 사람을 향해서 다시 잡고 사격을 재개했다는 것이다. 안중근 의사의 자서전에는, 그때 상황이 다음과 같이 기록되어 있다.

> 생각한즉 내가 본래 이등의 얼굴과 모습을 몰랐기 때문에 십분 의아심이 머릿속에서 떠올랐다. 만약 지금 잘못 다른 자를 쏜 것이라면 대사는 모두 낭패가 된다. 그래서 나는 다시 뒤쪽에 있던 일본인들 무리 중에서 앞에서 걷고 있던 위의威儀가 가장 장해 보이는 자를 목표로 다시 3발을 연속해서 사격했다.

목표를 다시 잡은 2차 사격의 총탄 3발 때문에 이등박문을 수행하던 하얼빈 주재 일본 총영사 천상준언川上俊彦, 궁내대신 비서관 삼태이랑森泰二郎, 남만주철도주식회사의 이사 전중청차랑田中淸次郎이 수족과 흉부에 각기 총상을 입었다. 안중근은 탄창에 총알이 모두 장전되어 있던 7연발 브라우닝 권총으로 6발을 쏘고 총구 안에 1발이 남아 있는 상태에서 체포되었다.

안중근은 자신이 2차 사격을 가한 뒤에 체포되던 순간에 대해서 자서전에 이렇게 기록했다.

……다시 목표를 바꾸어 연달아 3발을 쏜 뒤에 다시 생각한즉, 만약 무죄한 사람을 잘못 상하게 했다면 일은 반드시 아름답지 못한 것이기에 멈추고 생각하는 중에 러시아 헌병이 와서 붙잡았으니, 때는 곧 1909년 음력 9월 13일 상오 9시 30분경이었다. 즉시 하늘을 향해 크게 "대한 만세!"를 세 차례 외친 후 정거장 헌병 분파소에 끌려 들어갔다.

위와 같은 안중근의 회고록에 의해서, 후인들은 당시 이등박문의 실제 생김새를 제대로 모르는 상태에서 그를 저격하면서 안중근이 겪은 고뇌가 얼마나 극심한 것이었는지 그 편린이나마 짐작하게 된다.

그는 먼저 정황으로 보아 이등박문이라고 판단한 '누런 얼굴에 흰 수염 난 자그마한 늙은이'를 쏘았다. 참고로, 중촌국남中村菊男의 저서 《이등박문》에 따르면, 사망 3개월 전인 1909년 7월 28일에 신체를 측정한 결과 이등박문의 키는 163.5cm, 체중은 58kg이었다고 한다.

그러나 안중근은 급박하게 일차 사격을 가한 뒤에 돌연 치솟은 "혹시 저 자가 이등박문이 아닐지도 모른다"는 의구심 때문에 황급히 총구의 방향을 돌려서 '다시 뒤쪽에 있던 일본인들 무리 중에서 앞에서 걷고 있던 위의威儀가 가장 장해 보이는 자'를 향해서 다시 쏘았다. 그러나 2차 사격에서 연달아 3발을 쏜 다음, 그는 다시 자신이 현재 처한 상황에 대해서 격렬한 고뇌를 느꼈다.

이등박문은 한 사람이다. 그런데도 나의 총에 맞은 자는 이미 여럿이다. 그러니까 내가 과연 이등박문을 제대로 저격했는지 아닌지는 미처 알 수 없는 상태임에도 불구하고, 이등박문이 아닌 자도 상하게 한 것만은 이미 분명하다. 죄인 이등박문을 죽이려는 거사에서 이등박문이 아닌 자 곧 죄 없는 사람까지 상하게 한 것은 아름답지 못하다…….

그 의식이 어찌나 강렬했던지, 그는 사격을 멈추고 그에 대해서 생각하다가 러시아 헌병에게 붙잡혔다는 것이다.

이 장면이야말로 안중근의 인품과 그릇의 크기를 극명하게 드러낸다. 생명을 내걸고 적들 속에 뛰어들어 자신의 나라와 민족을 망치고 있는 외적의 우두머리를 응징하는 그 절체절명의 순간에도, 그의 양심은 자신의 행위에 한 점 오류가 끼어드는 것을 견디기 힘들었던 것이다. 더구나 그가 이때 "이등박문이 아닌 죄 없는 자도 상하게 했다"는 생각이 든 순간에 느낀 감정을 "아름답지 못하다"라고 표현한 것이 후인들의 심장을 아프게 건드린다. 목숨을 내걸고 홀로 나아가서 나라와 민족의 원수를 쏘아 죽이는 그 처참하고 긴박한 순간에조차 그의 의식의 심층에 자리하고 있었던 것은 '삶의 아름다움'에 대한 높은 이상과 갈증이었던 것이다.

러시아 헌병에게 체포되어 일본 측에 넘겨진 안중근은 여순으로 이송되어 일본의 관동도독부 지방법원 형사 법정에서 재판을 받았다. 사건 관련자로 안중근과 그의 공범이라고 인정된 우덕순과 조도선曺道先(37세), 유동하柳東夏(18세) 네 사람이 함께 재판을 받았다.

안중근에게 사형 선고가 내려진 '1910년 경술 정월 초3일 날'은 음력으로, 양력으로는 1910년 2월 14일이었다. 그는 항소하지 않았고, 징역 3년을 선고받은 우덕순과 징역 1년 6월이 선고된 조도선과 유동하도 항소하지 않았기에 그대로 형이 확정되었다.

1910년 3월 26일, 부슬비가 내리는 흐린 봄날에 안중근은 여순감옥에서 가족이 차입해 준 겨레의 옷인 흰 한복으로 갈아입고 교수형으로 처형되었다. 그는 그렇게 순국함으로써 그 뜨겁고 치열한 삶을 31세 젊음으로 마감했다.

⬆ **동생들을 만나고 있는 안중근.** 순국 2주 전에 면회 온 동생 정근과 공근을 만나는 모습이다. 그는 이 자리에서 "나는 천국에 가서도 또한 마땅히 우리나라의 회복을 위해 힘쓸 것"이라고 말했다. 그리고 1910년 3월 26일 여순감옥에서 가족이 차입해 준 겨레의 옷인 흰 한복으로 갈아입고 교수형으로 처형되었다.

그는 순국 전에 '동포에게 고함' 이라는 제목의 유언을 다음과 같이 남겼다.

내가 한국 독립을 회복하고 동양 평화를 유지하기 위하여 3년 동안을 해외에서 풍찬노숙하다가 마침내 그 목적을 달성하지 못하고 이곳에서 죽노니, 우리들 이천만 형제자매는 각각 스스로 분발하여 학문을 힘쓰고 실업을 진흥하며 나의 끼친 뜻을 이어 자유 독립을 회복하면 죽는 자 유한이 없겠노라.

그가 여순감옥으로 면회를 간 두 동생 안정근과 안공근에게 남긴 유언은 이러했다.

내가 죽은 뒤에 나의 뼈를 하얼빈 공원 곁에 묻어 두었다가, 우리 국권이 회복되거든 고국으로 반장해다오. 나는 천국에 가서도 또한 마땅히 우리나라의 회복을 위해 힘쓸 것이다. 너희들은 돌아가서 동포들에게 각각 모두 나라의 책임을 지고 국민 된 의무를 다하여, 마음을 같이 하고 힘을 합하여 공을 세우고 업을 이루도록 일러다오. 대한 독립의 소리가 천국에 들려오면 나는 마땅히 춤추며 만세를 부를 것이다.

그러나 일제 당국은 안중근의 시신을 가족들에게 내어 주지 않고 임의로 여순감옥 담장 안에 매장해 버렸다. 그래서 오늘날까지 우리는 그의 시신을 찾아내지 못하고 있다.

어린 인질의 제3차 일본 순유 —1910년 여름

일본 정부는 이미 1909년 4월에 한일합방 계획을 확정했다. 그러나 즉각 시행하지 못하고 시일을 끌고 있는 동안 해가 1910년으로 넘어갔다. 1910년은 '명치 43년' 이다. 명치천황이 제위에 오른 뒤 43년이란 세월이 흐른 것이다.

1910년 1월 1일.

이날 일본 궁중에서 열린 신년 하례식에 대한제국 황태자 이은이 초청되어 함께 참예했다. 《명치천황기》에 따르면, 명치천황이 "밝으신 모습으로 수라, 조배朝拜, 출어出御, 모두 평상시와 같았음. 이날 한국 황태자 은, 우리 황족들과 함께 신년 하례의식을 봉황실에서 행했음"이라고 기술되어 있다.

이때 이은은 일본에 간 뒤 최초로 일본 궁중 행사에 참가한 것이라고 한다. 이해, 곧 1910년에는 불가불 '일한합방' 으로 대한제국을 멸망시킬 작정이었기 때문에 그 나라의 황태자인 이은에 대해서 일말의 미안함을 느껴서 그런 배려를 한 것이었던가 보다.

이날 명치천황이 이은을 배려한 일은 거기에서 그치지 않았다. 궁중 신년 하례 행사가 끝나고 이은이 자신의 저택으로 돌아간 뒤에, 암창구정 궁내대신을 조거판 어용저에 보내어 이은에게 선물을 전하게 했다.

《명치천황기》에는 이해에 명치천황이 이은에게 준 선물과 이은과 관련된 자료들이 다음과 같이 기록되어 있다.

1910년 1월 1일.

은제 문방구 한 벌, 선주仙舟의 그림족자 3폭, 서양 완구 3점 등을 하사. 암창구정 궁내대신을 보내서 전달함.

1910년 2월 4일.

소전원小田原에 가서 피한避寒 중인 한국 황태자 은에게 쥐오리 50마리, 야채 한 바구니를 하사함. 한국 황태자 전속 어용괘御用掛인 이등박방 공작으로 하여금 전하게 함.

1910년 4월 8일.

명치천황이 한국 황태자 은의 교육에 관여하고 있는 한국인들을 이등박방 공작으로 하여금 감독하게 하고 시종장 덕대사실측과 궁내대신 도변천추가 상의하여 처리하게 하도록 명함.

1910년 4월 25일.

시종직 어용괘 구조도실을 이은에게 보내어 재래식 일본 그림물감과 서양 그림물감 각 한 벌씩과 검은 옻칠 바탕에 시회蒔繪 장식으로 된 책장 한 개를 하사하게 하고, 학습 상황도 살펴보게 함.

1910년 6월 3일.

한국 황태자 이은, 동궁전을 방문.

1910년 7월 12일.

한국 황태자 이은, 산양山陽 · 산음山陰 지방으로 순유하기 위한 출발을 앞두고 궁중에 들어가서 봉황실에서 천황에게 고별인사, 내정 배알소에서 황후에게 고별인사. 명치천황은 이은에게 무릎덮개(차나 수레를 탈 때 무릎을 덮는 일본식 덮개), 여행용 가방, 여행용 문방구를 하사하고 황후는 금줄이 달린 금시계를 하사함.

이러한 선물 목록은 이은이 1910년의 전반부를 어떻게 지냈는지를 추적할 수 있는 자료가 된다.

위의 자료로 보아, 명치천황은 한국인에 의한 이등박문 피살사건 같은 건 아예 없었던 듯, 소년 이은이 편안하고 평온하게 지낼 수 있도록 극력 보살펴 주었음을 알 수 있다. 그러면서 독수리가 굴 밖에 나온 토끼를 덮치려고 노려보고 있듯이 '일한합병' 의 날이 와서 대한제국이 멸망하기를 기다린 것이다.

1910년 7월 13일.

이날, 대한제국 황태자 이은 소년의 제3차 일본 순유이자 마지막 순유가 시작되었다. 방향은 일본의 중부에 해당하는 산양 · 산음 지방이었다. 이번 순유는 죽은 이등박문 대신 그의 양자인 이등박방 공작이 이은을 모시고 나섰다.

일본 당국자들의 생각으로는 한일합방을 목전에 두고 있는 아주 민감하고 중차대한 시기였기 때문에, 더욱이나 이은의 여름방학 기간을 '순유' 라는 방식으로 해결해야 했다. 순유 행사를 전담했던 이등박문이 죽었다고 해서 이은으로 하여금 여름방학 기간 동안 동경의 어용저에서 놀고 있게 하는 것은 명분으로나 모양새로나 매우 좋지 않았다. 그렇다고 해서 한국으로의 귀성은 더욱이나 절대로 허락할 수 없는 정황이었다. 곧 시행할 예정인 대한제국에 대한 합병 강요의 절차상, '인질인 대한제국 황태자의 신원을 일본이 계속 확보하고 있느냐? 아니냐?' 하는 문제는 대세에 큰 영향을 미칠 매우 중대한 사안이었기 때문이다. 그래서 이은으로 하여금 여름방학 기간에 제3차 순유의 길을 떠나도록 조치한 것이다.

이때 이은을 수행한 사람들은 이등박방 공작(일본), 고희경 동궁대부(한국), 조동윤 배종무관장(한국), 김응선 배종무관(한국), 일본의 율원栗原 궁내성 서기관(일본) 등이었다.

일행은 동경에서 출발하여 대판을 거쳐서 무학舞鶴 항구로 가서 거기서 군함 대도함對島艦에 올라 항해하여 7월 17일에 조취망대鳥取網代에 도착하여 상륙했다. 거기서부터 그들이 7월 26일에 동경으로 귀환할 때까지 기차와 자동차와 군함을 갈아타고 이동하면서 거친 일정은 다음과 같다.

조취鳥取 → 동향온천東鄕溫泉 → 창길倉吉 → 향래옥鄕來屋 → 미자米子 → 송강松江 → 도근현청島根縣廳, 물산진열관 견학, 육도호에서 뱃놀이, 농림학교 시찰 → 송강松江 → 장원莊原 → 출운대사出雲大社 참배 → 송강松江 숙박 → 경항境港, 군함 대도함을 타고 동경 도착.

이 여행 중에 특히 조취현과 도근현에서 열린 환영회는 일본 황태자의 경우에 준한 매우 성대한 것이었다고 기록되어 있다.

이은 일행이 아직 여행길 위에서 헤매고 있을 때인 7월 23일, 한일합방을 실현시킬 임무를 띤 장주번 출신의 현임 육군대신 사내정의가 제3대 통감의 자격으로 대한제국 수도 서울에 입성했다. 그리고 그는 전광석화와 같이 빠른 속도로 합방을 추진해 갔다.

1910. 8. 29.
끝없이 흐르는 등불의 강물

1910년 8월 22일.

드디어 대한제국과 일본제국은 이날 합병조약에 조인했다. 양국 황제의 재가를 얻은 일본의 사내정의 통감과 한국의 이완용 총리대신이 조인했다. 이등박문이 그토록 갖가지 방식으로 공을 들이며 추진했던 과업, 그가 자신의 눈으로 직접 볼 것이라고 의심 없이 믿었던 한국의 합병이 그가 죽은 뒤에 이루어진 것이다.

안중근은 여순의 일본 법정에서 재판을 받을 때 일본인 재판장을 향해 "원래 한국은 무력이 아닌 문필文筆로써 세운 나라다"라고 일갈했는데, 바로 그 '문필로 세운 나라'가 무력을 숭상하는 이웃 나라 일본에 의해 끝내 멸망한 것이다.

대한제국을 삼키는 작업은 이등박문의 장주번 직계 후배로 3대 한국 통감이자 일본 육군대신인 사내정의 자작에 의해 전격 실행되었다. 조약 체결에 앞서서, 통감부 측은 무엇보다도 대한제국 황실의 반발로 과거 아관파천사건과 같은 돌발사태가 일어날 수도 있다는 가능성 때문에 고심했다. 그래서 만일의 사태에 대비하여 황제가 절대 창덕궁을 벗어나 외부로 나가지 못하도록 사전에 철벽 같은 차단 조치를 시행했다. 통감부의 치안 담당 책임자인 명석明石 경무총장이 직접 대한제국의 황제가 거주하고 있는 창덕궁에 들어가서 궁 안의 위생 상태를 살핀다는 명목으로 궁궐 구조를 샅샅이 답사한 뒤에 궁문 열쇠를 가진 자들을 따로 협박하여 창덕궁의 모든 궁문 열쇠를 황제 몰래 수거해서 완전히 장악해 두었다.

또한 도처에 칼을 찬 헌병과 경찰이 늘어서서 감시하는 초비상 상태로 만들어 삼엄하게 경계하면서도 마음을 놓지 못한 일본인들은 8월 24일자로 '통감부 경무총장의 포고령 3호'를 발동하여 고시했다. 그것은 대한제국 국민들이 한일합병이란 현안에 대해 일체 의견을 나누지 못하도록 서로 만나는 것조차 금지하는 포악한 억압 조치로서, 포고령의 본문은 다음과 같았다.

> 당분간은 정치에 관한 집회 혹은 옥외에서 다중多衆의 집합을 금지함. 본령에 위반하는 자는 구류 또는 과료科料에 처함.

건물 안이거나 밖이거나를 가리지 않고 사람들이 정치에 관한 문제로 만난다거나 혹은 어떤 이유로든 건물 밖에 여러 사람이 모이기만 하면, 단지 그 이유만으로 체포하여 가두거나 벌금을 매겨 처벌하도록 법적 장치를 마련해 놓은 것이다. 합병 당시 일본인들이 이처럼 최소한 법적 요건조차 전혀 갖추지 못한 추악한 법령을 만들어 시행했다는 것은, 그들 자신도 양국의 합병이 얼마나 무리한 횡포인지를 명확하게 인식하고 있었다는 증거이기도 하다.

일본은 대한제국 국민들의 반발을 우려하여 8월 22일에 조약을 체결하고도 이런 조치들을 취하면서 침묵하다가 8월 29일에 가서야 공식 발표했다. 양국 모두 8월 29일에 발간된 관보와 신문을 통해서 그 소식이 알려졌다.

일본 명치천황이 8월 29일자로 공포한 칙령에 따라서 '대한제국' 은 국호가 '조선' 으로 바뀌었다. 그에 맞추어서 그간 대한제국의 국권을 집요하게 침탈해 온 '대한제국 통감부' 는 '조선총독부' 로 간판을 바꾸어 달았다. 또 조선조 오백년 동안 '한양' 또는 '한양성' 이라고 불려 온 서울은 '경성京城' 으로 지명이 바뀌었다.

여기서 한 가지 분명하게 밝힐 것이 있다. 우리 국민들 중에서 '경성' 이라는 지명을 일본이 만든 것으로 판단하여 '일제의 잔재' 라고 분노하는 이들이 상당수 있다. 그런 이들 중에는 심지어 "서울 '경京' 자가 들어간 '재경在京 학우회' 니 '귀경歸京 전쟁' 이니 하는 말들을 쓰지 말아야 할 것은 물론 '경부선京釜線' 의 '경京' 자와 같은 것도 모두 바꾸어야 한다"고 강력하게 주장하는 이들까지 있다. 나라와 나라말을 아끼는 그 정신과 열의는 높이 찬양할 만하나, 유감스럽게도 그런 주장은 실제 사실과 매우 다르다.

이미 조선조 때부터 우리 선조들은 수도인 한양을 한문으로 표기할 때는 으레 '경京' 또는 '경성京城' 이라고 부르고 썼다. 본래 '경' 이란 단어는 '수도首都' 를 뜻하고, '경성' 이란 말은 '나라의 수도인 성' 이란 뜻이기 때문이다. 그래서 예전에 사신으로 뽑혀서 청나라에 다녀온 사대부들은 그들이 북경까지 다녀온 기행문[연행록燕行錄이라고 통칭됨]을 쓰면서 자신들이 밟은 노정을 기록할 때, 으레 서울(한양성)을 '경京' 또는 '경성京城' 이라고 표기했다. 숙종과 순조 때 기록된 사신들의 연행록들 중에서 그 실례를 들어본다.

■ 숙종 38년 임진년(1712)의 기록.

(임진년 11월 초3일에 경을 떠나 22일에 의주에 닿아 4일을 묵었다.)

(《연행록 선집 Ⅳ》, 〈연행일기燕行日記〉, 15쪽)

■ 순조 28년 무자년(1828)의 기록.

(경성에서부터 고양까지 40리, 파주 40리, 장단 35리)

(《연행록 선집 Ⅸ》, 〈부연일기赴燕日記〉, 93쪽)

■ 순조 32년 임진년(1832)의 기록.

(20일 맑음. 경을 떠나 40리를 가서 고양에 이르러 잤다.)

(《연행록 선집 Ⅹ》, 〈연원직지 권지1 출강록燕轅直指 卷之一 出彊錄〉, 5쪽)

이렇듯, '경성'은 우리 민족에게 매우 익숙한 수도의 별칭이었다. 그렇다면, 일제 당국은 이때 국권을 빼앗아 식민지로 만들어 버림으로써 이미 정상적인 의미의 '나라'가 아닌 '조선'의 한양성을 두고 왜 하필 '한 나라의 수도'라는 뜻을 지닌 '경성'이란 단어를 고유명사인 지명으로 확정한 것일까. 의문을 갖지 않을 수 없다. 지명 자체로만 보자면, '조선'을 당당한 '하나의 나라'로 대우한 것이기 때문이다.

해답은 그 시대인들의 눈으로 바라보면 곧 나온다. 당시 일본인들은 조선의 정치사회적인 각종 제도와 관직의 명칭은 물론 지명에 이르기까지 모든 차원에서 '대한제국'과 '황제'라는 칭호와 관련된 것을 모두 말살하느라 바빴다. '일본 천황 한 사람만이 두 민족을 통치하는 유일한 최고 통치자'라는 것을 확실하게 해 두어야 했기 때문이다.

그래서 한국과 관련된 일체 사안이나 사물에서 황제를 뜻하는 '황皇' 자나

'제帝' 자가 들어가는 단어들을 모두 없앴다. 일제에 멸망할 당시, 우리나라의 국호는 '대한제국' 이었고 군주의 칭호는 '황제皇帝' 였다. 그래서 군주의 집안은 '황실皇室' 로 불렸고, 수도인 한양성은 '황성皇城' 이라고 지칭되었다.

그렇기 때문에 강제 합방 당시 대한제국의 수도에서 발행되는 신문들 중에는 제호에 '황성' 이 들어간 《황성신문皇城新聞》이 있었다. 《황성신문》은 1898년에 창간된 신문으로서, 1910년 8월 29일의 한일합방 뒤에 즉시 일본 당국에 의해 제호가 《한성신문漢城新聞》으로 바뀌었다가 그나마 17일 뒤인 9월 15일에 아주 강제 폐간되고 말았다. 이 신문이 곧 을사조약의 강제늑약 당시 그 유명한 장지연 선생의 '시일야방성대곡是日也放聲大哭' 이란 글이 실렸던 그 시대의 대표적 민족지였다.

당시 일제 당국자들은 '대한제국' 이라는 나라 이름과 수도의 호칭인 '황성' 을 확실하게 없애는 수단으로, 오백년 동안 장구하게 써 온 옛 국호인 '조선' 과 한자로 표기할 때 사용하던 수도의 칭호인 '경성' 을 선택했다. 그것은 한일합병에 대한 우리 민족의 저항과 반감을 최소한도로 줄이면서 '대한제국' 과 '황성' 이란 단어를 확실하게 없애는 수단이었다. '조선' 과 '경성' 은 우리 민족이 정서적으로 가장 거부감 없이 받아들일 수 있는 국호이고 지명이었기 때문이다.

대한제국 황족들의 호칭 역시 모두 명치천황의 칙령에 따라서 다음과 같이 바뀌었다.

태황제(고종) 폐하 → 덕수궁 이태왕李太王 전하

황제(순종) 폐하 → 창덕궁 이왕李王 전하

황후(윤씨) 폐하 → 창덕궁 이왕비李王妃 전하

황태자(이은) 전하 → 왕세자 전하

의친왕(이강) 전하 → 이강공李堈公 전하

의친왕비(김씨) 전하 → 이강공비李堈公妃 전하

흥왕(이희) 전하 → 이희공李熹公 전하

흥왕비(이씨) 전하 → 이희공비李熹公妃 전하

전통적인 동양의 한자권 문화에서 보면, 일본의 궁중 용어는 몹시 난삽하다. 황족 내지 왕족에 관한 호칭이나 경칭들이 도무지 법도에도 맞지 않고 사체事體에도 맞지 않는 뒤죽박죽인 것이다.

먼저 황실 가족들에 대한 호칭을 본다.

일본에서 천황의 자녀들을 특별히 구분하여 아들을 '친왕親王' 이라고 부르는 것까지는 중국과 대한제국을 비롯한 동양 전래의 전통에 부합한다. 그러나 일본인들은 천황의 딸은 유별스럽게 '내친왕內親王' 이라고 부른다.

중국 궁정에서는 황제의 아들인 '친왕' 이 그냥 '왕' 들보다 훨씬 더 격이 높은 고귀한 사람으로 대우받았다. 일본에서도 당연히 혈통상 천황과 보다 가까운 사람, 곧 천황의 아들인 '친왕' 이 천황의 친척인 그냥 '왕' 들보다 훨씬 격이 높고 고귀한 이로 대우받았다. 그래서 특별한 우대를 표시하는 특별조치로서 때론 천황의 친아들이 아닌 황족에게도 '친왕' 이란 칭호를 부여하기도 했다. 그리고는 그에 따라 세분된 차별법이 다시 생겨나서, 천황의 친아들로 태어나서 '친왕' 이 된 이와 천황의 친아들로 태어나지 않았는데 '친왕' 으로 봉해진 이를 구분하느라고, 천황의 친아들로 태어난 이에게는 특별히 '직궁直宮' 이란 별칭을 쓰기도 했다.

그런데 일본식 궁중 용어만의 매우 특이하고 유별난 용법으로, 황태자의 이름에 굳이 '친왕' 이란 칭호를 붙이는 전통을 들 수 있다. 중국이나 우리나라에서는, 황태자에게는 아예 '친왕' 이란 칭호를 붙이지 않을 뿐더러, 일단 '친왕' 으로 봉해진 사람이라도 나중에 황태자로 책봉되면 '친왕' 이란 칭호는 더 이상 쓰지 않는다. 황태자가 친왕보다 훨씬 더 고귀한 신분이기 때문이다. 황태자는 제국 전체에 오로지 한 사람뿐이고, 신분으로 보자면 장차 황제가 되어 나라의 주인이 될 존재다. 그에 반해서, 친왕은 수효로도 다수이며 그 신분도 죽을 때까지 황제의 신하일 수밖에 없는 존재들이다.

그래서 대한제국의 경우를 예로 들자면, 고종이 '황제' 의 위에 오를 때 맏아들인 순종은 '황태자' 로만 책봉되었을 뿐 '친왕' 이라는 왕호는 아예 받지 않았고, 그의 이복동생들에게는 '친왕' 의 왕호가 부여되어 이강과 이은은 각기 '의친왕' 과 '영친왕' 으로 책봉되었다. 그리고 순종이 황위에 오른 뒤에 황태자로 책봉된 이은은 책봉된 순간부터 공식 칭호가 '대한제국 영친왕 이은' 에서 '대한제국 황태자 이은' 으로 바뀌었다. 그리고 '영친왕' 이란 궁호는 공식적으로 폐지되었다.

그러나 일본 궁정에서는 전혀 다르다. 천황의 아들이면 누구나 '친왕' 으로 봉함을 받기 때문에 황태자조차 '친왕' 이란 칭호를 받을뿐더러, 황태자로 책봉된 뒤에도 황태자라는 위호 뒤에 반드시 '친왕' 이라는 왕호를 붙여서 '황태자 ○○친왕' 이라고 지칭한다. 그처럼 '황태자' 라는 위호의 뒤에다가 사족처럼 덧붙여서 쓰는 '친왕' 이라는 하급의 위호는 그가 천황으로 즉위한 뒤에야 겨우 떨어진다. 그래서 명치천황의 황태자 시절의 공식 칭호는 '황태자 목인친왕' 이었고, 그의 아들인 대정천황의 황태자 시절의 공식 칭호는 '황태자 가인친왕' 이었으며, 그의 아들인 소화천황의 황태자 시절의 공식 칭호는 '황태자 유인친왕' 이었다.

이처럼 두 나라의 궁중 용어와 사용 관습이 서로 판이하게 다른 데서 발생하는 오해가 만만치 않다. 이은의 신분이 '대한제국 황태자' 였던 시기의 일에 관해 서술한 일본인들의 기록을 보면 으레 '대한제국 황태자 영친왕' 이라고 되어 있다. 그래서 우리나라 지식인들 중에서는 "일본인들이 대한제국 황실을 무시하고 모욕하느라고, 대한제국의 황태자로 책봉된 뒤에도 이은을 계속 '영친왕' 으로 불렀다" 면서 크게 분개하는 이들이 있는데, 그것은 일본식 궁중 용어의 용법을 모르기 때문에 빚어진 오해에 불과하다. 중국식이나 대한제국식의 궁중 용어 용법을 모르는 일본인들이 자기네 황태자에게 쓰는 것과 똑같은 형태의 호칭법을 이은에게 썼던 것뿐이기 때문이다.

일본의 궁중 용어가 다른 동양 제국의 궁중 용어와 다른 건 그뿐이 아니다. 중국이나 우리나라는 군주 집안은 물론 일반 백성이나 천민에 이르기까지 아버지나 조상의 이름자를 매우 소중하게 여겨서 절대로 같은 글자를 자식이나 후손의 이름에 넣어 쓰지 않는다. 특히 군주의 경우에는 그 이름을 입에 올리는 것조차 금지되었다. 그렇게 이름에 들어 있는 글자를 극력 피하는 것을 "휘諱한다" 고 일컬었는데, 절대로 범하면 안 되는 막중한 금기였다.

그러나 일본은 전혀 다르다. 역시 군주 집안이나 백성들 집안이나 간에 모두 마찬가지인데, 아버지와 아들이 똑같은 글자를 함께 이름에 사용한다. 그래서 우리나라나 중국으로 치자면 같은 항렬의 형제들 이름과 똑같은 형태로 되어 있는 것이, 곧 일본인들의 할아버지와 아버지와 아들의 이름이다. 예를 들자면, 일본 천황 가문의 남자들 이름은 조상이나 자손이나 간에 모두 어질 '인仁' 자 돌림을 쓰고 있기에, 그 이름들이 다음과 같다.

명치천왕 (할아버지) 목인睦仁

대정천황 (아버지) 가인嘉仁

소화천황 (아들) 유인裕仁

신하들의 이름도 그러해서, 앞에서 보았듯이 이등박문伊藤博文의 아들 이름은 이등박방伊藤博邦이고, 암창구시岩倉具視의 아들 이름은 암창구정岩倉具定이다.

이처럼 천황 가문이건 무사나 공경들의 가문이건 평민들 집안이건 간에, 일본식 명명법은 모두 조상과 자손이 같은 글자를 넣어 이름 짓는 것을 전혀 꺼리지 않는다. 중국이나 우리나라의 관습으로는 절대 있을 수 없는 작명법이 일본에서는 지극히 보편적인 작명법인 것이다.

동양식 궁중 용어 중에서 유독 일본만 달리 쓰는 사례는 그뿐만 아니다. 괴이하게도 일본에서는 왕의 딸을 '여왕女王' 이라고 부른다. 왕인 부친과 그의 딸이라는 기본 혈육 관계에 의해서 호칭이 정해지는 것이 아니라, 통치자인 천황과의 촌수 관계를 기준으로 칭호가 각기 정해지기 때문이다. 그 기준은 '4촌' 이다. 천황과 4촌 이내의 황족 남자는 '친왕' 이라 부르고 여자는 '내친왕' 이라고 부른다. 또한 천황과 5촌 이하의 황족 남자는 '왕' 이라 부르고 황족 여자는 '여왕' 이라고 부른다. 뒷날 이은의 부인이 된 이본궁 수정왕의 장녀인 방자方子는 천황과 5촌 이하인 황족 여성이었기 때문에 공식 칭호가 '방자 여왕女王' 이었다. 따라서 '이본궁 수정왕' 과 그의 장녀인 '이본궁 방자 여왕' 이란 것이 그 부녀가 지닌 공식 칭호였다. 그래서 당대 신문들의 결혼 보도 기사에도 모두 '방자 여왕' 이라고 기재되어 있다.

그처럼 체계 없이 궁중 용어를 뒤죽박죽으로 쓰는 터라, 일본인들이 한일합방으로 대한제국 황실을 없애면서 종전의 호칭에 대신하여 쓰라고 명치천황의 칙령으로 정해준 호칭 역시 엉망진창이었다.

그들은 '태왕'과 '왕'과 '왕세자'에게는 물론 '공公'에게까지 모두 똑같이 '전하'라는 경칭을 쓰라는 비례를 강요했다. 더구나 '비妃'란 호칭은 왕과 동급인 호칭임에도 불구하고, 태왕太王과 왕과 왕세자의 배필은 물론 '공公'의 부인에게까지 모두 똑같이 '비妃' 자를 붙이고 '전하'라고 부르라고 강요하는 망발을 자행했다.

그래서 의친왕 이강의 정실부인인 김씨는, 한일합방 이래 '이강공비李堈公妃 전하'라고 불리었다. 그뿐 아니다. 그들은 비공식적인 경우에는 '왕세자'인 이은을 '창덕약궁昌德若宮 전하'로 부르도록 결정했다. '창덕약궁'이라 함은 '창덕궁의 젊은 주군'이라는 뜻으로서, 그 신분이 '창덕궁 이왕 전하'의 후사後嗣임을 뜻하는 일본식 궁중 용어다. 법도와 격식 따지기 좋아하는 조선의 유림들이 이처럼 예법에 전혀 맞지 않는 호칭을 강요당하면서 얼마나 큰 치욕을 느끼고 원통하게 여겼을지는 묻지 않아도 알 만한 일이다.

'대한제국 황실'을 그런 모양새로 정리한 일본 당국은, 대한제국 조정의 신하들을 정리하기 시작했다. 일본 천황의 이름으로 '조선귀족령'이란 것을 공표해, 대한제국 황실의 근친과 정계 요인 등 75명에게 작위와 돈을 주었다. 작위에는 본래 '공작·후작·백작·자작·남작'의 다섯 가지 구분이 있는데, 한국인에게는 단 한 사람도 공작의 작위를 주지 않았다.

여기서 명백하게 밝혀 두어야 할 사안이 있다. 현재 일부 연구자 중에는 한일병합 당시에 일본 명치천황이 의친왕 이강과 흥왕興王 이희에게 내려 준 '공公'이란 호칭을 잘못 이해하고 있는 이들이 있다. 그들은 '공'이란 호칭을 귀족들 중에서 가장 높은 칭호인 '공작'의 약칭인 것으로 잘못 알고 그들의 저서에 그렇게 기술해 놓았다.

⬆ **순종황제 기념촬영.** 1910년 8월 22일, 드디어 대한제국과 일본제국은 이날 합병조약에 조인했다. 양국 황제의 재가를 얻은 일본의 사내정의 통감과 한국의 이완용 총리대신이 조인했다. 사진은 1910년 한일합방 후에 인정전 앞에서 찍은 기념사진이다. 작위를 받은 친일고급관료 그리고 총독부 관리와 그 부인들까지 대동한 모습이다.

그러나 그것은 아주 잘못된 오해다. 이강과 이희에게 주어진 '공'은, 그걸 받음으로써 그 신분이 '공족公族'이 되는 특별한 칭호였다. '공족'은 '왕족'과 '귀족'의 중간에 위치하는 계급으로서, 왕족 전체보다는 낮고 귀족 전체보다는 높은 위치에 있는 신분이었다. 그에 비해서 '공작'은 귀족령 또는 화족령에 의해 '귀족'의 신분을 받은 자들 중에서 가장 높은 위치에 있는 칭호에 불과하다. 그렇기 때문에 1910년 8월 29일에 공표한 명치천황의 칙령 중에는 '공'이란 호칭과 그에 대한 대우에 관해 다음과 같이 명기되어 있다.

> 이강과 이희는 ……이에 특히 '공公'으로 삼고 그 배필은 공비公妃로 삼고 모두 황족의 예로써 대하고 전하殿下라는 경칭을 쓰게 하고 자손으로 하여금 이 영석榮錫을 세습하여 영구히 영광스러운 은총을 누리도록 하라.

당시 '조선귀족령'에 의해서 조선인에게 주어진 작위 중에서 가장 높은 작위는 '후작'이었다. 후작으로는 종친과 외척 중에서 6명(종친: 순종의 윗 항렬에서 이재완 · 이재각, 아래 항렬에서 이해창 · 이해승. 외척: 순종의 장인인 윤택영, 철종의 부마인 박영효)이 선정되었다. 백작은 총리대신 이완용 등 3명이고, 자작은 시종원경 윤덕영과 법부대신 조중응 등 22명, 남작은 내각 서기관장 한창수와 의친왕 이강의 장인인 김사준 등 44명이었다.

동경에서 소년 인질 이은을 모시고 있던 관리들 중에서는, 동궁무관장 조동윤이 조대비의 친정 가문 사람 몫으로 주어진 남작 작위를 받아서 유일하게 귀족 명단에 올랐다.

이른바 '수작자授爵者'로 선정된 이들 중에서, 김석진과 조정구는 합병에 항의하여 자결하거나 자결을 시도하여 부상을 입었기에 일본 당국이 작위 수여 결정을 취소하였고, 윤용구·한규설·유길준·민영달·홍순형·조경호는 작위 받기를 거부했다.

한일합병에 공을 세운 일본인들에게도 대대적으로 포상하였다. 합병 당시 일본 총리대신이던 계태랑을 공작, 외무대신 소촌을 후작, 궁내대신 도변渡邊을 자작으로 승작했고, 외무성과 궁내성 관리들에게도 후한 상을 내렸다. 한국에 나와 있던 통감 사내정의도 자작에서 백작으로 승작되었다. 그러나 사내정의는 평화롭게 병합을 성취시킨 것은 자신의 공이라 하여 스스로 "내가 국가 미증유의 위업을 달성했다!"고 한껏 자부했는데 자신만 기껏 백작이 되었을 뿐, 자신을 도와 현지에서 활약한 통감부의 간부인 부하들은 훈장이나 약간 받는 등 '위업'에 걸맞은 포상을 받지 못했다 하여, 두고두고 합병에 관한 논공행상에 대해서 불만이 많았다고 한다.

한일합방이 공표된 날인 1910년 8월 29일, 일본 열도는 온통 환희로 끓어올랐다.

"천황 폐하 만세! 만세! 만세!"

"대일본제국 만세!"

"대일본제국 만세! 만세! 만만세!"

대한제국을 멸망시켜서 일본제국의 판도에 집어넣음으로써 역사상 최초로 해외 식민지를 갖게 된 일본 국민들은 온통 들떠서 소란을 피웠다. 합병을 알리는 신문 호외들이 눈발처럼 날리며 거리에 쏟아졌고, 신문마다 전 지면이 온통 이른바 '일한합병'에 관한 기사로 가득 찼다.

특히 그날 밤 동경에 있는 신문사들이 연합하여 함께 주최한 축하의 제등 행렬은 두고두고 세상의 이야깃거리로 남을 만큼 대단했다. 각자 손에 손에 등불을 켜 든 수만 명이 무리 지어 동경의 큰 거리들을 행진했는데, 흡사 아

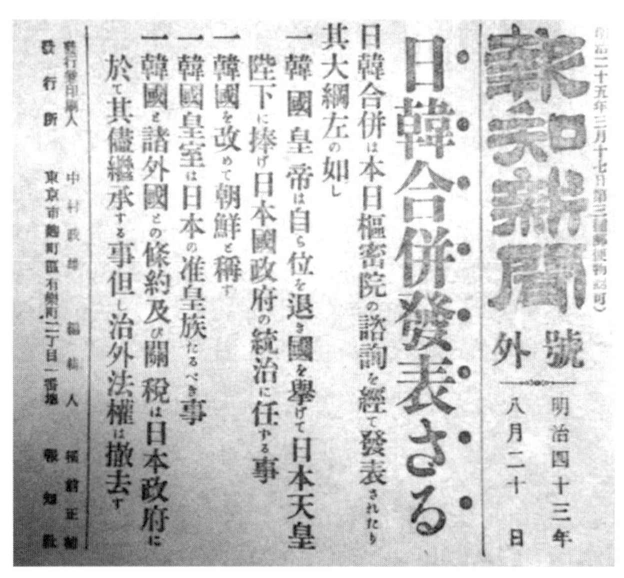

(明治二十五年三月十七日第三種郵便物認可)

報知新聞 號外

明治四十三年八月二十日

日韓合併發表さる

日韓合併は本日樞密院の諮詢を經て發表されたり其大綱左の如し

一 韓國皇帝は自ら位を退き國を擧げて日本天皇陛下に捧げ日本國政府の統治に任する事

一 韓國を改めて朝鮮と稱す

一 韓國皇室は日本の准皇族たるべき事

一 韓國と諸外國との條約及び關税は日本政府に於て其儘繼承する事但し治外法權は撤去す

發行所 東京市麹町區有樂町三丁目一番地 報知社

름다운 불의 강물이 끝없이 도도하게 흐르는 것 같은 장관이었다고 한다. 뒷날 대한제국 마지막 황태자 이은의 부인이 된 방자는 자신의 회고록에서 1910년 8월 29일 밤에 본 제등행렬을 다음과 같이 술회했다.

> 내가 처음으로 제등행렬을 본 것은 소학교 삼학년 때였습니다. 어두운 밤거리에 까무락까무락 너울거리는 여러 천 개나 되는 빨간 불은 어쩐지 환상의 세계에라도 들어간 것 같은 기분이어서 언제까지나 지루한 줄 모르고 바라보았는데, 그것은 한일합병을 축하하는 동경 시민의 대행렬이었던 것입니다.
>
> 학교에서는 선생님이 한국의 역사를 설명한 다음, 러시아의 세력을 구축하고 일본에 귀속된 이상 우리나라의 전도는 양양하다고 찬양하기에, 어린 마음으로도 대단히 기뻤던 것을 기억하고 있습니다(이방자, 《비운悲運의 왕비》).

합병이 공표된 지 이틀 뒤인 9월 1일, 멸망한 대한제국의 황궁에서는 대한제국과 일본제국의 합병을 공식적으로 인준하는 의식이 비통하게 치러졌다. 그날 명치천황이 보낸 칙사가 입경하여 창덕궁에 들어왔다. 대한제국의 황제(순종)의 위상을 격하시켜서 일본제국 안에 존재하는 한 왕가王家의 주인임을 뜻하는 '이왕李王'으로 책봉한다는 조서와 하사품을 지니고 온 칙사였다.

《순종실록부록》에는 이때 일본 천황의 칙사가 온 일과 한 일이 다음과 같이 매우 간략하게 기록되어 있다.

8월 30일.

전에 예식관을 지낸 현백운을 칙사를 맞이하도록 대구에 파견했다.

9월1일.

칙사인 식부관 자작 도엽정승이 창덕궁에 와서 천황 폐하의 조서와 하사품을 전달했다.

나라를 잃은 대한제국 황제가 겪어야 했던 굴욕과 비통함과 고통을 생각해서인가. 《순종실록》과 《순종실록부록》이 일제 강점기에 만들어졌음에도 불구하고, 실록 작성자들은 그날 '대한제국 황제'를 '조선 이왕'으로 책봉한 행사에 관해서 위와 같이 아주 짧고 소홀한 한 줄의 문장으로만 기록해 놓았다. 명치천황이 보낸 조서의 내용은 무엇이고 하사품은 어떤 것이었는지, 책봉 의식은 어떤 형식으로 치러졌는지에 관해 일체 기록해 놓지 않고 침묵했다.

한일합방을 알리는 신문 호외. 한일합방이 공표된 날인 1910년 8월 29일, 일본 열도는 환희로 끓어올랐다. 역사상 최초로 해외 식민지를 갖게 된 일본 국민들은 온통 들떠서 소란을 피웠다. 합병을 알리는 신문 호외가 거리에 쏟아졌다.

그 행사에 관한 기록이 얼마나 소홀했던지, 칙사의 관직조차 부정확하게 기록되어 있다. 위의 문장에 따르면, 칙사는 '식부관式部官' 이란 관직을 지닌 '자작 도엽정승稻葉正繩' 이었다. 그러나 실제 사실은 그와 달랐다. 당시 칙사로 온 자는 명치천황의 시종인 자작 도엽정승이었고, 칙사를 모시고 따라온 자의 관직이 '식부관' 으로 성은 봉수하蜂須賀란 자였다.

《순종실록》이나 《순종실록부록》에 '순종' 을 '이왕' 으로 책봉하는 의식에 관해서 전혀 기록되어 있지 않았다 해서 그 실체를 전혀 알 수 없는 것은 아니다. 다른 사료에 매우 명확하게 밝혀져 있다. 권등사랑개의 《이왕궁비사》에는 " '대한제국 황제 이척' 을 '조선의 이왕 이척' 으로 책봉하는 의식을 어떻게 치렀던가?", 그 실체가 소상하게 기록되어 있다.

《이왕궁비사》에 실린 권등사랑개의 증언에 따르면, "당시 통감 사내정의는 책봉의식을 거행할 칙사로 황족을 파견해서 아주 성대한 의식을 거행해 주기를 원했는데 일개 시종을 칙사로 보냈다 해서 계태랑 총리대신은 노골적으로 매도하고 분노해 마지않았다"고 한다. 한일합병을 전후해서 일본 천황과 정부 관계자들이 가능한 한 대한제국 황실과 국민들을 자극하지 않으려고 몹시 삼가고 조심했음을 짐작하게 하는 대목이다. 권등사랑개는 명치천황의 칙사로 시종인 도엽정승 자작이 창덕궁에 와서 거행한 '이왕'의 책봉의식이 '장중한 무언극無言劇'이었다고 묘사했다. 그는 책봉식 현장에서 직접 보고 듣고 느낀 것을 다음과 같이 기록했다.

> 칙사는 앞뒤에서 호위하는 기병 2개 소대의 경위警衛를 받으면서 위용당당하게 창덕궁에 도착했다. 왕 전하(순종)는 궁중의 관료들을 거느리고 현관까지 나가서 칙사를 맞아 친히 안내해서 인정전으로 들어갔다. 인정전의 중앙에 놓인 금색으로 빛나는 탁자 앞에서 칙사는 서면西面하고 전하는 동면東面하여 마주했다.
> 전하의 뒤에는 민閔 궁내부대신, 소궁小宮 궁내부 차관, 윤尹 시종원경, 이李 시종무관장 이하 우리들까지 함께 대례복 차림으로 모시고 섰고, 칙사 쪽에는 사내 조선총독, 산현 정무총감, 명석 경무총장이 정장 차림으로 착석해 있었다.
> 이때 인정전 안은 삼엄하게 소리 없이 엄숙한 기운으로 가득했고, 사람들은 모두 극도로 긴장한 상태였다. 그 광경은 지금도 눈앞에 방불하게 떠올라 영영 잊히지 않도록 심각한 인상을 남겼다. 왕 전하는 깊이 침묵하고 칙사도 오로지 침묵한 채, 쌍방의 수행원들도 기침 소리 하나 없이 고요했기에 흡사 사람처럼 만든 우상偶像들이 모여 있는 것 같았다. 이때 칙사는 말없이 이지梨地에 국화

↖ **인정전 옥좌.** 인정전 내부 모습과 임금이 앉는 옥좌다. 대대로 임금의 권위를 상징했던 〈일월오악도〉 자리에 내걸린 이름 모를 새 그림과 덩그러니 놓여 있는 작은 의자가 당시 이름뿐이었던 왕의 처지를 대변한다(1910년대 중반, 서울대학교박물관 소장).

의 어문장御紋章이 빛나는 길이 3자에 폭 2치 5푼인 함에서 조서詔書를 꺼내어 공손하게 받들어 전하에게 드리고 전하가 받으면서 서로 장중한 경례를 교환했다. 이 모든 것이 단 한 마디 말도 없이 이루어진 무언극이었기에 오직 신령했다고밖에 형용할 문자가 없다(《이왕궁비사》, 권등사랑개, 1926).

당시 양국 사이에 합병과 관련된 공식적인 의식은 이것이 전부였다. 이것은 실상 매우 간략하게 처리된 편법에 해당했다. 원칙대로 하자면, 합병당한 나라의 군주가 몸소 종주국이 된 나라에 가서 그 군주를 배알하여 속국의 군주로서의 예를 치러야 했다. 그것은 절차로 보나 의의로 보나 반드시 치렀어야 할 행사였다.

그러나 이때 일본 측은 대한제국을 합병하여 멸망시키면서도 감히 그런 의식을 갖출 것을 대한제국 황실에 강요하지 못했다. 명치천황의 칙사를 서울에 보내어 '대한제국 황제'를 '조선 이왕'으로 격하하여 책봉하는 의식을 치를 때, 그런 점이 특히 두드러지게 드러났다. 당시 일본 당국자들은 통감 사내정의가 칙사의 신분으로 요구한 '일본 황족' 대신에 그보다 격이 크게 떨어지는 인물인 '천황의 시종'을 칙사로 보냈고, 명치천황의 책봉 조서도 칙사로 하여금 소리 내어 읽게 하는 대신에 그냥 무언중에 순종과 조서를 주고받는 형식으로 간단하게 처리하도록 조치했다. 의도적으로 책봉 절차를 매우 간략하고 소홀한 형태로 치른 것이다. 어째서 그랬던 것일까?

이유는 두 가지였다.

첫째로는 일본 정계 최고의 원로이자 권력자였던 이등박문 공작을 단호하게 처단해 버린 안중근의 거사에서 받은 비상한 충격 때문이다.

둘째로는 한국 의병들의 장기적인 게릴라식 저항에 지쳐 있었기 때문이다.

그래서 그들은 한국 민중들을 자극해서 제2, 제3의 안중근이 나타나거나 다시 의병 부대들이 대거 거병하는 사태를 피하고 싶었다. 그래서 일본 측은 차라리 체면과 형식이 크게 손상당하는 쪽을 선택했다. 그래서 합병 당시 천황이던 명치천황은 끝내 속국이 된 대한제국 황제의 배알을 받지 못한 채 세상을 떴다.

한일합방에 대해서 일본인들이 모두 똑같이 기뻐한 것은 아니다. 뒷날 일본 수상이 된 정치가 원경原敬은 비판적이었다. 기록한 지 40년 뒤에 세상에 공개되어 유명해진 《원경일기原敬日記》에서 "8월 29일 조선 합병의 발표가 있었음. ……지금 결행할 필요가 있는 것인지 여부가 의문스러움. ……요컨대 산현유붕을 비롯한 관료파들이 아마도 공명功名을 서두른 결과가 아닌가 함"이라고 지적했다.

일본에 끌려와 있는 인질인 대한제국의 황태자 이은은 그날 어떠했을까.

그 어린 소년은 제3차 순유에서 돌아온 지 한 달 남짓한 때에 자신의 나라가 멸망했다는 소식을 들었다. 그가 그 절통한 소식을 안 것은 8월 29일 오전 10시였다. 서울의 황제(순종)에게서 장문의 전보가 와서 소식을 전했고, 이어서 죽은 이등박문의 양자인 이등박방 공작이 합병 소식이 실린 일본 관보의 호외를 가지고 와서 세세하게 그 문장들을 해설해 주면서 설명했다. 뒷날 이등박방이 주위 사람들에게 남긴 술회에 따르면, 당시 소년 이은은 침착하게 이야기를 듣고 나서 "잘 알았습니다"라고 말하면서 고개를 끄덕였다고 한다.

그날 밤, 멸망한 나라 대한제국의 황태자로서 이젠 호칭마저 '조선 왕세자'로 격하당한 13세의 어린 인질 이은은 침실에서 이불을 뒤집어쓰고 오래도록 울었다.

"오오! 아바마마! 오오! 어마마마!"

그가 소리 죽여 통곡하고 있는 조거판 저택의 창문 밖 거리에도 일본제국과 대한제국의 합병을 자축하는 일본인들의 등불 행렬들이 아름다운 불의 강처럼 넘칠 듯 넘칠 듯 너울너울 끝없이 흘러 다니고 있었다.

말없이 흐느끼는 연약한 어린아이의 울음은 분노한 남자의 세찬 통곡보다 더욱 무서운 저주라고 한다. 일본인들은 소년 인질 대한제국 황태자 이은의 그처럼 뼈아픈 눈물을 딛고 서서 국외 침략의 새로운 시대를 열었고, 그 길을 따라 전력으로 내달리기 시작했다.